U0493960

本书为

国家社科基金一般项目

“东洋文库所藏镶白旗蒙古都统衙门档案译注与研究”（16BMZ024）最终成果

国家社科基金中国历史研究院重大历史问题研究专项

“边疆治理视域下北疆多语种舆图文献的整理与研究”（23VLS019）阶段性成果

本书的出版获得中央民族大学中国史一级学科经费资助

满文档案与八旗蒙古研究

以东洋文库藏
镶白旗蒙古都统衙门档案
为中心

哈斯巴根 著

东洋文库藏镶白旗蒙古都统衙门档案述评（代序）

在东京的东洋文库保存有几千件与清代八旗有关的珍贵档案。前人对其做过几次目录整理。① 其中，镶红旗满洲都统衙门档案的雍正和乾隆两朝部分，陆续在20世纪70—90年代得以公布，② 后又有汉译本刊布。③ 相关档案的介绍和评价可参见细谷良夫、中见立夫、柳泽明等几位日本学者的文章。④ 笔者接触到的镶白旗蒙古都统衙门档案与以上档案属于同一类资料。但不知什么原因，这部分档案从未有人详细介绍过。同时，到目前为止，无论是在国内，还是在海外，如此一定数量的有关蒙古八旗的珍贵档案还没有公布过。在目前中国第一历史档案馆所藏八旗都统衙门档案并不完整的情况下，这一部分档案显得格外重要。在此只是做一个简单的介绍和初步的史料价值评价，以飨学人。

---

① Nicholas Poppe et al., *Catalogue of the Manchu Mongol Section of the Toyo Bunko*, The Toyo Bunko & The University of Washington Press, 1964；松村润：《东洋文库所藏满洲语文献》，《史丛》第27号，1981年；《东洋文库所藏镶红旗档光绪朝目录》，东洋文库，2006；《满洲语档案目录（镶红旗档以外）》，东洋文库，据东洋文库工作人员说该目录是2008—2009年编写的。

② 东洋文库清代史研究委员会编《镶红旗档-雍正朝》，东洋文库，1972；东洋文库清代史研究委员会编《镶红旗档-乾隆朝1》，东洋文库，1983；东洋文库清代史研究委员会编《镶红旗档-乾隆朝2》，东洋文库，1993。

③ 刘厚生译《清雍正朝镶红旗档》，东北师范大学出版社，1985；关嘉录译《雍乾两朝镶红旗档》，辽宁人民出版社，1987。

④ 细谷良夫：《关于〈镶红旗档——雍正朝〉——围绕雍正朝八旗史料》，《东洋学报》第55卷第1号，1972年；中见立夫：《关于日本东洋文库与中国第一历史档案馆所藏镶红旗满洲衙门档案》，中国社会科学院近代史研究所政治史研究室编《清代满汉关系研究》，社会科学文献出版社，2011；柳泽明：《东洋文库藏雍乾两朝〈镶红旗档〉概述》，阿拉腾译，《满语研究》2012年第1期；后藤智子：《关于东洋文库武职及佐领家谱》，《满族史研究通信》第17号，1998年。

一　档案的概况

本文着重关注东洋文库所藏清代蒙古镶白旗都统衙门档案的特色和价值。文中所注档案号依据东洋文库所编《满洲语档案目录》中的编号。

1964 年，鲍培等为东洋文库所藏满蒙文文献资料做目录时对满文档案也做过简单的目录。① 1998 年，后藤智子发表文章介绍东洋文库所藏武职及佐领家谱，更正了 1964 年目录的一些错讹之处，并指出了有关蒙古镶白旗的档案共有 137 件。② 然而，东洋文库的最新目录把镶白旗蒙古都统衙门档案重新编号为 MA2-23-4、MA2-23-5，分别登记有 60 件和 96 件。MA 应该是英文 Manchu Archives（满文档案）两个单词的首字母。但是，笔者翻阅时发现 MA2-23-5 下共有 98 件，目录少做了 2 件。这样按照现有目录，总共有 158 条。实际上不应该只有这么多，因为原封套已不见（可能已损坏），重新整理时装到新式的信封里，并拆散原本作为附件的家谱类档案和满汉合璧档案分别装入信封，单独编号登记，这样条目便增加了许多。其实原档应该是每一件补授佐领或世爵世职的奏折都附有一件家谱。因此，如果按照满洲镶红旗档整理的方法，也就只有 90 多条了。另外，因为清代的封套没有保存下来，所以没有千字文的排序号可循。这也是该部分档案与镶红旗档的不同之处。

东洋文库在镶白旗档的每一件档案上记有整理号，并钤盖了文库的章，登录日期为：昭和 17 年（1942）9 月 25 日。我们知道，满洲镶红旗档是 1936 年 4 月从复旦大学陈清金教授处得到的。③ 但是，满洲镶红旗档案上有无东洋文库的入库印章，一直没有人交代。因此，也很难确认这部分镶白旗档与满洲镶红旗档是否同一批购置。

从目录来看，最早一份档案的日期为雍正五年（1727）十二月初四日，最后一份档案的日期为光绪三十年（1904）六月初七日。虽然有一些档案的

---

① Nicholas Poppe et al., *Catalogue of the Manchu Mongol Section of the Toyo Bunko*, pp. 257-258, 260.

② 后藤智子：《关于东洋文库武职及佐领家谱》，《满族史研究通信》第 17 号，1998 年。

③ 中见立夫：《关于日本东洋文库与中国第一历史档案馆所藏镶红旗满洲衙门档案》，中国社会科学院近代史研究所政治史研究室编《清代满汉关系研究》。

日期难以判断，但最早和最晚的时间应该没有问题。登记的158件档案，上自雍正，下至光绪，各朝都有。在已经确认年代的档案里，同治年间的最少，只有2件，最多的是乾隆年间的，有40多件。可以推测，这部分东洋文库的档案在整个清代镶白旗蒙古都统衙门档案中占据很小的比重。

此外，从档案使用的文字来看，明显有年月日的汉文档案是光绪元年以后才出现的，在此之前不管是奏折的正文还是家谱都用满文撰写。可见，虽然从清中期开始满文在八旗的日常生活中使用的范围越来越窄，但在公文中一直持续使用到清末。还有一些奏折或家谱也有满汉合璧的。但并不是每一件都这样，可以推测这种做法可能还没有法令依据，不是很规范。此外，个别档案或个别处有使用蒙古文的情况。

东洋文库镶白旗档，可以分为奏折和家谱两大类。奏折的纸张尺寸，每扣长23.5—26.5厘米，宽12厘米，书写6行。而家谱根据内容，纸张长短不一。从档案的格式和内容来看，这部分东洋文库镶白旗档大体上可以分为以下几种：A. 佐领根源档，B. 佐领承袭或佐领署理的奏折及家谱档，C. 世爵世职承袭的奏折及家谱档，D. 引见补授档，E. 旧营房兵丁一年情况汇报档，F. 循例请给纪录档，G. 纪录折单，H. 谢恩折，I. 钱粮关系档，J. 佐领遗孀生女上报档等。

A. 佐领根源档。第一折正中间写有“nirui janggin ×××× jalan halame bošoho nirui sekiyen”或“nirui janggin ××× bošoho teodenjehe nirui sekiyen”。[①] 正文开头是nirui janggin，结尾为gingguleme tuwabume wesimbuhe。这种档案有4-1、4-3、4-21三份。以前有人介绍过，称为nirui sekiyen i cese（佐领根源册）或nirui sekiyen booi durugan i cese（牛录根源家谱册子）。[②] 但是，东洋文库镶白旗档没有一件写有cese（册子）字样，所以应该称之为佐领根源档。这三份档案的一个主要内容是在职的佐领有无ubu（分）的问题，因为从康熙朝开始有无分与佐领承袭是密切相关的。[③]

该类档案没有明确写明其形成的时间。但从世系来看，《八旗通志初集》

① 相关档案的研究，参见承志《关于八旗牛录根源和牛录分类》，《东洋史研究》第65卷第1号，2006年。

② 承志：《关于八旗牛录根源和牛录分类》，《东洋史研究》第65卷第1号，2006年。

③ 《康熙起居注》第2册，康熙二十四年二月初九日，中华书局，1984。

（以下简称《初集》）中都提到了档案中出现的 baši（八十）、batu（巴图）和 haišeo（海寿）等人名，[①] 再加上乾隆三年颁布的清理牛录根源的上谕，[②] 可以推测该档形成的时间应该是雍正末年至乾隆初年。这两个以八十和巴图为佐领的牛录分别在乾隆三十年和五十四年改定为公中佐领。[③] 4-4 档应该是 4-3 档的附件即家谱。

B. 佐领承袭或佐领署理的奏折及家谱档。这类档与 C 类档在东洋文库保存的镶白旗档中占有很大的比例。根据其文书格式可以分为以下几种。

B-a. 第一折中间只有满文 wesimburengge 或汉文“奏”一个字，从第二折开始正文开头为 kubuhe šanggiyan（或 šanyan）i monggo gūsai，结尾处则书写日期及上奏人的官职和名字。这种格式的文书在整个这类档案中占据很大的比例。另外附有绿头签[④]，写明承袭佐领的性质，以及拟正、拟陪等人的名字、年龄、骑射水平及其与前佐领的关系等信息。档案一般还附有所奉之旨，标注同意某某承袭或“知道了”字样。因为雍正七年副都统徐仁奏称：“嗣后将八旗奏折及覆奏之旨，俱贴于一处，于合缝之处，钤盖旗印封固。”[⑤] 这得到雍正帝的认可而执行。因镶白旗档所属奏折全是乾隆以后的，所以谕旨都粘贴在文末的日期后面。现在看到的一些文书已经没有谕旨，这可能是有一些粘贴的纸张脱落或散失了。

一般每一件“奏”都附有家谱。家谱是根据内容写在大小不一的一张纸上，并折叠成与奏折差不多的形式。这可能是考虑到装封套的方便吧。在文书第一折的上下各贴一小张黄纸，写明牛录的性质、来源和相关法令内容等，这些可以叫作“签注”。另外，用黑色书写已经死去人的名字和相关人的年龄、职务等信息，用红色书写在世人的名字。还有，在拟正、拟陪人名上画有圆

① 《八旗通志初集》卷 12《旗分志十二》，东北师范大学出版社，1985。

② 《乾隆会典则例》卷 175《八旗都统 · 授官》。

③ 《钦定八旗通志》卷 20《旗分志二十》，四库全书本。

④ 细谷良夫（《关于〈镶红旗档——雍正朝〉——围绕雍正朝八旗史料》，《东洋学报》第 55 卷第 1 号，1972 年）称为“绿头牌”，而柳泽明（《东洋文库藏雍乾两朝〈镶红旗档〉概述》，《满语研究》2012 年第 1 期）称为“绿头牌副本”。在此笔者根据道光《中枢政考》卷 6，故宫博物院编《钦定中枢政考三种》第 2 册，海南出版社，2000，第 168 页。

⑤ 《上谕旗务议覆谕行旗务奏议》（二），台湾学生书局，1976，第 630—631 页。

圈，或在人名后面贴小黄纸，写明拟正、拟陪。在以往佐领的人名前面粘贴长方形的小黄纸，并在其名下粘贴小块圆形黄纸，标出承袭的次数。或在以往的佐领人名下贴有长方形的黄、红、蓝等各种颜色的小方块纸，以分别标注袭次，并在其人名下的红色方框内写明承管的是原立佐领还是分编佐领等。

B-b. 署理佐领事宜。这类档案有4-7、4-40、4-42等。第一折中间写有wesimburengge，右上角在红纸上写有“××请旨可否署理”等字样。正文以kubuhe šanyan i monggo gūsai开头，事由写的都是hese be baire jalin。谕旨也与B-a类一样，粘贴在日期后面。文档的结尾处写有上奏人的官职和名字。这三份档案的具奏时间分别是乾隆三十七年二月二十四日、四十三年二月十七日、四十三年二月二十五日。4-40、4-42还附有家谱，交代了相关世系情况。

C. 世爵世职承袭的奏折及家谱档。在东洋文库做的目录中，MA2-23-5开头的档案绝大部分是这类档案。此类档案在文书格式上基本上和B-a类相同。第一折中间位置写有满文wesimburengge或汉文“奏”，从第二折开始正文开头为kubuhe šanggiyan（或šanyan）i monggo gūsai，结尾处则书写日期及上奏人的官职和姓名。谕旨和绿头签的形式也和B-a类档案一致。此外，一般是一个“奏”附有一件家谱，可以说构成一组档案。从现在发现的这类档案来看，到光绪年间有“奏”和“家谱”的都有满汉合璧的情况。另外，该类档案的年代比较早，最早的一组档案是雍正五年的（5-14、5-15）。因为已经公布的镶红旗档中没有雍正四年至九年的档案，所以这些档案显得尤为珍贵。年代最后的一组档案到光绪二十四年（5-47、5-48）。

D. 引见补授档。其实前面说过的A、B、C三个类型的档案大体上也属于这一类型，但是D类档案和以上三类档案有所不同：一是数个世职及驻防佐领、骁骑校、防御等官缺的候补人名写在一起而一并奏请带领引见；二是奏折没有详细交代官职的以往世袭情况；三是没有附家谱。这应该是简化手续的一种办法。柳泽明认为，这类档案是到了乾隆以后才大量出现的。[①] 我们看到的这类档案（5-71、5-72、5-73、5-74、5-75、5-76、5-77、5-78、5-79、5-80、5-81、5-83、5-84）的年代是乾隆、同治、光绪各朝的。

---

① 柳泽明：《东洋文库藏雍乾两朝〈镶红旗档〉概述》，《满语研究》2012年第1期。

该类档案一般是由奏折和绿头签组成的。奏折一开始就写有 kubuhe šanyan i monggo gūsai。在发现的镶白旗档案里就有一份同治年间补授佐领的档案（5-83）第一折中间写有 wesimburengge 一字，其他都没有这个字。一般相应的谕旨也保存下来了。绿头签有些是满汉合璧的。因为我们现在看到的都是奏折和绿头签分开写在一张纸上的，所以原本就是如此，还是后来粘贴在一起就不好判定了。

E. 旧营房兵丁一年情况汇报档。旧营房（fe kūwaran）、新营房（ice kūwaran）是设立于北京城外的八旗官兵宿舍。[①] 旧营房是康熙三十四年（1695）为解决北京城内八旗兵丁宿舍不足而于北京城内八门之外所建的房屋。[②] 有关营房所居兵丁的管理，雍正二年（1724）规定由各旗满蒙世职派出管辖官员。[③] 这类档案（5-85、5-86、5-87），在第一折中间写有“奏”或 wesimburengge 字样，接着或用满文 kubuhe šanyan i monggo gūsai fe kūwaran i baita be kadalara，或用汉文写道“管理镶白旗蒙古旧营房事务”。据档案，乾隆二十二年至二十三年规定，“旧营房有无事故，遵例每年十一月间具奏一次”（5-87）。察看和奏报旧营房自上年十一月起至本年十一月止一年内兵丁有无滋生事端等情形。我们现在看到的三件档案（5-85、5-86、5-87）的年代分别是乾隆三十五年、同治五年和光绪八年。其中后两件的内容很简短，只是呈报了这一年期间没有发生什么事端，而乾隆三十五年的档案篇幅较长，内容是管理镶白旗蒙古旧营房事务、梅勒章京乌勒莫济为房屋修造等事宜请旨。

F. 循例请给纪录档。《钦定八旗则例》规定：“旗下印房总办俸饷档房及各参领处汇办事件于一年内各项依限全完，并无逾限遗漏者，岁底详查汇奏，将承办参领、章京等各给纪录一次。”“佐领等官承办本佐领下事件，于三年内各项依限全完，并无逾限遗漏者，三年查核一次汇总奏闻，佐领、骁骑校、领催各给纪录一次。”[④] 由此产生的档案（5-88、5-89）满汉合璧，开头写有

---

① 《钦定八旗通志》卷 113《营建志二》。

② 《八旗通志初集》卷 23《营建志一》；《乾隆会典则例》卷 173《八旗都统三 · 田宅》。

③ 《乾隆会典则例》卷 175《八旗都统 · 授官》；《钦定八旗则例》卷 1《职制》，乾隆七年武英殿本；柳泽明：《东洋文库藏雍乾两朝〈镶红旗档〉概述》，《满语研究》2012 年第 1 期。

④ 《钦定八旗则例》卷 2《公式》。

“奏”或 wesimburengge 字样。末尾处有年月日和批红。

G. 纪录折单。这类档案其实都应附于 F 类档案中。5-92 号档是 5-88 号档的附件。F 类档案里说得也很清楚，附有“另缮清单”。此处所说“另缮清单”就是“纪录折单”。这些纪录折单（5-92、5-93、5-94、5-95、5-96）每一个都分为 emu aniya jalukangge（一年期满）和 ilan aniya jalukangge（三年期满）两部分，分别记录可以给予纪录之官员职务和姓名。该类档都与一个叫“常升”的印务参领有关。常升在同治六年的 5-83 号档中也以副参领的身份出现过。所以可推测，这些档案的形成时间应该是同治年以后。

H. 谢恩折。这类档只有一件（5-90），是在三张纸上分别写有满、汉奏折和清单的档案。档案的开头有“奏”、wesimburengge 字样，内容是“为叩谢天恩事”，缘由是这位大臣七十岁生辰时皇太后赏赐他一些礼物。皇太后即慈禧太后，这位大臣原来是黑龙江地方的一个骑都尉，后升为乾清门三等侍卫，赏入京旗正白旗满洲。其后，荐授都统，排为御前侍卫，蒙赏给头品顶戴，复荷赏穿黄马褂。汉文奏折只有“臣芬”字样，查证《清实录》，这位大臣名叫芬车，他任职镶白旗蒙古都统是光绪二十六年（1900）闰八月以后的事情。[①] 由此推断，其七十岁生辰也是在此之后。

I. 钱粮关系档。这件满汉合璧的档案（5-91）内容是镶白旗蒙古都统崇礼奏报该旗所领一年俸饷等数目。原档应该附有清单，可能后来丢失了，没有流传下来。

J. 佐领遗孀生女上报档。该档案（5-82）的内容是，因已故佐领恩印的妻子常氏孕生一女，由族长呈报，该佐领又饬“该孀妇另行出结办理过继外，相应出具图片呈报甲喇处”等语。清廷向来对八旗户口的管理很严格，兵丁及其家属的生死等事都须上报登记。佐领中女孩的出生可能与选秀女制度有关。从中也可以窥见牛录内族长的职务情况。

此外，值得关注的是东洋文库镶白旗档的性质和归属问题。为什么一开始就断定这部分档案是镶白旗蒙古都统衙门档呢？一是文书上多处盖有满汉两种文字的“kubuhe šanggiyan i monggo gūsai gūsa be kadalara amban i doron，镶白旗

---

① 《清德宗实录》卷 470，光绪二十六年闰八月癸卯。

蒙古都统之印”；二是从内容来讲，这部分档案都与镶白旗蒙古有关。八旗各旗设立衙门是从雍正元年开始的。[①] “镶白旗满洲、蒙古、汉军都统衙门初设于东单牌楼新开路胡同。雍正四年，奏准将灯市口西口官房一所共一百零一间作为三旗都统衙门。六年，又将汉军都统衙门移设于东四牌楼大街灯草胡同，官房一所，计三十七间。乾隆十八年，将蒙古都统衙门移设于东安门外干雨胡同，官房一所，五十间。”[②] 乾隆初年还有规定：“八旗具奏事件奉谕旨后，将奏折及所奉谕旨粘连一处，合缝处钤印收贮。”[③] 这部分东洋文库镶白旗档无疑是在镶白旗蒙古都统衙门处理日常行政事务过程中形成的副录档。[④]

二　档案的内容与价值

以上分为10种类型介绍了东洋文库镶白旗档的基本情况。以下从几个方面考察该档案的内容和简单地评价这部分档案的主要史料价值。

第一，这部分档案的最大价值在于详细地记录了镶白旗蒙古若干牛录的人员构成情况。那些被称为牛录根源的档，不仅有牛录的初创情况、佐领的承袭情况，还记述了该牛录内各个宗族（mukūn）的原住地和氏族等信息。例如，4-1号档记载了镶白旗蒙古都统左参领所属第二牛录的情况。崇德七年（1642）多罗特部贝子绰克图从锦州率领103人来附，编立牛录，由安他哈管理。其后，陆续管理牛录者有满韬、那木僧格谛、官保、八十等。这些牛录根源的档案所记佐领的承袭情况与《初集》记载的内容是相同的。[⑤] 虽然牛录当初的首领分别出身于多罗特、巴林、扎鲁特等部，但是牛录内部人员是由各地方的多个氏族构成的。从4-1号档来看，牛录的构成人员有：毛祁他特地方人，巴罗特氏；老哈台地方人，莽努特氏；喀喇沁地方人，莎格都尔氏；察哈

① 《八旗通志初集》卷23《营建志一》。

② 《钦定八旗通志》卷112《营建志一》。

③ 《钦定八旗则例》卷2《公式》。

④ 相关研究参见细谷良夫《关于〈镶红旗档——雍正朝〉——围绕雍正朝八旗史料》，《东洋学报》第55卷第1号，1972年。

⑤ 《八旗通志初集》卷12《旗分志十二》。

尔地方人，斋拉尔（扎赉尔）氏；科尔沁地方人，扎鲁特氏；等等。以族为单位介绍了该牛录11个宗族的人员。这些内容在《初集》、《钦定八旗通志》（即《二集》）等史料中是没有记载的，可见其价值是独一无二的，利用这些档案可以继续研究蒙古八旗牛录构成人员的地缘、亲属、领主属民等情况，探究牛录编成的原理。

第二，更为清晰地反映了蒙古八旗牛录和佐领的类型与形成。有关牛录的类型分类等问题，前辈学者有丰富的成果。[①] 近年有学者根据牛录根源册、执照等原始档案和《钦定拣放佐领则例》等史料，探讨了清前期满洲八旗牛录种类的变化过程。承志认为，入关前的牛录分为内牛录和专管牛录；康熙时分为原管牛录、世承牛录、凑编牛录；到雍正时在康熙朝的基础上分为原管牛录（勋旧牛录，fujuri niru）、世承牛录（世管牛录，jalan halame bošoro niru）、凑编牛录（互管牛录，teodenjehe niru）、公中牛录（siden niru）等。[②] 赵令志、细谷良夫研究后指出，清代佐领按其组成方式可分为私属、公中两大类，其中私属又有勋旧、优异世管、世管、互管等名目。[③] 这些分类的不同是因为分类的视角不同。

东洋文库镶白旗档佐领承袭档中也出现了诸多牛录的名称，如fukjin niru（初编牛录）、da niru（原立牛录）、jalan halame bošoro niru（世管佐领）、siden niru（公中佐领）、teodenjehe niru（互管佐领）、fuseke niru（滋生牛录）、sirame fuseke niru（二次滋生牛录）、tuktan fuseke niru（初次滋生牛录）、fakcaha niru（分编牛录）等。这些资料为蒙古八旗牛录和佐领的分类研究提供了诸多的事例。下一步的工作是在仔细阅读档案的基础上进一步深入探索蒙古佐领的形成过程及其变迁问题。

以往学界对蒙古八旗形成的研究，一个焦点是天聪九年（1635）设立蒙

---

① 主要有细谷良夫《八旗通志初集〈旗分志〉的编纂及其背景——雍正朝佐领改革的一端》，《东方学》第36辑，1968年；安部健夫《八旗满洲牛录研究》，《清代史研究》，创文社，1971；阿南惟敬《天聪九年专管牛录分定的新研究》，《清初军事史论考》，甲阳书房，1980；傅克东、陈佳华《清代前期的佐领》，《社会科学战线》1982年第1期；郭成康《清初牛录的类别》，《史学集刊》1985年第4期；等等。

② 承志：《关于八旗牛录根源和牛录分类》，《东洋史研究》第65卷第1号，2006年。

③ 赵令志、细谷良夫：《〈钦定拣放佐领则例〉及其价值》，《清史研究》2013年第3期。

古八旗问题。当时，编审内外喀喇沁蒙古壮丁共16932名。其中，除了古鲁思辖布等三个扎萨克旗之外，剩下的7810名壮丁与“旧蒙古”合编为蒙古八旗。[①] 赵琦首先研究喀喇沁壮丁编入蒙古八旗的情况，作了“蒙古八旗喀喇沁佐领表”,[②] 后来乌云毕力格又补充了一些。但是，他们的依据都是《初集》，现在发现镶白旗档后，还有以下几个方面可以做补充。

其一，从以喀喇沁壮丁为主所编牛录来看，还应有左参领所属第十一牛录和右参领所属第十牛录。据镶白旗档载：“额斯库率领喀喇沁三十二人于太宗时来归后，因加入旗丁作为整佐领，以额斯库承管。”（4-26）据《初集》，该牛录的额斯库来归时编立的是半个牛录，到顺治八年“始益以外牛录人为一整牛录”。[③] 右参领所属第十牛录[④]也是因为《初集》的记述不清，之前并不知道敖齐尔吴巴式是喀喇沁塔布囊（4-39）。

其二，“旧蒙古”的问题。天聪九年编设蒙古八旗时，是在内外喀喇沁的基础上加“旧蒙古”形成的。“旧蒙古”是指左右两翼蒙古营。郭成康研究后指出：天聪四年定制，满洲八旗每旗各设蒙古五牛录，这四十个蒙古牛录辖于左右两翼。[⑤] 镶白旗档里有“在盛京时初编五个牛录”（mukden i forgon de emu gūsade fukjin sunja niru banjibure）（4-22）的字样，证明当时确实存在这一事实。这样，40个牛录也逐渐露出其本来面貌。从镶白旗档的记载看，其中还有扎鲁特部台吉率领来归者所编牛录（4-21）。

此外，天聪九年设立蒙古八旗以前已经以一部分喀喇沁人为主编立了牛录。例如天聪八年来归而编立牛录的拜浑岱。他是赫赫有名的喀喇沁巴雅斯哈勒昆都伦汗的长孙。[⑥] 因其父死得早，拜浑岱成为喀喇沁第二代的真正实力派

---

① 参见郭成康《清初蒙古八旗考释》，《民族研究》1986年第3期；乌云毕力格《喀喇沁万户研究》，内蒙古人民出版社，2005，第158—168页。

② 赵琦：《明末清初喀喇沁与蒙古八旗》，《蒙古史研究》第5辑，内蒙古大学出版社，1997。

③ 《八旗通志初集》卷12《旗分志十二》。

④ 东洋文库的目录误为右参领第十二佐领。类似的错误还不少，不再一一指出。

⑤ 郭成康：《清初蒙古八旗考释》，《民族研究》1986年第3期。

⑥ 《蒙古博尔济吉忒氏族谱》（朱风、贾敬颜译《汉译蒙古黄金史纲》，内蒙古人民出版社，1985，第240—241页）误以为长子。

人物。[①] 从镶白旗档中的家谱看，有一部分家族几代住在所谓 nuktere ba（游牧处）（4-4、4-45、4-47），这应该算是“在外喀喇沁”的后代吧。据《蒙古博尔济吉忒氏族谱》载，拜浑岱之弟希尔尼[②]之子阿拜死后，“因将其尸体置于称作野马图的地方。其后，此地称作阿拜诺颜之苏巴尔罕”。[③] 据称，野马图汉语称为蟠羊山，在土默特左旗西南三十里、喀喇沁右旗南一百三十五里处。[④] 又据《口北三厅志》载：“（察哈尔）镶白旗在独石口北二百四十五里，总管驻布雅阿海苏默。”[⑤] 布雅阿海就是布颜阿海。巴雅斯哈勒昆都伦汗的季子马五大（号七庆朝库儿）的第二子白言台吉就是他。[⑥] 查阅明代文献，北元晚期喀喇沁部一直驻牧于宣府、独石口边外附近。这样一来就清楚了，从巴雅斯哈勒传到其孙子辈的阿拜、布颜阿海一代依然驻牧在宣府、独石口以北边外之地。其实，拜浑岱的长孙拉斯喀布一代也驻在宣府附近。[⑦] 镶白旗档案显示，后来这些喀喇沁的汗、台吉等贵族虽然被编入蒙古八旗，但他们的游牧地还是在边外，直到清中期有时候有些后人还驻牧于此地。看来八旗推行的也是属人行政，也就是其属人不管居于何处都归属于在京的各旗。

由此可以联想，《初集》和《二集》所记镶白旗蒙古都统察哈尔参领所属牛录，乾隆初编《初集》时共有七个，[⑧] 到嘉庆初再编《二集》时已经增加到十三个了。[⑨] 这些牛录分别驻在北京和口外游牧地方。因此，我们似乎不能断定镶白旗档的察哈尔参领为误载。[⑩] 当初察哈尔归附清朝而分别被编入八旗还不是完全清楚的事情，还有继续探讨的余地。

---

① 乌云毕力格：《喀喇沁万户研究》，第 32—33 页。

② 《蒙古博尔济吉忒氏族谱》（朱风、贾敬颜译《汉译蒙古黄金史纲》，第 241 页）误以为“萨赉”。

③ 罗密：《蒙古博尔济吉忒氏族谱》（蒙古文），纳古单夫、阿尔达扎布校注，内蒙古人民出版社，2000，第 377—378 页。

④ 张穆：《蒙古游牧记》卷 3，同治祁氏刊本；罗密：《蒙古博尔济吉忒氏族谱》（蒙古文），第 23 页。

⑤ 《口北三厅志》卷 7《蕃卫》。

⑥ 乌云毕力格：《喀喇沁万户研究》，第 64 页。

⑦ 中国第一历史档案馆：《十七世纪蒙古文文书档案（1600—1650）》，内蒙古少年儿童出版社，1997，第 324—327 页。

⑧ 《八旗通志初集》卷 12《旗分志十二》。

⑨ 《钦定八旗通志》卷 20《旗分志二十》。

⑩ 达力扎布：《清代八旗察哈尔考》，《明清蒙古史论稿》，民族出版社，2003，第 327 页。

其三，天聪九年以后编立的牛录问题。镶白旗档提供了一个很鲜明的例子，即崇德六年从明朝锦州来归的多罗特部的情况。在察哈尔万户中，阿剌克绰特部和多罗特部都属于其山阳鄂托克。我们之前只知道，天聪二年皇太极亲征多罗特和阿剌克绰特二部的敖木伦之战，被清军杀害或俘虏的是其中部分人员，[①] 并不知其余人员的结局。但是，镶白旗档清楚地记载，多罗特的绰克图、诺木齐塔布囊、吴巴式等首领在敖木伦之战后投奔到明朝的锦州。到崇德六年，清军围攻锦州时再投诚过来，[②] 后又编立牛录等（4-1）。其实刚开始编牛录后他们归蒙古正黄、镶蓝等旗，但旗籍几经转换后，他们最终归到镶白蒙古旗。另外，还有一些滋生人丁而增编牛录的情况也清晰起来。

第三，清楚地反映了蒙古八旗内世职的获得和承袭情况。在东洋文库满文文献目录中，以编号 MA2-23-5 开头的档案内容绝大多数是与世职承袭相关的。世职的起源是天命五年（1620）制定的武职。[③] 至乾隆元年七月总理事务王大臣遵旨议奏："本朝定制：公侯伯之下未立子男之爵，别立五等世职，但未定汉文之称。今敬拟：精奇尼哈番，汉文称子；阿思哈尼哈番，汉文称男；阿达哈哈番，汉文称轻车都尉；仍各分一等、二等、三等。拜他喇布勒哈番，汉文称骑都尉；拖沙喇哈番，汉文称云骑尉。从之。"[④] 清朝由此有了以公侯伯子男五等爵为世爵和五等爵以下属世职的分水岭。[⑤] 而恩骑尉是乾隆十六年以后清廷对阵亡的世职封赠者在原爵袭完后恩赏立爵人子孙的世职。[⑥]

但是，以往因史料阙如，对蒙古八旗世爵世职的研究基本处于空白状态。《初集》相关的列传和表中有镶白旗蒙古世职有关人员的传略，可以和

---

① 冯明珠主编《满文原档》第 6 册，沉香亭企业社，2005，第 239—241 页。

② 中国第一历史档案馆等编《清内秘书院蒙古文档案汇编》第 1 辑，内蒙古人民出版社，2003，第 293、317 页；《清太宗实录》卷 55，崇德六年三月壬寅、乙巳。

③ 松浦茂：《天命年间的世职制度》，《东洋史研究》第 42 卷第 4 号，1984 年。

④ 《清高宗实录》卷 23，乾隆元年七月戊申；《乾隆会典则例》卷 171《八旗都统 · 值班》。

⑤ 雷炳炎：《清代八旗世爵世职研究》，中南大学出版社，2006，第 1 页。

⑥ 雷炳炎：《清代八旗世爵世职研究》，第 47 页。

现在发现的东洋文库镶白旗档相互比勘研究。在档案中出现过绰贝[①]、色楞车臣[②]、贾慕苏[③]、巴雅尔[④]等世职人员。其中，贾慕苏家族的家谱中写道："此官贾慕苏，尔原系壮达，二次过北京征山东时用云梯攻滨州，尔首先登进，遂克其城，故赐名巴图鲁，授为骑都尉，后加恩由骑都尉加一云骑尉。"（5-13）交代清楚了其世职的来源。可知这些世爵世职的获得大部分与其在清前期和南明、农民军、准噶尔部的战争中所立军功有关。另外一个事例，察哈尔来归的色楞车臣家族的骑都尉世职是："此官尔原系色楞澈臣绝嗣所立二等子，爵蒙特恩减为骑都尉。"（5-38）有关恩骑尉世职，镶白旗档有记述："查济尔嘎朗之袭官敕书内载，阿彦尔原系护军校，因出师贵州转战四川攻敌阵殁，授为云骑尉，长子鄂勒济图承袭，再承袭一次。出缺时，胞弟和雅尔图仍承袭云骑尉。出缺时，云骑尉袭次已完，照例不准承袭恩骑尉。后因特旨念系阵殁所立之官，赏给恩骑尉，与原立官阿彦之二世孙塔尔巴扎布承袭。"（5-68）可见，上述规定确实有效地实行起来了。

第四，使我们更深刻地认识了法令的实效性。每一个佐领承袭或世职承袭档（奏折和家谱）的前面第一折基本上粘贴两张小黄签，写有两类内容：一是该佐领或世职的来源；一是相关法令。这可能是上奏时给皇帝提示用的。现在我们可以用这一法令对照当时其他的法令，研究其实效性问题。清代有关八旗的法令主要有《清会典》系列（则例、事例）、《中枢政考》、《钦定八旗则例》、《宫中现行则例》、《六条例》、《钦定拣放佐领则例》、《钦定兵部处分则例》等。但是，这些法令并非一次性修好的，而是每过一段时间都会重修一次。例如，《中枢政考》有康熙朝本和乾隆七年、二十九年、三十九年、五十年以及嘉庆八年、道光五年本，《钦定八旗则例》有乾隆七年、二十九年、三十九年、五十年本等。[⑤] 清代行政依例而行，其例也在不断变化当中。

---

① 《八旗通志初集》卷171《名臣传三十一》。

② 《八旗通志初集》卷171《名臣传三十一》。

③ 《八旗通志初集》卷216《勋臣传十六》。

④ 《八旗通志初集》卷216《勋臣传十六》。

⑤ 参见黄润华、屈六生主编《全国满文图书资料联合目录》，书目文献出版社，1991；翁连溪《清代内府刻书研究》（下），故宫出版社，2013，"附录一　清代内府刻书编年目录"。

所以，研究清代八旗官制和法律制度，必须注意其法令的变迁及其实效性问题。从这个意义上说，镶白旗档提供了真实的事例。在此仅以引见制度为例说明。雍正十年（1732）规定："嗣后凡袭职旗员由外省来京，请随到随奏，不令久候多费。"[①] 后因在外驻防世职承袭的拟正、拟陪等人从驻防地到北京之间往返，颇费周折，乾隆初年明确规定，确认为世职拟正、拟陪者"着咨取来京"，[②] "其有列名之分者，着该旗行文咨问，其情愿来京者，咨取来京，不愿者听"。[③] 镶白旗档中也记载了有些人确实没有前来北京面见皇帝之事，只是把他们的名字列于绿头牌上。另外，有关引见日期，原定每年年终八旗袭职，左、右翼分为两日引见，嘉庆十八年（1813）奉旨改为四日办理，镶白、镶红两旗为十二月十六日引见。[④] 但是，我们看到的镶白旗的记录与以上的规定有出入。首先是世职拟承袭人的引见日期，乾隆三十九年除 5-41 号档是七月外，其他基本是十二月。另外，嘉庆十八年以后也不一定只十二月十六日这一天引见。由此看来，对相关问题的深入研究还有很大空间。

第五，档案文书的语种、出现的人名及其变化使我们可窥见八旗蒙古人在满洲化、汉化过程中的一个侧面。如前所述，纵观这些档案形成的年代，一直到光绪元年以前，不管是佐领承袭档还是世职承袭档，基本是用满文撰写的。到了光绪朝以后，满汉合璧的文书多了起来，甚至有奏折和家谱各有满汉合璧的，相信这并不单纯是档案流传的问题，很可能与清廷一直坚持的倡行满文的政策有关。

另外，档案中出现的蒙古八旗人的名字也是很有趣的内容。从世系表看，一般刚开始立官或初期承袭者的姓名大多数是蒙古文，例如绰克图、噶尔图、阿彦、孟格等。再加上还有一些西藏渊源的人名，因为 16 世纪晚期开始蒙古掀起又一次的藏传佛教信奉热潮，所以有那木僧格谛、阿玉石、丹巴等名字。其后，有一些人取了满语名字，至晚期，取汉名的人明显多了起来，例如福

---

① 《清世宗实录》卷 117，雍正十年四月癸丑。

② 《光绪会典事例》卷 1134《八旗都统二十四》。

③ 《清高宗实录》卷 281，乾隆十一年十二月戊子。

④ 《光绪会典事例》卷 584《兵部四十三》。相关研究见雷炳炎《清代八旗世爵世职研究》，第 15 页。

寿、永寿、善福等。当然仔细观察这些汉名，和内地人取的名字还是有一些差别。另外，虽然到了晚清，但有一些蒙古八旗人依然取蒙古名字，这应该是他们和游牧处的蒙古文化有联系的缘故吧。

除了以上几点之外，档案还记录了清代蒙古八旗人的职业、人口、养子、寿命、驻防等各种信息。

结　语

据朝鲜《燕行录》载，清入关时在多尔衮的军士中蒙古人占多数。《昭显沈阳日记》甲申年（1644）五月二十四日记："世子一时出来，军兵之数十余万云，而蒙古人居多焉。"[①] 当然，入关时清军中的蒙古人可以分为扎萨克旗兵和八旗兵两大类。其中，八旗中的蒙古人由两部分人组成：已经编入满洲八旗的蒙古人和蒙古八旗的蒙古人。关于这两部分八旗中的蒙古人口数字目前还没有令人满意的研究。但是其人数应该达 5 万—10 万人则是有根据的。满洲八旗中蒙古人的情况可以从《八旗满洲氏族通谱》一书中了解其梗概。但是，在整个八旗中人数众多的蒙古八旗的情况一直没有多少资料流传下来。基本的资料是《初集》、《二集》和实录。而以前我们看到的第一手档案文献只是几个人物或某些家族的世系谱等，整个八旗蒙古的生存状况如何，目前几乎没有档案资料公布。从这个意义上说，现在笔者看到的东洋文库藏镶白旗蒙古都统衙门档案无疑具有重要历史文献价值。

当然，这部分镶白旗档的内容也有明显的缺陷。和已经公布的东洋文库藏镶红旗满洲都统衙门档相比，镶白旗档无论是在数量上还是在内容上，都与其存在不小的差距。这部分档案只是镶白旗蒙古都统衙门档中有关政治的部分档案。此外，蒙古八旗的经济、文化情况基本没有体现。就政治方面看，如把法律制度考虑进来，其内容丰富程度明显欠缺，因为这些档案是镶白旗都统衙门在处理日常行政事务过程中形成的，一个主要目的是记录佐领或世职的承袭情况，这就基本限定了该部分档案的主要内容。

---

① 《燕行录全集》第 26 册，东国大学出版社，2001，第 565 页。

目 录

上编 专题研究

下编 满文镶白旗蒙古都统衙门档案转写与译注

上编

专题研究

清初蒙古多罗特部的政治变迁

17世纪初期，亚洲东部原有的强大政权北元和明朝摇摇欲坠，而满洲后金政权的崛起，引发了诸多蒙古部落的重新洗牌。其间，有一些部落基本消亡了，有一些部落比较完整地保留了下来，还有一些部落分散了。在这样的历史旋涡中，保存下来的蒙古部落重新被编入清朝的政治体制之内，开始了新的征途。在此要讨论的多罗特部，原为蒙古本部察哈尔山阳鄂托克之一。该部的政治变迁，从一个侧面反映了北元—清朝交替之际蒙古部落的命运和走向。

一　多罗特部首领世系与后金的征讨

多罗特，蒙古语为doluγad或dolod，满语为dolot。在明人眼里，阿剌克绰特部长脑毛大黄台吉及其弟多罗特部长拱兔与蒙古大汗林丹为察哈尔部的三大酋。① 日本学者和田清的相关研究是开创性的。他首先利用明人文献厘清了在察哈尔各分支中也密力台吉、挨大笔失、拱兔三代人的世系问题。薄音湖研究指出阿剌克绰特部的中亚来源，但他并没有把多罗特部与阿剌克绰特部分开讨论。②

有关明末东蒙古的情况，在明人文献《辽夷略》中记述得最为详细。我们首先看一段记载：

① 熊廷弼：《与徐耀玉职方》，《明经世文编》卷480。

② 薄音湖：《关于察哈尔史的若干问题》，《蒙古史研究》第5辑，内蒙古大学出版社，1997。

直广宁西北而牧，离边约七百余里，市赏亦由镇远关者。其酋曰叆塔必，故，而生十子，曰脑毛大黄台吉，曰以儿邓，曰扯臣台吉，曰青把都儿，曰速克赤把兔儿，曰卜言兔思扯赤台吉，曰额儿得你丑库儿，曰阿民台吉，其第十子曰拱兔者，对〔封?〕锦州西北边五百里而牧，其市赏在锦州大福堡焉。脑毛大始为蓟门抚夷，后以寇辽故，挟市广宁关下，辽人竟弗许。脑毛大之长男曰桑阿儿，次曰缩闹，而控弦之骑几七八千。以儿邓故，而三子，曰麦力根歹青，曰宰桑台吉，曰桑阿儿寨，而控弦之骑五千。扯臣之子，曰卜言歹儿，曰赤劳亥，曰大成台吉，曰色令，而控弦之骑三千。若青把都儿故，而三子，曰歹青，曰滚木，曰把剌四气。速克赤把兔（儿）故，而三子，曰把兔儿阿败，曰宰桑，曰石计兔。卜言兔故，而四子，曰耿耿台吉，曰隐克，曰门克，曰果木。三部各拥骑二千。其必扯赤故，生三子，曰花台吉，曰汪台吉，曰滚度参，千骑耳。而额儿得你丑库儿亦三子，曰汪台吉，（曰）剌麻台吉，曰锁闹安儿。其阿民台吉在，止一子曰班旧儿。二部约骑兵各二千余。独拱兔一枝近锦州边者，五子，长以儿度赤，次剌八四气，三色令，四果木，五剌麻，而约兵五千也。盖叆塔必十枝，凡三十二派，而脑毛大、拱兔为强。①

也密力的长子，《登坛必究》也写成“叆塔必”。而据萧大亨《北虏世系》，达延汗长子铁力摆户之子为不地台吉和也密力台吉。也密力台吉有二子，分别为挨大笔失（ayidabiši）台吉和卑麻（boima）台吉。② 笔者在蒙古文文献中未查到挨大笔失台吉的名字。森川哲雄认为：“图鲁博罗特的次子也密力台吉分到了包括阿剌克绰特、敖汉、奈曼在内的集团。也密力台吉的长子挨大笔失台吉分到了阿剌克绰特，次子卑麻台吉分到了敖汉、奈曼，他们分别为该鄂托克的始祖。”③ 但是，乌云毕力格认为，图鲁博罗特无嗣，不地台吉和

① 张鼐：《辽夷略》，于浩辑《明清史料丛书八种》（6），北京图书馆出版社，2005，第109—110页。

② 参见萧大亨《北虏风俗》附《北虏世系》，《北京图书馆古籍珍本丛刊》第11册，北京图书馆出版社，2000。

③ 森川哲雄：《察哈尔八鄂托克及其分封》，《东洋学报》第58卷第1、2号，1976年。

也密力台吉的父亲是达延汗次子乌鲁思博罗特。[①] 阿剌克绰特是察哈尔山阳四鄂托克（左翼四鄂托克）的第一大鄂托克，多罗特是阿剌克绰特的属部。[②]

达力扎布认为，在挨大笔失的诸子中，拱兔的游牧地在最南端，大约在原朵颜卫之东大凌河北面一带。拱兔子色冷，明人又称为青把都（儿），清人称作色楞青巴图鲁，其部名为多罗特部，而脑毛大所部可能即清人所说的阿剌克绰特部，其居地在多罗特部附近。[③] 又据明末王在晋奏折所言："至于歹青、拱兔等所居，在河西（即辽河以西）襟喉之地。东向与奴（即努尔哈赤）通，则直闯关门，无烦后顾。西向与我通，则密迩宁前，可作前茅。"[④] 和田清曾详细考察明人文献探讨察哈尔部的变迁问题。他认为，察哈尔图们汗的从弟拱兔不仅和敖汉部祖小歹青相互支援，而且是近亲。[⑤]

综合以上前人研究，再加上新近发现的资料可以得出，挨大笔失的十个儿子中长子、季子按照当时蒙古的习惯分到了其父亲的大部分遗产，即最强大的两个鄂托克阿剌克绰特和多罗特。但是，就多罗特部来讲，并不能简单认为只是指拱兔诸子率领的部落，似乎其兄弟青把都儿、阿民等人的后裔也属于多罗特部。相关的探讨请看以下论证。

东洋文库保存的蒙古镶白旗都统衙门的一件满文档案（见文后附录）载，崇德年间从明锦州来投诚的多罗特部绰克托台吉，有一个兄弟叫垂剌什，他们的父亲叫歹青。[⑥] 对比《辽夷略》的世系，可知歹青是挨大笔失的第四子青把都儿之长子。另外，在内秘书院档顺治五年敖汉部长索诺木杜棱死后的文书中写道："索诺木杜棱，尔为敖汉部大诺颜。因察哈尔汗不道，遣使来朝乞内附，不久率所属部众来归。在征讨多罗特部之战时，劝导巴兰珠尔塔布囊投诚。"[⑦] 巴兰珠尔塔布囊，应该是挨大笔失第九子阿民之子班旧儿。但是，为

① 乌云毕力格：《〈阿萨喇克其史〉研究》，中央民族大学出版社，2009，第 120 页。

② 乌云毕力格：《喀喇沁万户研究》，内蒙古人民出版社，2005，第 81 页。

③ 达力扎布：《明代漠南蒙古历史研究》，内蒙古文化出版社，1998，第 120 页。

④ 王在晋：《三朝辽事实录》，天启二年七月。

⑤ 和田清：《明代蒙古史论集》下册，潘世宪译，商务印书馆，1984，第 450 页。

⑥ 东洋文库藏，档案号：MA2-23-4-1。

⑦ 中国第一历史档案馆等编《清内秘书院蒙古文档案汇编》第 3 辑，内蒙古人民出版社，2003，第 7 页。

什么说他是黄金家族的女婿即塔布囊也是暂时解释不清的问题。

那么，可以这样理解，在挨大笔失的儿子们中长子和季子各自形成了一个集团，而他们的其他兄弟及其后人率领的部众也分归这两个集团即阿剌克绰特和多罗特。或也可以进一步推测，按照当时蒙古部落的习惯，这两个部落各自代表左右两翼。他们的总兵力有 31000—32000 名骑兵。只是到了清军攻击时很可能是部分多罗特人跟随林丹汗西迁，而后很轻易地被后金征服了。

林丹汗率大部分察哈尔部众准备西迁之时，敖汉、奈曼和部分阿剌克绰特部人投奔后金。如天命十一年十月戊寅，阿剌克绰特部贝勒图尔济率百户人户来归。又天聪元年八月壬子，该部巴尔巴图鲁、诺门达赉、吹尔扎木苏三贝勒率男子 15 名、妇人 14 口、幼小 10 口等来归。当年十二月，阿剌克绰特贝勒图尔济伊尔登携妻子部众来降。[①] 从蒙汉文文献中找不到他们的世系情况，这可能是因为这些人的辈分到了挨大笔失曾孙一代，而他们的世系史乘缺载。

幸运的是，《满文原档》较详细地记录了天聪二年天聪汗亲征多罗特部的情况：

> （因为满洲国的天聪汗遣往喀喇沁之使者，被察哈尔的阿剌克绰特、多罗特国二次截杀，故满洲国的天聪汗率很少的兵）于这月初八日出征讨伐察哈尔蒙古之阿剌克绰特国，（二月初八日）汗和诸王率很少兵士，去巡察马匹之肥否，申刻出发。讨伐的原因，是因为派去喀喇沁的使者两次被截杀，为了报此仇而讨伐的。初九日宿于达岱苏巴尔罕。这日，汗集合诸王诸大臣说：此行皆选精锐而来，何必要很多兵，要出奇兵，不可胡作乱为。这样戒之。十五日，（汗向众王台吉们说：选派兵士前来，说了要派兵的话，你们出征，你等率精兵前行，若遇敌人），应施技围捕，有没有消息，这样就不会耽误，我们将率诸营，跟在你们之后前进。如此说

① 《满文老档》太宗 1，东洋文库，1959，第 99、108 页。《清太宗实录》卷 1，天命十一年十一月戊寅；卷 3，天聪元年八月壬子，天聪元年十二月甲午。《八旗满洲氏族通谱》卷 66，辽沈书社，1989。这部分投诚而来的人都被编入满洲镶白旗。

> 后送去，前行诸王，捕人讯问，则告以有色楞青巴图鲁，与其国人板升悉在敖木伦地方，于是驻兵等待诸营，皆令穿甲，汗与诸王亲自率兵驰往，多罗特国的多尔济哈坦巴图鲁，受伤遁走，尽获其妻子，杀古鲁台吉。①

色楞青巴图鲁是拱兔了无疑，但现有的资料无法厘清多尔济哈坦巴图鲁、古鲁台吉等人在世系中的位置。或许可以推测他们是色楞青巴图鲁的下一代。

此次战役，后金方面不仅有天聪汗皇太极亲自出马，另外多尔衮、多铎两位台吉也出征并立功，分别获得“墨尔根戴青”“额尔克楚虎尔”等名号。②此外，征伐多罗特部时，刚归附不久的敖汉等原察哈尔部的台吉也参与其中。但是，后金方面的文献当时没有记录这一事件。因为敖汉驻地与阿剌克绰特、多罗特等部邻接，在这次战役中他们扮演了向导的角色。明朝方面有记述：“清兵二万余骑屯锦州塞，以都令为向导攻克拱兔男青把都板城，尽有其地，青把都遁免。”③ 在此所称“都令”就是敖汉部长“索诺木杜棱”。所谓“板城”就是“板升城”，是指当时蒙古部所属汉人农业定居点。

天聪二年，后金出兵消灭阿剌克绰特、多罗特二部，保证了其与新联盟者喀喇沁部的通道安全。

二　从锦州来投诚之多罗特部人

明末清初，因种种原因，大批蒙古首领带领其所属部众投奔明朝，被安置于长城沿线的各城镇。如天聪五年，攻打大凌河城时，城里就有降明的蒙古人。我们从后来的文献中可以了解到，天聪二年阿剌克绰特、多罗特二部被后金军攻击后，其一万多名部众已经归入后金。但这并不是多罗特部的全部部

① 《满文原档》第 6 册，第 239—243 页。汉译参考《旧满洲档译注·清太宗朝（一）》，台北故宫博物院，1977，第 210 页。原档涂抹部分用下画线来表示，原档增订部分用括号来表示。

② 《满文原档》第 6 册，第 243 页。

③ 《崇祯实录》卷 1，崇祯元年三月乙丑，《明实录》附录十八，台北“中研院”历史语言研究所，1962。

众，还有部分人在其大小首领的率领之下投奔到明边城锦州、杏山等地。后金对降明蒙古人的一种策略是不断发去劝降书，诱惑他们前来归附。

天聪八年，太宗皇太极在远征察哈尔途中，九月戊辰，留守和硕贝勒济尔哈朗等遣马福塔等赍奏至言：

> 闻明国皇帝以蒙古人虽附明，实属无用，其在大凌河也，杀人而食，败则先奔，谕大寿杀之。凡二次，大寿子闻之，窃与父书，劝其勿杀，且云若杀蒙古，害必及身。蒙古弗知也，擐甲三夜，欲执大寿投我国。事泄，大寿谓桑噶尔寨曰：我视尔等如兄弟，尔等何得如此。桑噶尔寨曰：闻谕旨欲尽杀蒙古，我等故有此谋，以自救耳。大寿遂与桑噶尔寨盟，闻龚图诸子不与，且汉人蒙古虽盟好，终不相亲，臣等侦知之，随遣我国蒙古一人，赍书与龚图诸子矣。其自明逃来者，一系布颜塔布囊之弟，名吴纳海浑齐，携妻及其叔至，其一于从前窃额驸达尔哈马匹逃去，今亦携妻至，且自车驾行后。
>
> 至阿禄部落人向无逃叛之事，今吴纳海自锦州逃至，具言四子部落、孙杜稜之人，逃叛不绝，兵部和硕贝勒岳托因差蒙古一人，匿书靴内，致锦州蒙古多尔济哈谈、绰木、扎木苏、诺木齐塔布囊四人。书言，闻尔多罗特部落人共称尔等为豪杰，夫豪杰识时，尔宜乘时应运，与我皇上为羽翼，不宜依庇明人，执迷不悟，可惜奇男子，何故与旦夕，将亡之明人谋同毙乎，尔等当自审之，勿失机会。观之于古，顺天者存，逆天者亡，况尔等既非汉人苗裔，又非汉人臣僚，明国皇帝亦不视尔等若子弟，无专城统兵显要爵秩，其随从效力之人，又尽为汉官所占，尔等更何所恃而必从明人也。①

可见，多罗特的多尔济哈坦巴图鲁从后金征讨逃脱后确实到锦州降明。桑噶尔寨（桑阿儿寨）是挨大笔失第二子以儿邓的第三子，应该是阿剌克绰特

① 《清太宗实录》卷20，天聪八年九月戊辰。

部的台吉。其实诺木齐塔布囊是敖汉部人，并非多罗特部人。[①] 当时，他们都没有前来投诚后金。但是，其他蒙古部落人在后金（清）与明朝之间来回穿梭，处于叛附不定的状态。如崇德五年时，从明朝杏山来归清朝的有多罗特部的苏班代。[②]

崇德六年时，清军围困锦州城。《清实录》等文献较为详细地记载了当时战争的经过以及锦州蒙古人投诚时的情形。

（崇德六年三月辛丑）先是，和硕郑亲王济尔哈朗、多罗武英郡王阿济格、多罗郡王阿达礼、多罗贝勒多铎等围困明锦州，每面立八营，绕营浚深壕，沿壕筑垛口，两旗之间复浚长壕，近城设逻卒哨探。时明援兵前队已至松山、杏山，锦州城中蒙古见我军严整，皆大惊，向逻卒呼曰：尔等围困何益，我城中积粟可支二三年，纵围之，岂可得耶。逻卒应之曰：无论二三年，纵有四年之粮，至五年后复何所食。蒙古等闻之，知我军志在必得，恐甚。于是城中蒙古贝勒诺木齐、吴巴什、浑津、清善、山津、古英塔布囊、楚肯、辖台吉、博博克泰、昂阿代、苏巴达尔汉、满济、额参、托济、布达习等遂谋来降。有蒙古一人闻之，欲逃去往告祖大寿，吴巴什等幽杀之，遣二人持降书缒城而下，潜入我营，我兵获之，令见济尔哈朗。二人跪呈降书。其书云：荷蒙皇上降恩旨以来，欲降无计，今诺木齐贝勒、绰克托台吉、吴巴什台吉约誓已定，欲献东关，乞大清国大小诸贝勒垂鉴，遣兵近前，围城之西北南三面，若不近城，恐我等人力不多，不能济也。当携梯橹，作攻城状，再拨接应兵马，近城潜伏，勿令人见。我等已知王贝勒等至，早有归我皇上之心，今诺木齐贝勒、吴巴什台吉、浑津、清善、山津、古英塔布囊、楚肯、辖台吉、博博克泰、昂阿代、苏巴达尔汉、满济、额参、托济、布达习等倡率诸蒙古请降，至二十七日黎明时，可遣兵四面来攻，诺木齐守东门，吴巴什守南门，若不信我等，有

① 中国第一历史档案馆编《清初内国史院满文档案译编》（上），光明日报出版社，1989，第480页。

② 《清太宗实录》卷51，崇德五年五月丁丑；卷52，崇德五年七月丁亥。《清初内国史院满文档案译编》（上），第458页。

上天在，有如天之圣主在。我等愿为编氓，纳职贡，实出诚悃。我等所差二人既到，可举信炮三声以为验，若蒙容纳，幸赐回书。济尔哈朗览毕，细讯之，大喜，遂与诸王、贝勒、固山额真等议，吾等当示信于吴巴什、诺木齐等，约誓二十七日夜，兵必前进，遂举信炮以为验，二十四日遣启心郎额尔格图持其降书驰奏。至是额尔格图等至奏闻，上大悦。①

其实，在这些准备投诚清朝的蒙古人中，为首的是诺木齐塔布囊、吴巴什（式）台吉。他们并不是多罗特部人，而是敖汉部首领人物。②《清太宗实录》又接着记录了他们叛明投诚到清朝当天的战争情况。

是日，和硕郑亲王济尔哈朗、多罗武英郡王阿济格、多罗郡王阿达礼、多罗贝勒多铎等遣护卫代衮、阿思哈、卓三等奏锦州蒙古贝勒诺木齐、吴巴什等归降，及我军攻克锦州外城捷音。先是二十四日祖大寿闻吴巴什、诺木齐等叛，遂整兵以待，会日暮，至外城门，遣副将、游击各一人，率兵欲以计擒吴巴什等，为吴巴什等所觉，即执兵器以迎，外城蒙古等亦争执兵器。既接战，声闻关外，济尔哈朗、阿济格、多铎等相继至城下策应，关内蒙古縋绳城下，我兵陆续援绳而上，以援蒙古，夹击明兵，于城上吹角，明兵败入内城，我军遂皆入关厢，其城中蒙古男妇及一切器物尽送义州。济尔哈朗遣护卫代衮等赍疏奏报。臣等蒙皇上洪福，于三月二十四日日暮时，闻锦州关内蒙古兵与城内明兵接战，两白旗营相去甚近，率兵先登，左右之兵，相继尽登，俱至外城，诺木齐塔布囊、绰克托台吉、吴巴什台吉等尽率其官属兵丁以降，都司、守备、把总、管队等官八十六员，男子、妇女、幼稚共六千二百一十一名口。时喀喇沁部落古鲁思辖布、查萨衮杜稜具筵进献，适捷音至，上大悦，命八门击鼓，召众于笃恭殿宣捷。③

① 中国第一历史档案馆等编《清内秘书院蒙古文档案汇编》第1辑，内蒙古人民出版社，2003，第293—295页；《清太宗实录》卷55，崇德六年三月辛丑。

② 《清初内国史院满文档案译编》（上），第480页。

③ 《清太宗实录》卷55，崇德六年三月壬寅。

可见明将祖大寿等人在诺木齐塔布囊动手之前已经发觉其可疑的踪迹，原二十七日的计划提前到二十四日行动。在清军支援下，诺木齐塔布囊等人成功逃脱而投诚清朝。在此才提到绰克托台吉。投诚者中另有喀喇沁等部人。其实，在全部投诚者中多罗特部人数所占比例较小。对此次事件的前后状况，朝鲜方面文献也有所记载。如《李朝实录》仁祖十九年（明崇祯十四年）七月丙戌条载："天将祖大寿与其弟入守锦州城，清人围之。大寿自失罗城疑蒙古之降者，使汉人监之。而蒙古之出城投虏者甚多。"①

三　编牛录入八旗

后金（清）对归附者的措施是，将其男丁编入八旗，授予其首领世职世爵。如天聪二年征多罗特部之战后：

> 俘获一万一千二百人，以蒙古、汉人一千四百男丁编为户口，其余为俘虏。十七日，以战胜之事，向天叩头为礼。汗赐他的五十头牛，八旗诸王各取出五十头牛、五十只羊，给有功的大臣们和受伤者。（将所获之俘虏，按等级分赏给将士和战争中受伤的）人。余下的俘虏按等分给军人。②

在此所言较为清楚，所俘获的全部 11200 人中，将 1400 名男丁编为户口，意思是并入八旗。因为当时蒙古八旗尚未成立，只能说是编入了满洲八旗。但是到底归入哪一个满洲八旗就不清楚了，这可能因为一方面这些人是俘虏，另一方面他们当中没有什么有名有姓的头领人物。就这样大部分的多罗特部众无影无踪了。这也显示了满洲人中具有蒙古血统者大有人在的事实。

---

① 《明代满蒙史料——李朝实录抄》第 14 册，台北，文海出版社，1975，第 460 页。

② 《满文原档》第 6 册，第 239—243 页。汉译参考《旧满洲档译注・清太宗朝（一）》，第 210 页。在原档中，涂抹部分用下画线来表示，增订部分用括号来表示。

崇德五年，降明的苏班代、阿巴尔代等率其属民从杏山来降，[①] 清廷授苏班代三等甲喇章京，准再袭四次。[②]《清太宗实录》说苏班代、阿巴尔代为多罗特部人。但《钦定八旗通志》（以下简称《二集》）载蒙古镶黄旗右参领第十二佐领初任牛录章京苏班代是喀喇沁人。[③]

据《清太宗实录》：

> 乙巳，以锦州来降诺木齐塔布囊、吴巴什台吉携来蒙古男子一千五百七十三名，汉人一百三十九名，妇女、幼稚二千六百五十五口编为九牛录，每三丁一人披甲。诺木齐及部下蒙古二百四人分隶正黄旗。吴巴什及部下蒙古七百二人分隶镶蓝旗。阿邦、伊木图、文都尔户、满桃（韬）及其部下蒙古五百五十三人，分补各旗之缺额者。令诺木齐、吴巴什照梅勒章京品级，阿桑喜、满桃、额布根、海塞、巴布代、额布格尔德、浑津照甲喇章京品级，巴布代弟俄尔洪、安达哈、山津、多尔津、伊木图、文都尔户、阿邦等照牛录章京品级，并达尔马、古习、毕图、塞木、绰思熙、巴松、额格特、僧格、明安，喀喇沁部落巴图、博尔洪、托博克、俄本代、敦朱特、布尔基、马察克、毕力克、敦津、博龙、俄尔洪塔布囊、诺木舍利塔布囊、诺木齐、白喜、巴达克、伊素得、萨尔寨塔布囊、达兰泰、阿津、巴颜图尔噶图、莽塞、叶琫、古路、朱根图济等各赐顶带、朝衣、鞍马、撒袋、弓矢、甲胄、白金、彩缎、文绮、庄田、人口、牲畜、布匹等物有差。[④]

结合其他资料来看，崇德六年三月从锦州来降的蒙古人当中有多罗特、敖汉、喀喇沁等部人。全部人口有6211名，其中诺木齐塔布囊、吴巴什携来蒙古男子最多，分别有204名和702名，分别编入蒙古正黄旗和镶蓝旗。当然，

---

① 《清太宗实录》卷51，崇德五年五月丁酉。

② 《清太宗实录》卷52，崇德五年七月丁亥；《清初内国史院满文档案译编》（上），第458页。

③ 《钦定八旗通志》卷18，四库全书本。

④ 《清太宗实录》卷55，崇德六年三月乙巳。

正黄旗是皇太极自己做旗主的固山，镶蓝旗旗主是济尔哈朗。二人一个为汗王，另一个为此次战役的总指挥，他们获得的人口最多。

而阿邦、伊木图、文都尔户、满韬四人的部下蒙古人共有553名，编入缺额的蒙古各旗。据《八旗通志初集》（以下简称《初集》）、《二集》，阿邦及其属民被编入蒙古正红旗右参领第七佐领，伊木图及其属民被编入蒙古正蓝旗右参领第三佐领，文都尔户及其属民被编入蒙古镶白旗右参领第六佐领，满韬及其属民被编入蒙古镶白旗右参领第二佐领。但是，《初集》《二集》的记述只是反映雍正末乾隆时的旗籍，其实从崇德八年开始到顺治八年旗籍有数次变动。那么当初这些人到底编入哪些旗？正红旗从崇德六年开始一直没有变化，当时的旗主是代善。也就是说阿邦等当时就被编入正红旗。顺治五年至八年间，正蓝、镶白两旗名称互改过。这样，当初伊木图等应该被编入镶白旗，而文都尔户、满韬等被编入正蓝旗。崇德六年时，正蓝、镶白二旗的旗主分别是豪格（皇太极长子）和多尔衮。①

此外，笔者发现《清实录》没有记述绰克托台吉的去向。再据《初集》名臣传部分，有多罗特部首领人物的传略：

> 满韬，蒙古镶白旗人。原系多罗特贝子，投入明朝，驻防锦州。至崇德五年，睿王多尔衮统兵围锦州时，满韬同吴巴什、诺木齐等率众蒙古来归。七年，授三等甲喇章京世职。顺治七年、九年，三遇恩诏，加至一等阿达哈哈番兼一拖沙喇哈番。十一年，随靖南将军朱玛喇征广东，击伪安西王李定国于新会县。十三年议叙，加世职为三等阿思哈尼哈番。
>
> 同旗有绰克图（托）者，姓博尔衮氏。初亦为多罗特地方贝子，投入明朝，驻防锦州。至大兵围明锦州时，绰克图同满韬等率众蒙古投降，授三等甲喇章京世职。顺治七年、九年三遇恩诏，加至一等阿达哈哈番兼一拖沙喇哈番。十一年从征广东，与伪安西王李定国战于新会县，连败

① 有关改旗问题的研究，参见杜家骥《八旗与清朝政治论稿》，人民出版社，2008，第149—206页；杉山清彦《清初正蓝旗考》，包国庆译，阎崇年主编《满学研究》第7辑，民族出版社，2002，第91—131页。

之。寻叙功，加世职为三等阿思哈尼哈番。[1]

多罗特部的首领无疑都是蒙古黄金家族博尔济吉特氏，说布尔衮氏是错误的。那么，满韬又是什么人？满韬与绰克托台吉是什么关系？对此，《初集》《二集》都没有说明。只有内国史院满文档记得比较清楚：多罗特贝子绰克托是满韬的父亲。[2]

此外，笔者在东洋文库见到一组有关蒙古镶白旗都统衙门的满文档案。其中就有一件多罗特部佐领根源档，解析蒙古八旗人员的构成及佐领承袭情况等。先将该满文原档汉译如下。

佐领八十世管佐领根源

佐领八十呈报，本人曾祖绰克图台吉，原系多罗特[3]贝子，多罗特地方人，博尔济吉特氏，从锦州率领百三名壮丁，于崇德七年来附太宗皇帝后，初编其所率诸蒙古为佐领，[4] 令跟随绰克图台吉来的安他哈管理。出缺后，令绰克图台吉子满韬管理。年老染病休致后，以满韬子那木僧格谛管理。染病休致后，以那木僧格谛子官保管理。出缺后，以官保之弟八十管理。如今以八十管理牛录。查实录，诺木齐塔布囊、绰克图台吉、吴巴什台吉等率来官兵等共计六千二百十一人口。

因符合实录所记佐领，兵丁等情愿画押，于雍正六年认定后记录在内阁档册。又内阁呈报，据实录所载，将阿邦、伊木图、温都尔胡、满韬等所属蒙古壮丁五百五十三名平均分给缺员各固山。因皆为奴仆，并无所住之地，认定为世管佐领具奏之事记录在案。

佐领所属人等呈报各自原住地方、氏族，以及编入八十牛录之缘由：

护军穆可依呈报，我们一族系毛祁他特地方人，巴罗特氏；护军常泰

---

① 《八旗通志初集》卷215。

② 《清初内国史院满文档案译编》（上），第480页。

③ 北元晚期蒙古察哈尔万户阿剌克绰特部属部，清初编入八旗。

④ 据《八旗通志初集》卷12，为镶白旗蒙古都统左参领第二佐领。而据《钦定八旗通志》，为右参领第二佐领。

等，老浩台[1]地方人，莽努特氏；散雅图、格瑶等，波头厂地方人，乌朗哈济勒蔑[2]氏；披甲散达色等，济勒蔑氏；护军达色等，喀喇沁地方人，莎格都尔氏；巴达尔胡等，敖汉地方人，莽努特氏；披甲浩升等，察哈尔地方人，宅拉尔[3]氏；步军伊拉齐、根都等，科尔沁地方人，扎鲁特氏。我们的曾祖们在太宗皇帝时，跟随绰克图台吉来归后，组编原创牛录时编入该牛录。

公中佐领兼步军副协领巴特玛等呈报，我们一族，敖汉地方人，扎拉尔代[4]氏；鸟枪护军校巴尔都等，扎拉尔代氏；三等侍卫长远等，西勒达特地方人，额哲特氏；护军七十八，老浩台地方人，莽努特氏。在太宗皇帝时，组编原创牛录时，将我们曾祖们编入该牛录，八十牛录是世管佐领无误，我们并无异议。

以上佐领之众所称问之佐领八十，则八十呈报，本人所管是世管佐领，护军穆可依、常泰、三雅图、格瑶、披甲散达色、护军达萨、披甲浩升、步军伊拉齐、根都等曾祖们均跟随我的曾祖绰克图后，组编原创牛录时，编入该牛录。公中佐领兼步军副协领巴特玛、鸟枪护军校巴尔都、三等侍卫长远、护军七十八等曾祖们在编立原创牛录时实为编入该牛录。其所报与该佐领人员所报内容相同。

查得雍正九年内阁呈称，实录所载，将阿邦、伊木图、温都尔胡、满韬等所属蒙古壮丁五百五十三名平均分给缺员各固山。因皆为奴仆，并无所住地方，认定为世管佐领具奏之事记录在案。该牛录由绰克图台吉率来安他哈承袭一次，又从绰克图台吉子满韬至八十共承袭四次。如今佐领八十所呈牛录根源之内容，符合固山之档，对此牛录成员均无异议，各自情愿呈报情况。臣等查得，补放佐领时，看其初创牛录之缘由，应否给分等情分晰办理，令其签字画押。

---

① 应该是老哈河之老哈，再加蒙古语附加成分“台”（tai）。

② 《元朝秘史》作者勒蔑，《元史》作折里麦，《王公表传》作济拉玛，蒙古兀良合惕氏人，成吉思汗时期大蒙古国大将。

③ 应该是扎赉尔。

④ 应该是扎赉尔代。

据佐领八十呈报，本人所承世管佐领补放佐领时，我的曾祖绰克图台吉之子孙有分，我的叔曾祖垂剌什、叔高祖岱青等子孙无分。

查补放世管佐领时，管过佐领之人子孙有分，没有管理佐领的兄弟之子孙无分。八十所报有分无分之事，让其族人众所看后，垂剌什之孙亲军冠顶、扎克丹、护军阿拉泰、披甲乌日图那苏图、闲散根吉颜图、养育兵莫尔根格；岱青之孙领催散久等均认可八十所称。臣等谨慎核查符合后，使其族人众画押在各自名下。因此，现将根据他们所画押，有分无分之情记在家谱上一同具奏呈览。

这一件档案资料可以帮助我们了解以下几个方面的历史状况。

（1）该满文档案的形成年代问题。随着雍正朝开始的八旗改革的深入，到乾隆元年有谕令："八旗原管佐领、世管佐领，其原得佐领缘由，并佐领下人原系何处人编入该佐领，均核明造册，自佐领以下至兵丁闲散，均开列姓氏，于本名下画押，该旗汇总具奏。"① 乾隆三年，各旗将佐领根由、佐领家谱及所造画押之册陆续整理完毕。乾隆三年至六年，指派慎郡王允禧、领侍卫内大臣讷亲及和亲王弘昼等，依据钦差办理佐领根源之王大臣及八旗大臣所审定的佐领根源和各旗上报的佐领家谱，拟定拣选勋旧佐领、世管佐领时，对承袭佐领者如何给分，进而选定拟正、拟陪、领命人员引见补放之细则。这就是《钦定拣放佐领则例》的形成过程。② 综合以上信息，包括这一份档案在内的类似档案都是雍正末期至乾隆三年之间形成的。

（2）和其他史料结合，进一步证明镶白旗这一个多罗特牛录的形成、佐领承袭过程。首先据《清实录》，绰克托从锦州携来 103 名男丁，于崇德六年三月编入蒙古八旗。但是以上档案说绰克托及其携来男丁编入八旗是崇德七年的事情，这是不正确的。又据《初集》，绰克托编入的是镶白旗左参领第二佐领，而《二集》说编入的是镶白旗右参领第二佐领。但是，以上二书和该档

① 《乾隆会典则例》卷 175《八旗都统》。

② 赵令志、细谷良夫：《〈钦定拣放佐领则例〉及其价值》，《清史研究》2013 年第 3 期。

案记述一致的是八十以前的世袭情况，即绰克托从人安他哈承袭一次，而满韬至八十都是绰克托一家子弟相继承袭四次。此外，该档案文书的一个内容是，叙述绰克托佐领的根源后证明绰克托子孙有分（ubu）之事。因为有无分之事关系到这一家的佐领承袭等问题。

（3）该牛录人员的构成情况。此档中一个重要的内容是交代了该多罗特牛录人员的驻地、氏族等。在此所说地方，其实多处是指这些人员投奔到明锦州以前的部落所属，有察哈尔、喀喇沁、敖汉、科尔沁等。有一些人交代的确实是所住山川地名，如老哈台地方等。档案中出现的氏族有巴鲁特、莽努特、乌梁海者勒蔑、莎格都尔、扎鲁特、扎赉尔代、额哲特等。这些佐领所属人员以宗族（mukūn）为单位交代他们所住地方、氏族后，证明当时跟随绰克托投诚清朝，编入其牛录的情形。由此可见该多罗特部绰克托家族牛录之构成人员的复杂性。在此提到的多罗特的牛录，一共有 12 个宗族，当初刚编立牛录时共有 103 名男丁。这表明多罗特在大凌河流域驻牧时收纳了各个地方各个部落的多种氏族的人员，当时的蒙古部落是血缘和地缘结合的组织，人们在领属关系基础上结成一些新的部落、鄂托克等社会组织。

（4）为佐领分类及其性质演变提供新说法。据该档交代，绰克托带领 103 名男丁所编成的牛录，称为其家族管理的世管佐领。但是，《二集》叙述该佐领承袭情况后有“谨案，此佐领系绰克图台吉率人户来归时编立，令其从人安他哈管理，袭至七次安他哈绝嗣，于乾隆三十年改为公中佐领”。[①] 其实，据《二集》，八十之后又有五位佐领相继承袭，他们都是绰克托台吉的后人，而不是安他哈的后人。从雍正朝开始清朝对八旗制进行改革，其间佐领的命名、承袭等相关制度也处于不断的修订和变化中，而这些新的制度和政策对蒙古八旗的影响到底如何，有必要结合其他史料进行更加深入的探究。

① 《钦定八旗通志》卷 20。

结 语

通过几代学人的不懈努力，满洲八旗下属蒙古人的情况梳理得较为清楚了。[①] 但是，蒙古八旗的研究，基本上停留在对天聪九年成立时情形的探讨，[②] 而“降明蒙古”编入八旗，牛录人员构成、佐领承袭等问题，一直处于并不明朗的状态。

天聪九年蒙古八旗成立时，其人员构成是三部分人户：“旧蒙古”“在内喀喇沁”“在外喀喇沁”。其后，崇德六年三月，投诚过来的锦州蒙古共计有6211人口。其中，蒙古男丁有1400余名，编入蒙古八旗。而此前天聪二年时，被俘虏的人数更多，超过1万口。这些人在整个八旗中所占比例并不小。按照绰克托及其后人所领牛录的根源档和《初集》的统计，由锦州来降人员参与编立的牛录共有9个。

此外，旧有的领属关系也是编立八旗、牛录的一个重要原则。本文讨论的蒙古镶白旗多罗特部牛录就是因为其首领是投诚人员，被优待，基本保持其原有领属关系而设置的。该佐领除了开始是由绰克托从人安他哈管理之外，其后一直都是由该佐领家族出身者管理。这也从一个侧面反映了清朝统治政策的层次性、灵活性，同时可以清楚地了解到该牛录人员构成的结构性问题。

---

① 相关研究有：杜家骥《〈蒙古家谱〉增修者博清额之家世及该族〈蒙古博尔济吉忒氏族谱〉、〈恩荣奕叶〉》，《蒙古史研究》第7辑，内蒙古大学出版社，2003，第417—433页；楠木贤道《清初对蒙古政策史研究》，汲古书院，2009，第21—69页；张永江、关康《古尔布什家系与事迹补正——以满文〈古尔布什家传〉为中心》，《纪念王钟翰先生百年诞辰学术文集》，中央民族大学出版社，2013，第387—406页；等等。

② 有关清初蒙古八旗的研究有：阿南惟敬《天聪九年蒙古八旗的成立》，《历史教育》第13卷第4号，1965年，后载入《清初军事史论考》，甲阳书房，1980；郭成康《清初蒙古八旗考释》，《民族研究》1986年第3期；张晋藩、郭成康《清入关前国家法律制度史》，辽宁人民出版社，1988，第263—299页；赵琦《明末清初的喀喇慎与蒙古八旗》，《蒙古史研究》第5辑，内蒙古大学出版社，1997；乌云毕力格《喀喇沁万户研究》，第158—170页；等等。

清代蒙古八旗口外游牧地考

清人关后，八旗首先被安置在北京内城中，各旗都有固定的住址。随后因设立全国各地的驻防点，八旗满、蒙、汉各旗人户也被安排到内地各处驻防。① 这是学界的共识。但是，具体到蒙古八旗，其驻防地都在以上提到的北京和内地吗？清代官方所纂《八旗通志初集》《钦定八旗通志》等八旗志书，对蒙古八旗驻地问题的记述语焉不详。笔者通过阅读满、蒙、汉文档案文献，了解到蒙古八旗在口外的游牧地情况。

一　明末清初喀喇沁黄金家族的游牧地

天聪九年（1635），在“在内喀喇沁”和“旧蒙古”的基础上，增编当年新编审的喀喇沁蒙古而成立了独立的蒙古八旗。② 虽然因没有确切的数据记录，我们尚无从知道喀喇沁部众在整个蒙古八旗中所占比例，但通过考察《八旗通志初集》等后期编纂的官书，可以了解到喀喇沁佐领在整个蒙古八旗中占有半数左右比例。这就说明通过考察蒙古八旗所属喀喇沁部众的驻地，可以从一个侧面了解到蒙古八旗的驻防地情况。因此，我们首先考察编入蒙古八旗的喀喇沁黄金家族驻牧地问题。

关于蒙古喀喇沁万户的起源、形成以及“诺颜-塔布囊”体系的发展与后金国的关系，乌云毕力格有过系统的探讨。他结合明朝汉文文献和蒙古文文献

---

① 参见定宜庄《清代八旗驻防研究》，辽宁民族出版社，2003；刘小萌《清代北京旗人社会》，中国社会科学出版社，2008。

② 相关研究主要有阿南惟敬《天聪九年蒙古八旗的成立》，《清初军事史论考》，甲阳书房，1980；郭成康《清初蒙古八旗考释》，《民族研究》1986 年第 3 期。

指出，喀喇沁万户第一代汗巴雅斯哈勒昆都伦（1510—1570）有五子，长子黄把都儿，次子青把都儿，三子来三兀儿，四子满五素，五子马五大。巴雅斯哈勒昆都伦汗活到1570年，其后黄把都儿长子白洪大即喀喇沁部汗位。当时喀喇沁万户的牧地大概在宣府边外，在旧开平、张家口互市。①

17世纪初成书的《万历武功录》对喀喇沁万户牧地的记载比较具体，指出巴雅斯哈勒昆都伦汗“逐插汉根脑及大沙窝、三间房水草，旁近三卫。常以精兵三万，政自强大也”。② 乌云毕力格认为，插汉根脑是插汉脑儿之误。③ 三间房也称插汉根儿。大沙窝即内蒙古中部浑善达克沙漠。④ 再考虑到当时蒙古处于游牧社会状态，可以推测他们在这一带过着游牧生活。巴雅斯哈勒昆都伦汗死后，其次子“所居在大沙窝、三间房，旁近赤城”；四子“所居在小白阳堡边外”；五子“所居在大沙窝、三间房也”。⑤ 可见巴雅斯哈勒昆都伦汗儿子们的驻牧地和他们父亲时代相比没有多大变化，这也符合当时蒙古的分封制等社会政治制度。

清乾隆中期纂修的《口北三厅志》卷7《蕃卫》记述了清代察哈尔八旗及其相邻的苏尼特、阿霸哈纳尔等扎萨克旗的地理位置。其后附有“前代部落”，“刘孔胤《宣镇图说》，成于万历季年，最为详尽”。⑥ 但我们很难见到流传至今的《宣镇图说》，所以在此转引《口北三厅志》中的《宣镇图说》内容。该书说巴雅斯哈勒昆都伦汗之长孙白洪大故，白洪大长子打利承袭汗位，“亦部中王子，统属节流枝派三十余枝，共约部夷数十万有余，强弱相半，俱在独石口边外，地名旧开平等处驻牧，离边二三百里不等。其马营赤城边外，地名补喇素泰，为汪阿儿害（亥）驻牧”。以上是上北路。接着该书交代宣镇中路边外，“独石口外地名贾阿苏泰，新称鞑靼王子打利台吉等驻牧。共约部夷一万余骑，离边四百余里。……卜罗它害我者台吉等驻牧旧开平城，共约部

① 乌云毕力格：《喀喇沁万户研究》，内蒙古人民出版社，2005，第32—33页。

② 《万历武功录》卷9。

③ 乌云毕力格：《喀喇沁万户研究》，第34页。

④ 达力扎布：《明代漠南蒙古历史研究》，内蒙古文化出版社，1998，第87页。

⑤ 《万历武功录》卷9。

⑥ 《口北三厅志》卷7，台北，成文出版社，1968，第117页。

夷二千余骑，离边三百余里。……满五素男喇布台吉等驻牧桓州驿，共约部夷一千余骑，离边二百余里。……白言台吉驻牧搜记朵言，约部夷一万余骑，离边三百五十里。……满五素男不喇兔台吉驻牧屹塔素，约部夷四千余骑，离边四百余里。……满素男本不失等驻牧卜罗计，共约部夷三千余骑，离边五百余里。马营堡口外地双山儿，白言台吉卜部落驻牧，离边二十余里。……赤城堡边外地名汪阿儿亥，解生黄台吉下妥脱儿倘不浪等驻牧，并部落八百余骑，离边二百余里”。“中路边外系白洪大等下拨来散夷守口，离边十余里。其酋首白洪大在独石口边外旧开平等处驻牧。有二万余骑，离边二百余里。”“上西路，张家口堡外寺儿沟，离边二十里，青把都（儿）台吉前来互市驻牧于此。“[①]可见一直到巴雅斯哈勒昆都伦汗曾孙打利一代，喀喇沁黄金家族主体部分都驻牧在独石口外，而张家口、宣府一带是他们和明朝互市的地方。

补喇素泰，可能是《大清一统志》所记，在镶黄等四旗牧厂西南四十里有布林泉，又其西南十里有布尔哈苏台泉，就是镶红旗驻地。[②] 开平城、桓州，《中国历史地图集》元代部分“中书省”图标得很清楚，[③] 上都开平府是元代的陪都，也是元代政治中心之一。《大清一统志》“牧厂”古迹部分有“桓州旧城”和“开平旧城”。[④] 赤城堡，北京大学图书馆藏彩绘《北京城图》长城独石口以南地方用红色小方块表示其所在的赤城县城。[⑤]

汉文《宣镇图说》的主要价值在于交代了16世纪晚期至17世纪初期巴雅斯哈勒昆都伦汗后裔第三、四代喀喇沁黄金家族的牧地。该家族以白洪大子打利为首，其部众有数十万人，主要散居在从赤城、独石口边外十余里开始，以旧元上都、桓州为中心，到浑善达克沙漠的广大区域。

有关明末喀喇沁黄金家族的牧地，蒙古文《俺答汗传》中提到三世达赖喇嘛时说，“鼠年（1588），在喀喇沁的ǰiγasutai 地方圆寂”。[⑥] 乌云毕力格利

---

① 《口北三厅志》卷 7，第 117—121 页。

② 《大清一统志》卷 548，四部丛刊续编。

③ 谭其骧主编《中国历史地图集》第 7 册，地图出版社，1982，第 7—8 页。

④ 《大清一统志》卷 548。

⑤ 北京大学图书馆编《皇舆遐览：北京大学图书馆藏清代彩绘地图》，中国人民大学出版社，2008，第 3 页。

⑥ 珠荣嘎译注《阿勒坦汗传》，内蒙古人民出版社，1990，第 305 页。

用《蓟镇边防》《武备志》《北虏世代》等汉文文献和蒙藏方面的史料进行研究后指出，“边外的旧开平为喀喇沁万户首领白洪大的驻牧地”，“今天的（内蒙古正蓝旗）桑根达来苏木的扎格斯台淖尔一带就是二世达赖喇嘛圆寂之地”。[①] 实际上，有关三世达赖喇嘛圆寂地ǰiγasutai，《口北三厅志》中已有明确的记载：“正蓝旗在独石口东北三百六十里，总管驻扎哈苏台泊。”[②] 这符合巴雅斯哈勒昆都伦汗的嫡长孙白洪大和次子青把都儿邀请三世达赖喇嘛到其领地的情况。说明白洪大他们的牧地在扎哈苏台泊附近。

另外，罗桑丹津的《黄金史纲》称阿拜诺颜之墓在伊麻图地方。[③] 纳古单夫、阿尔达扎布根据《蒙古游牧记》认定，伊麻图是清代东土默特旗西南三十里、喀喇沁右旗南一百三十五里处的蟠羊山。[④] 阿拜诺颜是巴雅斯哈勒昆都伦汗三子萨赖之子（此据《蒙古博尔济吉忒氏族谱》载）。又《口北三厅志》卷7载：“（察哈尔八旗的）镶白旗在独石口北二百四十五里，总管驻布雅阿海苏默，东至太仆寺牧厂界八里。”[⑤] 布雅阿海即布颜阿海，是巴雅斯哈勒昆都伦汗第五子之子。这些后期的资料进一步佐证了明末北元喀喇沁黄金家族的牧地在独石口边外的事实。

后金和蒙古喀喇沁部缔结军事联盟后不久，天聪三年皇太极亲自率领后金兵征伐明朝华北地区。当年十月，以喀喇沁部落阿拜诺颜之子台吉布尔噶图为进兵向导，当时清军次第路过苏布第塔、喀喇沁喀喇城、喀喇沁上都河、喀喇沁察罕和洛等地。[⑥] 这些地名信息也说明喀喇沁塔布囊苏布第在内的喀喇沁台吉和塔布囊在明末清初都居住在上都河流域。

从以上诸头目之牧地可以了解，在察哈尔林丹汗西征之前，喀喇沁万户的首领阶层驻牧在今天内蒙古锡林郭勒盟南部正蓝旗、多伦县一带滦河上游上都

① 乌云毕力格：《五色四藩：多语文本中的内亚民族史地研究》，上海古籍出版社，2016，第305—317页。

② 《口北三厅志》卷7，第111页。

③ 《博尔济吉特氏族谱》，乌兰巴托，2011年影印本，第758页。

④ 罗密：《蒙古博尔济吉忒氏族谱》（蒙古文），纳古单夫、阿尔达扎布校注，内蒙古人民出版社，2000，第23页。据说清初著名的阿兴喇嘛或称喀喇沁的额齐格喇嘛在一段时间内也在伊麻图地方修行。齐克奇：《锡勒图库伦喇嘛传汇典》，库伦旗志办公室编印《库伦旗志资料汇编》第1辑，1989，第134—135页。

⑤ 《口北三厅志》卷7，第111页。

⑥ 《满文老档》太宗1，东洋文库，1959，第235—237页。

河流域。而天启七年（1627）十月林丹汗的西征是从攻打布颜阿海、喀喇沁诸部开始的。[①]

据史料记述，天聪五年正月，打利（即汗阿海绰斯奇卜）之子拉思喀布汗和阿拜诺颜之子布尔噶图分别与镶黄旗旗王阿巴泰和正蓝旗旗王莽古尔泰两个家族结成姻亲关系。所以日本学者梅山直也推测当时拉思喀布和布尔噶图分别编入其姻亲所属满洲八旗各旗分。[②] 但是，根据《满文老档》崇德元年十一月初五日条所述，拉思喀布属于正黄旗蒙古人，布尔噶图属于正蓝旗蒙古人。[③] 当然拉思喀布改旗的原因与天聪九年正蓝旗解体事件有关。然而，天聪五年三月，和拉思喀布、布尔噶图一同归附后金的布颜阿海之子弼喇什，当时娶镶红旗旗王岳托之女，加入镶红旗，他所属旗色一直未变。所以，罗密（和布尔噶图同属正蓝旗蒙古）《蒙古博尔济吉忒氏族谱》所述拉思喀布汗编入蒙古正黄旗，弼喇什编入蒙古镶红旗，[④] 以及布尔噶图在蒙古正蓝旗，均为罗密时代的事情。

查阅《八旗通志初集》旗分志内容，其未交代清楚喀喇沁黄金家族成员所属佐领的情况，但乾隆年间所修《钦定八旗通志》的"谨案"部分记录了拉思喀布佐领的情况，说正黄旗蒙古都统喀喇沁参领所属第三佐领，"从喀喇沁贝勒拉思哈布额驸带来蒙古人等编为勋旧佐领，至拉思哈布之孙巴朗无嗣，于雍正年间改为公中佐领"；镶红旗蒙古都统第一参领所属第六佐领，"原系多罗额驸必拉喜率属来归编立佐领"。[⑤] 拉思哈布额驸就是拉思喀布汗，而必拉喜就是弼喇什。布尔噶图家族历代所袭佐领的情况，我们可以从八旗世袭谱档中去了解。喀喇沁执政诺颜布尔噶图率领男丁四百八十八名来归皇太极后，组编为三个佐领。康熙十一年，因人丁繁衍，又增编三个佐领。[⑥] 可见，投诚后金时在喀喇沁黄金家族当中布尔噶图的势力最强。

---

① 达力扎布：《明代漠南蒙古历史研究》，第 295 页。

② 梅山直也：《八旗蒙古的成立与清朝的蒙古支配——以喀喇沁蒙古为中心》，《社会文化史学》第 48 卷，2006 年。

③ 《满文老档》太宗 4，第 1388 页。

④ 罗密：《蒙古博尔济吉忒氏族谱》，第 380 页。

⑤ 《八旗通志初集》卷 11、12；《钦定八旗通志》卷 18、20。

⑥ 《满文八旗世袭谱档》第 142 册，中国第一历史档案馆藏。

那么，编入蒙古八旗各旗分的以拉思喀布、弼喇什和布尔噶图等为代表的喀喇沁黄金家族的驻地在哪里？是和大部分蒙古八旗同驻在京城还是驻在内地的驻防点？清代官修文献都没有明确的记载。

以往学界一般认为，在入关前满洲八旗里的蒙古佐领和蒙古八旗各佐领都和其他八旗一同居住在盛京及其附近地区。梅山直也认为，天聪五年三月以前，喀喇沁黄金家族的佐领已经编成。所以到天聪九年设蒙古八旗时，他们就成为“在内旧喀喇沁”。内喀喇沁部分“新旧”都不驻在盛京，天聪九年二月以前一直在游牧地。[①]

梅山直也主要利用崇德五年“审察蒙古八旗倒毙马匹数目”档案，[②] 指出当时蒙古八旗所属佐领分为“盛京地方”佐领和“喀喇沁游牧地方”佐领。其中，盛京地方佐领是从努尔哈赤时代开始陆续归附的蒙古，居住在当时的都城盛京；游牧地方佐领是由游牧地生活的喀喇沁人构成。但是，他没有论述编入蒙古八旗的喀喇沁黄金家族具体的游牧地到底在哪里的问题。

梅山直也根据《满文老档》[③] 等认为，布尔噶图在天聪四年（1630）时居住在罗文峪、潘家口一带。[④] 罗文峪，又称罗文峪口，北京大学图书馆藏清代彩绘《北京城图》所绘长城图上标得很清楚。[⑤] 潘家口，《口北三厅志》所附《口北三厅全图》标得也很清楚，位置在离长城喜峰口以西不远的地方。罗文峪和潘家口应该是布尔噶图此次参与后金与明朝之战的临时驻防点，而不是他较长期的驻牧地。当然此地应该与他原独石口外的驻地相距不远。

另外，有研究显示，八旗从属喀喇沁人与扎萨克旗喀喇沁人一同参与了从天聪至崇德年间对明的历次战争。梅山直也认为，清朝采取通过编入八旗的喀

① 梅山直也：《八旗蒙古的成立与清朝的蒙古支配——以喀喇沁蒙古为中心》，《社会文化史学》第48卷，2006年。

② 中国第一历史档案馆编《清代档案史料丛编》第14辑，中华书局，1990，第138—139页。

③ 《满文老档》太宗1，第296、307页。

④ 梅山直也：《八旗蒙古的成立与清朝的蒙古支配——以喀喇沁蒙古为中心》，《社会文化史学》第48卷，2006年。

⑤ 《皇舆遐览：北京大学图书馆藏清代彩绘地图》，第3页。

喇沁黄金家族来支配乌梁海氏喀喇沁塔布囊家族的策略。[①] 这是一个很准确的判断。

《清世祖实录》载，崇德八年（1643）皇太极死后，各处蒙古首领或亲自，或派使者前来盛京进香。崇德八年八月乙酉，“附八旗下外藩驻牧蒙古公博洛、多罗额驸戴达尔汉、昂邦章京阿尔鼐、古墨德、祁他特车尔贝、查木素、诺尔布、德参济王、卓尔齐泰、哈岱、叟格毛海、梅勒章京绰尔门衮楚克、甲喇章京海塞、穆章等上大行皇帝香，献鞍马、银器等物，酌纳之”。[②] 其中，可以考证祁他特车尔贝、德参济王等人都属于游牧察哈尔八旗，因此可以推测当时喀喇沁黄金家族多罗额驸戴达尔汉布尔噶图等人的游牧地与察哈尔八旗游牧地相邻。

当年十月庚寅，“喀喇沁部落额驸弼喇席（什）下阿布图等进香，献蟒衣、缎、马等，酌纳之”。[③] 同一件事，《十七世纪蒙古文文书档案（1600—1650）》中有更确切的记载，其中有“bayan sübe 地方的喀喇沁弼喇什额驸下的阿布图进香”等内容。[④] 我们知道 bayan sübe 是宣府的蒙古语地名。据内国史院档载，崇德三年七月，“遣达雅齐塔布囊率喀喇沁部落毕喇希、喇西希布等往明张家口，与明镇守官议岁币，一如与喀喇沁贝勒之数，兼议开关贸易事”。[⑤] 喇西希布是拉思喀布的另一种音写形式，毕喇希就是弼喇什。可见，在清初不管是喀喇沁的台吉还是塔布囊都在明清之间当中介，或更准确地说，从 1628 年开始到入关前一段时间内他们代表清朝和明朝在张家口（宣府附近）等长城关口开展边境贸易，以人参、貂皮等换回清朝短缺的粮食、纺织品等物资。

所以说从天聪初年开始到崇德八年入关前，喀喇沁部博尔济吉特氏黄金家族成员长期居住在宣府边外，极有可能就是居住在他们在独石口边外的原游

---

① 梅山直也：《八旗蒙古的成立与清朝的蒙古支配——以喀喇沁蒙古为中心》，《社会文化史学》第 48 卷，2006 年。

② 《清世祖实录》卷 1，崇德八年八月乙酉。

③ 齐木德道尔吉、巴根那编《清朝太祖太宗世祖朝实录蒙古史史料抄——乾隆本康熙本比较》，内蒙古大学出版社，2001，第 647 页。

④ 中国第一历史档案馆：《十七世纪蒙古文文书档案（1600—1650）》，内蒙古少年儿童出版社，1997，第 324—327 页。

⑤ 中国第一历史档案馆编《清初内国史院满文档案译编》（上），光明日报出版社，1989，第 328 页。

牧地。

天聪元年，察哈尔林丹汗率部西迁时，首当其冲的是喀喇沁万户，当时喀喇沁黄金家族四处逃散。我们知道有些喀喇沁台吉后来编入喀喇沁扎萨克左右二旗。[①] 另外，其逃散后喀喇沁的部分成员远迁至当时外喀尔喀东部地区，直至清末都居住在外蒙古车臣汗部。2018 年，蒙古国国立图书馆公布了该馆藏的文献目录及一些图像。其中就有一份传统蒙古文撰写的清代喀喇沁黄金家族家谱，其内容虽简单，但贵在罗列出了达延汗之后共 16 代人的世系。其前几代的世系是，达延汗之子巴尔思博罗特，其子昆都伦汗，其子白浑岱汗，其子绰思奇布汗，其子 lašiγba qan，其子诺尔布，其子巴楞，其子巴拜，其子顾穆，其子垂扎木素，其子弼什勒图，其子章楚布等。家谱末端有盟长之印和日期，可知家谱形成时间为光绪三十一年（1905）。[②] 我们根据清初蒙古文文献知道绰思奇布汗之子名为 laskib qan，并不是该家谱所记 lašiγba qan。这可能是因为时间长久，后人编纂其家谱时出现了小小的错讹，而家谱提供的其他信息是准确可靠的。如罗氏《黄金史纲》所载拉思喀布子诺尔布胡鲁穆希及其子巴楞，父子两个人的身影始终不见于其他文献，而根据该家谱可以确认，他们很早就亡命至外喀尔喀车臣汗部了。

天聪八年（1634）十月，举行硕翁科尔会盟，给蒙古诸部指定牧地，对此日本学者冈洋树等做过研究。梅山直也亦参与讨论。[③] 他发现参与此次会盟的人当中，代表两红旗的吴巴里散金是当初喀喇沁和后金订立盟约时派去的使者。后来吴巴里散金引导弼喇什等归附后金。据史料载，此次分划牧地的目的是指定新编入八旗的蒙古与其他蒙古之间的牧地边界。可以推测，当时一段时间内这些临时编入满洲八旗的蒙古诸部含弼喇什等喀喇沁黄金家族诺颜、台吉游牧在原游牧地以东的西拉木伦河流域以南地区。但从后来的形势看，因天聪

---

① 《署理理藩院尚书明安达礼等题报审理巴拜控告喀喇沁部万丹塔布囊占有其家奴情形本》（顺治十一年正月十三日），《清朝前期理藩院满蒙文题本》卷 1，内蒙古人民出版社，2010，第 45—48 页。

② ündüsün-ü bi čig soyol un öb，ulaγanbaγatur，2018 on，134 duγar qaγudasu.

③ 梅山直也：《八旗蒙古的成立与清朝的蒙古支配——以喀喇沁蒙古为中心》，《社会文化史学》第 48 卷，2006 年。

九年察哈尔的主体部分都归附后金，包括喀喇沁黄金家族在内的部分蒙古八旗人户应该很快就返回其上都河流域原牧地。

概括而言，从 16 世纪晚期到 17 世纪 20 年代，喀喇沁万户的黄金家族头目们一直驻牧在今天内蒙古锡林郭勒盟南部正蓝旗和多伦县附近上都河流域。而 1627 年遭到林丹汗的军事冲击后，他们及绝大部分属民临时离开其驻牧地，避难到明朝长城以内，但很快和后金满洲缔结了军事联盟，到天聪五年时其大部分人已经被编入满洲八旗，剩下的一些台吉不久后被编入喀喇沁扎萨克旗，还有一些台吉逃到外喀尔喀车臣汗部。

虽说文献史料没有明确的记载，但结合零星的档案资料可以推测，从天聪年间到顺治初入关之前，以拉思喀布、弼喇什、布尔噶图为代表的喀喇沁黄金家族成员长期驻牧在今天的正蓝旗、多伦县及其附近地区。包括察哈尔八旗及蒙古八旗所属喀喇沁黄金家族在内，在清朝方面的文献中被称为“附八旗下外藩驻牧蒙古”。他们与内地八旗驻防不同，都在长城张家口、独石口等口外游牧地生活和驻防。当然，这些喀喇沁人直接隶属于在内蒙古八旗，而和察哈尔八旗没有从属关系，只是他们和察哈尔八旗同驻在口外游牧地而已。

二　口外驻牧的蒙古八旗所属部众

前节考察了口外游牧地居住的喀喇沁博尔济吉特氏黄金家族成员，已知清初属于在内蒙古八旗的部分人户在入关前长期驻牧在口外游牧地。以上是初步的认识。笔者继续查阅一些档案资料后发现，在游牧地居住的蒙古八旗人不仅是喀喇沁黄金家族成员，还有一些从属于蒙古八旗的蒙古各部人户也居住在口外游牧地。首先看东洋文库藏满文镶白旗蒙古都统衙门档案所述。

镶白旗蒙古都统右参领所属第十佐领，此佐领原为喀喇沁部敖齐尔吴巴式塔布囊所率来二百丁（haha），编立牛录后滋生人丁增编牛录，令敖齐尔吴巴式塔布囊亲弟子孙承袭。[①] 再据该家族世系表，敖齐尔吴巴式塔布囊的父亲是诺木图，其祖父叫巴彦达哩。巴彦达哩还有一个儿子叫布雅赉，布雅赉的儿子

① 东洋文库藏，档案号：MA2-23-4-39。

是阿彦。阿彦的曾孙毛伦泰居住在游牧地（nuktere ba）。[1] 一直到嘉庆二十年（1815），喀喇沁敖齐尔吴巴式家族有些分支还居住在游牧地。[2] 可见不仅喀喇沁黄金家族，喀喇沁的塔布囊家族也有一些人一直到19世纪初仍居住在游牧地。这里所说“游牧地”只能是长城边外，应该离喀喇沁台吉的牧地不远。

另外，还有一些原从属海西女真部的蒙古人也驻牧在游牧地。天命四年（1619）努尔哈赤领兵攻打叶赫部，掳掠其克音特城外所居游牧蒙古（nuktere monggo）的牛马羊。[3] 这些从属海西女真的蒙古人后来被编入满洲八旗和蒙古八旗。[4] 再据东洋文库所藏另一件镶白旗蒙古都统衙门档案，有叶赫地方巴林氏绰贝的记载。天聪五年对赶来之蒙古组编初创牛录时，让都统绰贝管理。他们属于镶白旗蒙古都统下右参领所属第九牛录。绰贝同族鄂勒济图的曾孙莎格都尔、绰克图、巴素及巴素的儿子辈和绰克图的孙子辈的几个人一直到乾隆初年都居住在 nuktere ba，即游牧地或游牧处。[5]

笔者近期又发现更多相关的满文档案。如中国国家图书馆藏几十件蒙古八旗佐领印轴（temgetu bithe）和族长印轴。其中就有一件名为《镶红旗蒙古佐领萨尔柱承袭世管佐领印轴》。乾隆八年撰写而成的该档案交代了镶红旗蒙古都统二参领第五佐领萨尔柱牛录的各个氏族及其成员，同时记述了每一个成员的住处。其中就有居住在游牧地（nuktere ba）的披甲和闲散等。他们原来都是女真哈达地方的巴林氏人。[6]

结合以上的记载可以推测，叶赫、哈达等海西女真部中的蒙古人归附清朝编入蒙古八旗后，其部分人员依然居住在游牧地。那么，在此提到的游牧地的具体位置在哪里？很可能是长城口外察哈尔八旗或其附近的游牧地。

---

① 东洋文库藏，档案号：MA2-23-4-41、MA2-23-4-45。

② 东洋文库藏，档案号：MA2-23-4-46、MA2-23-4-47、MA2-23-4-52。

③ 《满文老档》太祖1，第117页。

④ 哈斯巴根：《清初海西女真诸部中的蒙古人》，赵志强主编《满学论丛》第7辑，辽宁民族出版社，2017。

⑤ 东洋文库藏，档案号：MA2-23-4-3、MA2-23-4-4。

⑥ 中国国家图书馆藏，档案号：1219。相关研究参见哈斯巴根《宗族组织与蒙古八旗牛录——以国家图书馆藏清代满文印轴为例》，《民族研究》2019年第4期。

入关后，顺治年间察哈尔八旗已经驻牧在大同、宣府边外。[1] 据《清圣祖实录》载，“（康熙九年二月）癸未，户部遵旨议复，古北等口外空闲之地，分拨八旗。查喜峰口、独石口外既无闲地，正红旗又无赴边外领地之人，不必拨给。今以古北口外地，拨与镶黄旗、正黄旗。罗文峪[2]外地，拨与正白旗。冷口[3]外地，拨与镶白旗、正蓝旗。张家口外地，拨与镶红旗、镶蓝旗。从之”。[4] 冷口和罗文峪都是明代长城蓟镇重要关隘。冷口位于今河北省迁安市，罗文峪位于今河北省遵化市和承德市交界的地方。这些长城关隘从东往西分别是冷口、喜峰口、罗文峪、古北口、独石口、张家口等。清廷将这些口外土地分拨给八旗后当作庄田和牧厂。这些旗地与察哈尔八旗及其附近喀喇沁黄金家族所居游牧地等不能混淆。笔者的理解是，长城与察哈尔八旗及喀喇沁部等所驻蒙古八旗游牧地之间有一些空闲地，入关后将其分配给八旗各旗分。

此外，中国第一历史档案馆所藏军机处满文议复档中有一份雍正九年（1731）的档案，进一步说明当时口外依然有属于八旗王公和闲散宗室的各色人众。该满文档案一开始就通过雍正帝的上谕讲明了他想解决口外八旗王公所属贫困人丁生计问题的决心。“雍正九年十月十六日奉上谕：八旗王公、闲散宗室等在口外看守牧群牲畜之蒙古等内，倘系有马畜田产者，尚能生计；无马畜产业者，伊之主子又可尽养乎？因不能尽养，妄加滋事时，即牵涉伊等无辜之主子矣。与其任此等人白白游荡，朕特派大臣等，将此等人收管供养。”[5] 因此，皇帝降旨调查口外民众的生活情况。

今据宗人府查核后来文内称，闲散宗室弘暄所买之马尼图地方蒙古男丁女子一百四十七口。宗室叶勒申、员外郎奉恩将军都隆额并入在口外纳

① 达力扎布：《清初满蒙文档案记载中的八旗察哈尔》，达力扎布主编《中国边疆民族研究》第1辑，中央民族大学出版社，2008。

② 明代《九边图说》“图”标在遵化县旁的“罗文谷营”，应该就是指罗文峪。参见《明代蒙古汉籍史料汇编》第12辑，内蒙古大学出版社，2015，第89页。

③ 参见《卢龙塞略》“图”，《明代蒙古汉籍史料汇编》第6辑，内蒙古大学出版社，2009，第51页。

④ 《清圣祖实录》卷32，康熙九年二月癸未。

⑤ 《领侍卫内大臣丰盛额等议奏八旗王公等捐献其口外所属之蒙古等折》（雍正九年十二月十四日），中国第一历史档案馆藏，军机处满文议复档，档案号：778-0003。

林乌苏苏尔会地方佐领之蒙古等十六口。员外郎富源所属牧群地方蒙古等九口。奉国将军鄂岳所属牧群地方蒙古等二户。此等人无马畜田产，伊等之主子不能赡养，情愿献出等语。镶黄旗满洲佐领哲勒津所属在张家口外喀布苏地方之蒙古等二口，笔帖式扎木苏所属在古北口外乌克尔赤劳地方之蒙古等七口。官学生江都所属在乌克尔赤劳地方之蒙古等十一口。原正黄旗满洲副都统永泰所属在阿尔苏朗图地方之蒙古等十五口。公永谦所属在阿尔苏朗图地方之蒙古等十五口。披甲伊昌阿所属在昆都仑库库尔吉地方之蒙古等二十四口。原公阿尔泰所属在昆都仑察罕淖尔地方之蒙古等十口。公噶尔萨所属昆都仑戈尔地方之蒙古等二十五口。前锋西图所属在昆都仑戈尔地方之蒙古等六口。参领于伟良所属在察罕额尔吉地方之蒙古等三口。侍卫路善所属在张家口外游牧地蒙古等五口。秀才博奎所属在张家口外游牧地之蒙古等四口。骑都尉班军所属在张家口外之蒙古等一口。原佐领雄寿所属在张家口外昆都仑地方之蒙古等六口。轻车都尉石林所属在张家口外昭赫地方之蒙古等六口。佐领巴尔品所属在察哈尔地方之五十九户一个佐领。原侍卫阿拉布坦所属在察哈尔之蒙古等二百十六口。正黄旗汉军都统耿化祚所属在阿古里地方之蒙古等一百余口。原镶红旗满洲护军和勒所属在岱干地方之蒙古等一口。正蓝旗满洲闲散宗室喜寿所属在多伦淖尔地方之蒙古等二口。闲散宗室兴让所属在黑风河地方之蒙古等四口。镶蓝旗满洲贝勒弘春所属在张家口外赛勒地方之蒙古等三十一口。和硕简亲王所属在口外察木罕地方佐领下之蒙古等六十九口。镶蓝旗蒙古佐领班第所属在岱干地方之蒙古等四口。镶黄旗包衣恰木保管领下领催色勒所属张家口外空郭尔地方之蒙古等十一口。内管领雅图所属在空郭尔地方之蒙古等二口。正黄旗包衣富森佐领下轻车都尉昌安所属在张家口外昂古里地方之蒙古四口。此等人无马畜田产，伊等之主不能养赡，情愿献出等语。①

这些献出的蒙古人口不仅属于八旗王公和闲散宗室等，还有佐领、笔帖

① 《领侍卫内大臣丰盛额等议奏八旗王公等捐献其口外所属之蒙古等折》（雍正九年十二月十四日），中国第一历史档案馆藏，军机处满文议复档，档案号：778-0003。

式、秀才、前锋等所属人口。可以认定，这些蒙古人口都是私人所属性质，没有被统计在八旗各旗比丁册、户口册之内。经调查，“宗人府、八旗查送前来之口外无业蒙古男丁女子，总计七百六十六口，另有蒙古等六十二户，有缮写人口数目者，亦有惟缮户籍数目者，伊等之主子亦不知其确数”。① 将其内容列于表1。

表1　雍正九年口外八旗王公和闲散宗室人众分布

所领人员	闲散宗室弘暄（所买）	宗室叶勒申、员外郎奉恩将军都隆额	员外郎富源	奉国将军鄂岳	镶黄旗满洲佐领哲勒津	笔帖式扎木苏	官学生江都	正黄旗满洲副都统永泰	公永谦	披甲伊昌阿
驻地	马尼图地方	纳林乌苏苏尔会	牧群	牧群	张家口外喀布苏	古北口外乌克尔赤劳	乌克尔赤劳	阿尔苏朗图	阿尔苏朗图	昆都仑库库尔吉
户数或人口数	147口	16口	9口	2户	2口	7口	11口	15口	15口	24口

所领人员	公阿尔泰	公噶尔萨	前锋西图	参领于伟良	侍卫路善	秀才博奎	骑都尉班军	佐领雄寿	轻车都尉石林	佐领巴尔品
驻地	昆都仑察罕淖尔	昆都仑戈尔	昆都仑戈尔	察罕额尔吉	张家口外游牧地	张家口外游牧地	张家口外	张家口外昆都仑	张家口外昭赫	察哈尔
户数或人口数	10口	25口	6口	3口	5口	4口	1口	6口	6口	59户1个佐领

所领人员	侍卫阿拉布坦	正黄旗汉军都统耿化祚	原镶红旗满洲护军和勒	正蓝旗满洲闲散宗室喜寿	闲散宗室兴让	镶蓝旗满洲贝勒弘春	和硕简亲王	镶蓝旗蒙古佐领班第	镶黄旗包衣恰木保管领下领催色勒	内管领雅图	正黄旗包衣富森佐领下轻车都尉昌安
驻地	察哈尔	阿古里	岱干	多伦淖尔	黑风河	张家口外赛勒	口外察木罕	岱干	张家口外空郭尔	空郭尔	张家口外昂古里
户数或人口数	216口	100余口	1口	2口	4口	31口	69口	4口	11口	2口	4口

① 《领侍卫内大臣丰盛额等议奏八旗王公等捐献其口外所属之蒙古等折》，中国第一历史档案馆藏，军机处满文议复档，档案号：0013-778-0003。

考察该档案形成的历史背景，从雍正至乾隆年间，清廷方面对八旗采取诸多措施，试图整顿其弊政。尤其是此时八旗生计已经成为清廷一项严重的政治、社会问题。

我们今天无法定位档案中出现的每一个地名的具体位置，但还是可以确定一些地名大致的地理坐标。如马尼图，又名铁幡竿岭，北京大学图书馆藏清代彩绘《热河图》上的独石口附近记有“马尼图岭”，应该就是指该地名。昂古里地名在《热河图》上也有标记。[①] 据《大清一统志》，昂古里，即集宁海子，在正黄等四旗牧厂东六十里，土人名昂古里淖尔，又称为鸳鸯泺。多伦淖（诺）尔，即多伦泊，汉名七星潭，在御马厂东北，土人名多伦诺罗。乌克尔赤劳即乌克尔齐老，也即独石泉，在镶黄等四旗牧厂东南五十里。[②] 张家口外昭赫，可能是指“兆哈河”，在正黄旗察哈尔东南六十里。岱干，在镶红旗和镶蓝旗附近，很可能是代噶即黛哈池。奄遏下水海，在镶红旗察哈尔南四十里，蒙古名黛哈池。[③] 我们知道，五世达赖喇嘛于顺治九年入京前后都住在代噶地方，就是该湖。张家口外空郭尔，可能是《口北三厅志》所记镶黄等四旗牧厂在张家口北一百里控果罗鄂博冈，东西距一百四十里，南北距一百五十里。东至镶蓝旗牧厂界九十里，西至正黄旗牧厂界五十里，南至宣化府边界四十里，北至镶黄旗察哈尔界一百一十里。[④]

以上提到的地方都在长城边外，这些八旗王公、闲散宗室等私属性质的蒙古人户都和察哈尔八旗人杂居。他们主人从属的旗和佐领、管领不仅有镶蓝蒙古旗，还有镶黄、正黄、镶红、正蓝、镶蓝等满洲旗和汉军旗，以及镶黄、正黄二旗包衣佐领、管领等。因此，雍正年间，在口外游牧地不仅有蒙古八旗所属人员驻牧，还有满洲八旗和汉军八旗所属人户驻牧。当然，从族属上讲这些人基本是蒙古各部人。据档案记载，经当时的调查，这些口外游牧地的人户“总计七百六十六口，另有蒙古等六十二户”。但是，将这些私属性质的人户献出后怎么处置？相关档案资料尚未发现。

---

① 《皇舆遐览：北京大学图书馆藏清代彩绘地图》，第 9 页。

② 《大清一统志》卷 548。

③ 《大清一统志》卷 549。

④ 《口北三厅志》卷 7《蕃卫》。

此外，另一份乾隆二年（1737）军机处满文录副奏折也交代了在内蒙古八旗的更多人户的情况。据巡查游牧地兵部员外郎、佐领兆明的奏折，他首先发现当时正黄旗蒙古都统下蒙古参领所属第九佐领和第三佐领[①]的浩齐特、喀喇沁两部出身的蒙古人口在口外察哈尔八旗游牧地居住。据该档载，“正黄旗蒙古德宁牛录[②]之浩齐特署理骁骑校扎木素、领催伊波格勒等呈称，该旗有十五个浩齐特牛录，其领催、散丁共有一百四十余名。先前若遇比丁之年将我等比丁入册，或有人进京当差为披甲和护军等。而迄今三十余年未将我等比丁入册，亦未招去入京担任披甲、护军”。“正黄旗蒙古常义牛录下喀喇沁捕盗兵西拉布、闲散巴雅思胡朗等呈称，我西拉布亲祖父为牛录章京色格勒堆，父亲为五级参赞色楞，我亲兄弟六，子四。此前我伯父明德管理佐领时，本人率诸弟们进京当差为圣主献绵薄之力。”[③]这些记载反映出，这些在口外居住、被认定为正黄旗蒙古所属浩齐特、喀喇沁等部蒙古人，或三十余年没有被统计在官册内，或有一些人可以进京服役。当时，在兆明的督促下，朝廷全面考察了居住在察哈尔八旗各旗的浩齐特、喀喇沁等部蒙古旗人，其结果如下：

> 在正黄旗察哈尔地方居住者有：除了马群之外，有浩齐特十三个牛录的闲散壮丁等百二十七名，其中，有业者四十一户，无业者九十七户，无业的独身（emteli）十一（户），总计四百七十九口。喀喇沁八个牛录的壮丁九十九名。其中，支领捕盗兵钱粮的披甲有六名，有业者十九户，无业者四十六户，无业的独身有十一（户），总计三百八口。
>
> 在镶黄旗察哈尔地方居住者有：喀齐尔（kakir）地方居住的蒙古旗和雅图等十三个牛录之喀喇沁人七百七十一户二千二百七十一口，

① 《八旗通志初集》载，正黄旗蒙古都统蒙古参领第三佐领，原系第一佐领内人丁，康熙六年，苏朗管佐领时，分编一牛录。而第一佐领，原系喀喇沁地方蒙古，顺治元年以其人编为牛录。

② 《八旗通志初集》卷11、《钦定八旗通志》卷18载，正黄旗蒙古都统蒙古参领第九佐领，原系察哈尔地方蒙古，于顺治元年编为牛录。其历代佐领为巴图、博尔和兑、额尔几图、哈拉扣、广西、长寿、德宁、灵山等。

③ 《兆明奏察哈尔地方无业喀喇沁浩齐特人数并请交部料理折》（乾隆二年二月初七日），中国第一历史档案馆藏，军机处满文录副奏折，档案号：03-0173-1052-001。

其中，捕盗兵有四十名，闲散壮丁五百一十一名。绥克（suike）地方居住的明噶图等五个牛录的喀喇沁人七十八户二百三十二口，其中捕盗兵十名，闲散壮丁五十五名。古尔板果尔地方居住者有班第等十个牛录之喀尔喀、察哈尔人二百一户六百三口。其中，闲散壮丁等一百六十六名。附于在内满洲旗的安楚和登（ancu hoden）两个牛录之扎鲁特部人五十九户一百九十九口。其中，闲散壮丁五十五名。查询他们原前来驻之因。委步军校伊苏堆等呈报，我们的祖辈们从盛京去京城，将其年长者居住在内蒙古人中，其余者被认为没有教养（tacin akū）迁至口外喀齐尔、古尔板果尔、绥克（kakir、kūrban gool、suike）等地方种地居住。其后，年老者、染病者、从护军休致者等陆续（从京城）来居住。

在正红旗察哈尔地方居住者有：浩齐特十一个牛录之有业者二十六户，无业者四十七户，共计二百八十四口。其中，捕盗兵八名，闲散壮丁九十九名。喀喇沁四个牛录之有业者两户，无业者六户，共计三十一口。其中，捕盗兵两名，闲散壮丁十二名。编入王公牧厂者浩齐特人八个牛录之有一二牲畜者十九户，无业者二十八户，二百七口。其中，牧丁五十九名，闲散壮丁八名。

在镶白旗察哈尔地方居住者有：在内蒙古八旗人和王公马群人等有十六个牛录之人，生活有着落者六十九户，勉强度日者六十五户，无业者一百九十一户，九百九口。其中，壮丁二百九十四名。雍和宫和王公牧厂十个牛录中生活有着落者九十九户，勉强度日者四十五户，贫困者五十六户，共计六百四十口。其中壮丁二百三十名。

在镶红旗察哈尔地方居住者有：浩齐特十二个牛录中有业者五十四户，无业者六十二户，四百二十六口。其中，闲散壮丁一百六十二名。喀喇沁六个牛录有业者十二户，无业者四户，四十九口。其中，壮丁十五名。王公、闲散宗室等牧厂的有业者二百二十三户，无业者二十一户，九百十四口。其中，壮丁二百七十一名。

在镶蓝旗察哈尔地方居住者有：浩齐特十五个牛录闲散壮丁二百二十

八名。其中，有业者一百二十一名，无业者百七名。王公牧厂所属者壮丁百一十名。计其儿女等一千二百二十三口。喀喇沁三个牛录之有业者壮丁四十名，无业者壮丁十一名，包括其儿女共百五十七口。此外，浩齐特、喀喇沁的捕盗章京两名，包括其儿女七十三口。

据兆明奏称，“京城蒙古旗所属在察哈尔各旗游牧地居住的浩齐特、喀喇沁人数共计，壮丁2240余名，8960余口。其中王公、闲散宗室牧厂所属者有490户，共计2150余名”。“这些浩齐特、喀喇沁等部之人均为从盛京跟随圣主之旧蒙古奴仆，向来笃信圣主洪恩，饲养牲畜，习惯在蒙古草地（monggo tala）生活。”①

据此次调查，在察哈尔八旗中，除了正白旗察哈尔和正蓝旗察哈尔地方没有浩齐特和喀喇沁等部人居住之外，其余6个旗都有喀喇沁人、浩齐特人等居住。接着，当年晚些时候，正蓝旗察哈尔总管英泰重新考察的结果是，该旗又有在内蒙古八旗10个喀喇沁牛录和7个王公牧群的喀喇沁牛录之人，其有业者547户，无业者60户。无业者中壮丁47名，年老者和寡妇31名。“左翼四旗浩齐特、喀喇沁等部人，皆在四旗游牧地之东南边六七百里末端处，山岭之下边喀齐尔、郭家屯（g'o giya tun）、伊玛图（imatu）、喇嘛营（lamun gašan）等地居住。有些人在各旗交错居住。”② 将该档案内容汇总如表2所示。

表2 乾隆二年居住在察哈尔八旗各旗的浩齐特、喀喇沁等部蒙古人

	所属部族或旗等	具体驻地	佐领数	户数	口数	捕盗兵或牧丁数	闲散壮丁数
正黄旗察哈尔	浩齐特		13	149	479		127
	喀喇沁		8	76	308	6	99

① 《兆明奏察哈尔地方无业喀喇沁浩齐特人数并请交部料理折》（乾隆二年二月初七日），中国第一历史档案馆藏，军机处满文录副奏折，档案号：03-0173-1052-001。

② 《庄亲王等议恒德查议察哈尔无业蒙古人由》（乾隆二年十月十九日），中国第一历史档案馆藏，军机处满文录副奏折，档案号：03-0173-1052-002。

续表

<table>
<tr><th></th><th>所属部族或旗等</th><th>具体驻地</th><th>佐领数</th><th>户数</th><th>口数</th><th>捕盗兵或牧丁数</th><th>闲散壮丁数</th></tr>
<tr><td rowspan="4">镶黄旗察哈尔</td><td>喀喇沁</td><td>喀齐尔</td><td>13</td><td>771</td><td>2271</td><td>40</td><td>511</td></tr>
<tr><td>喀喇沁</td><td>绥克</td><td>5</td><td>78</td><td>232</td><td>10</td><td>55</td></tr>
<tr><td>喀尔喀、察哈尔</td><td>古尔板果尔</td><td>10</td><td>201</td><td>603</td><td></td><td>166</td></tr>
<tr><td>附于在内满洲旗</td><td>扎鲁特</td><td>2</td><td>59</td><td>199</td><td></td><td>55</td></tr>
<tr><td rowspan="2">镶白旗察哈尔</td><td>内八旗蒙古、王公牧群</td><td></td><td>16</td><td>325</td><td>909</td><td></td><td>294</td></tr>
<tr><td>雍和宫、王公牧厂</td><td></td><td>10</td><td>200</td><td>640</td><td></td><td>230</td></tr>
<tr><td rowspan="4">镶蓝旗察哈尔</td><td>浩齐特</td><td></td><td>15</td><td></td><td></td><td></td><td>228</td></tr>
<tr><td>喀喇沁</td><td></td><td>3</td><td></td><td>157</td><td></td><td>40</td></tr>
<tr><td>王公牧厂</td><td></td><td></td><td></td><td>1223</td><td></td><td>110</td></tr>
<tr><td>浩齐特、喀喇沁</td><td></td><td></td><td></td><td></td><td>捕盗章京 2 名</td><td></td></tr>
<tr><td rowspan="3">正红旗察哈尔</td><td>浩齐特</td><td></td><td>11</td><td>73</td><td>284</td><td>8</td><td>99</td></tr>
<tr><td>喀喇沁</td><td></td><td>4</td><td>8</td><td>31</td><td>2</td><td>12</td></tr>
<tr><td>王公牧厂的浩齐特</td><td></td><td>8</td><td>47</td><td>207</td><td>59</td><td>8</td></tr>
<tr><td rowspan="3">镶红旗察哈尔</td><td>浩齐特</td><td></td><td>12</td><td>116</td><td>426</td><td></td><td>162</td></tr>
<tr><td>喀喇沁</td><td></td><td>6</td><td>16</td><td>49</td><td></td><td>15</td></tr>
<tr><td>王公、闲散宗室牧厂</td><td></td><td></td><td>244</td><td>914</td><td></td><td>271</td></tr>
<tr><td rowspan="2">正蓝旗察哈尔</td><td>喀喇沁</td><td></td><td>10</td><td rowspan="2">607</td><td></td><td></td><td></td></tr>
<tr><td>王公牧群所属喀喇沁</td><td></td><td>7</td><td></td><td></td><td></td></tr>
<tr><td>合计</td><td></td><td></td><td>153</td><td>2970</td><td>8932</td><td></td><td>2482</td></tr>
</table>

档案中出现的地名喀齐尔、古尔板果尔、绥克等，据《口北三厅志》载：“（察哈尔镶黄旗）本旗坝内地方距张家口外十五里迤东自乌兰哈达起

东北至独石外迤西阿尔撒兰达坝止，有山沟长一百三十九里。南至边墙北至达坝宽二三十里不等，有泉自山沟出，分为细流三处，蒙古呼为古尔板果尔（古尔板犹华言三道也）。西南流百余里至三道河会为一河。又自乌兰哈达南流入张家口，由古尔板果尔东偏至独石口东南有山沟，北界自乌鲁尔台达坝起南至黄土岭止长二百二十五里。又自黄土岭南三十里经边墙迤东至大西沟止广一百四十五里。自喀齐尔西界乌鲁尔台达坝东南六十里有山名黑龙山（土人呼为黑老山），势极高峻，林木茂密。自乌鲁尔台达坝有泉南流至三道店。又东南流四十里至四滩口，河归入白河，土人呼为黑河川，蒙古呼为绥克。以上皆坝内汉民、蒙古垦种田亩之地。”① 由此可以了解到以上喀齐尔、古尔板果尔、绥克三个地方在口外张家口以北。据理藩院题本载，顺治十年将古尔板果尔地方拨给镶黄旗蒙古。② 而 g'o giya tun，应该是《口北三厅志》“口北三厅全图”所标郭家屯，地处围场以南，在察哈尔八旗的东部边境线附近。

这些档案中提到的在内蒙古八旗所属蒙古人的部族和氏族分别是浩齐特、喀喇沁、扎鲁特、喀尔喀等。他们分散居住于除了正白旗察哈尔之外察哈尔八旗中的七个旗地。虽然档案没有说明这些蒙古人具体从属于在内哪个旗分，但我们可以推测，这些蒙古人也分别属于正白旗蒙古之外与察哈尔八旗各旗分相同的蒙古八旗各旗分或王公牧厂以及雍和宫等寺庙。

据兆明上报，乾隆二年，京城蒙古旗所属在察哈尔各旗游牧地居住的浩齐特、喀喇沁人数，共计壮丁 2240 余名，8960 余口。其中王公、闲散宗室牧厂所属者有 490 户，共计 2150 余名。然而，据《八旗通志初集》所记，当时蒙古八旗的牛录共计 199 个。此次考察到的在察哈尔八旗居住者关系到 153 个牛录，当然这并不是说 153 个牛录所属人员都居住在口外游牧地。虽然如此，清代驻牧在口外的八旗蒙古人在整个蒙古八旗牛录中所占比例还是很高。

---

① 《口北三厅志》卷 7，第 110 页。

② 《署理理藩院尚书明安达礼等题议准古尔板果尔地方拨给镶黄蒙古旗使用本》，《清朝前期理藩院满蒙文题本》卷 1，第 43—44 页。

另外，我们知道蒙古八旗牛录的一半左右由喀喇沁人组成。所以说在口外察哈尔八旗游牧地居住者中喀喇沁人居多是在情理之中的。但是，有这么多的浩齐特人还是有点不可理解。因为蒙古八旗的佐领当中唯一交代清楚的是正蓝旗右参领所属第九佐领是由浩齐特和喀喇沁人共同编成的。其他浩齐特人的踪迹，两部《八旗通志》都没有明确的记载。所以我们只能推测，此次考察统计到的在察哈尔各旗居住的浩齐特人或许当初都是被当成一般察哈尔部人统计在内。因为原来浩齐特是察哈尔部的组成部分，属鄂托克。另外，八旗满洲旗分所属部分蒙古部众也有可能在口外驻牧。

我们观察到，处置这些喀喇沁、浩齐特人之事一直持续到乾隆十五年(1750)。当年，讷清额提议："查得浩齐特、喀喇沁人均驻在察哈尔游牧地，有些旗位于山岭之内，但山岭之内地为察哈尔南部游牧地，与新旧察哈尔佐领游牧地相距不远。然而八旗巴尔虎、厄鲁特等佐领游牧地位于众察哈尔佐领游牧地之北边，距浩齐特、喀喇沁人游牧地稍远，因此不便把浩齐特、喀喇沁人编入巴尔虎、厄鲁特佐领。若将他们平均编入察哈尔新旧各佐领，可掌管这些人。"① 他的建议是将这些浩齐特、喀喇沁人平均编入察哈尔各佐领。但是，最后怎样处置这些浩齐特、喀喇沁人，资料没有记载。

那么，这些在察哈尔八旗及其相邻地区居住的喀喇沁和浩齐特等部众在什么时间编入八旗和驻牧在口外？为什么长时间没有被登记在比丁册等官方档案和《八旗通志初集》《钦定八旗通志》上？如前所述，乾隆二年兆明等调查到的实际情况是，正黄旗察哈尔所报"浩齐特、喀喇沁部众原来如何居住在我们察哈尔旗之事无案可查"。但据该旗有些人反映："我们浩齐特人众从盛京跟随圣主来后，组建牛录编入在内蒙古旗。而令其余闲散人众居住在游牧地。"查镶黄旗察哈尔地方居住的喀喇沁、扎鲁特部众前来驻牧之由，"委步军校伊苏堆等呈报，我们的祖辈们从盛京去京城，将其年长者居住在

① 《镶红旗总管讷清额奏将浩齐特、喀喇沁人等一体编审人丁并请入察哈尔佐领管辖折》（乾隆十五年十二月初三日），中国第一历史档案馆藏，军机处满文录副奏折，档案号：03-0173-1087-007。

内蒙古人中，其余被认为没有教养（tacin akū）者迁至口外喀齐尔、古尔板果尔、绥克（kakir、kūrban gool、suike）等地方种地居住。其后，年老者、患病者、从护军甲兵休止者等陆续（从京城）来居住”。可见有些喀喇沁、浩齐特等部众的来源还是可以查到的。而正黄旗蒙古德宁佐领的情况是“迄今三十余年未将我等比丁入册”。[①] 这种情况是较为普遍存在的，不仅仅是正黄旗蒙古，其他在察哈尔各旗居住者也是从 18 世纪初年开始不再把口外喀喇沁、浩齐特等部众统计在官方的档册内。所以，在雍正至乾隆年间所撰的《八旗通志》等八旗有关志书中，我们也见不到他们游牧地的相关记载。

雍正十年（1732），察哈尔八旗共有 100 个佐领，有厄鲁特、巴尔虎、科尔沁、喀尔喀等蒙古各部出身者，而其中并没有提到喀喇沁佐领。[②] 乾隆年间察哈尔八旗佐领数目增至 120 个（不计西迁察哈尔的 17 个佐领）。据《嘉庆会典》，其统计到的佐领中有察哈尔佐领 62 个，科尔沁佐领 7 个，乌喇特佐领 3 个，茂明安佐领 4 个，苏尼特佐领 1 个，伊苏特佐领 1 个，喀尔喀佐领 3 个，巴尔虎佐领 15 个，厄鲁特佐领 18 个，新厄鲁特佐领 6 个，不计西迁新疆的察哈尔，共有 120 个。《光绪会典事例》载，八旗察哈尔一共有 121 个佐领,[③] 其中也没有记述喀喇沁佐领之事。所以说一直到清末几次统计都没有提到察哈尔八旗中有喀喇沁佐领。也就是说，乾隆二十六年清廷在张家口设立察哈尔都统[④]以后也没有把这些喀喇沁、浩齐特等民众编入察哈尔八旗。

近当代的文献资料和田野调查报告显示，20 世纪以后在察哈尔八旗各旗中或有整佐领喀喇沁人，或部分喀喇沁人已经编入察哈尔各旗佐了。[⑤]

---

① 《兆明奏察哈尔地方无业喀喇沁浩齐特人数并请交部料理折》（乾隆二年二月初七日），中国第一历史档案馆藏，军机处满文录副奏折，档案号：03-0173-1052-001。

② 《大学士鄂尔泰等议奏整编察哈尔八旗佐领折》（雍正十年六月初八日），中国第一历史档案馆藏，档案号：03-0173-1026-006。

③ 相关研究见达力扎布《清代八旗察哈尔考》，《明清蒙古史论稿》，民族出版社，2003。

④ 《清高宗实录》卷 648，乾隆二十六年十一月辛丑。

⑤ 后藤十三雄：《蒙古游牧社会》，布林译，内蒙古自治区蒙古族经济史研究室，1987，第 40 页。正蓝旗民协副主席、口传史分会主席特古斯巴雅尔于 2018 年 7 月在内蒙古正蓝旗的采访记录。在此向提供调研材料的特古斯巴雅尔先生表示感谢！

结　语

回顾学术史，在八旗研究当中蒙古八旗的研究明显滞后于满洲八旗和汉军八旗。究其原因，学界对新的档案史料的重视和挖掘不够是关键因素。近几年，笔者努力查阅日本东洋文库和国内中国第一历史档案馆、国家图书馆等机构保存的相关档案文献，以期推动蒙古八旗的研究。本文主要利用清代满文档案探讨了蒙古八旗在口外游牧地的问题，可以简单总结如下。

第一，除了部分喀喇沁博尔济吉特氏黄金家族的诺颜、台吉清初已经迁徙到外喀尔喀车臣汗部之外，喀喇沁黄金家族及部分乌梁海塔布囊归附后金后先被编入满洲八旗，天聪九年设蒙古八旗时又转入蒙古八旗。当时，这些喀喇沁人和部分乌梁海人驻牧在今内蒙古正蓝旗和多伦县及其附近的游牧地（nuktere ba）。但是，有清一代这些人和察哈尔八旗没有隶属关系，只是到了近代后他们逐渐被编入相应的察哈尔八旗佐领。这就是所谓的行政区域上的从“属人主义”到“属地主义”的转变。

第二，八旗构成的基本单位和组织是佐领。构成蒙古八旗的每一个佐领，其成员并不是居住在同一个地方，不管是京城还是游牧地，抑或其他驻防点，同一个佐领内的人员多驻防在不同的地方。例如，据国家图书馆藏《镶红旗蒙古佐领萨尔柱承袭世管佐领印轴》[①] 记述，镶红旗蒙古都统第二参领所属第五佐领的兵丁驻防在全国各地，如江宁、荆州、奉天、热河、庄浪和上都达布孙诺尔马厂、游牧地等多处。在此提到的游牧地应该是与口外察哈尔八旗相邻的游牧地方。在清代，京旗蒙古八旗和游牧地蒙古八旗之间人员是可以互相流动的。

第三，居住在口外游牧地的蒙古旗人，不仅包括喀喇沁黄金家族和乌梁海塔布囊，还包括从海西女真诸部来归的巴林等部蒙古人。我们见到的有限史料显示，从清初到晚清蒙古八旗各旗佐领所属喀喇沁、浩齐特、扎鲁特等部蒙古人丁一直驻牧在口外游牧地。另外一些属于满洲旗、汉军旗以及牧群、王公等的人丁也长期驻牧在口外游牧地，其人数也不少。

---

① 档案号：1219。

宗族组织与蒙古八旗牛录

——以国家图书馆藏清代满文印轴为例

学界以往的蒙古八旗研究，主要集中在蒙古部落的八旗编入、蒙古八旗的成立以及有关职官、教育、人物等方面。[①] 而蒙古八旗内部，尤其是作为八旗基层组织牛录的编立过程、内部结构，与原宗族组织的关系等问题，基本尚未触及。[②] 同时，作为八旗基本文献的《八旗通志初集》（以下简称《初集》）与《钦定八旗通志》（以下简称《二集》）的相关记载也并不清晰。近期，笔者有幸从国家图书馆挖掘到前人尚未利用的 11 件珍贵满文档案，它们属于蒙古八旗的佐领印轴和族长印轴。这些执照档案反映了清代蒙古八旗牛录中宗族组织的一些详细情况，为了解不甚明晰的蒙古八旗牛录内部组织及其人员构成提供了史料依据。本文将主要利用其中 4 件印轴来初步探讨清代宗族组织与蒙古八旗牛录编立、佐领承袭、驻防等的关系问题。

---

① 相关研究主要有：王钟翰《清初八旗蒙古考》，《清史杂考》，人民出版社，1957；阿南惟敬《天聪九年蒙古八旗的成立》，《历史教育》第 13 卷第 4 号，1965 年；赵琦《试论后金时期蒙古八旗的形成》，《内蒙古大学学报》1997 年第 3 期；赵琦《明末清初的哈喇慎与蒙古八旗》，《蒙古史研究》第 5 辑，内蒙古大学出版社，1997；郭成康《清初蒙古八旗考释》，《民族研究》1986 年第 3 期；楠木贤道《清代编入八旗的扎鲁特蒙古》，《自然・人间・文化——地域统合与民族统合》，筑波大学，2001；张永江《八旗蒙古任官初探》，《蒙古史研究》第 3 辑，内蒙古大学出版社，1989；张永江《清代八旗蒙古官学》，《民族研究》1990 年第 6 期；张永江、陈力《入关前八旗蒙古科举考》，《北方论丛》2010 年第 2 期；《古尔布什家系与事迹补正》，《纪念王钟翰先生百年诞辰学术文集》，中央民族大学出版社，2013。

② 有关清初部落氏族研究主要有：三田村泰助《清前期史研究》，同朋舍，1965；增井宽也《满族入关前的穆昆——以〈八旗满洲氏族通谱〉为中心》，《立命馆文学》第 528 号，1993 年；增井宽也《觉罗哈拉再考》，《立命馆文学》第 619 号，2010 年；刘小萌《满族从部落到国家的发展》，辽宁民族出版社，2001；等等。

一　印轴档案的格式和内容

国家图书馆古籍善本部收藏的11件满文印轴中，包括5件佐领[①]印轴和6件族长印轴。考虑到印轴的完整程度和文章的篇幅，本文主要利用其中的4件印轴来探讨宗族组织与清代蒙古八旗牛录的关系问题。这4件印轴的目录如下：

（1）《镶红旗蒙古佐领萨尔柱承袭世管佐领印轴》；

（2）《正白旗蒙古佐领富森泰承袭互管佐领印轴》；

（3）《正白旗蒙古富森泰佐领下族长德勒格埒库印轴》；

（4）《镶蓝旗蒙古乌尔登佐领下族长黑色印轴》。

首先要说明的是这4件满文档案的汉译定名问题。关于temgetu bithe如何汉译，有清一代就并未统一。temgetu bithe一词，据《御制增订清文鉴》解释为：yaya temgetu obume doron gidafi bure bithe be temgetu bithe sembi。[②] 意为“凡钤印颁发而当作凭证用的文书称为temgetu bithe”。而在《五体清文鉴》中，temgetu bithe对应的汉文为“票”，[③] 显然没有表达出temgetu bithe的意义。日本学者细谷良夫在1977年对temgetu bithe采用了“执照”这一译名。细谷良夫在撰写的两篇论文中，将他在东洋文库发现的满文档案《mukden i kubuhe lamun i ice manju nirui yarkio i bošoho jalan halame bošoro nirui temgetu bithe》，汉译为《盛京镶蓝旗新满洲世管佐领yarkio执照》。[④] 2008年出版的《北京地区满文图书总目》一书也沿用此称。[⑤] 但是，查看清朝几部会典的汉文本，此类档案文书一般被称为“佐领印轴”和“族长印轴”。据此，本文依

① 本文所称“佐领”，意为牛录章京，即八旗基层牛录之管理者。而“牛录”指八旗基层组织。

② 《御制增订清文鉴》卷5，四库全书本，上海古籍出版社，2012。

③ 《五体清文鉴》，民族出版社，1957，“政部—事务类”。

④ 参见细谷良夫《关于盛京镶蓝旗新满洲“世管佐领执照”》，《江上波夫教授古稀纪念论集·历史篇》，山川出版社，1977；《关于盛京镶蓝旗新满洲“世管佐领执照”——以世管佐领任命为中心》，《文经论丛》第12卷第4号，1977年。

⑤ 北京市民族古籍整理出版规划小组办公室满文编辑部编《北京地区满文图书总目》，辽宁民族出版社，2008，第193—203页。

照清代的习惯将此类档案文书分别称为“佐领印轴”和“族长印轴”。

此类“印轴”的满文名称格式也存在细微差异。据介绍，大连图书馆收藏的《镶黄旗满洲盛京佐领 seitu 承管世管佐领执照》等相关档案，其满文通名为 nirui temgetu bithe。[①] 但是，从国家图书馆藏完整的印轴档案名称来看，可以了解到其满文通名为 nirui sekiyen i temgetu bithe（牛录根源印轴）。细谷良夫 1977 年介绍的该执照与笔者所见的国家图书馆藏印轴的格式和内容基本一致。可以假定，满文名称的不同也许是当时各地方（如京师和盛京）的官僚和笔帖式对此类文件的了解或书写惯例差异所致。总体来看，族长印轴的满文格式一般应是：mukūn i da ×× i temgetu bithe（族长某某之印轴）。

佐领印轴一般包括牛录编立原委、佐领承袭和牛录下各宗族人员的确认等内容。往往在具体年代制作印轴之后，还会有续编的过程。例如，本文考察的 4 件印轴中，2 件族长印轴的制作年代都是乾隆八年，没有续修内容。而 2 件佐领执照首次制作也都是乾隆八年，其后一直续修到清晚期光绪年间。

以下逐件介绍 4 件满文印轴的格式和内容。

（一）《镶红旗蒙古佐领萨尔柱承袭世管佐领印轴》

乾隆八年至光绪十年写本。满文，卷轴装，页面 47.5cm×1463.5cm，钤兵部印，前部残。[②]

这份印轴的内容由三部分组成，分别为牛录编立原委、佐领承袭和牛录下各宗族人员等。

1. 关于该牛录和佐领的源流

据该佐领印轴所载，[③] 当初在盛京时，初编哈达蒙古人牛录，令萨尔柱宗族的高祖库尔梅管理。接着另一个宗族的康喀赖、瑚什相继承袭两次。其后，萨尔柱高祖纳木达礼承袭。因人丁日繁，分编一个牛录。这两个牛录皆由纳木达礼的第三世孙萨尔柱、钮格二人承袭。

① 参见承志《关于八旗牛录根源和牛录分类》，《东洋史研究》第 65 卷第 1 号，2006 年。

② 国家图书馆索书号：1219。

③ 为方便起见，文中满文不一一转写，除必要的转写之处外，其余部分直接汉译。

据《初集》《二集》，萨尔柱牛录为镶红旗蒙古都统二参领所属第五佐领。① 按印轴所记，萨尔柱之后的历代佐领是：群山（乾隆二十二年）②、保安（乾隆四十九年）、保卂（乾隆五十一年）、阿衡阿（嘉庆二年）、额勒建格（道光九年）、阿昌阿（咸丰三年）、额图浑格（同治四年）、翁军（光绪十年）等。

2. 关于牛录内宗族（mukūn）组织

据该佐领印轴所记，萨尔柱和钮格 2 个牛录除了萨尔柱、钮格 2 个佐领宗族之外各由 5 个宗族组成（见表 1）。

表 1 印轴中相关宗族

序号	族长（mukūn i da）	原驻地	氏族（hala）	编入该牛录的时间	所管佐领
1	护军达兰泰	哈达	bari（巴林?）	盛京初编牛录时	萨尔柱
2	亲军乌拉	哈达等	bari 等	盛京初编牛录时	萨尔柱
3	亲军九十	哈达等	bari 等	盛京初编牛录时	萨尔柱
4	原副护军校、护军衡克	哈达等	bari 等	盛京初编牛录时	萨尔柱
5	护军校多尔济	巴林	唐古特	盛京初编牛录时	萨尔柱
6	护军校文德	喀喇沁等	hibcu（钦察）等	盛京初编牛录时	钮格
7	鸟枪护军章保住	巴林	多罗特	盛京初编牛录时	钮格
8	亲军六十四	hardacu（黑达子）、察哈尔	daicit（岱齐特）、heran（赫然）	盛京初编牛录时；康熙二十七年从包衣牛录抬出	钮格
9	亲军萨哈廉	hardacu、巴林	daicit、hibcu	盛京初编牛录时；康熙二十七年从包衣牛录抬出	钮格
10	步军校陶哈岱（锡伯护军罕都等）	喀喇沁、伯都讷	hibcu 等、赫舍里等	盛京初编牛录时；康熙三十八年	钮格

① 《八旗通志初集》卷 12；《钦定八旗通志》卷 20。

② 括号内的年份为其承袭佐领之年。

佐领印轴不仅罗列了牛录内的各宗族名称，且不论有分（ubu，2 个宗族）还是无分（10 个宗族），将各宗族内披甲、闲散等各色人名及其驻防地等信息都清楚地记录于每一个宗族下面。以下列举该档案中的几个例子。

编立佐领时有分（ubu），哈达地方人，bari 氏：佐领萨尔柱、八级笔帖式法全、拖沙喇哈番西安、原佐领赫图、弓匠日永、披甲萨尔吉、原佐领八十三。

有备分之远族人：护军九格、护军白雅斯胡朗、披甲玛色、披甲达庆阿、原记录官四格、原披甲麦住、原副护军校护军亨克、亲军九十、亲军乌拉、护军达兰泰。

萨尔柱牛录一个宗族，哈达等地人，bari 等氏：族长亲军乌拉、骁骑校苏万代、护军阿里玛、披甲土巴山、披甲九格、养育兵六十四。驻防西安者有：披甲图满、披甲江吉泰、披甲胡楞阿、披甲土金、披甲贡古尔、披甲达森泰、披甲金泰、披甲巴尔虎、炮手纳孙泰、弓匠衮布、步甲土桑阿、步甲察尔衮、养育兵诺木库、养育兵林同保、闲散朝克图、闲散乌达里、闲散宁德、闲散陶尔泰。驻防奉天府者有：前锋乌林保、步甲剌住、闲散阿哈、闲散阿林、闲散曹住、闲散官德、闲散特布希。养息牧马群：闲散保尔扣、闲散巴扎尔、闲散额尔德尼、闲散剌西扎布、闲散噶尔藏、闲散仓格、闲散浩格、闲散诺木仓、闲散班第、闲散乌日土纳苏图、闲散剌什、闲散达林、闲散根敦、闲散布尔吉图、闲散旺古尔海、闲散额尔德木图、闲散阿尼曼、闲散胡图格。

钮格牛录一个亲族，巴林地方人，多罗特氏：族长乌枪护军章保住、领催郝尚。驻防湖广荆州府者：佐领噶尔马、原品休致的佐领常绍、领催承德、前锋佛宝、披甲噶尔迪、披甲常军、披甲常英、闲散常琼、闲散常青、闲散常光、闲散福德保、闲散爱新保、闲散爱兴阿。驻防江宁者有：前锋双宝、披甲四十保、披甲华西、披甲彦图、额外兵丁班第、披甲仓格、披甲六达子、披甲五十一、闲散东腰包、闲散六十保。

3. 关于佐领之分（ubu）问题

佐领印轴的另一个重要内容是，交代清楚哪一个宗族或宗族内的哪一支派拥有承袭佐领之分问题。据萨尔柱佐领印轴所述：“查拣放世管佐领之例载，承袭佐领人之子孙有分（ubu），未承袭佐领之兄弟子孙无分。如无嗣，承袭佐领时，编立牛录人之兄弟子孙不管曾否承袭佐领皆有分。远族人承袭之佐领，有列名之分（gebu faidabure ubu）。”

因创立牛录之库尔梅无嗣，而一直由其族弟纳木达礼的子孙承袭，所以纳木达礼子孙有分。库尔梅亲兄弟都没有承袭佐领，其子孙没有分。乾隆二年，现任佐领萨尔柱等想自愿给原创牛录的库尔梅兄弟子孙备分（belhebure ubu bahabume）等因呈报，得到允准。所以，印轴也写明了以下内容：

> 编立佐领时有分，哈达地方人，bari 氏：佐领萨尔柱、八级笔帖式法全、拖沙喇哈番西安、原佐领赫图、弓匠日永、披甲萨尔吉、原佐领八十三。得到备分（belhebure ubu）之远族人：护军九格、护军白雅斯胡朗、披甲玛色、披甲达庆阿、原记录官四格、原披甲麦住、原副护军校护军亨克、亲军九十、亲军乌拉、护军达兰泰。

另外，在续修印轴时，会将原来由于未及岁等原因未能列入的有分之人名单补充进去。如乾隆二十年时，该佐领印轴补充写明了以下内容：“先前因未及岁未能记入牛录根源的印轴里，现在拣放佐领，应该加进去的有分之人名排列于后：佐领穆成额，闲散群山，披甲舒明阿，拖沙喇哈番齐达色，闲散宝龙、保安，披甲达灵阿，披甲达明阿，养育兵达充阿，闲散孙扎齐、巴格坦布、佛宝，披甲布林，闲散布彦图、吉文格，养育兵巴鲁，闲散巴锡、柳达色、齐达色。乾隆二十年。”也就是说，下次佐领出缺时以上人员也有资格列入候选人名单。

（二）《正白旗蒙古佐领富森泰承袭互管佐领印轴》

乾隆八年至光绪二十九年写本。满文，卷轴装，页面 49.5cm×1683cm，钤兵部印和陆军部印，前部残。①

这件佐领印轴是国家图书馆藏 11 件印轴中最长的一件。其内容同样可以从以下三方面了解。

1. 关于该牛录和佐领源流

据《初集》《二集》，该佐领是正白旗蒙古都统右参领所属第十佐领。② 该互管佐领最初是由星南自前屯卫率来之众（4 个宗族）编成的半分牛录。其后，富森泰的曾祖二等侍卫杨西穆又率 67 名蒙古人（5 个宗族），与星南所属人员合编为整牛录。后来又将三等侍卫桑阿尔寨所率来之一部分蒙古人（5 个宗族）亦编入此牛录。康熙二年，神保祖父塞尔格克带领子弟和另族的子弟官等六七名，以及蒙古奴仆 29 名，都编入该牛录。另外，后续编入该牛录的还有从包衣牛录抬出的察哈尔地方康宁氏，再加上伯都讷地方胡什哈里氏、正蓝旗转来的翁牛特地方博尔济吉特氏等共有 17 个无分之宗族。

从后续修订的内容来看，该牛录的历代佐领有：沙济、星南、沙里（星南弟）、塞尔格克、阿玉锡（塞尔格克子）、神保（塞尔格克孙）、富森泰（杨西穆二世孙）、噶尔迪（乾隆三十二年）、特统格（杨西穆三世孙，乾隆四十五年）、苏隆额（嘉庆二十一年）、哈丹阿（道光二年）、德统（道光二十五年）、德干（杨西穆六世孙，咸丰七年）、连寿（同治七年）、隆干（同治十年）、连昭（塞尔格克六世孙，光绪二十八年）、寿千（杨西穆七世孙，光绪二十九年）等。

2. 关于该牛录内宗族组织

表 2　正白旗蒙古都统右参领所属第十佐领内宗族组织

序号	族长	原驻地	氏族	编入该牛录的时间 或跟随来的首领
1	护军校明阿泰	塔本诺格图喀尔喀(即内喀尔喀五部)	乌良喀吉勒母们（乌梁海者勒蔑）	太宗皇帝时跟随星南来归
2	领催本伯孙	科尔沁	卓格	太宗皇帝时跟随星南来归

① 国家图书馆索书号：1221。

② 《八旗通志初集》卷 11；《钦定八旗通志》卷 19。

续表

序号	族长	原驻地	氏族	编入该牛录的时间或跟随来的首领
3	鸟枪护军七十四	科尔沁	克什克腾	太宗皇帝时跟随星南来归
4	护军朝西	科尔沁	爱云	太宗皇帝时跟随星南来归
5	副护军校、鸟枪护军回色	盛京辽阳卫	克什克台	世祖皇帝时跟随杨西穆来归
6	护军丰噶拉	盛京辽阳卫	索隆阿	世祖皇帝时跟随杨西穆来归
7	护军六十八	盛京辽阳卫	爱有特	世祖皇帝时跟随杨西穆来归
8	护军七十三	盛京辽阳卫	杨色布	世祖皇帝时跟随杨西穆来归
9	前锋邵密色	盛京辽阳卫	索隆郭尔	世祖皇帝时跟随杨西穆来归
10	八级笔帖式神保	张家口外乌兰布尔哈苏台	察哈尔蒙古阿剌克绰特	跟随三等侍卫桑阿尔寨来归
11	步军校黑色	张家口外乌兰布尔哈苏台	察哈尔蒙古卓格	跟随三等侍卫桑阿尔寨来归
12	副骁骑校、领催占巴拉	张家口外乌兰布尔哈苏台	察哈尔蒙古阿剌克绰特	跟随三等侍卫桑阿尔寨来归
13	披甲旧格	张家口外乌兰布尔哈苏台	察哈尔蒙古炮钦	跟随三等侍卫桑阿尔寨来归
14	披甲六十一	张家口外乌兰布尔哈苏台	察哈尔蒙古阿依	跟随三等侍卫桑阿尔寨来归
15	一等侍卫班珠尔	察哈尔	康宁	盛京时睿王从察哈尔携来编入包衣牛录，顺治十八年从包衣牛录抬出编入正白旗蒙古该牛录
16	骁骑校布伦	翁牛特	博尔济吉特	康熙二年编入沙里牛录
17	护军仓格	伯都讷地方藤讷库噶珊	锡伯瑚什哈里	圣祖皇帝时编入该牛录

另外，该印轴和印轴（1）相同，也罗列了以上 17 个无分的各宗族人员名单和 3 个有分的宗族人员名单。从以下列举的族长常青所管 5 个宗族人员名单，可以知晓牛录内部宗族构成的复杂性和丰富性：

> 将拼凑不同氏族之族长护军常青所管五个宗族所属人名排列于后面：
>
> 泰陵二等侍卫兼拖沙喇哈番乌日土纳苏图、领催赵纳苏图、闲散色

楞、护军校明安泰、鸟枪护军乌兰泰、闲散名泉、领催布勒博孙、护军额仁泰、护军乌散泰、护军淖海、闲散努然泰。

驻防西安的：黑色、达兰泰、伊仁泰、额勒黑、达桑阿、杭吉。

驻防庄浪的：领催外都、闲散关保、披甲吴什齐、前锋乌林格、披甲散邵色、披甲回色、步甲罕布劳、幼丁关泰、鸟枪护军七十四、披甲色克、鸟枪披甲散达色、鸟枪护军赫升格、披甲曾苏。

驻防天津府的拖沙喇哈番级章京孟自、右卫披甲五十四、热河披甲瑚西里、牧丁黑雅图、护军朝西、闲散栓住、闲散桑格、一等侍卫班珠尔。

驻防江宁的领催四达子等画押所呈档载，原为喀喇沁地方人，杭哈坦氏。高祖色楞跟随星南来归。其为轮管佐领，没有争讼之事。领催四达子、披甲福生、披甲老格。

驻防江宁的披甲六格画押所呈档载，原为喀喇沁地方人，巴林氏，不知高祖之名，跟随星南来归。其为轮管佐领，没有争讼之事。披甲六格、披甲六十八、披甲五十一、披甲色克。

驻防沧州的领催巴彦等画押所呈档载，原为他本诺克图喀尔喀（即内喀尔喀五部）地方人，巴约特氏，高祖黑色跟随星南来归。其为轮管佐领，没有争讼之事。领催巴彦、披甲博克图。

驻防沧州的披甲六十七等画押所呈档载，原为他本诺克图喀尔喀地方人，卓尔氏，高祖卓锡瑚跟随星南来归。其为轮管佐领，没有争讼之事。披甲六十七、披甲哈尔扣、闲散保住、闲散舍尔扣。

驻防沧州的披甲什图等画押所称档载，原为他本诺克图喀尔喀地方人，伊乌勒氏，高祖额勒格跟随星南来归。其为轮管佐领，没有争讼之事。披甲什图、披甲埋图、披甲色克图、闲散乌库勒。

驻防沧州的披甲色尔必画押所称档载，原为吉林乌拉地方人，瑚什哈日氏，高祖芒噶达于康熙三十八年圣祖皇帝时率领我们编入此牛录。其为轮管佐领，没有争讼之事。披甲色尔必。

在此所述族长护军常青在前面提到的 17 名族长中没有出现。从档案内容来看，他能管辖5个宗族，可以说其职务相当于后来出场的总族长。

3. 关于佐领之分问题

据拣放佐领之例，该佐领除了星南、桑阿尔寨无嗣之外，承袭牛录之星南的亲弟沙里及杨西穆、塞尔格克三个家族的子孙都有分。如富森泰所袭互管佐领出缺，以其出缺人之子孙为拟正。一同率众来归之桑阿尔寨无嗣，星南虽然也无嗣，但其亲弟沙里有子孙。不管是否承袭佐领，率众来归者之子孙都有分。从沙里、塞尔格克两个 gargan（宗族支派）子孙里选出，一个 gargan 拟陪，一个 gargan 排列。如出缺之人无嗣，仍然由原 gargan 内选出拟正。若因故革职而不让其子孙承袭佐领时，与无嗣者不能相提并论，原 gargan 虽有人但不得有拟正之分，只能使之有拟陪之分，从另一个 gargan 内选出拟正者，排列其名。也就是说，星南之弟沙里及杨西穆、塞尔格克三个家族的子孙都有分。

另外，乾隆二十年和五十三年两次续修时都对该佐领印轴进行了补充："在原先牛录根源印轴里，因不及岁未载，现在拣放佐领时，将应接续记入的有分之人名排列如下：披甲赫本格，闲散特统格、伯坑格、野布充格，二等阿思哈尼哈番兼三等侍卫噶茹第，护军斡勒吉图、斡扔格，养育兵福命，披甲斡日坑格，委前锋尼玛，养育兵诺木浑、斡神格，闲散富德、福禄、噶尔迪、可神格、佛珠、福良、阿林、塞桑阿、平泰。""乾隆五十三年九月由旗处所报有承袭佐领之分者名单：领催法佛里、护军苏巴里、炮手（pooi uksin）瑚图里、养育兵剌尔建阿、披甲舒敏、养育兵纳钦、闲散富勒和、二等阿思哈尼哈番苏隆阿、披甲保林阿、养育兵哈然阿、闲散巴达尔胡、养育兵班达尔胡、闲散塞吉日胡。"这就说明，如果下次佐领出缺时这些人都可以成为拟正、拟陪或列名之候选人。

（三）《正白旗蒙古富森泰佐领下族长德勒格埒库印轴》

乾隆八年写本。满文，卷轴装，页面 48.3cm × 746cm，铃兵部印，前部残。[1]

因同一个正白旗蒙古都统右参领所属第十佐领，该族长印轴和印轴（2）

① 国家图书馆索书号：1224。

所介绍的佐领印轴内容即牛录原委、牛录内宗族数目及宗族内人员、佐领之分等基本相同，所以在此简要介绍两个印轴的不同之处。

该族长印轴的撰写年代是乾隆八年，没有后续部分。这与印轴（2）所记从乾隆八年至光绪二十九年历代佐领承袭的内容不同。

在格式上，与佐领印轴相比该族长印轴的结尾部分只是罗列了德勒格埒库一个宗族的人员名单。并在人员名单前说明该宗族没有佐领之分。

> 无佐领之分族长乌枪护军德勒格埒库所管一个宗族之众，将其人名排列如下：骁骑校布伦、闲散阿拉布坦、领催常海、护军苏章阿、护军长喀、蒙古大夫护军长龄、护军塔拉、头等阿达哈哈番德克锦格、披甲库鲁格、披甲穆腾格、云麾使兼拜他喇布勒哈番班布拉、披甲扎布、闲散玛什达、闲散罗布藏、闲散车尔玛、闲散乌巴什。

（四）《镶蓝旗蒙古乌尔登佐领下族长黑色印轴》

乾隆八年写本。满文，卷轴装，页面 50cm×793.5cm，未钤印，前部、中部都有残缺。①

其基本结构和印轴（1）（2）相似，主要内容如下。

1. 关于该牛录和佐领源流

据该族长印轴，“佐领乌尔登、卓巴等呈报，我们的高祖托克托尔，巴林地方人，泰绰格氏，从巴林地方来归太宗皇帝。初编牛录时，令高祖托克托尔管一个牛录”。出缺后，因其子年幼，令另一氏族的领催白桑古承袭。出缺后，由托克托尔孙赛音齐克承袭。其后，历代佐领包括德尔格尔（赛音齐克子）、明善（德尔格尔子）、乌尔登（明善伯父之孙）等。

据《初集》《二集》，乌尔登佐领是镶蓝旗蒙古都统头参领所属第十一佐领。② 康熙二十三年，赛音齐克管牛录时丁壮滋生，分编一个牛录使赛音齐克

① 国家图书馆索书号：1228。

② 《八旗通志初集》卷 12；《钦定八旗通志》卷 21。

子德登管理。他出缺后，根敦（德登子）、卓巴（根敦子）等相继承袭佐领。以上两个佐领都被认定为世管佐领。

2. 关于该牛录内宗族组织

虽然该族长印轴的前部、中部有残，但牛录内宗族的数目基本齐全。这两个牛录除了佐领所属宗族之外，共有5个宗族。但是，该印轴和前面介绍的几件印轴不同的一点是这5个宗族具体属于哪一个牛录没有记述清楚。这或许表明有些分编牛录和原牛录的人员在归属上并非那么清楚。

表3　镶蓝旗蒙古乌尔登佐领内宗族组织

序号	族长	原驻地	氏族	编入该牛录的时间
1	拜他喇布勒哈番阿桑阿	叶赫	翁古特	太宗时
2	拖沙喇哈番达充阿	哈达	莫都	太宗时
3	步军校黑色	旧察哈尔、科尔沁、喀喇沁、商都克、郭尔罗斯、扎鲁特等	卓特、兀鲁特、阿格他钦、祁他特、萨格陶、昭家、杭噶坦、斡尔库德、白桑古、昭	太宗时
4	骁骑校舒尔吉	鄂尔多斯	卫古特	太宗时
5	养育兵锡伯乌尔泰	吉林乌拉	高尔济	康熙三十八年

该族长印轴的另一个特点是，它没有交代清楚牛录内各宗族的人丁，只是在结尾部分记录了黑色当族长时的一个宗族所属人员的名单，兹摘录如下。

乌尔登牛录之族长、在另记档案的护军黑色，与该族结合在一起的另户有：骁骑校舒尔吉、亲军领关保、护军萨尔图、护军布达拉、披甲玛尼、披甲统古尔岱、养育兵七十二、养育兵麒麟、养育兵额尔克、闲散巴扎尔、天津府佐领佛保、热河披甲阿尔山、熊岳披甲玛济哈、铁匠白沟、闲散邵色。乾隆八年。

在清代户籍制度中，另记档案问题比较复杂，其户籍地位低于正户、高于开户。另记档案户籍分为另户另记档案和自首另记档案两类。[①] 以上的内容提供了一个在蒙古牛录内另户另记档案的鲜活事例。

3. 关于佐领之分问题

乌尔登牛录的情况是，其高祖托克托尔子孙皆有分，而其他分支都无分。然而，据该族长印轴所述，这种世管佐领出缺时，其拣放比较复杂。原立佐领人之子孙管理牛录者，其长房管理牛录出缺时，将出缺人之子孙拟正，拣选其余房之子孙拟陪、列名。出缺人或因无嗣，或因罪革职，补放佐领时，其子孙不宜入选，则仍于出缺之长房内视其人可一体拣选拟正。次房之子孙管理佐领出缺时，则拣选出缺人之子孙拟正，长房子孙一体拣选拟陪，拣选其余房之子孙列名。出缺人或因无嗣，或因罪革职，补放拣选佐领时，其子孙不宜入选，则该支虽有亲兄弟叔伯之子孙，亦不得拟正，仍于长房子孙内一体拣选拟正。若长房内现在有管理佐领者，则免其入选，而在未管佐领支派之子孙内拣选拟正，出缺支派、其余支派，则逐房拣选拟陪、列名。倘二三佐领均由同一支派管理出缺，该支现管理佐领且以出缺人之子孙拟正，则分有不均，相应在未管佐领支派之子孙内择其优者拟正，在其余各支、出缺支派之子孙内拣选拟陪、列名。这一规定与当年修订的《拣放佐领则例》相关条例的内容是一致的。

二　对印轴档案的分析

(一)佐领印轴和族长印轴形成的年代及其历史背景

整个雍正时期及乾隆前期，清朝对八旗制度进行了一次较大规模的改革。其内容之一就是重新清查和登记牛录根源、佐领源流，并制作佐领印轴、族长印轴等，以平息牛录内人员的争讼。

---

① 相关研究有：傅克东《八旗户籍制度初探》，《民族研究》1983 年第 6 期；刘小萌《八旗户籍中的旗下人诸名称考释》，《社会科学辑刊》1987 年第 3 期；陈文石《满洲八旗的户口名色》，《明清政治社会史论》下册，台湾学生书局，1991；屈成《清雍乾时期的“另记档案”清查》，《清史研究》2018 年第 3 期。

八旗每佐领下设族长，[①]“以教其族人”。[②]而《光绪会典事例》的年代记述非常清楚，据载：“乾隆三年复准，八旗世袭佐领应设立黄纸印轴，将原立佐领原委及承袭文派备书于轴，给发佐领各族长等收执，以凭稽考。其长短尺寸，移咨工部。先造千轴，计长三丈、四丈、五丈者各三百轴，十丈者百轴。其周围螭边款式及纵广尺寸均照功牌式样。嗣后成造均依兵部所需数目及来文内长短尺寸办给。”[③]可见，开始制作佐领印轴的年代是乾隆三年。当时佐领印轴的名称确实是“印轴”，这应该是由其卷轴装和钤印的特征所决定的。当年有命制作长三丈、四丈、五丈、十丈的印轴共千件。《乾隆会典》有较为详细的佐领印轴款式尺寸的规定：“凡世袭佐领印轴黄纸制，表里二层，高尺有五寸五分，长数丈至数十丈有差。四周作螭文，缘以色绫，轴端用紫榆木。”[④]从现在发现的几件印轴来看，不管是世管佐领印轴，还是互管佐领印轴，抑或族长印轴，都符合这一规格。另外，据以上记述，当初佐领印轴存放在佐领下各族长处。

乾隆五年，大学士总理兵部事务鄂尔泰请旨：“今于乾隆五年正月内经钦派王大臣等议定，八旗旧管佐领一百三十七个，准各该旗陆续造册送部。该臣等查得，八旗左右旧管佐领、世管佐领、互管佐领八百有余，佐领下所有族长五千有余，共计佐领、族长将及六千。”[⑤]可见，据乾隆五年统计，八旗族长共五千有余，再加上近千名佐领，需要制作六千件左右印轴。由于数量庞大，当时总理兵部事务鄂尔泰上奏请旨下令派专员分批制作这些印轴，所以我们在此释读的4件印轴，其制作年代已经是乾隆八年了。鄂尔泰又接着奏请道：“印轴系开载佐领、族长等根由来历，实为世守之符，理应作速办理给发。请将佐领印轴臣部书写给与外，应给族长等印轴分交八旗书写，俟书写完日陆续送部与存贮。档册详加核对盖部印给与。”[⑥]佐领印轴和族长印轴分别由兵部和八旗书写完成，送兵部钤印后存贮。

---

① 参见刘小萌《清代北京旗人社会》，中国社会科学出版社，2008，第35—36页。

② 《嘉庆会典》卷67《八旗都统·都统副都统职掌》。

③ 《光绪会典事例》卷940《工部·都水清吏司》。

④ 《乾隆会典》卷75《工部·都水清吏司》。

⑤ 《大学士总理兵部事务鄂尔泰奏请佐领下族长等印轴分交八旗书写》，《明清档案》第95册，台北“中研院”历史语言研究所，1987，A95-49。

⑥ 《大学士总理兵部事务鄂尔泰奏请佐领下族长等印轴分交八旗书写》，《明清档案》第95册，A95-49。

（二）宗族组织与蒙古八旗牛录编立和佐领承袭问题

宗族组织涉及八旗牛录编立、佐领承袭和牛录内部人员的管理等事项，并与清朝的政治特征等问题密切相关。但是，清初蒙古宗族组织的发展，与牛录、佐领的关系等问题，学界至今很少有人涉及。

早期蒙古部落组织和清初蒙古八旗牛录组织存在传承关系。古代蒙古社会的基本组织之一被称为爱马克，据符拉基米尔佐夫解释，“游牧于同一地区的同族阿寅勒集团被称为爱马克；爱马克乃是部落分支，更正确些说，是胞族。……凡是属于一个爱马克的人都被认为是属于同一的亲族集团”。[①] 符氏在深入研究古代蒙古社会后解释道：“蒙古氏族——斡孛黑，是以男系亲属原则和族外婚为基础的，带有从前母权制若干残余、经营个体经济，但共同使用牧地，在承认长子一定权利的同时，赋予幼子某些特权，并以复仇制和特殊的祭仪来维系着的相当典型的父权制的血缘亲族集团。”[②] 他接着指出，随着氏族的发展，其内出现属部、奴隶等非血缘集团。[③]

据康熙《御制清文鉴》解释，emu hala ahūn deo be mukūn sembi，geli emu feniyen be inu emu mukūn seme gisurembi，[④] 意为“同姓兄弟称为族，又一人群亦可称为一个穆昆”。而据乾隆《御制增订清文鉴》解释：emu hala be mukūn sembi（称同姓为族）。[⑤] 界定的概念都不太清楚。据《满洲实录》载，与 mukūn 对应的蒙古文为 aimaγ（爱马克）。《五体清文鉴》中满文 mukūn 与蒙古文 törül、汉文“族”是对应的；而满文 hala 与蒙古文 oboγ、汉文“姓”也是同义词。[⑥]

史禄国对满族氏族组织研究的结论和符拉基米尔佐夫对古代蒙古氏族组织研究的结论不谋而合。在史氏看来，“在一个较早的时候，族外婚单位——哈拉——都有一个专门名称，并占据着一块土地。当这些族外婚单位在广阔的地

① 参见符拉基米尔佐夫《蒙古社会制度史》，刘荣焌译，中国社会科学出版社，1980，第 213—214 页。

② 符拉基米尔佐夫：《蒙古社会制度史》，第 94 页。

③ 符拉基米尔佐夫：《蒙古社会制度史》，第 118 页。

④《御制清文鉴》卷 5，武英殿刻本。

⑤《御制增订清文鉴》卷 10，四库全书本。

⑥《五体清文鉴》，“人部—人伦类”。

域里扩散开的时候，满族人形成了新的族外婚单位，但是，这些单位没有专门名称，而被呼以哈拉的名称和他们定居的地区的军团旗帜的颜色。那么，一个哈拉变成了包含若干新的族外婚单位——嘎尔干这种新的分支——的一个群体。这些新的单位继续移动，它们再一次发生交叉混合，于是满族人创设了一种新的单位——莫昆”。“现在，每一个哈拉可能有许多莫昆；也可能只有一个莫昆。”① 日本学者三田村泰助曾对穆昆（或译莫昆）进行探讨。他认为，穆昆是哈拉的派生部分，即以地域关系为基础的血缘集团。②

满洲牛录的编立是从辛丑年（1601）开始的。当年，“太祖将所聚之众每三百人内立一牛录额真管属。前此凡遇行师出猎不论人之多寡照依族寨而行，满洲人出猎开围之际，各出箭一枝，十人中立一总领，属九人而行，各照方向不许错乱。此总领呼为牛录额真”。③ 可见，满洲牛录的编立是以原宗族为基础的。

清代大规模编立蒙古牛录则是从天聪初年开始的。据此次考察的 4 件印轴，每一件印轴的内容是由牛录编立的过程及佐领承袭、牛录内的宗族、牛录类型的确认等部分组成。其中，牛录内各宗族的情况交代得很清楚，就是记述了各个宗族的原驻地或部落、氏族、参与编立牛录的过程以及人员构成等。

先看印轴（1），按《初集》载，该牛录是天聪时期（盛京时）以哈达蒙古为主的初创牛录，是镶红旗蒙古都统第二参领第五佐领。至康熙二十三年，因丁壮滋生，从该牛录中又分出一个牛录，即该参领所属第六佐领。据该印轴交代，两个牛录共由 10 个宗族组成，其中 5 个宗族是哈达地方人、bari 氏族，其他是巴林、喀喇沁、哈里达楚（黑达子）、察哈尔等地方人，唐古特、hibcu（钦察）、多罗特、岱齐特等氏族人。当然，这里所说的地方即原驻地，绝大部分是指原所属蒙古部落，如巴林、喀喇沁、察哈尔等。其中哈达地方的蒙古人为一个特殊的人群。以往学界知道海西女真诸部首领有蒙古血统，但哈达部

① 参见史禄国《满族的社会组织——满族氏族组织研究》，高丙中译，商务印书馆，1997，第 26—27 页。

② 参见三田村泰助《清朝前史的研究》，同朋舍，1965，第 476—477 页。

③ 《满洲实录》卷 3，中华书局，1986，第 1 册，第 117—118 页。

内还有为数不少的蒙古人的情况并不广为人知。[①] 通过释读此印轴，可以了解到这个牛录是以天聪时期来归的哈达蒙古人为主，再加上巴林、喀喇沁、察哈尔等部落的几个宗族的零散来归者编成的。

再看该牛录内宗族的人员构成，与牛录根源相比，佐领印轴和族长印轴所载牛录内各宗族人员的名单非常清楚。当然该镶红旗萨尔柱佐领印轴提供的各宗族人丁，包括披甲和闲散等是乾隆八年的统计数字。据记载，佐领萨尔柱族的人丁有 7 名，其远族九格的一族有 10 名。其他宗族的人丁分别有 27 名、51 名、14 名、25 名、17 名、23 名、25 名、17 名、8 名、11 名。两个牛录共有 235 名，这是当时的实际人丁数目。其中，一族最多有 27 名人丁，而最少的有 7 名。在此特别要注意的是“闲散”问题，在 235 名人丁当中共有 77 名，占比近 1/3。

在萨尔柱牛录的佐领承袭方面，初创牛录时，由萨尔柱远族祖父库尔梅管理，出缺后因无嗣，由另一族的人承袭两次。其后，库尔梅的弟弟纳木达礼管理。纳木达礼之后到萨尔柱共 5 次，都是他们一族人承袭。康熙二十三年，因人丁滋生，从第五牛录分编第六牛录，令纳木达礼家族人管理，直至其第三代世孙钮格。

据印轴（2）记载，正白旗蒙古都统右参领第十佐领也是太宗皇太极时期创建的。该牛录由星南（前屯卫地方人）、杨西穆（盛京辽阳卫地方人）、桑阿尔寨（察哈尔乌兰布尔哈苏台地方人）所率来之三部分人组成。他们分别是五鄂托克地方者勒蔑氏，科尔沁地方卓格氏，科尔沁地方克什克腾氏，科尔沁地方爱云氏；盛京辽阳卫地方克什克台氏，盛京辽阳卫地方索隆阿氏，盛京辽阳卫地方爱有特氏，盛京辽阳卫杨色布氏，盛京辽阳卫索隆郭尔氏；乌兰布尔哈苏台地方察哈尔蒙古阿剌克绰特氏（2 个宗族，外加该地方的卓格氏），乌兰布尔哈苏台地方察哈尔蒙古炮钦氏，乌兰布尔哈苏台地方察哈尔蒙古阿依氏，察哈尔地方康宁氏；翁牛特地方博尔济吉特氏；伯都讷地方藤讷库噶珊（达虎尔噶珊）的锡伯瑚什哈里氏。共 17 个族的部众。一个牛录就有这么多

---

① 参见后文《清初海西女真诸部中的蒙古人》，原载赵志强主编《满学论丛》第 7 辑，辽宁民族出版社，2017，第 93—107 页。

宗族，在整个八旗中应该也是罕见现象。当然，因时间久远等原因，有些宗族的人已经忘记了自己的氏族等。

雍正、乾隆时期对八旗制度进行改革的同时，也编纂过几套有关八旗的史书。其一是《八旗满洲氏族通谱》，成书于乾隆九年。该书不仅记录了八旗满洲旗中的各满洲氏族，也记录了满洲各旗中的蒙古氏族等情况。但是，关于和满洲八旗、汉军八旗并列的蒙古八旗，清朝方面一直没有修订过类似《通谱》的史书。我们现在看到的 4 件有关蒙古八旗的 3 个牛录内各氏族，当然没有被记录在《通谱》内，再查阅《蒙古秘史》《史集》等阐述古代蒙古部落历史的典籍，对这些印轴中出现的某些氏族也没有记述。由此可以推测，有些蒙古氏族是在长期历史发展过程中或从原蒙古部落中分离出来，或通过同化边缘或者相邻地区的部落人群并吸收进蒙古后形成的新氏族。[①] 印轴（2）也交代了乾隆八年正白旗蒙古都统右参领第十佐领各个宗族之人丁数，共计 146 名，可以看出宗族不断发展分化的情况。其中闲散兵 23 名，占比为 15.8%。

在正白旗蒙古都统右参领第十佐领的承袭方面，清太宗时将星南率来之众编为半个牛录，令牛录内人沙济管理。其后，杨西穆、桑阿尔寨将其所率之人编入该牛录，成立整牛录，为互管牛录。翁牛特地方（部落）博尔济吉特氏塞尔格克家族于太宗时叛来编入正蓝旗明安达礼牛录。康熙二年，塞尔格克和其子弟以及另族的子弟官六七名及奴仆 29 名一起抬出，编入该牛录。另外，察哈尔地方康宁氏一个族，在盛京时，睿王将他们从察哈尔汗那里率来编入包衣牛录。顺治十八年，从包衣牛录抬出编入正白旗蒙古沙里牛录。而锡伯瑚什哈里氏一族是最晚编入该牛录的宗族。他们是康熙帝斥资赎出后编入该牛录的。

（三）对佐领之分（ubu）的理解

满语 ubu 一字，来自女真语，[②] 意为“分”“分位”。[③] 具体到佐领之分，是指在佐领承袭中具有拟正、拟陪或列名等资格。佐领之分的问题在《光绪

① 参见乌兰《〈八旗满洲氏族通谱〉蒙古姓氏考》，《民族研究》2011 年第 1 期。

② 参见金启孮编著《女真文辞典》，文物出版社，1984，第 170 页。

③ 《御制清文鉴》卷 7。

会典事例》中有载：

（乾隆）三年谕，向来八旗补授佐领，并无家谱，由该旗大臣分别拣选具奏补授，嗣因管旗大臣办理，不免偏执，是以定有家谱。迨既有家谱之后，仍将不应补之人列入，其应补之人转致删除，且其佐领根由，终未明悉，夫八旗佐领根由，若不详加定议，日后终不免于争讼，是以降旨令王大臣办理。今八旗议奏家谱，其原管佐领或系功臣带来所属人丁编为佐领，或因功绩茂著，赏给人丁编为佐领。此等佐领员缺，原立佐领人之子孙，不论曾否管过佐领，均应有分，原立佐领人之亲兄弟，虽曾管过佐领，其子孙不准得分。世管佐领，或系将带来之人编为佐领令其承管者，或初编佐领时即经管理后积有数辈作为世管佐领者。又有分编佐领时即令承管者。此等佐领原立佐领人之子孙准拟正，其余管过佐领人之子孙，酌其谱系远近并管理次数，有应得拟正之分，应得拟陪及拟备之分者。又原立佐领人之子孙，念分不应得之族人，系一祖所出，请一并得分，或其本支内已有佐领，将别佐领让给无佐领之支，或每支各管一佐领。……三姓、四姓互管一佐领者，出缺人之子孙拟陪，各姓通行遴选拟正及列名。①

由此可知，佐领之分的问题也与宗族组织息息相关。雍正、乾隆年间，八旗改革的重要内容之一是议定佐领类型（性质）问题。乾隆时划分佐领为世管佐领、公中佐领和互管佐领等。每一种佐领出缺后，何人或一个宗族内哪一支有资格被拟正、拟陪或列名等，都有比较严格的规定。本文所述 4 件印轴档案就有关于世管佐领、互管佐领的佐领之分问题的记载。

先看萨尔柱、钮格所承袭世管佐领印轴所记：

查补放世管佐领之例，承袭佐领之人子孙都得分，其并无承袭佐领之兄弟子孙无分。无嗣承袭佐领时，在原立牛录人之兄弟子孙内无问曾否承袭佐领，均给分。……如萨尔柱、钮格佐领出缺，给予纳木达礼子孙拟

---

① 《光绪会典事例》卷 1130《八旗都统二十 · 授官》。

正、拟陪之分，原立牛录人库尔梅因无嗣，其兄布当阿、其弟尼拉达之子孙给予列名之分。

富森泰的佐领则是正白旗互管佐领，印轴（2）载：

补放此佐领时，除了星南、桑阿尔寨无嗣，承袭佐领之星南弟沙里及杨西穆、塞尔格克三家子孙都有分。……如富森泰所袭互管佐领出缺，将选出缺人子孙为拟正。……从沙里、塞尔格克两支子孙内选出，一支为拟陪，一支为列名。如出缺人无嗣，仍由原支内选出拟正，假如缘事革职，其子孙不得补放佐领。因和无嗣人不可比拟，原支虽有人不得拟正之分，给予拟陪之分。从其他支里选拟正、列名。

通过此次佐领登记，在牛录内哪个宗族有分，哪个宗族无分等情况都澄清了。一旦佐领出缺，宗族内哪支有拟正之分，其他哪支有拟陪之分、列名之分等问题也很清楚了。

（四）宗族和牛录人员的驻防情况

清廷的驻防制度始于入关前。而入关后至雍正朝驻防制度逐渐完备，近一半的八旗兵驻防京城，剩余的都驻防在全国各地。① 4 件印轴所记镶红旗蒙古、正白旗蒙古的各牛录人丁也不例外，其部分人员驻扎京城，剩余的人员都分布在全国各驻防点。

据印轴（1）可知，镶红旗蒙古萨尔柱、钮格两牛录的人在西安、江宁、荆州、宁夏、奉天府、养息牧牧厂、古安县、上都盐湖、凉州、庄浪、杭州、右卫、四川、天津府、热河等关内外各地驻防。两牛录人丁 235 名中，在京城以外直省驻防和口外牧厂等地居住者共有 162 名，占总数的 68.9%，达 2/3 以上。

据印轴（2）可知，正白旗蒙古富森泰牛录的驻防地有泰陵、西安、庄浪、天津府、热河、马厂、江宁、杭州、沧州、浙江乍浦、山海关、玉田县、

① 相关研究参见定宜庄《清代八旗驻防研究》，辽宁民族出版社，2003。

凉州、辽阳、荆州等。在共计146名人丁当中驻防（直省和口外牧厂等）的正好有100名，占比为68.5%，有2/3多。

通过对这两个牛录所派驻全国各地的人丁数目的考察，可以初步了解到每一个牛录在八旗各个驻防点的具体人数。以往学界的研究中，通常只是大致记载各驻防点的满蒙马甲之人数，并不清楚蒙古兵丁的具体人数，尤其对具体的由一个蒙古牛录派驻兵丁的人数缺乏了解。通过对佐领印轴的研究，不仅可以厘清相关几个牛录在各驻防点的兵丁人数，还可进一步了解到牛录内每个宗族在各驻防点的人丁数目。

几个牛录所属兵丁及其家属，从原驻地的哈达、辽河流域或察哈尔等地迁徙，一般在盛京时初创牛录编入八旗，而在清军入关、明清鼎革后又和其他八旗兵一起千里迢迢分散征战和居住于全国各地驻防点，逐渐适应当地的自然和人文环境，其中的艰辛和曲折一言难尽。由此，从社会史的角度来看，这些印轴也具有很大价值。

除此之外，4件佐领印轴和族长印轴还包含了非常丰富的历史信息，如兵籍（披甲、养育兵、前锋、领催、骁骑校、步甲、牧丁、弓匠、闲散等）以及牛录内户籍身份制度，世职和牛录关系，蒙古人姓名变迁，康熙年间将伯都讷地方的锡伯编入京城蒙古旗分佐领等问题，都有必要深入探究。除了中国国家图书馆、大连图书馆和日本东洋文库之外，俄罗斯科学院东方学研究所圣彼得堡分所也收藏了一些印轴档案，[①] 这些都是有待学人进一步挖掘整理的新文献史料。

结　语

本文考察了镶红、正白、镶蓝等3个蒙古旗的1件世管佐领印轴、1件互管佐领印轴和2件族长印轴，以下从几个方面简要总结这4件印轴档案的史料价值等。

第一，据《初集》《二集》，镶红旗蒙古都统第二参领所属第五、第六牛录和正白旗蒙古都统右参领所属第十牛录等两个牛录的编立年代和历代佐领之

① 参见承志《关于八旗牛录根源与牛录分类》，《东洋史研究》第65卷第1号，2006年。

间的亲属关系以及氏族等内容，存在不清楚的地方，或有错讹之处。而我们通过解读这些印轴档案，可以很清楚地了解到以上几个方面的内容。例如，据《初集》《二集》所载，正白旗蒙古都统右参领所属第十牛录之星南、沙济、杨西穆、桑阿尔寨等人的原驻地、氏族都没有交代清楚，而印轴（2）将他们几个人的原驻地、氏族和历代佐领的关系等都交代得很清楚。这样看来，编纂《二集》时没有充分参考和利用这些印轴档案。

第二，牛录内部各宗族及其人员的构成更是清代各种编纂性史书都缺载的内容。这 4 件印轴的最大史料价值在于，它们很清楚地记录了清乾隆初期 3 个牛录内部各个宗族的原驻地（所属部落）、氏族及其人丁等情况，较为清楚地说明了这 3 个佐领与其内部宗族的关系问题。同样，与牛录根源等档案史料相比，族长印轴、佐领印轴更为清楚地说明了牛录内各宗族的人丁情况。

第三，从 4 件印轴中的几个事例，我们可以了解到当时有关氏族的一些概念。例如镶红旗蒙古都统第二参领所属第五佐领喀喇沁地方人 hibcu（钦察）氏一个宗族内就有锡伯人，可以判断当时的宗族并不全是同祖源的血缘集团，而是已经发展成以血缘关系为基础的地缘和血缘集团相结合的社会组织了。清初社会动荡，很多部落及其内部组织都面临重新组合。从八旗内部基层的构成来看，地缘组织和血缘组织已经并不那么清晰可辨了。甚至有些宗族由 10 个氏族组成。例如镶蓝旗蒙古都统头参领所属第十一佐领，族长步军校黑色的一个宗族内就有旧察哈尔、科尔沁、喀喇沁、商都克、郭尔罗斯、扎鲁特等地人，卓特、兀鲁特、阿格他钦、祁他特、萨格陶、昭家、杭噶坦、斡尔库德、白桑古、昭等 10 个氏族。这些宗族所属的人员与族长、佐领是什么关系，这一问题也值得继续深入研究。

第四，有关八旗和佐领方面的资料除《初集》《二集》《八旗满洲氏族通谱》等官方所修编纂性史书，《会典事例》《会典则例》《八旗则例》《钦定拣放佐领则例》《六条例》等法令性文献之外，[①] 另有《佐领家谱册》《佐领根

① 相关研究参见石桥崇雄《围绕“六条例——八旗制度研究的一环”》，《清朝与东亚》，山川出版社，1992；绵贯哲郎《“六条例”的成立》，《社会文化史学》第 45 号，2003 年；赵令志、细谷良夫《〈钦定拣放佐领则例〉及其价值》，《清史研究》2013 年第 3 期；赵令志、细谷良夫《〈钦定拣放佐领则例〉研究》，《纪念王钟翰先生百年诞辰学术文集》。

源册》《人丁册》《履历册》《承袭册》等档案类资料。[①] 笔者认为，清廷主导编写的这些档案各有其功能和作用。佐领印轴、族长印轴的主要功能是通过追溯该牛录、佐领的源流以及各个宗族与该牛录的关系，清楚地确定佐领的性质和类型。当然，正因为印轴的这种功能，其对每一个宗族与当初跟随而来的首领之间的关系，以及每一个宗族内部人员的人身隶属关系等问题交代得并不清楚，如想解决这些问题就需要查阅、比对八旗《敕书册》《比丁册》《户口清册》等其他档案史料。

总之，通过初步考察这 4 件印轴可以窥见清朝政治进程中的一些特征。从努尔哈赤时代伊始，就将各地归顺而来的部落氏族编入八旗牛录，并分封给各旗王。清廷入关后，经过近 80 年的发展、变化，八旗人丁繁衍，至雍正、乾隆时期，对八旗制进行了一次大规模的改革，中央集权得到强化。但是，在八旗基层的牛录内部，从部落时代延续下来的宗族组织等仍然在发挥着重要的作用。

① 相关研究有邱源媛《清代旗人户口册的整理与研究》，《历史档案》2016 年第 3 期；关康《清代优异世管佐领考——以阿什达尔汉家族佐领为中心》，《民族研究》2017 年第 2 期。

清初海西女真诸部中的蒙古人

据《满洲实录》和《清太祖武皇帝实录》记载，海西女真叶赫部最早的首领是蒙古土默特部人。但是，关于蒙古人在叶赫部内部和海西其他三部（哈达、乌拉、辉发）中的影响力有多大，学界尚未探究过。本文利用清代纂修的满蒙汉文史料和其他第一手档案资料，对海西诸部中蒙古人的来源、归附后金、编入八旗及其历史地位和作用等问题进行初步考察。

一

《满洲实录》卷1载：

> 叶赫国始祖蒙古人，姓土默特，所居地名曰璋，灭呼伦国内纳喇姓部，遂居其地，因姓纳喇。后移居叶赫河，故名叶赫。始祖星根达尔汉，生席尔克明噶图，席尔克明噶图生齐尔噶尼，齐尔噶尼生楚孔格，楚孔格生台楚，台楚生二子，长名清佳努，次名扬吉努。兄弟征服诸部落，各居一城，哈达人多归之。兄弟遂皆称王。①

我们从该记载中看不到有关年代，而国家图书馆藏汉文《叶赫纳兰氏八旗族谱》（道光三年修）记载得很清楚：

> 叶赫地方贝勒始祖，原系蒙古人，姓土默特氏，初自明永乐年间

① 《满洲实录》卷1，中华书局，1986，第1册，第24页。

(1403—1424)带兵入扈伦国招赘，遂有其地，因取姓曰纳兰氏。后明宣德二年（1427），迁于叶赫利河涯建城，故号曰叶赫国。其地在开原之东北，即明所谓之北关者是也。与明交会于镇北关，与海西女直（真）接壤。所属有十五部落，而人多勇猛善骑射者。所属地方人心悦服，俱以贝勒称之。故始祖贝勒兴垦达尔汉，传子席尔克明噶图，再传子齐尔哈那，三传子珠孔额，四传子太杵，生子二，长曰清佳砮，次曰杨佳砮，兄弟二人绥服叶赫诸部，各居一城。明万历十二年，为宁远伯李成梁所诱被害。清贝勒子布寨、杨贝勒子纳林布禄，各继其父，俱为贝勒。后与明交和，纳贝勒之弟金台石，布贝勒之子布扬武，嗣为贝勒。在叶赫地方，计一百九十年，共八代，嗣贝勒十一辈。至天命三年，明万历之四十八年乃终。①

此外，笔者在日本的东洋文库见到满文《兴垦达尔汉家谱》（所修年代不明），可以了解到叶赫部首领世系的满文人名及其归清后编入八旗的情况：

singken darhan（兴垦达尔汉）——sirge minggatu（席尔克明噶图）——cirhana mergen（齐尔哈那墨尔根）——jukongge（珠孔额）

jukongge（珠孔额）有二子，长为 taicu（太杵），次为 niyaniyakan（尼雅尼雅堪），taicu（太杵）有二子，cinggiyanu（清佳砮）和 yanggiyanu（杨佳砮）。

清佳砮：其孙子们在正红旗，但一支在镶蓝旗。

杨佳砮：其孙子们在正黄旗，但一支在正白旗。

niyaniyakan 有四子，yanju 其孙子们在镶蓝旗，arbu 其孙子们在正白旗，yarbu 其孙子们在镶蓝旗，yabaran 其孙子们在正白旗。

接下来再追溯蒙古土默特部的历史渊源。据《史集》载，蒙元时期名

① 《叶赫纳兰氏八旗族谱》，北京图书馆编《北京图书馆藏家谱丛刊·民族卷》第 38 册，北京图书馆出版社，2003，第 373—375 页。叶赫部的灭亡时间应该是天命四年，即明万历四十七年。

"秃马惕",[①] 是成吉思汗以前居于贝加尔湖以西的古老部族。他们是从巴尔虎分出的部族。后归附成吉思汗，成为卫拉特联盟的成员。忽必烈建立元朝时，卫拉特等林中百姓又成为阿里不哥集团的成员。

元朝失去大都退回草原后，1388 年，忽必烈子孙之北元后主脱古思帖木儿即兀思哈勒汗于贝尔湖畔本营遭明军奇袭而大败，逃亡途中被阿里不哥后裔也速迭儿所杀。不久，也速迭儿在卫拉特等部的支持下取代忽必烈后裔而即蒙古大汗位，称为卓里克图汗（1388—1391 年在位）。阿里不哥后裔共袭四次大汗位。[②] 其后，脱欢、也先父子崛起。这样，在蒙古史上，整个 15 世纪前半叶都是卫拉特势力扩张的时期。我们可以想象当时卫拉特联盟的各个部族不断从其故地贝加尔湖周围南下与北元、明朝争夺地盘的状况。到 15 世纪 40 年代的也先时期，卫拉特的实力达到顶点，不仅控制了整个蒙古高原及周边地区，东北的女真在一段时期内也处在其势力范围之内。但由于史料阙如，我们还不知道卫拉特联盟内部的部族分布，以及不同部族的势力往什么方向扩展，因此只能从后期的资料中模糊地了解其大概的情况。

据帕拉斯《内陆亚洲厄鲁特历史资料》载："至于卫拉特联盟的第三部土默特的去处如何，卡尔梅克人已经无从知晓。他们只是认为土默特人仍大批大批地生活在亚洲中部或东部，并传说着土默特人被沙拉书勒玛（Scharaschulma）将其与厄鲁特部隔离开并被诱拐到远方的故事。沙拉书勒玛是一个专门诱骗行旅和长途迁徙者的诱神。根据确切的消息，在嫩江与长城之间，即蒙古的东部，居住着一支人数众多的蒙古部落土默特部，而且以前的作家以及中国的地图都提到或标有该部。因此，我们可以很有把握地认为，这个土默特就是那支散失了的厄鲁特部。"[③]

我们知道帕拉斯的这本书是 18 世纪后半叶在卫拉特社会的调查基础上结合历史资料撰写而成的。据他说卫拉特联盟的组成部分之一土默特部的一支游

---

① 拉施特主编《史集》第 1 卷第 1 分册，余大钧、周建奇译，商务印书馆，1983，第 200 页。

② 冈田英弘：《四卫拉特之起源》，《从蒙古到大清》，陈心慧、罗盛吉译，台湾商务印书馆，2016。

③ P. S. 帕拉斯：《内陆亚洲厄鲁特历史资料》，邵建东、刘迎胜译，云南人民出版社，2002，第 6 页。

牧到兴安岭以东的嫩江与长城之间。但此说的出处不明。

另有研究指出蒙古右翼满官嗔-土默特部万户的来源："包括卜剌罕卫在内的部分福余卫百姓，在永乐至天顺年间的半个世纪的某一时间内，被相邻的哈赤温家族统治下的察罕土蛮部征服，以多罗土蛮部之名出现。满都鲁即位后，杀死了哈赤温后裔郑王脱脱罕即'瘸太子'，夺去了由他统治的多罗土蛮部。从此，多罗土蛮部成为蒙古大汗直属部众，其万户长（部主）则是脱罗干、火筛父子，其部名也由多罗土蛮变成满官嗔-土默特部。"① 也就是说，15世纪前半叶，土默特部在兴安岭以东居住，在一段时间内处在成吉思汗最小的弟弟斡赤斤后裔统治下，后被编入成吉思汗另一个弟弟哈赤温家族领导下的察罕土蛮部。满都鲁（1475—1479年在位）即位后该部成为蒙古大汗直属部族，发展成满官嗔-土默特万户，其牧地也改变了。

结合以上史料和研究大体可以推测，北元初期，随着卫拉特联盟的向外扩张，土默特部的势力范围也逐渐南扩至兴安岭附近地区。其后，该部的部分人员分散发展，成为蒙古右翼的满官嗔-土默特万户和海西女真的叶赫部首领等。

到16世纪后半叶，在女真诸部中海西女真的哈达、叶赫的势力很强大。尤其是叶赫部地理位置上处在女真、蒙古和明朝中间，经常和蒙古各部结成联盟，与明朝作对。建州左卫的努尔哈赤起初也与这些强大部落拉近关系。据《清太祖实录》载：

> 上未成帝业时，先娶元妃佟甲氏，生子二，长褚英，号洪巴图鲁，后号阿尔哈图土门，次代善，号古英巴图鲁。继妃富察氏，生子二，长莽古尔泰，次德格类。孝慈昭宪敬顺仁徽懿德庆显承天辅圣高皇后叶赫纳喇氏，诞育太宗皇帝。继立大妃乌喇纳喇氏，生子三，长阿济格，次多尔衮，号墨尔根戴青，次多铎，号额尔克楚虎尔。②

---

① 宝音德力根：《满官嗔-土默特部的变迁》，《蒙古史研究》第5辑，内蒙古大学出版社，1997；乌兰：《〈蒙古源流〉研究》，辽宁民族出版社，2000，第305—308页。

② 《清太祖实录》卷10，天命十一年八月庚戌。

皇太极是努尔哈赤和叶赫纳喇氏所生之子。叶赫纳喇氏是叶赫首领杨吉砮之女，金台石之妹。努尔哈赤不仅自己娶有叶赫纳喇氏，他的儿子代善和侄子济尔哈朗也都娶有叶赫纳喇氏女子。

努尔哈赤于1599年灭哈达部，1607年灭辉发部，1613年灭乌拉部，最后在1619年灭强大的叶赫部。天命四年正月，努尔哈赤率后金军远征叶赫部。《满文老档》载：

> （天命四年正月）初七日，自克音特城尼雅罕村略至叶赫大城东门外十里处，掠得将入城之人马牛只。又尽获离城十里外所居屯寨之人马牛只，尽焚其庐舍、豆秸，尽取游牧蒙古之牛马羊只，立营克音特城，克大小屯寨二十余而还。①

当年六月，"取开原城之次日，有妻孥被俘之七名蒙古人叛之来投。第三日辰时，又有五名蒙古人来归。至午时，有名阿布图（巴图鲁）之大臣率蒙古兵二百来降"。② 可见叶赫部中有不少蒙古部族人户，其中有从事游牧经济者。叶赫部灭亡时，有些蒙古头领、大臣也率领其所属来归。

此外，叶赫部首领家族不仅和努尔哈赤的建州左卫有姻亲关系，也和当时作为蒙古大汗的林丹有姻亲关系。林丹汗的八大福晋中三福晋苏泰地位显赫。她是叶赫金台石之孙女，德力格尔台吉之女，也是林丹汗太子额哲的母亲。皇太极的母亲与苏泰太后，一个是金台石之妹妹，一个是金台石之孙女，这说明了她们的亲戚关系。

1634年，察哈尔林丹汗死于青海湖附近。后金军在多尔衮等四贝勒的领导下进入黄河河套收服察哈尔部众。《清太宗实录》载：

> 丙子，和硕墨尔根戴青贝勒多尔衮、贝勒岳托、萨哈廉、豪格等遣礼部启心郎祁充格等赍疏奏言，臣等奉命率大军至西喇朱尔格地方，遇察哈

① 《满文老档》太祖1，东洋文库，1955，第117页。

② 《满文老档》太祖1，第153页。

> 尔汗妻囊囊太后、琐诺木台吉率部下一千五百来降。臣等以礼接见，设宴宴之，已遣温泰等引之见上矣。臣等随率兵前进，至黄河造船，于四月二十日大军渡河，二十八日抵察哈尔汗子额尔克孔果尔额哲国人所驻托里图地方。天雾昏黑，额哲国中无备，臣等恐其惊觉，按兵不动，遣叶赫国金台石贝勒之孙南楮及其族叔祖阿什达尔汉，并哈尔松阿、代衮同往。令先见其姊苏泰太后及子额哲，告以满洲诸贝勒奉上命统大军来招尔等，秋毫不犯。南楮等急驰至苏泰太后营，呼人出语之曰，尔福金苏泰太后之亲弟南楮至矣，可进语福金。苏泰太后闻之大惊，遂令其从者旧叶赫人觇之，还报，苏泰太后恸哭而出，与其弟抱见。遂令其子额哲率众寨桑出迎我军。于是臣等命列旗纛，鸣画角鼓吹以进，率额哲拜天毕，臣等以次与额哲交拜抱见，遂至苏泰太后营。苏泰太后迎入相见，设宴宴臣等。①

以上是苏泰太后及其儿子额哲等察哈尔部众归附后金的过程。因为有苏泰太后亲弟，叶赫国金台石贝勒之孙南楮及其族叔祖阿什达尔汉前来招降，北元与后金两个朝代顺利接续。此外察哈尔部中还有一些叶赫出身的人。可知察哈尔与叶赫的交往是较为频繁的。

陆续归附后，原林丹汗几位皇后的去向成为满洲各大贝勒的心事。一番周折后皇太极先娶了原林丹汗年龄最大的皇后囊囊太后。天聪九年九月，苏泰太后率额哲、察哈尔汗二女弟及诸大臣前来盛京朝见皇太极。“苏泰太后进前，上起迎，出幄以礼相见。”② 说明苏泰太后因姻亲关系得到皇太极的礼遇。但是，因苏泰太后比林丹汗的其他皇后富裕，又引起大贝勒代善与济尔哈朗的争夺。

> 又和硕贝勒济尔哈朗因其妻亡，以察哈尔汗妻苏泰太后乃其妻之妹，心欲娶之。与诸贝勒商议，诸贝勒以其言奏朕，朕即以问诸贝勒，诸贝勒皆言当允其请。朕方许济尔哈朗，乃大贝勒独违众论，而欲自娶，以问于

① 《清太宗实录》卷 23，天聪九年五月丙子。

② 《清太宗实录》卷 25，天聪九年九月癸丑。

朕。朕谓诸贝勒先已定议，许济尔哈朗矣。①

因为济尔哈朗过世的妻子是苏泰太后的姐姐，最终济尔哈朗娶苏泰太后的请求得到皇太极的首肯，而代善的愿望落空了。

二

归附后金之后，海西蒙古的部分首领人物被授予世职，得到了世袭的特权，和他们所属的人户一起编入八旗。《八旗满洲氏族通谱》记载满洲旗分内之蒙古氏族中编入八旗的海西蒙古人有：

萨尔图氏，世居叶赫及札鲁特地方。栢德，正红旗人，世居札鲁特地方，后迁居叶赫地方。国初来归，编佐领，令其孙阿尔泰统之。（卷67）

镶红旗谟和托，辉发地方人。其元孙原任护军参领。（卷68）

鄂卓氏，萨穆哈，镶红旗人，世居叶赫地方。国初来归，原任护军校。（卷68）

鄂尔图特氏，耨德，正黄旗人，世居乌拉地方，国初来归，其曾孙永顺由护军校从征准噶尔，在和通呼尔哈脑尔地方击贼阵亡，赠云骑尉。（卷68）

吴喇忒氏，其氏族世居翁克社济讷尔及哈达地方。哲美，正蓝旗人，世居翁克社济讷尔地方，国初来归，原任护军校。孟格图，镶蓝旗人，世居哈达地方，来归年分无考。其孙安泰原任亲军校。曾孙鄂尔苏现任护军校。（卷69）

卓启斯氏，此一姓世居哈达地方。额勒克图，正红旗包衣人，国初来归，其孙八十原任六品包衣大，曾孙赫慎现任骁骑校。（卷70）

---

① 《清太宗实录》卷25，天聪九年九月壬申。

可见编入满洲八旗的海西蒙古的氏族和人还不少。他们原来分别属于叶赫、辉发、乌拉、哈达等部落，他们所属的氏族分别是萨尔图、鄂卓、鄂尔图特、乌喇特、卓启斯等。这些氏族的人编入八旗后担任参领、佐领、云骑尉、护军校、亲军校、骁骑校等各级世职或八旗官员。

《八旗满洲氏族通谱》是以氏族—人物传略的体例编纂而成的史籍。而另外一部重要的有关清代八旗的史书《八旗通志初集》（以下简称《初集》）的编纂体例与此不同。《初集》的旗分志清楚地交代了以什么地方（氏族、部落）的人户编立佐领之事。但是，对于有些满洲旗的佐领到底是以海西女真人编立的还是以海西蒙古人编立的，《初集》的记载并不清楚。例如，镶黄旗满洲都统第四参领第一佐领是以哈达地方人编立的佐领，第五参领第七佐领是以叶赫地方人编立的佐领。① 但是，我们不能把这些人都当成女真人。因为正白旗满洲都统第二参领第四佐领，是天聪九年从叶赫来归编牛录，令阿什达尔汉管理。② 我们知道阿什达尔汉和叶赫部首领金台石是同族，都是土默特蒙古出身。

我们查阅《初集》卷 11、卷 12 的旗分志，可以知道蒙古旗内以海西蒙古人编立的整牛录的源流。

> 正白旗右参领第二佐领，原系叶赫地方蒙古，于国初编立牛录，以德穆图管理。
>
> 正红旗右参领第五佐领，原系叶赫地方蒙古，于国初编为牛录，以和勒管理。
>
> 镶红旗二参领第五佐领，原系盛京初编哈代蒙古牛录时编立之牛录，初领库尔梅管理。
>
> 正蓝旗右参领第四佐领，原系叶赫、查哈拉同翁牛特、科尔沁、克西克腾、阿霸垓等人户，于天聪八年编为牛录，初令查哈拉管理。
>
> 镶白旗左参领第九佐领，原系天聪五年以后来归附之蒙古编立牛录，

① 《八旗通志初集》卷 3，东北师范大学出版社，1985，第 35、39 页。

② 《八旗通志初集》卷 5，第 73 页。

令都统绰贝管理。

以上记述了蒙古旗内五个整牛录之事。需要注意的是，《初集》所记旗色是雍正年间的，而并不是清初的。其中，镶白旗左参领第九佐领之首任佐领绰贝的传略，《初集》有载：

> 绰拜（贝），蒙古镶白旗人，姓巴林氏，世居叶赫。天聪五年，任牛录章京。八年，以办事有能，不违致使，授牛录章京世职。同吴巴海往征厄黑库伦、厄勒约锁、僧库勒诸部落，逾原定地方，多获人口。崇德三年七月，加世职为三等甲喇章京。是年，随奉命大将军睿亲王多尔衮征明。七年，从围松山，有城内兵夜犯镶黄旗所守壕堑，绰拜率本固山兵击却之。八年，以任户部理事官有能，加世职为二等甲喇章京。顺治二年，叙功，加世职为一等甲喇章京，寻任梅勒章京。四年，以任户部理事官考绩，由一等甲喇章京世职，加半个前程。七年、九年，三遇恩诏，加世职至一等阿思哈尼哈番。①

东洋文库收藏的一百多件满文镶白旗蒙古都统衙门档案中，有一件佐领根源档，题为《佐领巴图、善福等世管佐领根源》，记述了叶赫蒙古人编立的镶白旗蒙古都统衙门所属左参领第九佐领的承袭情况。据载："佐领巴图、善福等呈报，本人巴图之曾祖绰贝，叶赫地方人，巴林氏。在天聪五年将前来归附之蒙古等初编牛录，令都统绰贝管理。"② 绰贝出缺后，布达西礼、长保（布达西礼亲兄之孙）、乌勒济（长保宗族叔父）、巴图（长保子）等人相继承袭佐领。康熙十三年，布达西礼任佐领时该牛录滋生人丁，另编一个牛录，令布达西礼子长鼐管。他出缺后，禅里浑（布达西礼子）、善福（禅里浑子）等相继承袭佐领。该佐领根源档还交代了牛录内人员所报原住地、氏族等。巴图牛录有喀喇沁地方王氏、喀尔喀地方巴林氏、察哈尔地方齐济格氏、科尔沁地方

① 《八旗通志初集》卷171，第4177页。

② 镶白旗蒙古都统衙门档案，东洋文库，档案号：MA2-23-4-3。

莽济鲁氏、浩齐特地方巴林氏等。而善福牛录的人员有叶赫地方巴林氏、巴林地方巴林氏、伯都讷地方富察氏、额嫩巴勒济地方克烈氏等。档案非常清楚地记载了叶赫地方巴林氏绰贝天聪年间来归后以其所率来之人户编为一个原立牛录，后到康熙十三年又增编一个牛录，以及这两个牛录的佐领承袭情况。

绰贝的墓碑原存今天北京市朝阳区十里河。刻于清顺治十年三月一日，碑阳满汉合璧，正书：一等阿思哈尼哈番（一等男）绰贝，“性秉忠贞，才优能济”，“乃太祖、太宗之际旧臣，从征额伦尧色、额黑库伦、山东济南等处，屡建功勋，擢任司农，竭忠尽瘁，以致殒命，依据典章，特允礼部勒石立碑”。①

有关镶红旗蒙古都统第二参领第一佐领的编立和牛录人员构成，国家图书馆所藏题为《镶红旗蒙古佐领萨尔柱承袭世管佐领印轴》的满文档案记载道：“在盛京时，将哈达蒙古人编立原创牛录，令萨尔柱族的高祖库尔梅管理。”②后人丁滋生，另编一个牛录，令钮格统之。据该佐领印轴交代，两个牛录共由10个宗族组成。这些宗族包括哈达地方巴林氏、哈达地方bari氏、巴林地方唐古特氏、喀喇沁地方钦察氏、巴林地方多罗特氏、hardacu地方岱齐特氏等。其中，除了康熙三十八年从伯都讷地方迁至北京而编入该牛录之锡伯族之外，其余都是盛京刚编牛录时就属该牛录的人。

另外，还有一件国家图书馆藏名为《镶蓝旗蒙古乌勒登佐领下族长黑色印轴》的乾隆八年满文写本，记载了镶蓝旗蒙古都统头参领第十一佐领源流和人员构成情况。佐领乌勒登奏报：我高祖托克托尔，巴林地方人，台绰格氏。从巴林地方来投太宗皇帝，编立原创五牛录时，令高祖托克托尔管其一。该印轴还清楚地记录了太宗朝初创五牛录时，以哈达、叶赫、吉林乌拉等地方蒙古人编立一个牛录，令托克托尔管理。康熙二十三年，该牛录人丁滋生，又编一个牛录。从构成该牛录的各宗族看，有叶赫地方翁古特氏、哈达地方莫特

① 北京图书馆金石组编《北京图书馆藏中国历代石刻拓本汇编》第61册，中州古籍出版社，1989，第58页。

② 《镶红旗蒙古佐领萨尔柱承袭世管佐领印轴》（乾隆八年至同治十年），国家图书馆藏，档案号：1219。

氏、吉林乌拉地方高尔吉氏等。①

综合以上的信息，我们目前可以了解到蒙古旗内有六个牛录是以海西女真诸部中的蒙古人为主体编立的。

三

以上主要考察了海西蒙古人编入八旗的过程和大体情况，尤其是探究了以他们为主编立的牛录。在此继续考察《初集》中有关海西蒙古人传略。其中，有些人物已经在前面提到过，但还有些人物是刚出现的，可以推测当时部分海西蒙古人来归后是零散地编入八旗各牛录的。表1列出了他们的简单情况。

表1　《八旗通志初集》中有关海西蒙古人的记载

姓名	旗属	原住地	氏族	世职或职位	说明
吴讷格巴克什	蒙古正白旗	叶赫		总兵官	
绰贝	蒙古镶白旗	叶赫	巴林	牛录章京、都统	
甘笃	蒙古镶蓝旗	长白山—叶赫		备御	
查慕素	蒙古镶黄旗	乌喇	查拉礼	拖沙喇哈番	
萨拜	蒙古正红旗	瓦尔计叶赫	哈勒起塔特	牛录章京、二等阿达哈哈番	
讷尔德	蒙古正蓝旗	叶赫	科特	拜他喇布勒哈番	
昂古礼	蒙古正蓝旗	叶赫	科忒	拖沙喇哈番	
萨尔泰	蒙古正蓝旗	叶赫	赫舍里	任署佐领	
托克托尔	蒙古镶蓝旗	巴林	台绰	备御	
纳尔泰	蒙古镶蓝旗	哈达	巴林	二等阿达哈哈番	
马克散	蒙古镶黄旗	乌喇	查	拖沙喇哈番	平定三藩之乱阵亡
关保	蒙古镶黄旗	乌喇	查	拖沙喇哈番	平定三藩之乱阵亡
苟色	蒙古镶黄旗	叶赫	查	拖沙喇哈番	平定三藩之乱阵亡
阿海	蒙古正蓝旗	叶赫	萨拉图	拖沙喇哈番	平定三藩之乱阵亡
色赫	蒙古镶蓝旗	哈达	墨勒济	拖沙喇哈番	顺治三年阵亡
阿哈起	蒙古镶蓝旗	叶赫	翁吴德	拖沙喇哈番	康熙二十九年阵亡

① 《镶蓝旗蒙古乌勒登佐领下族长黑色印轴》，国家图书馆藏，档案号：1228。

我们在前面有关叶赫部源流的内容中就提到过一些人物，如阿什达尔汉，他是叶赫纳喇氏，生于1580年，卒于1641年。阿什达尔汉是叶赫贝勒金台石从弟。天命六年，他被授为一等参将，后来官至蒙古衙门承政、都察院承政。[①] 天命朝臣工起誓档中写道："汗委阿什达尔汉以礼仪之职。"[②] 他在一段时间内主政蒙古衙门，负责和蒙古各部打交道，在清初蒙古事务上发挥了很大的作用。

另外，天命四年叶赫部灭亡后大部分人户已经归附后金了。但是，一部分人户不是直接归附后金，而是投奔到其他蒙古部落，后来才陆续投诚后金。其中一个特殊人物就是古鲁格。据其传略载："古鲁格楚瑚尔，正白旗人，世居叶赫地方。天聪时察哈尔国掳掠归化城人民，往投唐古特国，古鲁格楚瑚尔收集其众来归。太宗文皇帝嘉奖，授一等男。将收集人民编为旗分佐领，使统之。即令居住归化城。定鼎燕京时，授为三等子。历任都统，卒，其子吴巴什岱袭职。"[③] 可见虽然两个部族居住地相距遥远，但叶赫部与归化城土默特部确实长期有联系。那么，古鲁格楚瑚尔（即古禄格）是什么时候投奔到土默特万户的？再看《蒙古回部王公表传》的记载："古禄格，土默特人，姓纳喇，其先本姓土默特，因灭扈伦国之纳喇部，遂以为姓，世居叶赫部。古禄格以叶赫部亡，往依土默特部博硕克图汗于归化城，号楚瑚尔，嗣博硕克图汗卒，察哈尔林丹汗攻灭土默特，役属之。……康熙五年，卒。长子乌什泰袭三等子，召赴京，隶蒙古正白旗。"[④] 这里记载得很清楚，古鲁格楚瑚尔的先人就是叶赫部的首领家族。天命年间叶赫灭亡后，他投奔到土默特万户。入清后，朝廷授予他土默特左翼都统，[⑤] 封为一等梅勒章京（即男爵）。到天聪八、

---

① 《八旗通志初集》卷154；《清代人物传稿》上编第3卷，中华书局，1986，第236页。齐木德道尔吉：《"蒙古衙门"与其首任承政阿什达尔汉》，《内蒙古大学学报》2007年第4期。

② 参见哈斯巴根《清太祖臣工起誓档的初步研究》，赵志强主编《满学论丛》第3辑，辽宁民族出版社，2013。

③ 《八旗满洲氏族通谱》卷22《叶赫地方纳喇氏》，辽沈书社，1989。

④ 《蒙古回部王公表传》卷112《原授土默特左翼都统古禄格列传》，全国图书馆文献缩微复制中心，2003，第7册。

⑤ 据《蒙古回部王公表传》，古鲁格被封为都统是在崇德元年，但据《清内秘书院蒙古文档案汇编》第1辑（内蒙古人民出版社，2003，第220—211页），其年代为崇德三年。

九年，后金军到归化城土默特部时，古鲁格虽然到此只有十几年，但皇太极可能考虑到他是叶赫人，又能沟通当地蒙古人，就起用他以限制土默特部原黄金家族后裔的统治。其后，顺治二年入关定都北京时，古鲁格因军功晋升为三等精奇尼哈番。后因罪降为一等阿思哈尼哈番，但到顺治四年时又恢复世职为三等精奇尼哈番。①

以上提到的两人是叶赫部灭亡后陆续归附后金的叶赫首领家族成员。其实，另有一些人是叶赫灭亡以前就投奔到努尔哈赤那边的。如吴讷格（吴内格）巴克什，“蒙古正白旗人，先居叶赫，国初率妻子来归。癸丑年（1613）从太祖高皇帝征乌喇，以功授三等副将世职。吴内格性聪敏，兼通蒙古文及汉文，因赐名巴克什。历次征明、察哈尔蒙古。天聪五年，授总兵官。天聪八年，晋奉三等公。吴内格为蒙古左翼固山额真。吴内格骁勇善战，所至有功。天聪九年卒”。②

而据阿南惟敬研究，吴讷格当总兵官的年代是天命七年。③ 笔者考察过《满文原档》中臣工起誓档形成的年代，认为其最早的年代为天命七年。④ 这也佐证了阿南的论点。起誓档中还有一个重要的信息是，吴讷格的誓词说：“蒙汗父养育之恩，衷心勉之。”由此证明努尔哈赤与吴讷格之间已经结成一种拟亲属关系，他们的关系密切。吴讷格的身份和阿什达尔汉、古鲁格不同，他并不出身于叶赫首领家族，只能靠功绩来获得职位。皇太极时期，在满洲八旗左、右两翼各组建一支蒙古军，分别由吴讷格巴克什和苏纳额驸统领。

前人研究中另外一个被忽略的内容是，清初巴克什的海西蒙古文化背景问题。其中，最早的著名的巴克什额尔德尼，纳喇氏，世居都英额。他生于明万历九年（1581），天命八年被努尔哈赤所杀。他自幼通汉语、蒙古语。万历二十七年，他与噶盖一起创制无圈点满文。⑤

---

① 《清内秘书院蒙古文档案汇编》第 2 辑，内蒙古人民出版社，2003，第 271—273 页。

② 《八旗通志初集》卷 171，第 4171—4172 页。

③ 阿南惟敬：《清初总兵官考》，《清初军事史论考》，甲阳书房，1980。

④ 参见哈斯巴根《清太祖臣工起誓档的初步研究》，赵志强主编《满学论丛》第 3 辑。

⑤ 《八旗通志初集》卷 236，第 5327—5328 页；《清代人物传稿》上编第 4 卷，中华书局，1988，第 307 页。

额尔德尼死后，天命至天聪年间，最活跃的两位巴克什是库尔禅和希福。库尔禅，钮祜禄氏，其先辈世居长白山，后迁至英额地方。他的祖父赖卢浑曾为海西女真哈达部的首领，于努尔哈赤创业初期携子索塔兰及所属部众前来投奔。库尔禅系索塔兰次子。天命四年，库尔禅等奉命与蒙古内喀尔喀五部立盟誓。天命九年，库尔禅又奉命前往蒙古科尔沁，同奥巴等会盟，特获赐备御世职。天聪三年，设文官，库尔禅奉命记录本朝事。天聪七年，法司遵照皇太极的指令，议定库尔禅的罪状四条，库尔禅被处死。①

希福，赫舍里氏，生于明万历十七年（1589），卒于清顺治九年（1652）。"初任文馆巴克什，后任内弘文院大学士。他的曾祖都督穆瑚禄、祖特赫讷、父瑚什穆巴颜世居都英额，后迁白河，最后又迁徙到了海西女真的哈达。建州既灭哈达，希福随其兄硕色归附努尔哈赤。"②

虽然难以证明上述三位巴克什到底是蒙古人还是女真人，但三位巴克什或是哈达部人，或是纳喇氏，而且他们通晓蒙古语文，这说明他们与海西女真中的蒙古文化背景有关系。

结　语

清太祖、太宗时期，随着海西女真和东部蒙古诸部的归附，叶赫、哈达等海西各部中的蒙古人也陆续来归后金，并编入八旗。当时，其部分人员编入满洲八旗，另一部分人员则编进后来的蒙古八旗。本文弄清楚了蒙古八旗中至少有 6 个牛录是以海西女真诸部中的蒙古人为主体组编的事实。

海西蒙古人归附后金后，人才辈出，有些人的地位非常显赫。其中有蒙古血统的文官武将，例如吴讷格、绰贝、阿什达尔汉等，他们被授予各级世职，担任佐领、都统等八旗或后金的一般行政官员。特别需要强调的是，额尔德尼、库尔禅、希福等一批海西四部出身，受蒙古文化影响的文人巴克什群体，对清初文化的起步和发展起到了非常大的作用。不管是海西诸部中的蒙古人还

---

① 《八旗通志初集》卷 236，第 5328—5331 页；《清代人物传稿》上编第 4 卷，第 80 页。

② 《八旗通志初集》卷 147，第 3782—3784 页；《清代人物传稿》上编第 3 卷，第 94 页。

是海西各部中受蒙古文化影响的巴克什群体，在清初的征战以及与蒙古的关系（主要是和内喀尔喀、科尔沁、喀喇沁、阿禄蒙古、察哈尔等部落）方面发挥了非常大的作用。

再进一步考虑，我们当代的历史研究强调国别史或民族史。但是，“民族”是近代以后（19 世纪晚期至 20 世纪初期）舶来的概念，而当今国家是逐渐形成的一种政治体。纵观中国历史，从女真族建立的金朝开始到清朝前期，部族及其文化的互相影响是复杂且深刻的。在此历史过程中，蒙古先受女真的影响，到大蒙古国（包含元朝）时期蒙古反过来又影响女真。因北元在北亚的持续存在，蒙古对女真的影响从明初至清初一直存在。其间有些女真部落蒙古化了，有些蒙古部落女真化了。海西女真诸部中的蒙古人就是鲜明的事例。

如只是用近代以来的民族主义来分类，就很难判定海西诸部中的蒙古人到底算作蒙古人还是女真人，因为我们习惯的民族主义分类法无法把这个群体和海西女真完全分开。现在通过对海西蒙古人的研究，可以重新检视以往研究中缺少的对这种中间地带人群的关注。

察罕达尔汉绰尔济与清初八旗喇嘛事务管理

清初，藏传佛教通过蒙古地区传到新兴的后金国。其间藏蒙地区的诸多喇嘛高僧活跃于社会政治的各个领域,[①] 有一些高僧还走向了与满洲统治者合作的道路，对后金（清）的政治生活产生了极大的影响。鉴于前人研究中存在的一些可商榷的问题，本文利用新近公布的理藩院满文题本、内秘书院蒙古文档案等第一手材料，结合藏汉文文献，通过探讨蒙古高僧察罕达尔汉绰尔济的一些历史活动，试图从一个侧面探究入关前后清朝管理喇嘛事务政策的一端。

一　早期活动：使者和商人

天聪元年（1627）底，蒙古察哈尔部林丹汗西征，与喀喇沁等蒙古右翼各部发生战争。战后，科尔沁部长奥巴洪台吉有一封信给天聪汗皇太极，说明内喀尔喀弘吉剌部拜珲岱楚库尔等送来的消息即喀喇沁首领们战败逃脱的情形。其中提到一位叫“察罕喇嘛”的人。虽然不知道他的出身和前期的活动

① 国内外前期相关研究主要有：鸳渊一《辽阳喇嘛坟碑记》，《满洲碑记考》，目黑书店，1943；若松宽《蒙古喇嘛教史上的两位传教者——乃济陀音与扎雅班第达》，《清代蒙古的历史与宗教》，马大正等编译，黑龙江教育出版社，1994；李勤璞《白喇嘛与清朝藏传佛教的建立》，《“中央研究院”近代史研究所集刊》第 30 期，1998 年；李勤璞《蒙古之道：西藏佛教和太宗时代的清朝国家》，博士学位论文，内蒙古大学，2007；乌云毕力格《关于内齐托音喇嘛相关的顺治朝满文题本》，沈卫荣主编《西域历史语言研究集刊》第 3 辑，科学出版社，2010；池尻阳子《清朝前期西藏佛教政策——扎萨克喇嘛制度的成立与展开》，汲古书院，2013；李德成《一世察罕达尔汉在满蒙藏关系史中的作用》（未刊稿，蒙李德成先生惠赐全文参考），原文提要刊于《蒙古与西藏政教关系史学术讨论会手册——兼贺陈得芝先生八秩、陈庆英先生七秩寿辰》，中国人民大学国学院西域历史语言研究所，2013 年 6 月。

情况，但可以推测，内喀尔喀诸部首领归附科尔沁部时，这位喇嘛也和内喀尔喀首领一道前来归附科尔沁部。其地位也很高，排名紧随弘吉剌部首领拜珲岱之后。[①] 这是我们见到最早的有关察罕喇嘛的历史记述。

据《锡勒图库伦喇嘛传汇典》载，这位察罕喇嘛即一世察罕达尔汉呼图克图（？—1661），本名拉西额尔和。[②] 从理藩院满文题本（见本文附录1）中可知，顺治十六年（1659）察罕喇嘛已经71岁了。那么，他出生的年份应该是万历十七年（1589），天聪元年他已经39岁了。但是，目前为止我们对他归附后金之前的经历一无所知。

很可能是考虑到察罕喇嘛特殊的身份，较早开始他就作为后金的使者穿梭于满洲和蒙古各部之间。天聪初年，喀喇沁的额齐格喇嘛[③]致信后金汗皇太极说："如向满朱习礼[④]派使者，遣察罕喇嘛为好。"[⑤] 天聪四年，在原兴安岭以北驻牧的阿禄诸部南下归附后金。其间察罕喇嘛也曾奉命出使该部，当年十一月"壬寅，阿禄伊苏忒部落贝勒为察哈尔汗兵所败，闻上善养人民，随我国使臣察汉喇嘛来归，留所部于西拉木轮河，先来朝见，上命诸贝勒至五里外迎之"。[⑥]

《锡勒图库伦喇嘛传汇典》载，天聪三年，太宗皇太极派遣察罕喇嘛拉西额尔和等人邀请锡勒图库伦旗创始者满朱习礼西尔巴喇嘛前来盛京。[⑦] 崇德元年（1636）八月，皇太极听说在法库山住宿供佛的满朱习礼呼图克图喇嘛死去的消息，派察罕喇嘛、毕力克图囊苏吊唁，不久返回。[⑧] 其间，察罕喇嘛几

---

① 中国第一历史档案馆：《十七世纪蒙古文文书档案（1600—1650）》，内蒙古少年儿童出版社，1997，第145页；乌云毕力格：《喀喇沁万户研究》，内蒙古人民出版社，2005，第73页。笔者原以为拜珲岱即喀喇沁汗，有误，在此更正。

② 齐克奇：《锡勒图库伦喇嘛传汇典》，库伦旗志办公室编印《库伦旗志资料汇编》第1辑，1989，第136页。

③ 本名西儿巴，出身于青海安多地方的萨木鲁家族，是锡勒图库伦的创始者。他的法号为满朱习礼呼图克图，在蒙古佛教史上以"额齐格喇嘛"或"阿升喇嘛"著称。乌兰：《〈蒙古源流〉研究》，辽宁民族出版社，2000，第419—420页。

④ 参见乌兰《〈蒙古源流〉研究》，第447—449页。

⑤ 《十七世纪蒙古文文书档案（1600—1650）》，第103—105页。

⑥ 《清太宗实录》卷7，天聪四年十一月壬寅。

⑦ 《库伦旗志资料汇编》第1辑，第136页。

⑧ 《满文老档》太宗3，第1237、1243页；《清太宗实录》卷30，崇德元年八月戊子。

次代表太宗皇太极沟通后金与满朱习礼之间的关系。

崇德元年十一月，刚刚成立的大清国的皇帝及诸王贝勒等所遣使者察罕喇嘛率64人前往外喀尔喀车臣汗处。① 当时，蒙古诸部中实力最强大的察哈尔部灭亡，漠南蒙古基本上已归附清朝，对漠北喀尔喀的招抚很快提上议事日程。察罕喇嘛是这次使者团的首席代表。

出使喀尔喀回来不久，察罕喇嘛又奉命成为清朝首次派往西藏的使者团成员之一。崇德四年十月，“遣察汉喇嘛等致书于图白忒汗”。② “图白忒”是“西藏”，当时西藏的汗王是藏巴汗。此次使团的头领是额尔德尼达尔汉喇嘛和察罕喇嘛两人。崇德五年二月，太宗又致书在库库河屯（即今天的呼和浩特市旧称，汉名为归化城）的额尔德尼达尔汉喇嘛、察罕喇嘛等：“尔等不可在归化城久居牧马，现今青草方长之时，随路可以喂养，宜即前往圣僧喇嘛处，以达延请之意。”③ 但因为他们没有等到约好前来一同延请圣僧的喀尔喀使者，皇太极首次遣使西藏之事无果而终。④

崇德七年十月，五世达赖喇嘛遣伊拉古克三呼图克图等首批西藏使者到达盛京，受到清廷的盛情款待。⑤ 此次西藏使者团在盛京滞留的时间长达八个月，至第二年五月返回时，清太宗派遣“察干格隆”为首的、由多名高僧组成的使团一同前去西藏。⑥ 那么，这个察干格隆又是什么人呢？据《五世达赖喇嘛传》记载：“以前铁龙年（公元1640年）时，班禅大师对色钦曲杰⑦说：‘居尔齐特（女真）汗王势力强盛，你去看一下能否担任我们的施主！’于是，派色钦曲杰前往，并给博克多汗王带去了书信及压函礼物。现在，他从汗王身边顺利返回来了。与他一同来的还有察汗喇嘛等大批金字使者。”⑧ 这样看来

① 《满文老档》太宗4，第1458—1459页；《清太宗实录》卷32，崇德元年十一月甲子。

② 《清太宗实录》卷49，崇德四年十月庚寅。

③ 《清太宗实录》卷51，崇德五年二月辛酉。

④ 李保文：《关于满藏最早建立互使关系问题》，《西藏研究》2003年第2期。

⑤ 《清太宗实录》卷63，崇德七年十月己亥。

⑥ 《清太宗实录》卷64，崇德八年五月丁酉。

⑦ 即伊拉古克三呼图克图。

⑧ 阿旺洛桑嘉措：《五世达赖喇嘛传》上册，陈庆英、马连龙、马林译，中国藏学出版社，1997，第213页。

察干格隆和察汗喇嘛（察罕喇嘛）是同一个人。[①] 可以推测，察罕喇嘛之所以能够担任清朝使者团的首席代表，可能与他知晓藏文和具有藏传佛教素养有关。加上他又懂得蒙古语，与当时控制西藏的和硕特汗廷沟通起来更为容易。此次太宗皇太极让察罕喇嘛带去了给五世达赖喇嘛、四世班禅呼图克图、红帽喇嘛噶尔马、昂邦萨斯下、济东呼图克图、鲁克巴呼图克图、达克龙呼图克图、藏巴汗、顾实汗等权势者的信件。[②] 察罕喇嘛率领的使团经过三年多的长途跋涉，于顺治三年八月终于回到京城。《清世祖实录》载："戊戌，前遣往达赖喇嘛之察罕喇嘛还。达赖喇嘛、厄鲁特顾实汗等遣班第达喇嘛、达尔汉喇嘛等同来上表请安，献金佛、念珠、普鲁绒、甲胄、马匹等物，以甲胄、弓矢、撒袋、大刀、鞍辔、银器、缎匹、皮张等物赏答之。"[③] 虽然档案和官书没有明确记述返回地点，但此时正是清入关定都北京之际，由此推测使团返回的应该是新都城北京。

入关后，清廷主要为招抚喀尔喀蒙古考虑，积极邀请五世达赖喇嘛进京。顺治八年，在达赖喇嘛已经同意顺治九年即壬辰年进京的情况下，清廷为商定具体见面时间而又派遣察罕喇嘛等僧俗使团携带信件及礼物前去西藏面见达赖喇嘛、班禅呼图克图、顾实汗、第巴等。[④]

据内阁满文题本，有一份顺治十一年八月的文书"暂署理藩院尚书明安达礼等为请准察干喇嘛送给班禅缮写甘珠尔经纸张事题本"，记述如下：

> 暂署理藩院尚书都统明安达礼等谨题，为察干喇嘛请给班禅呼图克图送往纸张事。察干喇嘛称，往请达赖喇嘛时，班禅呼图克图告称，尔在皇帝身边，或可得到缮写甘珠尔经之纸张。本地纸张短缺，请给缮写甘珠尔经纸张。吾告之曰，仰仗皇恩，抑或能得。吾来后，已全数觅得缮写甘珠

① 有学者误以为察罕喇嘛是察罕诺门汗，见柔克义《1644—1908年间的达赖喇嘛》，杨黎浩译，王尧、王启龙主编《国外藏学研究译文集》第20辑，西藏人民出版社，2013。

② 中国第一历史档案馆等编《清内秘书院蒙古文档案汇编》第1辑，内蒙古人民出版社，2003，第367—379页。

③ 《清世祖实录》卷27，顺治三年八月戊戌。

④ 《清内秘书院蒙古文档案汇编》第3辑，第242—254页。

尔经之纸。欲由吾出资派人偕同去使赍往。臣院议得：使臣既然前往，相应准其所请出资送往。谨题请旨。批红：依议。①

由此可见，该文书形成时察罕喇嘛已经从西藏返回北京了。他履行承诺，给班禅寄去了抄写甘珠尔经的纸张。这也算是他与西藏格鲁派领袖人物建立信任关系的一个表现吧。②

顺治九年（1652）九月，五世达赖喇嘛前往北京的途中，“于十三日沿砖墙和林荫的夹道穿过了贝日苏库多城。行抵镇虏堡③时，以察罕达尔汉曲杰为首的皇帝的使者奉献了马匹、骆驼近四十”。④ 这并不是说当时察罕喇嘛就拥有了“达尔汉绰尔济”（达尔汉曲杰）的名号，⑤ 而是《五世达赖喇嘛传》是康熙九年（1670）前后才开始书写的，因此只是用了后来的名号称呼而已。这表明五世达赖喇嘛很熟悉察罕喇嘛，也知晓其获得的名号。

另外，察罕喇嘛在早期历史活动中，还曾经代表后金八旗和明朝进行边贸活动。据《满文老档》记载，天聪十年二月，察罕喇嘛、额尔德尼囊苏等从八旗每家各率领 15 人，拿着貂皮、人参前去明朝杀虎口交易。⑥ 崇德元年六月，前去明朝杀虎口交易的察罕喇嘛、额尔德尼囊苏等返回。⑦ 前人研究中已经讨论过蒙古喀喇沁部在后金（清）与明朝之间扮演商业贸易者的角色。⑧其中，察罕喇嘛率领交易者颇为活跃，他似乎也应该懂得汉语。

通过以上史料记载，察罕喇嘛在其早期活动中，主要以使者和商人的身份

---

① 中国第一历史档案馆、中国藏学研究中心合编《清初五世达赖喇嘛档案史料选编》，中国藏学出版社，2000，第 51—52 页。

② 另有记载说顺治十七年五月五世达赖喇嘛也收到了察罕达尔汉绰尔济派使者送来的书写甘珠尔经用的兰纸等。阿旺洛桑嘉措：《五世达赖喇嘛传》上册，第 489 页。

③ 今宁夏回族自治区中卫市沙坡头区镇罗镇。

④ 阿旺洛桑嘉措：《五世达赖喇嘛传》上册，第 311 页。

⑤ 日本学者池尻阳子依据《五世达赖喇嘛传》认为察罕喇嘛获得“达尔汉绰尔济”名号是顺治十三年以前的可能性很大。池尻阳子：《清朝前期西藏佛教政策——扎萨克喇嘛制度的成立与展开》，第 42 页。

⑥ 《满文老档》太宗 3，第 942 页。

⑦ 《满文老档》太宗 3，第 1140—1141 页。

⑧ 达力扎布：《明代漠南蒙古历史研究》，内蒙古文化出版社，1998，第 335—336 页；乌云毕力格：《喀喇沁万户研究》，第 140—147 页。

活跃在清初的政治、经济生活中，尤其是其使者的身份，表明了察罕喇嘛在清初涉藏、涉蒙事务中的重要影响和特殊作用。

二　清初八旗喇嘛事务的主管者

除了使者和商人身份，察罕喇嘛还是清初八旗喇嘛事务的重要参与者和管理者。本节首先探讨察罕喇嘛的名号来源，其次论述察罕喇嘛参与清初八旗喇嘛事务管理的史实。

清内秘书院蒙古文档顺治十三年（1656）九月初四日记载如下：

罗马字音写：

Tngri-yin ibegel-iyer čaγ-i e ǰelegsen quwangdi-yin ǰarlaγ. čaγan lam-a čimaγi tulγur-iyer dain-u ulus-un ketü. dalai lam-a-dur el či ilegegsen-tür ǰobuba kemen. darqan čor ǰi čula soyurqaba. ①

汉译：

奉天承运皇帝之旨：尔察罕喇嘛为朝廷屡次出使敌国，并奉命劳顿前去达赖喇嘛处，故授予达尔汉绰尔济号。

这条档案直言察罕喇嘛的功绩，即“出使敌国”和奉命前去邀请达赖喇嘛。前文已经考察过这位喇嘛的一些历史活动，在朝廷的公文中大概把他扮演的与明朝贸易活动的角色也包括在“出使敌国”之中了。《清世祖实录》对此记述极为简略：“加察罕喇嘛号达尔汉绰尔济，以其出使外国屡著勤劳也。”②

所授名号达尔汉绰尔济，“达尔汉”，蒙古语 darqan，意为“得自由”“自在”。一旦拥有此号即免除一切赋税。“绰尔济”，藏语意为“法主”。清初对一些有功劳的僧侣授予相应的名号是制度化的奖励措施之一。

不过，察罕达尔汉绰尔济被授予“呼图克图”职衔则是 170 多年以后的

① 《清内秘书院蒙古文档案汇编》第 4 辑，第 238 页。

② 《清世祖实录》卷 101，顺治十三年五月庚子。

事情了。[①] 据妙舟法师《蒙藏佛教史》记述："至第六世察罕喇嘛于道光十四年奉旨，因其驻京有年，从前著有军功，撤销绰尔济，赏给呼图克图职衔，换给黄敕。圆寂后，并准其作为呼图克图转世。其俸银米食仍由镶黄旗蒙古都统办理。"[②] 呼图克图、诺门汗、班第达、堪布、绰尔济，系属职衔；国师、禅师，系属名号。[③] 妙舟法师解释说："凡喇嘛道行至高者曰呼图克图，转世者曰呼毕勒罕，其秩之贵者曰国师，曰禅师。"[④] 清代藏蒙地区的呼图克图人数逐渐增加，到清中晚期时藏传佛教界已经有一百多名呼图克图了。据《钦定理藩院则例》，章嘉呼图克图、噶勒丹锡哷图呼图克图等八人为"驻京八大呼图克图"，其中就有察罕达尔汉呼图克图。[⑤]

此外，有关僧侣、寺庙事务的管理，从太祖努尔哈赤时期开始逐渐发展，到太宗皇太极时期渐次制度化。《崇德会典》中就有规定："见在僧尼勿令原管的官管辖，许将和尚内八固山挑选八人管理。"[⑥] 又规定："今后未奉上命私为和尚、为喇嘛及私建寺院者，问应得之罪。要作和尚、喇嘛，要建寺院，须知礼部，禀明无罪。"[⑦] 由此可见，皇太极时期已经逐渐将喇嘛等分别置于八旗管辖之下，并由朝廷统一控制寺院及出家人数目。[⑧] 此时，察罕喇嘛也开始参与清朝喇嘛事务的管理。内国史院满文档记录，崇德三年十二月二十九日，"以喇嘛等不遵戒律，上遣察罕喇嘛、戴青囊苏、理藩院参政尼堪、一等侍卫俄博特、沙济达喇等论席勒图绰尔济曰：朕闻尔等众喇嘛，不遵喇嘛戒律，肆意妄行等语。朕蒙天佑，为大国之主，治理国政。今其不遵戒律，任意妄行者，朕若不惩治，谁则治之？凡人请喇嘛诵经者，必率众喇嘛同往，不许一二

---

① 详情参见池尻阳子《清朝前期西藏佛教政策——扎萨克喇嘛制度的成立与展开》，第41—42页。

② 妙舟法师：《蒙藏佛教史》，江苏广陵古籍刻印社，1993，第六篇第三章第四节。

③ 《钦定理藩院则例》卷56《喇嘛事例一》。

④ 妙舟法师：《蒙藏佛教史》，第六篇第一章第一节。

⑤ 《钦定理藩院则例》卷56《喇嘛事例一》。

⑥ 《崇德会典》，《清太宗实录稿本》，辽宁大学历史系，1978。

⑦ 《清太宗实录稿本》，第14页。

⑧ 张晋藩、郭成康：《清入关前国家法律制度史》，辽宁人民出版社，1988，第467页。

人私行，且尔等众喇嘛不出征行猎，除徒弟外，他人何用?"① 此次，内齐托音喇嘛及诸无行喇嘛私自收集徒弟、汉人、朝鲜人等，俱断出携回，给还本土，给以妻室。顺治七年，因侍卫喇嘛出使喀尔喀时接受土谢图汗、丹津喇嘛的封号，故察罕喇嘛等僧俗会同审理该案。②

妙舟法师《蒙藏佛教史》所说顺治二年察罕喇嘛也自盛京来北京，③ 不准确，如前所述，他于顺治三年从西藏直接回到北京。前文引述理藩院满文题本中一件顺治十六年的文书，题为"理藩院左侍郎席达礼等题议察罕达尔汉绰尔济喇嘛私造庙宇不予赐名立碑本"。④ 这件档案除了简单交代察罕达尔汉绰尔济的身世之外，还描述了从关外时期即太宗皇太极时起，设立果芒库伦，授予察罕喇嘛扎萨克喇嘛职衔，让他管辖在内八旗喇嘛事务。库伦，蒙古语 küriyen，原意为"院落"，引申意为"聚落"。清代一般将高僧及其徒弟所构成的社会组织叫作"库伦"。如厄鲁特咱雅班第达的库伦，喀尔喀哲布尊丹巴的库伦（今乌兰巴托市的前身），内蒙古的锡勒图库伦，等等。果芒，藏语 sgo mang，意为"多门"。据拉萨三大寺之一哲蚌寺的教育制度，果芒扎仓（学院）是显宗学院之一，教授五大部论等藏传佛教经典。⑤ 察罕喇嘛很可能曾经在哲蚌寺的果芒扎仓研修，后来在盛京创立果芒库伦，继续提倡传播相关的佛教修行。

还有一份日期为康熙六年六月初三日的清内秘书院蒙古文档案，题为"康熙帝以清理假冒喇嘛沙弥之事颁察罕达尔汉绰尔济喇嘛之敕谕"，这应该是察罕喇嘛二世时期的事情了。据该档，当时皇帝有旨：

尔察罕达尔汉绰尔济为管辖在内诸喇嘛事务，如有外来无籍之喇嘛班

---

① 中国第一历史档案馆编《清初内国史院满文档案译编》（上），光明日报出版社，1989，第404页。《清太宗实录》卷44，崇德三年十二月丁巳。

② 《清初内国史院满文档案译编》（下），第156页。

③ 妙舟法师：《蒙藏佛教史》第七篇第三章第二节。

④ 《清朝前期理藩院满蒙文题本》卷1，内蒙古人民出版社，2010，第215—216页。原文转写及汉译文见文后附录1。

⑤ 周炜：《〈哲蚌宗教源流〉与果芒扎仓的学经内容》，《西藏民族学院学报》1993年第3期。另据张怡荪主编《藏汉大辞典》（民族出版社，1993）第594页解释，"果芒札仓，拉萨哲蚌寺一僧院名，主要讲授安多嘉木漾所著法相学文献资料，僧人多来自安多、蒙古等地"。

第者，明为分辨，使其返回原地。在此地之沙弥、班第者，各自库伦早晚严为清点。如有私为班第而送寺院者，及时上报部院。如隐瞒不报有告者，将其出首者与主人分开，并惩处喇嘛和私为班第者之主人。此外，奸诈之人私为喇嘛者，及时捉拿送院严惩。再次如前妄为，惩处该库伦及尔察罕达尔汉绰尔济。严加遵行。晓谕该管喇嘛等。降旨。①

这份档案显示，一直到康熙六年察罕达尔汉绰尔济还在管理在京八旗喇嘛事务。

又据乾隆年间写成的《日下旧闻考》载：

察罕喇嘛庙与慈度寺先后同建，俗呼后黑寺。顺治二年，察罕喇嘛自盛京来，于正黄旗教场北地址募化创建，未有寺名，即以其名称之。康熙五十二年，圣祖仁皇帝赐无量寿佛二尊，供奉大殿。寺门前殿有大钟一口，为明时最胜寺旧物，上铸尊胜楞严神咒、三十五佛、全部金刚经心经。正德十年都督同知朱宁造。②

民国年间妙舟法师《蒙藏佛教史》记述：

黑寺，有二，曰前黑寺，曰后黑寺。以其与双黄寺同为喇嘛所居。覆以青瓦，故有是称。前黑寺，本名慈度寺。在德胜门外三里许下关。建于清初。殿五层，山门天王殿，悬慈度寺额，为清圣祖御书。废历正月二十三日跳舞布札。寺旁教场，且有跑车赛马者。后黑寺在前黑寺北，即察罕喇嘛庙。清顺治二年察罕喇嘛自盛京来，于正黄旗教场北地址募化创建。未有寺名，即以其名称之。寺后有察罕佛爷仓一座，俗名曰佛爷仓。寺门前殿有大钟一口，为明时最胜寺旧物，上铸尊胜楞严神咒三十五佛全部金刚经心经。正德十年都督同知朱宁造。康熙五十二年，圣祖赐无量寿佛二

① 《清内秘书院蒙古文档案汇编》第 7 辑，第 119—122 页。原文转写与汉译文见文后附录 2。

② 于敏中等编纂《日下旧闻考》第 3 册，北京古籍出版社，1983，第 1774 页。

尊，供奉大殿。废历正月十五、二十三等日亦跳舞布札。民国十五年后，因困经费停止。[①]

结合这两种资料可以推断，察罕喇嘛庙即后黑寺于顺治初年建造。后又建慈度寺即前黑寺。查看民国年间的《北平四郊详图》，在北郊马甸附近标有前黑寺、后黑寺。该图的绘制年代大约是1934年。[②] 1936年出版的来华美国军事顾问弗兰克·多恩将军绘制的《北平地图与历史》等地图中也可以看到标注有HEI SSU（BLACK TEMPLE）的两座寺庙，但未注明前黑寺、后黑寺之别。[③]

不过，这两座寺庙的具体建造年代尚不清楚。满文档案中记述了察罕达尔汉绰尔济于顺治十六年所题，他在顺治六年创建了一座寺庙，请求顺治帝赐名的事情（见附录1）。当年察罕喇嘛71岁，两年后圆寂。因为当年的请求遭到清廷的拒绝，这座寺庙指的是前、后黑寺的哪一座不得而知。但是，如《蒙藏佛教史》所言前黑寺匾额中“慈度寺”是圣祖康熙的御笔，可以肯定前黑寺得到了官方认可。又据《钦定理藩院则例》“京城及各处各寺庙喇嘛定额”，前后黑寺都有食定额钱粮的一定数量的喇嘛。[④] 这表明两寺都得到朝廷认可和扶持。

第一世察罕呼图克图至第八世察罕呼图克图的生平情况，妙舟法师《蒙藏佛教史》都有简单的介绍，在此不赘述。察罕达尔汉呼图克图作为清廷认可的驻京呼图克图之一，他驻锡的寺庙有定额的喇嘛和管理者，也有恩赏香火地。相关记载见妙舟法师《蒙藏佛教史》第五篇第三章“驻京各呼图克图”部分：

---

① 妙舟法师：《蒙藏佛教史》，第七篇第三章第二节。

② 李诚主编《北京历史舆图集》第1卷，外文出版社，2005，第29页。

③ 王自强主编《北京历史舆图集》第3卷，第25页。

④ 慈度寺，二两钱粮喇嘛一缺，一两钱粮喇嘛一百四缺，折色格隆钱粮六缺，折色班第钱粮四缺。德木齐一名，格斯贵二名，在二两、一两钱粮内。德木齐、格斯贵等随缺跟役徒弟共三名，在折色班第钱粮缺内。大清古刹，即察罕喇嘛庙，二两钱粮喇嘛十五缺，一两钱粮喇嘛二百五十缺，折色格隆钱粮三缺，折色班第钱粮八缺。德木齐一名，格斯贵二名，在二两、一两钱粮缺内。德木齐、格斯贵等随缺跟役徒弟共三名，在折色班第钱粮缺内。《钦定理藩院则例》卷56《喇嘛事例一》。

> 察罕达尔汉呼图克图第一世，于清初投效来京，顺治二年，恩赐德胜门外教场地方，自行创建庙宇。恩赏香火地，座落昌平县、顺义县、延庆县等处，计地七十五顷六十六亩一分一厘。看地黑黄徒众七十一名。嗣因察罕喇嘛于顺治十三年在西藏军前效力，蒙恩赏给达尔汉绰尔济诰敕并黄敕，并由镶红旗蒙古都统支给俸银米石，历辈支领。顺治十八年圆寂。康熙元年，第二世察罕达尔汉绰尔济喇嘛转世于土默特旗下。康熙三十六年，出中路兵，著有军功，恩赏黄围车朝马等件。康熙三十八年入寂。[①]

清代，和前代相同，寺院一旦得到朝廷的认可，就能够从朝廷获得一定名额喇嘛的钱粮。"北京与热河等处四十寺宇，其定额之喇嘛钱粮，均由国库支给。每月在北京之喇嘛印务处制作正细表，报告于理藩院。"[②] 喇嘛印务处和理藩院也相应地参与了京城喇嘛事务的管理，当然这是后话。

结　语

以上探讨了清初察罕达尔汉绰尔济的身世和一些历史活动。察罕喇嘛是从内喀尔喀、科尔沁部来投诚后金的。其后，他奉太宗之命出使阿禄部、外喀尔喀部等蒙古诸部。后又奉命前去西藏，此次出使虽无果而终，但五世达赖喇嘛所遣西藏首批赴盛京使团返回时，他还是作为清朝使者团的首领之一一同前往西藏（乌斯藏）。五世达赖喇嘛进京时，他又作为清朝代表之一迎接路途中的五世达赖喇嘛。通过屡次交往，察罕喇嘛和西藏藏传佛教的领袖人物建立了信任关系。此外，他还作为商业贸易者在明清之间交易货物。正因有以上种种劳绩，入关后清廷授予他"达尔汉绰尔济"之名号。

入关前，察罕喇嘛就创建过果芒库伦，开始管理在内八旗喇嘛诸事务，一直持续到康熙初年。此处的八旗喇嘛事务，主要是指蒙古八旗喇嘛事务。因为当时八旗中的满洲人和汉人基本上不会出家当藏传佛教僧人。从文献所载有限

① 妙舟法师：《蒙藏佛教史》，第五篇第三章第四节。
② 妙舟法师：《蒙藏佛教史》，第六篇第三章第三节。

的事例看，当时扎萨克喇嘛所管主要涉及日常行政事务，具体包括喇嘛出家、寺院的建造以及司法案件的审理等。我们可以从这些喇嘛事务的管理中窥探到清初有关藏传佛教的政策、法令的形成过程。日本学者池尻阳子是研究扎萨克喇嘛制度的先行者，她把京师扎萨克大喇嘛制度的渊源与顺治年间迎请五世达赖喇嘛进京时期统率京师周边喇嘛的班第达诺门汗联系起来考虑。① 她的这一观点值得商榷。笔者根据以上公开的档案认为，从太宗皇太极时期开始，察罕喇嘛就是主管在内八旗喇嘛诸事务的扎萨克喇嘛。这才是后来扎萨克喇嘛制度的源头。

察罕达尔汉绰尔济在北京的驻锡地是后黑寺和前黑寺（慈度寺），他的寺庙和徒弟得到朝廷供应的香火地和钱粮。这也说明，清初藏传佛教事务完全处于朝廷的管辖之内。建造寺庙、出家为喇嘛班第，必须得到朝廷的准许。在有关寺庙建造方面，清初依然延续着明代的法令。

有关清初喇嘛事务管理，天聪六年设僧录寺，入关后在京城设立喇嘛印务处，此外八旗和理藩院也参与一些喇嘛事务的管理。但是，其间的关系嬗变，本文都未能深入展开，留待日后研究。

附录 1

罗马字音写：

gisurehe songkoi obu.

wesimburengge

tulergi golo be dasara jurgan i hashū ergi ashan i amban emu jergi nonggiha amban sidari sei gingguleme wesimburengge, cagan darhan corji i wesimbure jalin. cagan darhan corji i wesimbure gisun, oom elhe taifin okini, hūsun i abkai fejergi be tetušere, eiten i dele duibuleci ojorakū, geren ergengge be jirgabume elhe obufi, onco hūsun horon wen i juwan ergi geren ergengge be, hese fafun i necihiyere hūwangdi i genggiyen de wesimburengge: sakda cagan lama bi, taidzung hūwangdi i

① 池尻阳子：《清朝前期西藏佛教政策——扎萨克喇嘛制度的成立与展开》，第 66 页。

fonde ukame jihe bihe. enduringge taidzung hūwangdi geren ergengge de tusa ojoro jalin, tule siretu kuren, dolo gumang ni kuren seme gebulefi, tulergi lama bandi sa be siretu kuren de buhe, jakūn gūsa de bisire lama sa be isabufi, gumang ni kuren de bufi, mimbe jasak i lama sindaha. hūwangdi i horon wen abkai fejergi de selgiycfi, juwan ergi geren ergengge be jirgacun i ten de isibufi, abkai fejergi be uhe obuha. amba tacihiyan i abkai fejergi be yarure jakade, doro šajin badarafi, duin mederi i dorgi elhe oho. sakda cagan lama bi te nadanju emu se oho. bi emu miyoo araha bihe. miyoo de cisui gebu bure kooli akū be dahame, hūwangdi genggiyen de bulekušefi, gebu gosireo. gosime gebu buci, mini hūsun i bei ilibuki, geleme olhome wesimbuhe. oncodome bulekušereo sehebi. erei jalin gingguleme wesimbuhe. hese be baimbi. ijishūn dasan i juwan ningguci aniya ilan biyai orin ilan de wesimbuhe. ineku biyai orin duin de, hese: dorolon i jurgan i emgi acafi gisurefi wesimbu sehe hese be gingguleme dahafi, dorolon i jurgan i hūi diyan be baicaci, jeng tung ni ningguci aniya, sy guwan be icemleme arafi, hesei gebu buhengge bici, meni meni ejen i cihai tekini. ereci amasi jai ume cisui arara sehebi. geli dangse be baicaci, dorolon i jurgan juwan emuci aniya ilan biyai dorgi de k'o i aisilakū hafan wang wan da i wesimbuhe be dahūme wesimbuhengge, te fukjin sy miyoo arara be fafulafi nakabuki, garjaha efujehe fe sy, miyoo be dasarangge oci, meni meni ejen i ciha i okini seme wesimbuhede, hese gisurehe songkoi obu sehe be gingguleme dahafi, geli bireme ciralame tacibume selgiyefi yabubuhabi. amban meni juwe jurgan uhei acafi gisurehengge, te cagan darhan corji lama jurgan de alahakū cisui miyoo arafi, geli gebu buci, ini hūsun i bei ilibuki seme baihangge kooli de acanahakūbi. damu ere miyoo ningguci aniya araha be dahame, kemuni bikini, gebu bure, bei ilibure be yabuburakū obuki sembi. amban meni cisui gamara ba waka ofi gingguleme wesimbuhe, hese be baimbi. ijishūn dasan i juwan ningguci aniya anagan i ilan biyai juwan nadan, hashū ergi ashan i amban emu jergi nonggiha amban sidari, ici ergi ashan i amban emu jergi nonggiha amban šaštir, aisilakū hafan emu jergi nonggiha amban šahūn, aisilakū hafan emu jergi nonggiha amban subari, taidzi taiboo dorolon i jurgan i aliha amban emu jergi nonggiha amban wehe, ici ergi ashan i amban amban ningguri, aisilakū hafan emu jergi nonggiha amban liyoodan, aisilakū hafan emu jergi nonggiha amban mala.

（《清朝前期理藩院满蒙文题本》卷 1，内蒙古人民出版社，2010，第 215—216 页）

汉译：

依议。

题

理藩院左侍郎、加一级臣席达礼等谨题：为察罕达尔汉绰尔济具题事。据察罕达尔汉绰尔济疏言：祝圣主安康！统御寰宇，至高无上，普度众生，宽猛文武，以法令抚慰十方众生之皇帝明鉴，所题者：老僧察罕喇嘛，曾于太宗皇帝时逃来。圣主太宗皇帝外设锡勒图库伦，内置果芒库伦，以外藩喇嘛、班第等给予锡勒图库伦，集八旗所有喇嘛等给予果芒库伦，授我为扎萨克喇嘛，以济苍生。皇帝之威化布于寰宇，十方众生安逸之至，一统天下。引天下以大训，遂政教昌盛，四海之内安宁矣。老僧察罕喇嘛，现年七十有一岁矣，曾建庙宇一座。庙宇之名，例无私起，相应请皇帝明鉴赐名。若蒙赐名，请自力立碑。惶恐具题，伏乞宽鉴等语。为此谨题，请旨。顺治十六年三月二十三日题，本月二十四日奉旨：着会同礼部议覆。钦此。钦奉谕旨，查得礼部会典载，正统六年，新创寺观，曾有赠额者听其居住，今后再不许私自创建等语。[①] 又查档册，礼部于十一年三月内题覆该科员外郎王万达所题，今请禁止创建寺庙，若系修葺破旧寺庙者，则听各主之便等因具题，奉旨：依议。钦此。钦遵，又遍行严密晓谕施行。该臣等二部院会同议得，今察罕达尔汉绰尔济喇嘛未报院，擅自建庙，又请如蒙赐名，自力立碑者，于例不合。惟此庙建于六年，相应请留之，不准赐名、立碑。臣等未敢擅便，谨奏，请旨。顺治十

① 《明会典》卷 95，文渊阁四库全书本。

六年闰三月十七日。左侍郎加一级臣席达礼、右侍郎加一级臣沙世悌尔、员外郎加一级臣莎浑、员外郎加一级臣苏巴里、太子太保礼部尚书加一级臣渥赫、右侍郎臣宁古里、员外郎加一级臣辽丹、员外郎加一级臣玛拉。

附录 2

罗马字音写:

quwangdi-yin ǰarlaγ. čaγan darqan čor ǰi-dur baγulγaba. urida blam-a nar ǰoriγ-iyer bandi bolγa ǰu balai yabuqu ba bey-e yügen tulada bandi bolγaqu-yin tulada, kedü kedün üy-e čingta čaγa čila ǰu, blam-a bandi nar-un ner-e-gi yabudal-un yamun-dur temdeglen bi čigül, gadan-a-a ča iregsen blam-a bandi-gi ken saγulγasuγai kemebesü, blam-a bandi kiged basa ǰaruqu kömün-u toγ-a-yi bi či ǰu yabudal-un yamun-dur ügületügei. yabudal-un yamun blam-a bandi-yin toγ-a-gi bi čiged ayiladqa ǰu, dangsan-dur bi či ǰü saγulγatuγai kemen kedün kedün üy-e čaγa ǰilaγsan bölüge. edüge ü ǰebesü ging qotun-u or čin blam-a bandi-yin debel malaγ-a emüsüged yabuγ či anu maši olan, yerü blam-a bandi-yin emüskü ilγaγsan anu boi bölüge, ene ǰerge-yin arad-i ese bügesü blam-a nar ǰasaγ čaγa ǰa-a ča eteged durabar bandi bolγa ǰuqu, ese bügesü arγ-a ǰali-tu arad qaγurmaγ-iyar blam-a-yin debel malaγ-a emüs čü bey-e-ben blam-a kemen maγu samaγu-bar balai yabuγ či inu boi. blam-a nar-i hotun-u gadan-a ariγun γa ǰar-tur süm-e baiγul ǰu saγulγaγsan anu, burqan-i dakin nom ongšituγai kemegsen, daqiqu ongšiqu-ban uγur ču balai yabuγ či anu č uqum maγu samaγu-bar yabusuγai kemeg či boyu. čaγan darqan čor ǰi čimayi dotuγa-du olan blam-a nar bögüde-yi ǰakiraγuluγsan-u tulada, γadan-a-a ča iregsen yabudal-un yamun-dur ese temdeglegsen blam-a bandi boi bulbasu, todurqay-a ilγa ǰu bögüde-yi öber-ün öber-ün γa ǰar-dur köge ǰü ilegetün. ende aγ či šabi bandi nar-i öber-ün öber-ün küriyen-ü blam-a nar-i erte manaγar čingda toγa čaγul. ken-ber bey-e yügen tula bandi bolγar-a kürgebesü darui-dur yabudal-un yamun-dur γarγa ǰu ügüle. daru ǰu ese ügüleged ken kere čilebesü, kere či-yi inu darui-dur e ǰen-e če γarγamu. blam-a ba bey-e yügen tula bolγaγsan kömün-ü e ǰen luγ-a bögüde-yi yalalamu. basa maγu arγ-a ǰalitu arad qaγurmaγ-iyar bey-e-ben blam-a bolγa ǰu yabuγ či anu boi bolbasu darui-dur ilγan bari ǰu qariya-tu yabudal-un yamun-dur kürge. čingta yalalatuγai. ürgül ǰi uridu metü balai samaγu-bar yabubasu, qariyatu küriyen-ü blam-a nar kiged basa čaγan darqan čor ǰi čimaluγ-a bögüde-yi köndüte yalalamu. kerkibesü-ber ölü uγurumu. hariy-a-tu blam-a nar-dur-iyan olam neite tarqaγa ǰu surγaγtun. teimü-yin tula ǰarlaγ baγulγaba.

（《康熙帝以清理假冒喇嘛沙弥之事颁察罕达尔汉绰尔济喇嘛之敕谕》（康熙六年六月初三日），中国第一历史档案馆、内蒙古自治区档案馆、内蒙古大学蒙古学研究中心编《清内秘书院蒙古文档案汇编》第 7 辑，内蒙古人民出版社，2003，第 119—122 页）

汉译：

皇帝之旨：降于察罕达尔汉绰尔济，原前因喇嘛等派人为班第，或自行私为班第者，屡次颁例禁止，将喇嘛班第之姓名送院注册，如欲容留外来喇嘛班第，将喇嘛班第及其使唤人数等开具报院。部院上奏喇嘛班第之人数，记录档册，使其驻留。如今京城附近穿戴喇嘛班第衣帽穿行者颇多。法令规定喇嘛班第之衣帽甚严。此等人或喇嘛等例外自行派为班第，或奸诈之人私为穿戴喇嘛衣裳，自当为喇嘛。使喇嘛等驻在城外寺院，祭祀佛爷、诵经为见，如违背法令，则视为胡作非为。尔察罕达尔汉绰尔济为管辖在内诸喇嘛事务，如有外来无籍之喇嘛班第者，明为分辨，使其返回原地。在此地之沙弥、班第者，各自库伦早晚严为清点。如有私为班第而送寺院者，及时上报部院。如隐瞒不报有告者，将其出首者与主人分开，并惩处喇嘛和私为班第者之主人。此外，奸诈之人私为喇嘛者，及时捉拿送院严惩。再次如前妄为，惩处该库伦及尔察罕达尔汉绰尔济。严加遵行。晓谕该管喇嘛等。降旨。

有关清代七世察罕达尔汉呼图克图的两件满文档案

清在入关以前，已经通过蒙古接受了藏传佛教的一些影响。那么，入关后北京的藏传佛教情况如何？八旗蒙古人的信仰是怎样延续的？清廷对藏传佛教的政策又有何调整？针对以上问题，挖掘研究有关察罕达尔汉绰尔济即后来的察罕达尔汉呼图克图的历史，意义重大。此外，有两种情况是比较特殊的。其一，在清代驻京呼图克图当中，察罕达尔汉呼图克图的前世察罕喇嘛是首先来到北京驻锡的。其二，除了察罕达尔汉呼图克图之外，其余驻京呼图克图都是甘青藏地区出身者，而察罕达尔汉呼图克图是唯一一位内扎萨克蒙古出身者，这一系的转世从第五世开始都是内扎萨克阿鲁科尔沁旗出身。笔者利用《清内秘书院蒙古文档案汇编》《清朝前期理藩院满蒙文题本》等原始档案，探讨过一、二世察罕达尔汉绰尔济的身世及其在八旗喇嘛事务管理中的作用问题。[①] 笔者翻阅中国第一历史档案馆和雍和宫管理处合编的《清代雍和宫档案史料》（中国民族摄影艺术出版社，2004），又发现其中有关晚清七世察罕达尔汉呼图克图的两份档案，对笔者的前期研究和以往其他研究做了一些纠正和补充。以下对两件档案做一介绍和分析。

一　两件满文档案的汉译

(一) 第一件档案的汉译[②]

理藩院谨奏，为请旨事。

① 参见哈斯巴根、阿音娜《察罕达尔汉绰尔济与清初八旗喇嘛事务管理》，《中国藏学》2016 年第 1 期。

② 满文档案的罗马字母转写见本文附录。

据昭乌达盟长那木济勒旺楚克[①]处呈称，本盟扎萨克贝勒喇什钟奈[②]旗察罕达尔汉呼图克图之呼毕勒罕云敦普凌赉，现年十三岁，已出痘，恳请自愿赴京瞻仰天颜，效力当差，恭祝万寿经卷。等因。咨呈前来。该臣等窃查，察罕达尔汉呼图克图初世在京城驻锡，从二世至五世都未驻京城，六世又在京城当差，驻锡于察罕喇嘛庙[③]。等情。在案。今昭乌达盟长那木济勒旺楚克处呈称，此现今七世察罕达尔汉呼图克图之呼毕勒罕云敦普凌赉现年十三岁，已出痘，恳请自愿赴京瞻仰天颜，效力当差，恭祝万寿经卷。等因前来。相应臣等具奏请旨。察罕达尔汉呼图克图云敦普凌赉准其来京当差与否，仰祈圣主睿鉴训示。俟命下之日，钦遵施行。为此谨奏请旨。道光二十九年六月十三日。经筵讲官·管理部务户部尚书·都统臣赛尚阿[④]、经筵讲官·尚书·都统臣吉伦泰（出差）[⑤]、乾清门侍卫·左侍郎臣培成[⑥]、右侍郎臣宗室奕毓[⑦]。

［《理藩院奏为昭乌达盟扎萨克贝勒阿鲁科尔沁旗察罕达尔汉呼图克图呼毕勒罕可否来京当差请旨事折》（满文，道光二十九年六月十三日），《清代雍和宫档案史料》第 18 册，第 254—256 页］

（二）第二件档案的汉译

理藩院谨奏，为请旨事。

掌管京城喇嘛班第事务扎萨克达喇嘛那木喀呼图克图[⑧]等处呈报内称，据

① 索勒纳木多尔济之孙，道光七年袭巴林右旗扎萨克多罗郡王，道光二十八年授昭乌达盟长，同治九年卒。参见《清史稿》卷 209；包桂芹编著《清代蒙古官吏传》，民族出版社，1995，第 307—308 页。

② 扎木杨旺舒克之子，道光二十四年袭阿鲁科尔沁旗扎萨克多罗贝勒，同治六年卒。参见《清史稿》卷 209。

③ 即后黑寺。寺后有察罕佛爷仓一座。参见于敏中等编纂《日下旧闻考》第 3 册，北京古籍出版社，1983，第 1774 页；妙舟法师《蒙藏佛教史》，江苏广陵古籍刻印社，1993，第七篇第三章第二节。

④ 字鹤汀，阿鲁特氏，蒙古正蓝旗人。道光二十五年二月至咸丰元年正月任户部尚书。道光十八年八月，署理理藩院尚书。当年十二月至二十一年正月，任理藩院尚书。光绪元年卒。参见《清史稿》卷 188、189、190、392。

⑤ 道光二十二年五月授理藩院尚书，咸丰三年三月卒。参见《清史稿》卷 189。

⑥ 道光二十八年二月至二十九年六月为理藩院左侍郎。参见《清史稿》卷 189。

⑦ 道光二十七年一月至三十年四月为理藩院右侍郎。参见《清史稿》卷 189。

⑧ 又称萨木察呼图克图。四世那木喀呼图克图晋美桑珠嘉措（1833—1879），咸丰元年奉命进京任扎萨克喇嘛。咸丰五年升任京城掌印扎萨克达喇嘛。参见扎扎《拉卜楞寺四大赛赤世系述略》，《安多研究》创刊号，1993 年。

察罕达尔汉呼图克图禀报，小僧历世驻京当差，受皇帝鸿恩，毫无报答。小僧现年二十二岁，情愿效法前世，驻锡京师，凡圣主万寿，当诵经之差。等情。禀报之处，祈报院转奏。等因，呈报前来。窃查，例定察罕达尔汉呼图克图从创始起驻京效力。顺治十三年，施恩赐号达尔汉绰尔济，并授黄敕，仍令蒙古镶黄旗都统处承领其俸饷。道光十四年奉旨，该呼图克图驻京师年久，前因建立军功，撤绰尔济，赏呼图克图品级，换给黄敕。至圆寂，指认其呼图克图之呼毕勒罕，其俸饷仍由蒙古镶黄旗都统办理。又，至该呼图克图等如授为掌印正、副扎萨克达喇嘛，方准照章嘉呼图克图等例支给，否则按照所授职分支领。惟准其各自招跟随徒弟二十名，每名每月各食钱粮二两，作为应得之分，不入正额，应加之。今该呼图克图情愿驻京，为圣主万寿祈祷诵经当差等因呈报，臣等请依报具奏请旨。如奉旨准其所请，则察罕达尔汉呼图克图照例得给每月食二两钱粮之徒弟二十份。其应得俸饷仍咨镶黄旗蒙古都统照例办给。如此办理，可否之处，伏祈圣主睿鉴。俟命下之日，遵照施行。为此谨奏请旨。咸丰八年四月十六日。太子太保·大学士管理理藩院事务公奕湘[①]、经筵讲官·御前侍卫·尚书宗室肃顺（派遣）[②]、乾清门侍卫·左侍郎·护军统领·副都统臣伊勒东阿[③]、右侍郎·副都统宗室灵桂[④]。

[《理藩院奏为请准察罕达尔汉呼图克图留住京城仍于镶黄蒙古旗食俸事折》（满文，咸丰八年四月十六日），《清代雍和宫档案史料》第18册，第332—334页]

二　对两件满文档案的分析

有关历辈察罕达尔汉呼图克图的身世，以前我们主要根据妙舟法师《蒙

① 清世宗第六子之后，道光十三年袭镇国公，同治十一年加贝子衔，光绪七年卒。参见《清史稿》卷165。

② 字雨亭，郑亲王乌尔恭阿第六子。咸丰七年八月授理藩院尚书兼都统，咸丰八年九月调任礼部尚书。参见《清史稿》卷387。

③ 咸丰七年二月至九年十二月任理藩院左侍郎，后升任理藩院尚书。参见《清史稿》卷191。

④ 咸丰七年二月至九年十二月任理藩院右侍郎。参见《清史稿》卷191。

藏佛教史》。该书介绍了察罕达尔汉呼图克图一世至八世的传略，再加上笔者前述成果，现在一世的身世比较清楚。但因第一手史料欠缺，其他历辈的身世及其活动还有待进一步研究。通过释读中国第一历史档案馆所藏雍和宫满文档案（一）和（二），将这一史料与《蒙藏佛教史》的相关内容比较后可知，七世察罕达尔汉呼图克图之呼毕勒罕在道光十七年（1837）生于内扎萨克昭乌达盟阿鲁科尔沁旗，名为云敦普凌赉，道光二十三年金瓶掣签认定为呼毕勒罕。金梁编纂的《雍和宫志略》称察罕达尔汉呼图克图为清朝唯一一位“随营呼图克图”。“到了第六世察罕喇嘛时在嘉庆四年以后，清朝已然无力向外用兵了，察罕喇嘛也从此停止随营。清宣宗旻宁因他世世有功，因此把他第六世察罕喇嘛的籍贯改了，在道光十四年的四月，把他编入北京的镶黄蒙古旗内，算是北京的旗人了。但是他觉着不好看，因此第六世、第七世、第八世三辈的察罕喇嘛，全部不常在北京住着。”① 金梁编纂该书时似乎没有看到妙舟的《蒙藏佛教史》，因此有很多地方值得商榷。

首先是察罕喇嘛于顺治十三年（1656）已经被授予“达尔汉绰尔济”名号，不用察罕喇嘛这一称呼了。据妙舟书，六世、七世、八世等呼图克图都来京当过差。此外，所谓改籍贯的说法也不准确。据妙舟书，察罕达尔汉呼图克图的籍贯，二世是土默特旗，三世、四世是西藏，从五世至八世都是内扎萨克阿鲁科尔沁旗。察罕达尔汉呼图克图和蒙古镶黄旗的关系，只是从顺治十三年开始奉旨由该旗替他办理支领俸银米石。而察罕达尔汉呼图克图在北京时驻锡在察罕喇嘛庙即后黑寺，该寺有他的佛仓一座。

另外，有一些内容，妙舟《蒙藏佛教史》的记载与这两份档案的记述似乎有出入。如《蒙藏佛教史》载：“咸丰二年来京，奉旨裁撤呼毕勒罕字样，作为呼图克图。咸丰十年四月，补放京城副扎萨克达喇嘛。同治六年间，简放多伦诺尔掌印扎萨克达喇嘛。同治十三年，圆寂。”② 若如妙舟所述，七世呼图克图在咸丰二年（1852）已经来到北京的话，档案（二）中这辈呼图克图

① 金梁编纂《雍和宫志略》，中国藏学出版社，1994，第56—57、70—71页。

② 以上见妙舟法师《蒙藏佛教史》，第五篇第三章第四节、第七篇第三章第二节、第五篇第三章第四节。

为什么还要申请来京当差？从档案（二）的语气来判断，察罕达尔汉呼图克图似乎不是咸丰二年来京后又返回游牧处而提出申请再次来京当差，更像是从道光二十九年至咸丰八年一直申请来京而未获得批准。

有关京城掌印扎萨克达喇嘛的补放问题，笔者查阅雍和宫档案后发现，咸丰六年，补放阿嘉呼图克图所遗京城扎萨克达喇嘛缺出。理藩院所奏文内称："所遗京城扎萨克达喇嘛一缺，并管理弘仁寺事务，应将何项呼图克图内补放，例无明文，检查历办成案，此项缺出向以驻京各呼图克图请旨简放。"此次奉旨补放原副扎萨克达喇嘛那木喀呼图克图升为京城掌印扎萨克达喇嘛。这也说明咸丰六年时察罕达尔汉呼图克图并不在北京，更谈不上被任命为扎萨克达喇嘛或副扎萨克达喇嘛。到咸丰十年再补放京城掌印扎萨克达喇嘛时，察罕达尔汉呼图克图的名字赫然出现在开列的驻京呼图克图的名单内，说明此时他确实在京当差，但结果还是将原副掌印扎萨克达喇嘛升为京城掌印扎萨克达喇嘛。[①] 很有可能在此次拣放七世察罕达尔汉呼图克图为京城副扎萨克达喇嘛。

此外，有关驻京呼图克图的人数，有人根据《钦定理藩院则例》说有 8 名呼图克图，有人根据大清会典事例说有 12 名呼图克图，但有一件事情是比较清楚的，即驻京呼图克图当中首先到北京的是察罕达尔汉呼图克图的前世察罕喇嘛。一世的身世笔者已经有研究，在此不再赘述。可见这种制度是从清初开始逐渐形成的。大概而论，驻京呼图克图的作用可以从两个方面去理解：一是清廷招徕蒙藏地区的一些知名高僧，通过他们的威望达到一些政治目的；二是清廷通过这些呼图克图的宗教活动来分化藏传佛教势力，强化其宗教上的控制力。正因如此，清廷也给予这些呼图克图很高的地位和特权。释读档案（一）（二），可以了解到察罕达尔汉呼图克图申请去北京当差的愿望很强烈，这当然与清朝所设计出来的规章和待遇有关。据《钦定理藩院则例》，呼图克图的转世认定由金瓶掣签决定，而"转世后来京瞻仰天颜之日，裁撤呼弼（毕）勒罕字样"。[②] 裁撤呼毕勒罕字样后才正式成为呼图克图，享受其待遇。

① 《清代雍和宫档案史料》第 19 册，第 146—149、318—317、354—352 页。

② 《钦定理藩院则例》卷 56《喇嘛事例一》。

查阅雍和宫档案后知道，不只是察罕达尔汉呼图克图一系，其他驻京呼图克图之呼毕勒罕，例如章嘉呼图克图、噶勒丹锡哷图呼图克图、阿嘉呼图克图、喇果呼图克图等，也通过理藩院申请来京当差。资料显示，他们的申请不一定能够立即得到皇帝的允准，但一般几年之内会得到批准。笔者看到的档案中，察罕达尔汉呼图克图等待的时间最长，达 9 年。进京当差须申请排队，可见并非易事。

结　语

16 世纪后半叶，藏传佛教再次传入蒙古地区，开始了新的政教结合的进程。起初，蒙古世俗权贵和新兴的格鲁派教主结成所谓的福田、施主关系。到 17 世纪二三十年代，这种模式已经传到在辽东兴起的清朝。清统治者巧妙地利用藏传佛教高僧，为其往外扩张尤其是为其征服蒙古各部事业服务。这些高僧充当清朝的使者、调停人、中介贸易者等角色。清入关后，那些盛京时期的高僧也跟随来到新首都北京。察罕喇嘛、诺门汗①等人就是其中的代表人物。他们来到北京后，参与修建京城众多的寺、塔，但这并不只是简单的宗教活动，也是一种帮助清统治者加强统治的政治活动。这些高僧在清朝延请五世达赖喇嘛的事件中也发挥了作用。又因有功劳，这些高僧从朝廷那里获得国师、诺门汗、绰尔济等名号。察罕喇嘛还参与京城喇嘛事务的管理，为日后在京城确立掌印扎萨克达喇嘛制度、驻京呼图克图制度奠定了基础。

清初，除了前后藏之外，藏传佛教的中心还有呼和浩特、锡勒图库伦、盛京、哲布尊丹巴库伦、多伦诺尔等地。清廷的政策是众建而分治，但到乾隆初期，清廷已感觉到将藏传佛教宗教权力集中到朝廷的必要性，其结果就是在北京建立了雍和宫。在此期间，因雍正年间青藏高原地区的归附，清廷与甘青藏地区高僧的关系逐渐密切，而原受宠的东部蒙古地区的高僧被边缘化。察罕喇嘛即察罕达尔汉绰尔济就是东蒙古地区高僧在朝廷中的代表人物。到了乾隆时

---

① 色钦曲杰金巴嘉措，即第一世巴州活佛。参见陈小强《金巴嘉措喇嘛事迹考》，中央民族大学历史系主办《民族史研究》第 1 辑，民族出版社，1999。

期，随着清朝统治的稳定，特别是准噶尔问题得到解决后，藏传佛教较为纯粹的宗教活动才逐渐活跃起来。

附录 1

两件满文档案的罗马字音写：

wesimburengge

tulergi golo be dasara jurgan i gingguleme wesimburengge，hese be baire jalin. joo uda i culgan i da namjilwangcuk i baci alibume benjihe bithede，meni culgan i jasak beile rasijungnai i gūsai cagan darhan kūtuktu i hūbilgan yondonperlai ere aniya juwan ilan se，beye urehe，cihanggai beyei hūsun i gemun hecen de dosifi dele hargašafi，tumen jalafun i nomun hūlara jergi alban de faššame kiceki seme alibuha babe alibume benjihebi. amban be baicaci，cagan darhan kūtuktu tuktan jalan gemun hecen de tehe bihe，jai jalan ci sunjaci jalan de isibume gemu umai gemun hecen de tehekū，ningguci jalan gemun hecen de jifi，cagan lamai juktehen de tefi，alban kame yabuha be inu dangsede ejehebi. te joo uda i culgan i da namjilwangcuk i baci ne i nadaci jalan i cagan darhan kūtuktu i hūbilgan yondonperlai ere aniya juwan ilan se，beye urehe，cihanggai beyei hūsun i gemun hecen de dosifi dele hargašafi，tumen jalafun i nomun hūlara jergi alban de faššame kiceki seme alibume boolanjiha be dahame，amban be bahaci，hese be baime wesimbufi cagan darhan kūtuktu i hūbilgan yondonperlai be gemun hecen de jibufi alban kame yabubure yabuburakū babe enduringge ejen genggiyen i bulekušefi tacibume，hese wasimbuha manggi gingguleme dahame yabuki，erei jalin gingguleme wesimbuhe，hese be baimbi.

doro eldengge i orin uyuci aniya ninggun biyai juwan ilan.

ambarame giyangnara jurgan i baita be kadalame icihiyara boigon i jurgan i aliha amban，gūsa be kadalara amban saišangga，ambarame giyangnara hafan aliha amban gūsa be kadalara amban amban jiluntai idu tucimbi. kiyan cing men i hiya hashū ergi ashan i amban amban peiceng, ici ergi ashan i amban amban uksun i yu.

［《理藩院奏为昭乌达盟扎萨克贝勒阿鲁科尔沁旗察罕达尔汉呼图克图呼毕勒罕可否来京当差请旨事折》（道光二十九年六月十三日），《清代雍和宫档案史料》第 18 册，第 254—256 页］

附录 2

wesimburengge

tulergi golo be dasara jurgan i gingguleme wesimburegge, hese be baire jalin. gemun hecen i lama bandi sabe uheri kadalara jasak da lama namka kūtuktu sei baci alibume boolanjiha bithede, cagan darhan kūtuktu i alibuha bade buya kūtuktu jalan jalan de gemun hecen de tefi, abkai kesi be alihangge umesi ujen jiramin majige karulaha ba akū, buya kūtuktu ere aniya orin juwe se, cihanggai nenehe jalan i songkoi gemun hecen de tefi, enduringge ejen i tumen jalafun i yaya nomun i alban be kame yabuki seme alibuha be jurgan de boolafi, ulame wesimbureo seme alibume boolanjihabi. baicaci, toktobuha kooli de, cagan darhan kūtuktu oci fukjin ci gemun hecen de hūsun bume dahanjihangge. ijishūn dasan i juwan ilaci aniya kesi isibume darhan corji šangnafi fungnehen ejehe, jai suwayan ejehe buhe, kemuni kubuhe suwayan i monggo gūsai gūsa be kadalara amban ci fulun i menggun bele be gaifi bahabuha. doro eldengge i juwan duici aniya hesei harangga kūtuktu gemun hecen de tehe aniya goidafi, onggolo coohai gungge ilibuha turgunde corji be tatafi, kūtuktu i jergi šangnafi, suwayan ejehe be halame bufi, jangca halame amala kemuni kūtuktu i hūbilgan obu, ini fulun i menggun bele be an i kubuhe suwayan i monggo gūsai gūsa be kadalara amban ci icihiyabu, geli kūtuktu sa aika jingkini ilhi doron jafaha jasak da lama sindaci tefi janggiya kūtuktu sai kooli songkoi bahabu, waka oci damu sindaha jergi be tuwame bahabu, damu meimeni dahalara šabisa orin niyalma gaiki, niyalma tome biyadari juwete yan i caliyan ulebure bahara ufuhi obufi, jingkini hacin hacin de dosimburakū obu sehebi. te harangga kūtuktu cihanggai gemun hecen de tefi enduringge ejen i tumen jalafun be jalbarire nomun hūlara jergi alban de tacime faššame yabuki seme alibume boolanjiha be dahame amban be bahaci boolanjiha songkoi hese be baimc wesimbufi aika hese baiha songkoi obuci cagan darhan kūtuktu de kooli songkoi biyadari juwete yan i caliyan jetere, šabi orin ubu bahabufi, ini bahabuci acara fulun i menggun bele be an i kubuhe suwayan i monggo gūsai gūsa be kadalara ambasa de yabubufi kooli songkoi icihiyame bahabuki. uttu icihiyaci ojoro ojorakū babe endureigge ejen i genggiyen bulekušefi hese wasinjiha manggi, gingguleme dahame yabuki, erei jalin gingguleme wesimbuhe, hese be baimbi.

gubci elgiyengge i jakūci aniya duin biyai juwan ninggun.

taidzi taiboo aliha bithei da, tulergi golo be dasara jurgan i baita be kadalaha icihiyara gung amban ioi siyang, ambarame giyangnara hafan gocika hiya aliha amban amban uksun sušun takūran, kiyan cing men i hiya, hashū ergi ashan i amban, tui janggin, meiren i janggin amban ildunggga, ici ergi ashan i amban, meiren i janggin amban uksun leng gui.

[《理藩院奏为请准察罕达尔汉呼图克图留住京城仍于镶黄蒙古旗食俸事折》(咸丰八年四月十六日),《清代雍和宫档案史料》第 18 册, 第 332—334 页]

中国国家图书馆藏《镶红旗蒙古世职清册》及其史料价值

清史、满族史学界一直相当重视对八旗制的探索，近年来出版的几部著作也证明了这一点。[①] 但是，这些著作的一个共同特点是，没有把八旗的三个构成部分即满洲、蒙古和汉军分开研究，其关注点主要集中在满洲八旗上。换言之，蒙古八旗的研究水准整体滞后于其他八旗。尤其是把问题细化到八旗蒙古[②]世职等领域来看，相关研究基本上处于尚未起步阶段。因此，此次笔者介绍和评议前人尚未利用的《镶红旗蒙古世职清册》（以下简称《清册》）意义重大。

一 《清册》的格式和内容

这本原题为《镶红蒙古旗袭官册》的满文档案收藏在中国国家图书馆，线装，封皮为黄色纸张。内文毛笔抄本，个别字句有汉文。页面 37.5cm×22.5cm，四周单边 10 行，共 51 叶。撰写年代为乾隆十六年。从其所钤印信来判断，该档册应该由清代镶红旗蒙古都统衙门所造。其原保存机构很可能是内阁。

档册内夹纸条上写有“袭官册一本”字样。现在所作的目录也据其名为“镶红蒙古旗袭官册”。与该档册内容类似的档案，日本学者绵贯哲郎曾撰写

① 杜家骥：《八旗与清朝政治论稿》，人民出版社，2008；刘小萌：《清代北京旗人社会》，中国社会科学出版社，2008；承志：《大清国及其时代：帝国的形成与八旗社会》，名古屋大学出版会，2009；杉山清彦：《大清帝国的形成与八旗制》，名古屋大学出版会，2015；谷井阳子：《八旗制度研究》，京都大学学术出版会，2015。

② 本文为区别起见，将八旗中的蒙古分为满洲八旗中的蒙古和蒙古八旗（天聪九年成立）中的蒙古两部分。文中的“八旗蒙古”包括以上两部分人。

过一篇文章。[①] 他关注的是中国第一历史档案馆收藏的有关汉军八旗的世职册，他把这类档册命名为“世职根源册”。但是，根据当初该制度确立时的奏议称作“清册”似乎更为贴切。因为据《谕行旗务奏议》雍正十一年五月八旗都统等议复：“应如代林布所奏，凡承袭世职、补放佐领等事造具清册一本，用都统印信送内阁存贮。另造一本用参领关防、佐领钤记外，令十岁以上有名之人悉行画押，送该旗公署收贮。俟至十年照例另行造册，用印存贮。”[②] 当月二十六日，该议得到皇帝的认可。

该类档册是反映蒙古旗人世职承袭情况的档案，记录八旗世职人员的始授、承袭情况。查阅一些档案馆、图书馆的文献目录，可以了解到这类档册的现存情况。首先是中国第一历史档案馆保存的所谓“八旗世袭谱档”，其中就有一些汉军八旗的世职册，如《镶黄旗汉军头甲喇呈造嘉庆八年分世管佐领勋旧佐领互管佐领世职家谱册》《镶黄旗汉军二甲喇呈造嘉庆八年分世管佐领族中袭替佐领并世职家谱清册》《镶红旗汉军呈造嘉庆八年分世管佐领十七员家谱缘由册》等。在海外，日本的东洋文库也藏有《镶蓝旗汉军呈造佐领世职根源条例家谱册》等有关档册。[③] 这些佐领和世职档册应该是雍正十一年五月规定中的“用参领关防、佐领钤记”的档册。而笔者要介绍的《清册》应该归于“用都统印信送内阁存贮”的档册。从国家图书馆的满文文献目录看，除了本文介绍的《清册》之外，没有其他此类档案。该《清册》是国家图书馆收藏的唯一一本世职清册，也是到目前为止发现的唯一一本有关八旗蒙古世职的档册，其年代比绵贯哲郎发现的八旗汉军档册更早。

《清册》由以下几部分构成。

（1）有关世职的法令。

王等所住一等城池，第一登城者授一等阿达哈哈番，第二登城者授二等阿达哈哈番，第三登城者授三等阿达哈哈番，第四登城者授拜他喇

① 绵贯哲郎：《〈世职根源册〉所见清初降清汉人》，《史丛》第 78 号，2008 年。

② 《谕行旗务奏议》，雍正十一年五月二十六日，台湾学生书局，1976。

③ 绵贯哲郎：《关于〈八旗世袭谱档〉》，满族史研究会：《满族史研究通信》第 9 号，2000 年。

布勒哈番兼一拖沙喇哈番，第五登城者授拜他喇布勒哈番，第六登城者授拖沙喇哈番，计以上六种共赏赐十人。领云梯攻战章京授拜他喇布勒哈番，指挥章京授拖沙喇哈番，射箭章京授拖沙喇哈番，都统授拜他喇布勒哈番。

二等城池，第一登城者授三等阿达哈哈番，第二登城者授拜他喇布勒哈番兼又一拖沙喇哈番，第三登城者授拜他喇布勒哈番，第四登城者授拖沙喇哈番，领云梯攻战章京授拜他喇布勒哈番，指挥章京授拖沙喇哈番。

三等城池，第一登城者授拜他喇布勒哈番兼又一拖沙喇哈番，第二登城者授拜他喇布勒哈番，第三登城者授拖沙喇哈番，领云梯攻战章京授拖沙喇哈番，指挥章京克两城者授拖沙喇哈番，克一城者注册。

四等城池，第一登城者授拜他喇布勒哈番，第二登城者授拖沙喇哈番，领云梯攻战章京授拖沙喇哈番，指挥章京克两城者授拖沙喇哈番，克一城者注册。

五等城池，第一无云梯登城者授拖沙喇哈番，第二、第三登城者不计。率领攻战章京克两城者授拖沙喇哈番，克一城者注册，不论指挥章京。

凡攻克城池，第一先登者不论城池之大小授拜他喇布勒哈番。攻毁城池，第一攀登者授拖沙喇哈番，不论第二、第三攀登者。管事章京授拜他喇布勒哈番。

凡功臣承袭，拖沙喇哈番袭一次，加级再袭一次。拜他喇布勒哈番袭二次。袭十五次以上者准世袭罔替。

从异国来归之功臣，如病故，又有军功者，照敕书承袭。仅有来归之功，有子嗣者准其承袭。如无嗣其兄弟不得承袭。凡功臣亡故后，或战死或病故，不论其子或其兄，务必视其德才为授。如无子嗣，准其近亲兄弟承袭。不得领养亲戚之子承袭。如无承袭之子嗣、兄弟，则其妻在世时免其一半的差徭。如妻故或改嫁，方令应差。因功承袭者，其子、其弟等联名注册。因其自身德才封赠之官职，只写其名。

> 凡攻克城池后进行赏赐，包括拜他喇布勒哈番，一个拜他喇布勒哈番包含骆驼在内，马骡十匹，牛十头，人二十。包含蟒缎在内，绸缎十匹，银一百两，毛青布一百匹，赏赐拖沙喇哈番以上官职。城池攻而不克至登城阵亡者视为拜他喇布勒哈番赏赐。①

与攻城登城相关的世职授予、袭次和赏赐是从清朝入关前逐渐发展起来的制度。相关法令于顺治十三年基本固定下来，后编入《乾隆会典则例》《光绪会典》等清朝的法令性文件汇编当中。②

（2）世职的根源与承袭情况。

每一个世职族谱，基本上由本文和粘签两部分构成。

①本文。记录世职根源、袭次、亲属关系、升降缘由，《清册》共记载了47个世职承袭情况。例如：

> 鳌尔介图巴图鲁，以功授拜他喇布勒哈番又一拖沙喇哈番，恩诏加三拖沙喇哈番，晋封为一等阿达哈哈番。其后，陆续由噶布喇、保色、阿必达、阿林泰等承袭四次。其中，鳌尔介图巴图鲁因功劳和恩诏始授一等阿达哈哈番。到其子噶布喇时承袭其父世职一等阿达哈哈番。再传到噶布喇兄保色时，因为其弟噶布喇所得拖沙喇哈番合为承袭一等阿达哈哈番又一拖沙喇哈番。第四次到保色子阿必达时，削去了恩诏所得，仍袭三等阿达哈哈番。其后，阿必达子袭三等阿达哈哈番。

②粘签。有如下几种情况。首先是黄色小纸条即黄签上写有“诏后所立之官有无袭次查明”，说明世袭罔替还是承袭次数。其次是白色纸条上写有某些世职缘由不太清楚时的核对说明文字。这种粘签共编号31处。例如，第一号粘签上写有：“查照，保色袭一等阿达哈哈番后，其弟噶布喇于康熙二十五

① 需要说明的是，因《清册》原文为满文，在本文中引用的部分全部为笔者所译，以下不一一注明。

② 《乾隆会典则例》卷30，文渊阁四库全书本；《光绪会典》卷7《吏部》。

年六月在广东、广西、云南的黄草等七处战争中，打败所遇敌军，授一等阿达哈哈番又一拖沙喇哈番，准世袭罔替，是以理应陈述其弟因功所得拖沙喇哈番的缘由，以更正其并授之处。"

根据抄录之档案，说明是否找到世职的根源或更正有错误的记录等。有时另有白色小粘签。

此外，说明最后承袭者在世与否，另有粘签上写有"此人现在"或"此人亡故，于乾隆十六年五月袭于亲弟七达子""此人病故，袭次未袭"等说明文字。

（3）《清册》页眉写有满汉文"符""扣"字样。在一共47个世职当中，扣除（写有"扣"的世职）袭次已完或未能查明世职根源的16个世职，剩下的31个世职准予继续世袭（此类世职写有"符"字样）。

（4）年月。乾隆十六年五月。

（5）结语。文书的最后有一段说明文字：档内所记所有世职人员，今在世与否俱填补写明，没有错讹和遗漏之处。印务章京伊拉齐。

二 《清册》与《初集》《二集》的比勘

《八旗通志初集》（以下简称《初集》）[①] 和《钦定八旗通志》（以下简称《二集》）[②] 是分别撰写于雍正末年和乾隆末年的清朝官方主持编修的文献资料。这两部文献也是八旗研究的最基本史料，因此评价《清册》的史料价值时，有必要和这两部文献进行比较研究。

第一，反映的年代和世职人员名单不同。

首先，就所记镶红旗蒙古世职族谱来讲，《清册》共记47个，但其中16个因各种原因（袭次已完或没有找到根源等）列入要取消的名单。而据《初集》所载镶红旗蒙古世职，二等子一个（叟格都兰一系），三等子一个（弼喇

① 《八旗通志初集》，东北师范大学出版社，1985。有关镶红旗蒙古世职内容见卷80、81、82、101，以下不一一注明。

② 《钦定八旗通志》，文渊阁四库全书本。有关镶红旗蒙古世职内容见卷275、276、277、299，以下不一一注明。

什一系），一等男、三等男各一个（分别为色楞塔布囊一系和巴雅尔一系），再加上从一等轻车都尉至云骑尉有 19 个，合起来镶红旗蒙古世职共有 23 个。《二集》中子爵、男爵额数没有变化（人员有所不同），但是其一等轻车都尉至云骑尉的世职有 27 个，总数达到 31 个，这与《清册》的世职额数是一致的，但《二集》和《清册》中有一些世职族谱明显是不同的。这表明编纂《二集》时参考过和《清册》相同内容的资料，虽然额数相同，但两种史料所记录的世职族谱还是未能一一对应。

除此之外，有一些世职人员的信息，各种文献记录也不尽相同。例如弼喇什，他的世职，《清册》《初集》《二集》都记为三等精奇尼哈番（即三等子）。但袭次的记述不同，《清册》记到第五次袭佛保，《初集》只记到第四次袭吴尔图那思图，而《二集》记到第七次袭阿尔京阿。因纂修年代不同，以上三种史料所反映的年代也有所不同，可以互相印证和补充。

再如，色诺克，《清册》记他因立功授为拜他喇布勒哈番（即骑都尉），恩诏加赠为二等阿达哈哈番（即轻车都尉）。其后，历次僧格、花色、班第、拜灵阿、勇敢等承袭一等阿达哈哈番或拜他喇布勒哈番或拖沙喇哈番。但是《初集》漏记色诺克家族的世职，到编修《二集》时又加上了其世职族谱。这可能与《二集》的编纂者参考了《清册》等相关资料有关。

另外有一种情况是《初集》《二集》记载的世职人员，《清册》有所漏记。这不是说乾隆十六年五月缮写《清册》前已经结束袭次的世职，或《初集》修完之后再有新的世职人员，而是因各种原因《清册》漏记世职族谱，例如《初集》《二集》所记骑都尉布达西礼之后，从顺治二年到乾隆十七年间，共袭七次，分别为博尔和对、朱成额、查什雅、关保、保环、策林、成德。

还有一些世职人员的姓名，几种史料记载也有出入。如三等阿达哈哈番哈拉尔岱后，其子第一次袭。他的名字，《初集》记为恩克，《清册》记为恩克依（enkei）。另外，俄尔锦巴图鲁创立的拜他喇布勒哈番，传至第五次时，《初集》（现在能看到的是东北师范大学出版社点校本）写作“阿穆呼朔”，但是《清册》写作阿穆呼朗（amugulang），和《二集》的记述相同；第十个世职的始授人，《清册》写为充根（conggen），而《初集》《二集》

写作充机尔；等等。

第二，始授与承袭问题。

据《清册》，一般在两种情况下可以始授世职：一是 dahame jihe turgunde（以来归），二是 faššafi（效力）。《清册》所记 47 个镶红旗蒙古世职族谱中，除了一名是因为分袭其父世职而始授世职外，另外 46 名始授世职者中 8 名是因为投诚，其余则是因 faššafi 封赠世职。在此提到的 faššafi，基本上是指立军功。

始授人得赠世职后，故去或革退时，面临选择承袭人的问题。从《清册》看，因投诚来归所授世职人员亡故后，承袭者与前任的亲属关系是子孙（没有注明嫡庶和排行）、兄弟、兄弟之子、叔父、叔父之子、伯父之孙、叔曾祖之孙等。而因效力所授世职人员亡故后，其承袭人和前任的亲属关系是子孙、兄弟、兄弟之子、叔父之子孙、叔祖、叔祖之子等。[①]

天聪以来，世职的传承一直存在世袭罔替和按次承袭两种方式。[②] 一般认为，顺治十八年按次承袭制度基本固定：一等精奇尼哈番袭 14 次，二等袭 13 次，三等袭 12 次；一等阿思哈尼哈番袭 10 次，二等袭 9 次，三等袭 8 次；一等阿达哈哈番袭 6 次，二等袭 5 次，三等袭 4 次；拜他喇布勒哈番袭 2 次；拖沙喇哈番袭 1 次。[③] 但是，《清册》记载的信息和以上规定有很大的出入。档册载，拖沙喇哈番承袭 2 次后袭次就结束了，拜他喇布勒哈番可以承袭 4 次或 5 次。《清册》所记袭次最多的是一等阿达哈哈番班布固英一族，到乾隆十六年时已经第 8 次承袭。看来相关制度的演变还需深入探讨。另外，《清册》为我们提供了在承袭中存在的并袭和分袭的事例。

恩诏所得与削去恩诏所得世职的问题。据研究，颁发恩诏为顺治七年、顺治九年两个年份共三次。而削去恩诏的年份不同，如康熙四十三年、五十二年，以及雍正元年、五年等。雍正五年以后基本上将原来恩诏所得都取消了。这些情况，《清册》《初集》《二集》所反映的侧重点不同。如《清册》没有

① 相关研究见雷炳炎《清代八旗世爵世职研究》，中南大学出版社，2006，第 142—146 页。

② 雷炳炎：《清代八旗世爵世职研究》，第 134 页。

③ 《光绪会典》卷 37《礼部》。

记述削去恩诏所得的年份，而《初集》《二集》记述得很清楚。

第三，粘签上记载的内容，主要核对、查明某一个世职的始授和升降缘由。

粘签是在《清册》中记录有疑点的信息如人名、世职根源、袭次和最后承袭者在世与否等情况之核对与清查的内容，其中查照的根据是世职敕书、部册、旗册、族册或抄录档案等。例如，第七世职官中出现的第四次承袭者姓名，部册记为 mahetu，而族册记为 mahitu。最后，采用部册说法。

又如，第十二号世职的粘签第七号记载如下：

> 查照，童噶尔世职敕书内载，童噶尔原在围攻锦州时，和阿桑克依一同攻伐而亡后，授为拜他喇布勒哈番，子朱嘉哈袭。夺明朝入山海关时，击败流贼，授拜他喇布勒哈番加一拖沙喇哈番。顺治七年三月，恩诏加拖沙喇哈番晋赠三等阿达哈哈番。后因获罪革退三等阿达哈哈番降为拜他喇布勒哈番。顺治九年正月又因恩诏加二拖沙喇哈番，授为三等阿达哈哈番。顺治十八年四月，在贵州立军功，升三等阿达哈哈番为二等阿达哈哈番。准世袭罔替。病故后，其兄之子巴朗袭二等阿达哈哈番。病故后，其子朱玛喇袭二等阿达哈哈番。病故后，其子阿齐图袭二等阿达哈哈番。病故后，削去恩诏所得，其子巴玉柱仍袭拜他喇布勒哈番又一拖沙喇哈番。准世袭罔替。

《初集》《二集》“世职表”的优点是明确记载了世职始授和承袭的年代，而《清册》的长处则是具体地记述了他们所立军功的情况。此外，《清册》的粘签还记载了世职的分袭、并袭、世袭罔替或袭次等情况。在有关察哈尔世职的粘签上记载了京城和游牧处有无此人、有无此职的根源（da sekiyen）等情形。以上粘签上的记述对核对这一世职的信息正确与否起到决定性的作用，其会给出一个最后的结论——或“符”或“扣”。

第四，蒙古八旗中的察哈尔世职的情况。在《清册》的 47 个世职当中，从三十一号二等精奇尼哈番叟格都兰之后，始授世职的人员基本上是入清前察哈尔林丹汗属下的臣僚。其中有名者有叟格都兰、色楞塔布囊、衮出克固英、班布固英等。他们入清的情况在清内秘书院蒙古文档案中记载得比较详细。如叟格都兰，原为察哈尔汗之大寨桑，崇德元年，以率七十户人来归授为三等精奇尼哈番，准再袭十二次。后又因入关时在几次战役中立军功晋授二等精奇尼哈番。顺治三年病故，其子散津承袭。① 据《清册》，到第五次齐旺诺尔布时，仍袭二等精奇尼哈番。

内秘书院档案的珍贵之处是明确记载了各个世职的袭次。如色楞塔布囊，崇德元年授一等阿思哈尼哈番，准再袭十次。崇德八年，其子班第思希布仍袭一等阿思哈尼哈番。顺治二年，因入关之役加授一拖沙喇哈番。又加一次准袭十次。② 另外一个世职班布固英，以率户口来归，崇德元年授一等阿达哈哈番，准袭六次。崇德四年，他病故后，其子杜霸仍袭一等阿达哈哈番，准袭五次。再如衮出克固英，原为察哈尔林丹汗之扎萨古尔寨桑，崇德元年以率二百一十户人来归授一等阿思哈尼哈番，准再袭十次。后因罪降其世职为一等阿达哈哈番，准再袭六次。顺治二年叙入关军功升其原一等甲喇章京为三等梅勒章京，又加二次准再袭八次。③ 但是，据《清册》，到第三次色楞达什时，因没有找到衮出克固英世职根源，将其世职列入"扣"的行列。这是因为衮出克固英编入的并不是镶红旗，而是正红旗。④

此外，蒙古八旗所属在京察哈尔和口外游牧地察哈尔的来历和区别，是目前为止学界尚未解答的问题。因为据《初集》《二集》，镶白旗蒙古都统所属有一个察哈尔参领，而其他蒙古八旗虽有察哈尔佐领，但都没有记载有察哈尔参领。如上所述，《清册》把叟格都兰、色楞塔布囊、班布固英等人都记入镶红旗蒙古。有研究证明，这些人在天聪时从察哈尔部来归清朝后就一直在镶红旗，编入口外游牧八旗察哈尔。⑤ 虽然驻地不同，但直至乾隆二十六年设置察

---

① 《清内秘书院蒙古文档案汇编》第 2 辑，内蒙古人民出版社，2003，第 189—191 页。

② 《清内秘书院蒙古文档案汇编》第 2 辑，第 237 页。相关研究参见达力扎布《清初满蒙文档案记载中的八旗察哈尔》，《清代蒙古史论稿》，民族出版社，2015。

③ 《清内秘书院蒙古文档案汇编》第 2 辑，第 71—71、215—217 页。

④ 《清内秘书院蒙古文档案汇编》第 2 辑，第 210—211 页。

⑤ 达力扎布：《清初满蒙文档案记载中的八旗察哈尔》，《清代蒙古史论稿》。

哈尔都统之前，八旗察哈尔一直归蒙古八旗都统管辖。不只是察哈尔，另有喀喇沁部编入蒙古八旗后，其部分人员还在口外居住。那么，《初集》所记镶白旗蒙古都统属察哈尔参领之事并不是误载，也并不意味着镶白旗所属察哈尔是特殊的，而是镶红旗等其他七个蒙古都统所属察哈尔各旗失载。蒙古八旗中在京察哈尔的情况是我们迫切要探究澄清的课题。

结　语

迄今为止，有关清代蒙古八旗的第一手档案文献，基本上包括《满文原档》《满文老档》类和家谱及传记类两种。这种状况造成很长一段时间内学界主要利用《初集》《二集》等第二手编纂资料，以致蒙古八旗的研究停滞不前。笔者在日本东洋文库发现的镶白旗蒙古都统衙门档案，[①] 是首次公布的比较大部头的专门记录蒙古八旗的第一手档案资料。此次挖掘、介绍的国家图书馆藏《清册》也是前人尚未利用的第一手档案文献，相信会有助于推进后续研究。

《清册》的主要特色，是基本上把蒙古八旗中镶红旗的世职谱系记述清楚了。虽然个别世职信息有误，但是其中始授和日后承袭者的立功、亲属关系（或义子关系）等信息交代得很清晰。另外有关八旗察哈尔世职的内容，因为关系到在京和游牧地的问题，记载极为详细，为相关问题的深入研究提供了可靠史料。可以判定，这是一部反映清代蒙古八旗军功贵族特权延续状况的非常珍贵的第一手档案文献。从此有关蒙古八旗世职的研究可以摆脱主要靠《初集》《二集》的简单表传的现状，多一种史料，可以互相印证探讨。

世职制度是清廷为奖劝军功者而设置的世袭官职制度。从《清册》粘单所提供的信息可以判断，这些世职人员始授基本有两种缘由：一是率户口来归，二是立军功。蒙古世职的始授时间主要集中在太宗天聪朝至顺治朝期间。

① 相关介绍参见哈斯巴根《东洋文库藏镶白旗蒙古都统衙门档案述评》，《清史研究》2015 年第 4 期。

率户口来归而始授世职是蒙古世职的一大特征。当时，蒙古诸部中比较大的部落，如喀喇沁、察哈尔等举部来归后有几次大规模的始授世职，形成了人数众多的世职群体阶层。同时在入关前后的几次大战中，这些刚归附不久的蒙古人立下了汗马功劳，其世职普遍得以晋升。可以说，授予世职特权（政治和经济上的），确实起到了激励和劝导的作用。

从承袭的情况来看，《清册》虽未交代承袭者的嫡庶和兄弟排行，但正如档案前面强调的那样，量才擢用的法令贯穿其中，这和之前我们了解的情况是有一定区别的。与此相关的是，承袭者的选择离不开当时的家族制度。从雍正年间、乾隆初开始，在世职的承袭问题上频发争端，这也是修订《清册》类文献的历史背景。《清册》也是了解乾隆初期八旗世职文书制度的一个范本。

本文的另一个关注点是，八旗世职与八旗官制的关系问题。前人研究指出，世职与八旗官制是两个并行的官僚系统。① 但是，在笔者看来，八旗中的世职与八旗官员（都统、参领、佐领等）有重叠之处，该问题值得关注。我们通过《清册》了解到镶红旗蒙古世职人员的谱系，将这些信息与其他文献相结合，可以进一步探究有世职的八旗官员之历史状况，从而解析出八旗内部的结构性问题。

附录：镶红旗蒙古世职表

一

始授	弼喇什(以来归授三等精奇尼哈番)
初次袭	多尔济(弼喇什子,袭三等精奇尼哈番,恩诏加一拖沙喇哈番,晋为二等精奇尼哈番)
二次袭	毕礼格(多尔济伯父之孙,袭二等精奇尼哈番)
三次袭	南第(毕礼格子,袭二等精奇尼哈番)
四次袭	吴尔图那思图(南第子,削去恩诏所得,仍袭三等精奇尼哈番)
五次袭	佛保(袭三等精奇尼哈番)
备注	符

① 开创性研究有松浦茂《关于天命年间世职制度》,《东洋史研究》第 42 卷第 4 号，1984 年。

二

始授	鳌尔介图巴图鲁(以功授拜他喇布勒哈番又一拖沙喇哈番,恩诏加三拖沙喇哈番,晋封为一等阿达哈哈番)
初次袭	噶布喇(鳌尔介图巴图鲁子,袭一等阿达哈哈番)
二次袭	保色(噶布喇兄,袭一等阿达哈哈番,后因噶布喇所得拖沙喇哈番,加至一等阿达哈哈番又一拖沙喇哈番)
三次袭	阿必达(保色子,削去恩诏所得,仍袭三等阿达哈哈番)
四次袭	阿林泰(阿必达子,袭三等阿达哈哈番)
备注	符

三

始授	纳尔泰(以功授拜他喇布勒哈番,恩诏加三拖沙喇哈番,晋为二等阿达哈哈番。后将其世职分袭,子赛泰袭拖沙喇哈番,子唐鼐袭三等阿达哈哈番)
初次袭	唐鼐(纳尔泰子,袭三等阿达哈哈番)
二次袭	塔济理(唐鼐子,袭三等阿达哈哈番)
三次袭	阿思哈(塔济理子,削去恩诏所得,仍袭拖沙喇哈番)
四次袭	牛钮(阿思哈叔祖之子,袭拖沙喇哈番)
五次袭	牛哥(牛钮子,袭拖沙喇哈番)
六次袭	穆成格(牛哥子,袭拖沙喇哈番)
备注	符

四

始授	康喀尔(以来归授二等阿达哈哈番)
初次袭	僧格(降袭拜他喇布勒哈番,因功袭三等阿达哈哈番)
二次袭	多尔济(僧格弟,袭三等阿达哈哈番。恩诏加一拖沙喇哈番,晋为二等阿达哈哈番)
三次袭	桑图(多尔济伯父之子,袭二等阿达哈哈番,恩诏加二拖沙喇哈番,晋为一等阿达哈哈番又一拖沙喇哈番)
四次袭	巴雅尔(桑图子,袭一等阿达哈哈番又一拖沙喇哈番。因功授三等阿思哈尼哈番,子岱同袭)
五次袭	岱同(巴雅尔子,袭三等阿思哈尼哈番)
六次袭	纳钦(岱同兄之子,削去恩诏所得,仍袭二等阿达哈哈番)
备注	符

五

始授	吴霸理灿锦(以来归授拜他喇布勒哈番,因功加至三等阿达哈哈番)
初次袭	顾穆(吴霸理灿锦弟)
二次袭	托格脱和(顾穆子,袭二等阿达哈哈番)
三次袭	朔色(托格脱和弟,袭二等阿达哈哈番)
四次袭	花色(朔色子,袭二等阿达哈哈番,因功加至一等阿达哈哈番)
五次袭	色楞(花色子,削去恩诏所得,袭二等阿达哈哈番)
六次袭	八十五(色楞子,袭二等阿达哈哈番)
备注	符

六

始授	色讷克(因功授拜他喇布勒哈番,恩诏加三拖沙喇哈番,晋为二等阿达哈哈番)
初次袭	僧格(色讷克弟之子,袭二等阿达哈哈番)
二次袭	花色(僧格弟,与其拖沙喇哈番合并,加至一等阿达哈哈番)
三次袭	班第(花色子,削去恩诏所得,袭拜他喇布勒哈番)
四次袭	白灵阿(班第弟,无嗣,降袭拖沙喇哈番)
五次袭	勇敢(白灵阿子,袭拖沙喇哈番)
备注	符

七

始授	哈拉尔岱(因功授拜他喇布勒哈番又一拖沙喇哈番,恩诏加一拖沙喇哈番,晋为三等阿达哈哈番)
初次袭	恩克依(哈拉尔岱子,袭三等阿达哈哈番,恩诏加二拖沙喇哈番,晋为一等阿达哈哈番)
二次袭	贾慕素(恩克依子,袭一等阿达哈哈番)
三次袭	马赫图(贾慕素子,袭一等阿达哈哈番)
四次袭	巴隆(马赫图子,削去恩诏所得,袭拜他喇布勒哈番又一拖沙喇哈番)
备注	符

八

始授	多尔机(因功授拖沙喇哈番,恩诏加三拖沙喇哈番,晋为三等阿达哈哈番)
初次袭	杜什习礼(多尔机子,袭三等阿达哈哈番)
二次袭	百岁(杜什习礼子,袭三等阿达哈哈番)
三次袭	萨克萨哈(百岁兄之孙,削去恩诏所得,仍袭拖沙喇哈番)
四次袭	八十六(萨克萨哈伯父之子,袭拖沙喇哈番)
备注	符

九

始授	特穆尔(以来归授三等阿达哈哈番)
初次袭	詹慕苏(特穆尔子,袭三等阿达哈哈番)
二次袭	保尔和堆(詹慕苏伯父之子,袭三等阿达哈哈番。与其父因功得拜他喇布勒哈番,晋为一等阿达哈哈番。恩诏加二拖沙喇哈番,授三等阿思哈尼哈番)
三次袭	珠成格(保尔和堆叔父之子,袭三等阿思哈尼哈番)
四次袭	扎夏(珠成格弟之子,袭三等阿思哈尼哈番)
五次袭	官保(扎夏子,削去恩诏所得,仍袭一等阿达哈哈番)
六次袭	保焕(官保子,袭一等阿达哈哈番)
七次袭	色然(保焕叔父,袭一等阿达哈哈番)
备注	符

十

始授	充根(因功授拜他喇布勒哈番,恩诏加一拖沙喇哈番,晋为拜他喇布勒哈番又一拖沙喇哈番)
初次袭	多尔济(充根弟,袭拜他喇布勒哈番又一拖沙喇哈番,恩诏加二拖沙喇哈番,晋为二等阿达哈哈番。因功又加至三等阿思哈尼哈番)
二次袭	朔色(多尔济子,袭三等阿思哈尼哈番)
三次袭	常禄(朔色子,削去恩诏所得,袭二等阿达哈哈番)
备注	符

十一

始授	颜钦住(因功授拜他喇布勒哈番)
初次袭	札什丹巴(颜钦住子,袭拜他喇布勒哈番)
二次袭	翰兴格(札什丹巴子,袭拜他喇布勒哈番)
备注	符

十二

始授	童噶尔(因功授拜他喇布勒哈番)
初次袭	朱嘉哈(童噶尔子,袭拜他喇布勒哈番。恩诏加二拖沙喇哈番,晋为三等阿达哈哈番。后因功又晋为二等阿达哈哈番)
二次袭	巴朗(朱嘉哈兄之子,袭二等阿达哈哈番)
三次袭	朱玛喇(巴朗子,袭二等阿达哈哈番)
四次袭	阿齐图(朱玛喇子,袭二等阿达哈哈番)
五次袭	巴玉柱(阿齐图子,削去恩诏所得,仍袭拜他喇布勒哈番又一拖沙喇哈番)
备注	符

十三

始授	瓦尔达(因功授拜他喇布勒哈番)
初次袭	二格(瓦尔达叔父之孙,袭拜他喇布勒哈番)
二次袭	色楞(瓦尔达子,袭拜他喇布勒哈番)
三次袭	苏进泰(色楞子,袭拜他喇布勒哈番)
四次袭	达萨(苏进泰子,袭拜他喇布勒哈番)
备注	符

十四

始授	俄尔锦巴图鲁(因功授拜他喇布勒哈番)
初次袭	阿玉锡(俄尔锦巴图鲁子,袭拜他喇布勒哈番)
二次袭	那彦(阿玉锡叔父之子,袭拜他喇布勒哈番,恩诏加三拖沙喇哈番,晋为二等阿达哈哈番)
三次袭	车里克特依(那彦子,袭二等阿达哈哈番)
四次袭	七十(车里克特依弟之子,削去恩诏所得,仍袭拜他喇布勒哈番)
五次袭	阿穆呼朗(七十子,袭拜他喇布勒哈番)
备注	符

十五

始授	僧格(因功授拖沙喇哈番,恩诏加一拖沙喇哈番,晋为拜他喇布勒哈番)
初次袭	萨费(僧格子,袭拜他喇布勒哈番,恩诏加二拖沙喇哈番,晋为三等阿达哈哈番)
二次袭	纳木素(萨费兄之子,袭三等阿达哈哈番)
三次袭	阿穆尔(纳木素之弟,袭三等阿达哈哈番)
四次袭	托波克(僧格弟之子,袭三等阿达哈哈番)
五次袭	阿尔噶喇代(托波克子,削去恩诏所得,袭拖沙喇哈番)
六次袭	色克图(阿尔噶喇代子,袭拖沙喇哈番)
七次袭	那苏图(色克图子,袭拖沙喇哈番)
备注	符

十六

始授	多垒(因功授拜他喇布勒哈番,恩诏赠三拖沙喇哈番,晋为二等阿达哈哈番)
初次袭	巴拜(多垒弟之子,袭二等阿达哈哈番)
二次袭	恩克(巴拜子,袭二等阿达哈哈番)
三次袭	散保(恩克兄之子,削去恩诏所得,仍袭拜他喇布勒哈番)
四次袭	和雅图(散保叔祖,袭拜他喇布勒哈番)
五次袭	长命(和雅图子,袭拜他喇布勒哈番,无嗣停止袭职,后特恩降拜他喇布勒哈番为拖沙喇哈番)
六次袭	德禄(长命族兄,袭拖沙喇哈番)
备注	符

十七

始授	赛泰（分袭其父纳尔泰的二等阿达哈哈番，唐鼐袭三等阿达哈哈番，赛泰袭拖沙喇哈番）
初次袭	赫图（赛泰子，袭拖沙喇哈番）
二次袭	西安（赫图子，袭拖沙喇哈番）
备注	符

十八

始授	罗邦（以功授拖沙喇哈番）
初次袭	马唐阿（罗邦子，袭拖沙喇哈番。恩诏加三拖沙喇哈番，晋为三等阿达哈哈番）
二次袭	喇世熙（马唐阿子，袭三等阿达哈哈番）
三次袭	胡什巴（喇世熙子，袭三等阿达哈哈番）
四次袭	胡什泰（胡什巴子，削去恩诏所得，袭拖沙喇哈番）
备注	符

十九

始授	纳慕（以功授拖沙喇哈番）
初次袭	臣车克（纳慕弟，袭拖沙喇哈番，因功晋为拜他喇布勒哈番）
二次袭	多尔济（臣车克子，袭拜他喇布勒哈番）
备注	扣

二十

始授	巴朗（以功授拖沙喇哈番）
初次袭	散雅图（巴朗子，袭拖沙喇哈番）
备注	扣

二十一

始授	花山（以功授拖沙喇哈番）
初次袭	克什贝（花山弟，袭拖沙喇哈番）
二次袭	奈格（克什贝叔父之子，袭拖沙喇哈番）
备注	扣

二十二

始授	纳噶出(以功授拖沙喇哈番)
初次袭	花山(纳噶出弟之子,袭拖沙喇哈番)
二次袭	五十三(花山子,袭拖沙喇哈番)
备注	符

二十三

始授	固英(以功授拖沙喇哈番)
初次袭	孟格(固英子,袭拖沙喇哈番)
二次袭	唐喀(孟格兄之子,袭拖沙喇哈番)
备注	符

二十四

始授	初布古尔(以功授拖沙喇哈番)
初次袭	诺木素(初布古尔孙,袭拖沙喇哈番)
备注	扣

二十五

始授	色尔吉(以功授拖沙喇哈番)
初次袭	萨颜保(色尔吉子,袭拖沙喇哈番)
二次袭	拜格(萨颜保子,因其父阵亡而授拖沙喇哈番)
备注	符

二十六

始授	舍里保(以功授拖沙喇哈番)
初次袭	钟府(舍里保子,袭拖沙喇哈番)
备注	符

二十七

始授	库申泰(以功授拖沙喇哈番)
初次袭	穆腾格(库申泰义子,袭拖沙喇哈番)
备注	符

二十八

始授	阿里玛(以功授拖沙喇哈番)
初次袭	端昭格(阿里玛子,袭拖沙喇哈番)
二次袭	恩光(端昭格义子,袭拖沙喇哈番)
备注	符

二十九

始授	巴图(以功授拖沙喇哈番)
初次袭	保住(巴图子,袭拖沙喇哈番)
二次袭	陶色(袭拖沙喇哈番)
备注	符

三十

始授	诺云代(以功授拖沙喇哈番)
初次袭	拜桑(诺云代子,袭拖沙喇哈番。恩诏加拖沙喇哈番,晋为拜他喇布勒哈番)
二次袭	公格依(拜桑弟,袭拜他喇布勒哈番)
三次袭	伊剌孙(公格依子,袭拜他喇布勒哈番)
四次袭	阿穆呼朗(伊剌孙子,袭拜他喇布勒哈番)
五次袭	沙金(阿穆呼朗叔曾祖之子,袭拜他喇布勒哈番)
六次袭	萨木第(沙金弟,袭拜他喇布勒哈番,出缺后,因无开停止袭职,后又特恩削去恩诏所得,仍袭食半俸拖沙喇哈番)
七次袭	胡巴(本族之孙,袭食半俸拖沙喇哈番)
备注	符

三十一

始授	叟格都兰(以率七十户来归,授三等精奇尼哈番。因功晋为二等精奇尼哈番)
初次袭	三津(叟格都兰子,袭二等精奇尼哈番)
二次袭	浑进(三津弟,袭二等精奇尼哈番)
三次袭	阿里浑(浑进子,袭二等精奇尼哈番,后因其父浑进功授一等精奇尼哈番又一拖沙喇哈番)
四次袭	根笃札布(阿里浑子,袭一等精奇尼哈番又一拖沙喇哈番)
五次袭	齐旺诺尔布(削去恩诏所得二拖沙喇哈番,仍袭二等精奇尼哈番)
备注	符

三十二

始授	色稜塔布囊(以来归授一等阿思哈尼哈番)
初次袭	班第思希布(色稜塔布囊子,袭一等阿思哈尼哈番,因功授一等阿思哈尼哈番又一拖沙喇哈番。又立功,授三等精奇尼哈番)
二次袭	多尔机(班第思希布子,袭三等精奇尼哈番,以功授一等精奇尼哈番)
三次袭	班札尔(多尔机孙,袭一等精奇尼哈番)
四次袭	吴巴什(旺札尔叔父,袭一等精奇尼哈番)
备注	符

三十三

始授	衮出克固英(以功授二等阿思哈尼哈番)
初次袭	垂班(衮出克固英子,袭二等阿思哈尼哈番)
二次袭	金巴(垂班孙,袭二等阿思哈尼哈番)
三次袭	色楞达什(金巴子,袭二等阿思哈尼哈番)
备注	扣

三十四

始授	班布固英(以来归授一等阿达哈哈番)
初次袭	杜霸(班布固英子,袭一等阿达哈哈番)
二次袭	殷札纳(杜霸子,袭一等阿达哈哈番,因功加二拖沙喇哈番。以罪削因功所加拖沙喇哈番)
三次袭	林保(殷札纳兄,袭一等阿达哈哈番)
四次袭	众神保(林保弟之子,袭一等阿达哈哈番。因罪革职)
五次袭	石嘉保(众神保弟,其父殷札纳因功加拖沙喇哈番,以罪革职。后特恩使石嘉保承袭。又袭众神保世职,并为一等阿达哈哈番又一拖沙喇哈番。因罪革职)
六次袭	阿鲁(班布固英孙,其叔父因功所加拖沙喇哈番已到袭次,仍袭一等阿达哈哈番)
七次袭	垂喇什(阿鲁叔父之子,袭一等阿达哈哈番)
八次袭	根都色楞(垂喇什子,袭一等阿达哈哈番)
备注	符

三十五

始授	阿进(以率户口来归授三等阿达哈哈番)
初次袭	索诺木(阿进子,袭三等阿达哈哈番)
二次袭	布对(索诺木子,袭三等阿达哈哈番)
三次袭	锡第(布对子,袭三等阿达哈哈番)
四次袭	那马札布(锡第子,袭三等阿达哈哈番)

续表

五次袭	长寿(那马札布子,袭三等阿达哈哈番)
六次袭	朋素克(长寿叔曾祖之孙,袭三等阿达哈哈番)
七次袭	布彦图(朋素克兄之子,袭三等阿达哈哈番)
备注	符

三十六

始授	巴雅依(以功加至拜他喇布勒哈番又一拖沙喇哈番)
初次袭	济尔哈朗(巴雅依子,袭拜他喇布勒哈番又一拖沙喇哈番)
二次袭	扬古尔(济尔哈朗子,袭拜他喇布勒哈番又一拖沙喇哈番。因功晋为三等阿达哈哈番)
三次袭	端珠格(袭三等阿达哈哈番)
备注	扣

三十七

始授	道泰(以功授拜他喇布勒哈番)
初次袭	根都什希布(道泰子,袭拜他喇布勒哈番)
二次袭	萨喇布(根都什希布子,袭拜他喇布勒哈番)
三次袭	丹巴喇什(萨喇布子,袭拜他喇布勒哈番)
四次袭	福建(丹巴喇什叔父,袭拜他喇布勒哈番)
五次袭	索诺木(福建子,袭拜他喇布勒哈番)
备注	扣

三十八

始授	达赖巴图鲁(以功授拜他喇布勒哈番)
初次袭	阿南(达赖巴图鲁子,袭拜他喇布勒哈番)
二次袭	衮图(阿南子,袭拜他喇布勒哈番,又因功授一拖沙喇哈番)
三次袭	吴巴什(衮图子,袭拜他喇布勒哈番又一拖沙喇哈番)
四次袭	散巴札布(吴巴什子,袭拜他喇布勒哈番又一拖沙喇哈番)
备注	扣

三十九

始授	阿济思(以功授拖沙喇哈番)
初次袭	阿民道(阿济思子,袭拖沙喇哈番)
备注	符

四十

始授	阿玉锡(以功授拖沙喇哈番)
初次袭	阿必达(阿玉锡子,袭拖沙喇哈番)
二次袭	垂喇什(阿必达子,袭拖沙喇哈番)
备注	扣

四十一

始授	道希痕(以功授拖沙喇哈番)
初次袭	札拜(道希痕子,袭拖沙喇哈番)
二次袭	班达喇什(札拜子,袭拖沙喇哈番)
备注	扣

四十二

始授	占巴喇(以功授拖沙喇哈番)
初次袭	班珠尔(占巴喇子,袭拖沙喇哈番)
备注	扣

四十三

始授	吴尔札(以功授拖沙喇哈番)
初次袭	垂喇什(吴尔札子,袭拖沙喇哈番)
备注	扣

四十四

始授	阿里玛(以功授拖沙喇哈番)
初次袭	甘布勒(阿里玛子,袭拖沙喇哈番,因功又加一拖沙喇哈番)
备注	扣

四十五

始授	班第(以功授拖沙喇哈番)
初次袭	色布腾(班第孙,袭拖沙喇哈番)
备注	扣

四十六

始授	阿尔善(以功授拖沙喇哈番)
初次袭	巴尼(阿尔善子,袭拖沙喇哈番)
二次袭	充古尔堆(巴尼子,袭拖沙喇哈番)
备注	扣

四十七

始授	阿穆呼朗(以功授拖沙喇哈番)
初次袭	颜济纳(阿穆呼朗孙,袭拖沙喇哈番)
备注	扣

资料来源：据《镶红旗蒙古世职清册》作。

关于清初蒙古伊苏特部

一种较为普遍的看法是，在阿鲁（又作阿禄）蒙古诸部中翁牛特[①]、喀喇车里克、伊苏特（蒙古语 yisüd 或 isüd，满语 yesut）三部都是以哈赤温后裔为首领的部落。对此，有研究提出疑问。[②] 其中，最大的疑问是有关伊苏特部的情况很不明朗，该部的渊源及其在清初的变迁等问题都是模糊不清的。笔者拟从以上问题出发，利用近期公布的档案和《八旗满洲氏族通谱》、《八旗通志初集》（以下简称《初集》）等资料澄清一些清初伊苏特部的史实。[③]

一 归附后金

阿鲁部与后金发生联系是在天聪三年底。翌年三月，阿鲁部的主要首领和后金官员举行盟誓，建立对察哈尔的军事同盟关系。但当时伊苏特部并没有参加这一和议。

据《清太宗实录》载，伊苏特部从其原牧地兴安岭北部南下归附后金是天聪四年十一月的事情。其原文记载如下：

---

① 有关翁牛特和阿鲁部的研究主要有：贾敬颜《阿禄蒙古考》，《蒙古史研究》第 3 辑，内蒙古大学出版社，1989；宝音德力根《往流和往流四万户》，《蒙古史研究》第 5 辑，内蒙古大学出版社，1997；胡日查、长命编著《科尔沁蒙古史略》，民族出版社，2001，第 140—149 页；乌兰《〈蒙古源流〉研究》，辽宁民族出版社，2000，第 337—339 页；齐木德道尔吉《四子部落迁徙考》，《蒙古史研究》第 7 辑，内蒙古大学出版社，2003；玉芝《蒙元东道诸王及其后裔所属部众历史研究》，博士学位论文，内蒙古大学，2006，第 60 页。

② 张永江：《从顺治五年蒙古文档案看明末清初翁牛特、喀喇车里克部的若干问题》，*Quaestions Mongolorum Disputatae*，1，东京，2005 年。

③ 本文 2016 年在《元史及民族与边疆研究集刊》第 31 辑发表之后，玉海的博士学位论文《哈赤温后裔所属部众历史诸问题考辩——以清代翁牛特右翼旗为中心》等相关成果陆续发表。

（天聪四年十一月）壬寅，阿禄伊苏忒部落贝勒为察哈尔汗兵所败，闻上善养人民，随我国使臣察汉喇嘛来归，留所部于西拉木轮河，先来朝见，上命诸贝勒至五里外迎之。[①]

癸卯，上御殿，诸贝勒毕集。时阿禄班首寨桑达尔汉、噶尔马伊尔登、摆沁伊尔登三贝勒率小台吉五十六人，遥拜行二叩头礼，三贝勒复近前，行一叩头礼，抱上膝相见。上令三贝勒坐御座下，众台吉依次列坐，大宴之。[②]

由此看来，伊苏特归附清朝与察哈尔林丹汗袭击阿鲁部密切相关。据研究，天聪四年八月时察哈尔征讨阿鲁诸部。[③] 据上述资料推测，伊苏特部被察哈尔部袭击后南下归附后金之后一直驻牧于西拉木伦河流域，再也没有回到原牧地。

以往的研究中总是把伊苏特和喀喇车里克列为哈赤温后裔部落，又把伊苏特的噶尔马伊尔登和喀喇车里克的噶尔马混为一谈。[④] 魏焕《皇明九边考》等书中虽然提到“冈流”三营，但没有记载具体营名，与蒙古文文献中出现的翁牛特、喀喇车里克、伊苏特三部对号入座，只是一种猜测。[⑤] 其中存在诸多模糊之处。如有一份蒙古文档案就把噶尔马伊尔登说成和阿鲁部杜思噶尔济农同族。我们知道后者是成吉思汗异母弟别里古台的后裔，是为阿霸垓（或译阿巴噶）部之长。请看该档案文书的原文和汉译：

γarma yaldang či i ǰaγur aru-yin tusγar ǰinüng-in törül bölüge. aqa nar degüü nar kiged ulus-iyan ab ču aru-yin aliba noyad-a ča urida orba ǰu irelüge. tegüber γudaγar ǰerge ǰingkini qafan čula soyurqabai. ene čula-yi arban

① 《清太宗实录》卷7，天聪四年十一月壬寅。

② 《清太宗实录》卷7，天聪四年十一月癸卯。

③ 玉芝：《蒙元东道诸王及其后裔所属部众历史研究》，第69页。

④ 宝音德力根：《往流和往流四万户》，《蒙古史研究》第5辑；玉芝：《蒙元东道诸王及其后裔所属部众历史研究》，第74页。

⑤ 参见张永江《从顺治五年蒙古文档案看明末清初翁牛特、喀喇车里克部的若干问题》，*Quaestions Mongolorum Disputatae*，1，东京，2005年。

qoyar üy-e boltala ǰalγam ǰilaqu boi. degedü erdemtü-yin terigün on jun-u domdadu sara-yin arban ǰirγuγana.

噶尔马伊尔登，尔原系阿鲁部杜思噶尔济农同族，同兄弟率领部属较其他阿鲁部诺颜们先来归附，授三等精奇尼哈番。准世袭十二次。崇德元年四月十六日。①

另外，《初集》名臣传里也说和噶尔马伊尔登同族的祁他特卫征（又作奇塔特卫征）为阿鲁杜思噶尔济农之族。② 这就越发无法肯定当时噶尔马伊尔登率领的伊苏特部和翁牛特、喀喇车里克同是哈赤温后裔的属民。依照这些材料，伊苏特和阿霸垓两部的部长是同族，有血缘关系。我们知道，伊苏特从兴安岭山阴南下归附前的牧地，大概在呼伦贝尔以西克鲁伦河流域，和驻牧于鄂嫩河、克鲁伦河中间地区的阿霸垓等部落是近邻。但是，在没有发现其他史料可以佐证的情况下，依然难以进一步推断这两个部落之间的关系。笔者也未能从蒙古文世系谱里找到证明伊苏特与翁牛特、喀喇车里克、阿霸垓部首领之间是同族关系的记载。

伊苏特首领噶尔马伊尔登和喀喇车里克首领噶尔马不是同一个人，这是确定无疑的。清初的资料里写得非常清楚，当时也是为了区别这两位同名的阿鲁部首领而分别称为噶尔马伊尔登（或汉译噶尔马叶尔登）和喀喇车里克的噶尔马。其实，喀喇车里克的噶尔马有时也称为噶尔马洪台吉。洪台吉和伊尔登都是称号，这类称号在当时蒙古各部首领中只有最高级别的人物才有资格拥有。

从前面的材料还可以看到，和噶尔马伊尔登一起前来归附后金的伊苏特部首领有寨桑达尔汉、摆沁伊尔登二贝勒即二诺颜，他们率领小台吉五十六人来归。看来，伊苏特的绝大部分人当时已经和他们一同前来归附了。

有一部乾隆九年成书的旗人谱书称为《八旗满洲氏族通谱》，蒙古史界很少利用。该书记载了清初编入八旗的一些蒙古人氏族、世系和原住地（即原

① 《清内秘书院蒙古文档案汇编》第 2 辑，内蒙古人民出版社，2003，第 201—202 页。
② 《八旗通志初集》卷 150《名臣传十》。

属部落）等信息。其中较详细地介绍了噶尔马伊尔登家族的世系情况，从其内容来看，和噶尔马伊尔登同时在天聪年间来归的是一些同族首领。其中，可以了解到，噶尔马伊尔登有一个叔祖叫古鲁格，还有一个亲叔叔叫布岱。再据《初集》名臣传提到一个镶蓝旗的巴特玛。首先应弄清楚的是这一巴特玛并不是《通谱》里所说的夸巴特马，而是“伊苏特贝子之孙”。[①] 他的伯父是寨桑和硕齐。当然，《初集》所说天命年间巴特玛和其伯父来归后金之事明显是把天命与天聪弄混了。结合《初集》和《通谱》的资料来看，巴特玛祖父和噶尔马伊尔登叔祖古鲁格可能是指同一个人或者两人是兄弟关系。因此可以理解为巴特玛的祖父也是伊苏特部最高级别的首领之一。因为满语“贝子”（beise）一词，是“贝勒”（beile）的复数形式，而贝勒相当于蒙古的诺颜。

《通谱》还记载和噶尔马伊尔登一同来归者有他的亲弟弟图尔噶图、从弟夸巴特马、祁他特卫征和额尔格尔珠尔等。另外提到的首领有寨桑达尔汉和硕齐、塞冷、琐诺木塔思瑚尔海、纳木等。[②] 这些人应该就属于《清太宗实录》中所言“小台吉五十六人”。

其中寨桑达尔汉和硕齐，原名为寨桑古英豁绍齐，有时也称为古英豁绍齐，在天聪八年三月才从天聪汗皇太极那里获得新号“达尔汉和硕齐”。据《清太宗实录》载：“丁亥朔……阿禄伊苏忒部落古英和硕齐先为两国往来议和，后阿禄济农为察哈尔所侵，率族属来归。因赐号达尔汉和硕齐，令行军居前，田猎居中。及其子孙永照此行。赐以敕书。”[③]

另外，从一些零散的朝觐材料看，当时伊苏特部还有一些首领一同来归后金。其中，有一位首领即贝勒（诺颜）的名字称为“章”，天聪九年时皇太极路经其坟墓旁边，“追念其贤，亦奠以酒”。[④] 看来此人前来归附后金不久后去世了。

综合以上信息，天聪四年伊苏特归附后金时，该部并没有一个首领统一领

① 《八旗通志初集》卷169《名臣传二十九》。

② 《八旗满洲氏族通谱》卷66《克尔伦地方博尔济吉特氏》，辽沈书社，1989。

③ 《清太宗实录》卷18，天聪八年三月丁亥朔。

④ 中国第一历史档案馆编《清初内国史院满文档案译编》（上），光明日报出版社，1989，第158页。

导。该部和翁牛特、喀喇车里克二部的关系也并非如以往所断定的那么密切。这些因素都影响了其未来的走向。

二　编入八旗与从征清初战争

天聪四年归附后金后至崇德初年，伊苏特部的大部分人似乎一直游牧在西拉木伦河流域。从一份满文档案看，天聪五年噶尔马伊尔登、寨桑和硕齐等首领两次前来盛京觐见皇太极。寨桑和硕齐还求得粮食等物资。[①] 当时，伊苏特的牧地应该离喀喇车里克部的牧地不远。天聪五年十二月，皇太极遣使往蒙古各部时，派往孙达里往巴林、伊苏特、哈喇车里克、喀喇沁、土默特部诸台吉、塔布囊等处，所赍书云："汗谕曰：管旗诸台吉等，携所有交换之罪人，即于正月初六日，集于四子部落处。倘有如期不来齐集者，则盟长等令其下马，再遇驰驿之时，令台吉等自乘幼马，令其余罪人仍以牛、驼来，切勿劳累壮马。明火执仗大盗有几何，均执之携来。倘有隐匿贼犯，或纵令逃跑者，则罪其主。"[②] 史料提到的这些部落的牧地相距应该不远。同时也显示了伊苏特部归附后，后金就开始对其进行管理。

天聪六年后金西征察哈尔，皇太极驻兵西拉木伦河时伊苏特和喀喇车里克首领率所部兵来会。[③] 这也可以佐证当时伊苏特就在西拉木伦河流域游牧。另外，一份天聪九年档也可以佐证，当年噶尔马伊尔登并没有驻牧于盛京及其附近地区，而是从较远的驻牧地前来觐见皇太极。[④]

崇德元年，阿鲁翁牛特等部编佐设旗时，伊苏特并没有像喀喇车里克一样并入翁牛特左右翼扎萨克二旗。而太宗崇德时期伊苏特的首领得到一些爵职，如前述档案文书所反映授噶尔马伊尔登三等子。《清太宗实录》的记载也证明

① 《满文原档》第7册，台北故宫博物院，2005，第366、382页；中国第一历史档案馆、中国社会科学院历史研究所译注《满文老档》，中华书局，1990，第1122、1173—1174页。

② 《满文原档》第7册，第399页；《满文老档》，第1184—1185页。

③ 《满文原档》第8册，第142页；《满文老档》，第1261页。

④ 神田信夫、松村润、冈田英弘译注《旧满洲档・天聪九年》（1），东洋文库，1972，第111页。

伊苏特的其他首领几乎同时得到爵职的事实。如《清太宗实录》崇德三年八月己未条载："授博琫、席讷布库、何尼齐俱为三等梅勒章京，阿拜泰巴图鲁、巴特玛、塞冷、托克托会俱为三等甲喇章京，以其自伊苏特部落来归故也。"① 史料中提到的巴特玛、塞冷，《通谱》中有其传记。托克托会是祁他特卫征的弟弟。又《清太宗实录》崇德八年三月戊辰条记载了赛桑和硕齐子安坦（或作安丹）病故后，其弟博斯希袭职的事情。② 还有一些首领及其后裔任佐领、轻车都尉等爵职，而噶尔马伊尔登同族当中，祁他特卫征之弟喀兰图担任过理藩院尚书，品秩最高。③

从以上的文献看，崇德末年前，伊苏特没有设立单独的佐领，很可能是零散地编入各固山。还有一条材料是从《初集》名臣传中找到的，即镶蓝旗巴特玛传略载："天聪二年，念巴特玛归诚之功，始授世职为游击，分隶大贝勒济尔哈朗下行走。太宗文皇帝曰：'尔在蒙古地方择地而居，今虽在大贝勒属下，然朝夕侍朕左右，朕必加恩恤。'"④ 这一条史料亦可作为以上推论的旁证。

相关史料不成系统，只是《初集》旗分志里有一条有用的史料，提到崇德八年将各固山下伊苏特、喀喇车里克部落之闲散蒙古编入牛录即佐领的情形，记载如下：

> 崇德八年六月庚寅，谕户兵二部曰："各固山下，所有伊苏忒、喀喇车里克部落之闲散蒙古，无得令其隐漏。户部宜清察人丁，编入牛录。兵部再加察核，俱令披甲。其现在满洲固山下察哈尔、喀尔喀等部落蒙古，亦当察其壮丁增减，勿令隐匿。至于诸王、贝勒、贝子、公等家下闲散蒙古，亦编为小旗，设壮大管辖。"⑤

① 《清太宗实录》卷43，崇德三年八月己未。

② 《清太宗实录》卷64，崇德八年三月戊辰。

③ 《八旗满洲氏族通谱》卷66《克尔伦地方博尔济吉特氏》；《皇朝通志》卷6《氏族略六·蒙古八旗姓》。

④ 《八旗通志初集》卷169《名臣传二十九》。

⑤ 《八旗通志初集》卷1《旗分志一》。

需要说明的是，喀喇车里克部并非全部并入翁牛特扎萨克二旗，其一小部分人也和伊苏特部一同编入八旗各佐领中。笔者从《初集》旗分志里又发现一条有关伊苏特编入八旗的非常有说服力的史料：

> 正黄旗满洲都统第四参领所属十八佐领之第十八佐领，系国初以阿霸垓地方来归人丁编立，始以噶尔玛（马）管理。噶尔玛故，以其子伊纳穆管理。伊纳穆故，以其子班达尔沙管理。班达尔沙故，以其弟赛音查管理。赛音查退任，以其兄之子巴礼密管理。巴礼密缘事革退，以其弟阿尔纳管理。阿尔纳故，以其叔祖之子二等侍卫纳兰管理。①

这里所说阿霸垓地方是指伊苏特的原驻地，如前所述，我们现在还不清楚把伊苏特和阿霸垓联系到一起的原因。但是，在此提到的噶尔玛就是伊苏特的噶尔马伊尔登无疑。因为，其子孙的世系情况和《通谱》中所记没有区别。这就证明正黄旗满洲都统第四参领所属十八佐领中的第十八佐领是为编立伊苏特部来归人丁而设立的。

另外，据《光绪会典事例》“察哈尔官制”所述，“顺治初年，伊苏特由阿巴噶地方率众来归，编设半分世职佐领一人，附隶正黄旗”。② 又据《嘉庆会典》，当时在宣化、大同边外游牧的八旗察哈尔六十二佐领中就有一个伊苏特佐领。③ 由此可以理解，顺治初年的半分佐领人丁到嘉庆时滋生而成一个佐领。这两部史料和上述《初集》史料相结合看，属于正黄旗满洲都统第四参领所属佐领和游牧八旗察哈尔的佐领或许是不同的两个佐领。看来，崇德末年至顺治初年伊苏特部众分别编入八旗的两个系统之中。

当然，伊苏特部于天聪四年来归之后就有义务在军事上支援后金。天聪五年的大凌河之战，虽然阿鲁部参与其中但并未说明其带兵首领。不过从《通谱》来看，伊苏特的祁他特卫征、额尔格尔珠尔等首领和其他蒙古部落首领

---

① 《八旗通志初集》卷 4《旗分志四》。

② 《光绪会典事例》卷 977《理藩院・设官・察哈尔官制》。

③ 《嘉庆会典》卷 52《理藩院・典属清吏司・游牧内属者》。另外，近年笔者从国家图书馆发现光绪初年《察哈尔八旗地图》，其正黄旗分图标注的第十九佐领就是伊苏特佐领。

一同从征其役。[①]

天聪六年，皇太极再次组织蒙古各部兵与后金军一同出征察哈尔林丹汗。当年四月初十日，大军驻营于西拉木伦河流域。据满文档案记载：

> 喀喇车里克部落阿尔纳诺木齐，伊苏忒部落噶尔马伊尔登巴图鲁、伊绥、绰思熙、巴拜、塔实，扎鲁特部落内齐、色本达尔汉巴图鲁、马尼青巴图鲁、喀巴海、拜浑岱、喇巴泰、弼登图、巴牙尔图、额腾、根度尔、寨桑侯痕、济尔嘎朗、恩克参、桑土、商佳布、额一德、额参德、戴青、桑噶尔寨、博尔济、昂阿、桑阿尔、猎烈忒、特精克、塔占诸贝勒各率所部兵来会。[②]

清前期大规模的战争除了天聪五年的大凌河之战和天聪六年的远征察哈尔之外，还有崇德元年的征伐朝鲜、崇德五年至七年的松锦大战、顺治元年的入关定鼎燕京之战，以及入关后与南明、各路农民军的血战，追讨滕吉思叛逃事件，直至康熙三十五年昭莫多之役等诸多战争中都有伊苏特人跟从八旗兵征战。当然，有战争就有流血，伊苏特人也为清朝的征战付出了生命的代价。如祁他特卫征就是从征大凌河击锦州兵时阵亡的。[③] 康熙三十五年昭莫多之战以后，在文献中就很少见到有关伊苏特的消息了。

结　语

通过以上探讨，清初蒙古伊苏特部的有关史实逐渐清晰，试做如下讨论。

第一，伊苏特部的噶尔马伊尔登和喀喇车里克部的噶尔马是两个不同的人，清初天聪年间他们各自率领所部前来归附后金。

第二，伊苏特部并非和喀喇车里克一同编入翁牛特扎萨克二旗。研究证

---

① 《八旗满洲氏族通谱》卷 66《克尔伦地方博尔济吉特氏》。

② 《满文原档》第 8 册，第 393 页；相同的内容亦编入《清太宗实录》卷 11，天聪六年四月丙子。

③ 《八旗满洲氏族通谱》卷 66《克尔伦地方博尔济吉特氏》。

明，伊苏特部被编入八旗满洲和八旗察哈尔两个系统之中。编入八旗的伊苏特部人与其他八旗蒙古如早期归附的内喀尔喀的乌济业特、巴约特、扎鲁特三部和兀鲁特部，以及较后编入八旗的喀喇沁、察哈尔二部相比，其人数并不多，这样自然就引不起史家的特别注意，导致史书中很少有相关记述。

另外，伊苏特首领的早期世系很不清楚，蒙汉文史书的著者可能始终没有厘清其传承关系。再有，如《金轮千辐》的作者答里麻和《蒙古博尔济吉忒氏族谱》的作者罗密，分别出自扎鲁特部和喀喇沁部，是本部人为自己的部落作史。正因如此，两位著者略知各自部落内编入八旗部众的情况。而伊苏特部没有出现这样的史家，这可能也是学界至今对其历史源流并不清楚的一个原因吧。

下编

满文镶白旗蒙古都统衙门档案转写与译注

凡　例

1. 本书转写的是原收藏在日本东洋文库的满文镶白旗蒙古都统衙门档案。

2. 每件档案的编号，均根据东洋文库方面所做的目录，如 MA2-23-4-1、MA2-23-4-2、MA2-23-4-3 等。

3. 本书满文转写采用穆麟德夫转写法。

4. 家谱原件是在折叠形式的档案之上用树状图来呈现的，本书为方便起见，做一定程度上的格式转换。

5. 原家谱中在世人员的姓名是用朱色表示的，本书将原朱色部分以加粗字体表示。

6. 原折件档案首页上的黄签，本书用文本框内文字来表示。此外，将少部分原文在另一张签注上的内容也用文本框内文字来表示。

7. 档案原文为汉文者原样照录。译注部分注明“原文为汉文”或“原文为满汉合璧”。

8. 在原文中抬头写的，本书在括号内注明“抬头”。

9. 原档中多处加盖印章，印文为满汉文“镶白旗蒙古都统之印”字样，本书省略。

10. 本书档案编号下的题记，系原档中粘贴的红色签注之内容。

11. 笔者所做档案的注释在汉译内容中，以页下注的形式呈现。注释主要有两种，即内容和文字上的注释。

12. 原档未转写及翻译的部分，注明“（省略）”。

13. 满洲、蒙古等少数民族人名，除较有名者外，往往没有统一译法，即使同时代的汉文著作，甚至同一部史料中，同一个人的译名也常常不相同。本书在正文和译文部分尽量统一，其余个别处，读者亦可依据上下文自行判断识别。

罗马字母转写

MA2-23-4-1

佐领八十世管佐领根源

nirui janggin baši i alibuha bade, baši mini unggu mafa coktu taiji daci dolot i beise bihe, dolot ba i niyalma, borjigit hala. ginjeo ci emu tanggū ilan haha be gaifi, wesihun erdemungge i nadaci aniya（抬头）taidzung ejen be baime jihe manggi, gajiha monggoso be niru banjibufi, coktu taiji i gaifi jihe niyalma antaha de bošobuha. oron tucike manggi, coktu taiji i jui mantao de bošobuha. se sakdafi nimekulehe seme nakaha manggi, mantao i banjiha jui namusenggedi de bošobuha. nimekulehe seme nakaha manggi, namusenggedi i banjiha jui guwamboo de bošobuha. oron tucike manggi, guwamboo i banjiha deo baši de bošobuha. baši ne niru bošombi. ere niru be yargiyan kooli de acabume baicaci, nomci tabunang, coktu taiji, ubasi taiji ese hafan cooha yooni dahaha, uheri anggala ton ninggun minggan juwe tanggū juwan emu sehebi.

yargiyan kooli de acanaha, niru seme hafan cooha cihangga hūwayalafi, hūwaliyasun tob i ningguci aniya uhei akdulafi, dorgi yamun de yabubuha be dangsede ejehebi. geli dorgi yamun ci unggihe bithede, yargiyan kooli de arahangge, abang, imtu, undurhū, mantao esei monggoso sunja tanggū susai ilan haha be ekiyehun gūsade neigenjeme buhe sehebi. umai jušen harangga gajiha ba akū be dahame, jalan halame bošoho niru obuki seme wesimbufi unggihe be dangsede ejehebi sehebi.

nirui ursei alibuha meni meni tehe ba na, hala, baši nirude banjibuha turgun.

bayara mukei sei alibuhangge, meni mukūn mookitat ba i niyalma, barut hala. bayara cangtai se, lohotai ba i niyalma, mangnut hala. sanyatu, geyoo se, be teo cang ba i niyalma, uranghan jilme hala. uksin sandase, jilme hala. bayara dase se, karacin ba i niyalma, šakdur hala. badarhū se, oohan ba i niyalma, mangnut hala. uksin hoošong se, cahar ba i niyalma, jailar hala. yafagan uksin ilaci, gendu se korcin ba i niyalma, jarot hala. meni mafari（抬头）taidzung ejen i forgon de taiji coktu be dahame jihe manggi, fukjin niru banjibure de ere nirude obuha.

siden i nirui janggin bime yafagan coohai ilhi gūsai da batma sei alibuhangge, meni mukūn, oohan ba i niyalma, jaraldai hala. miyoocan i juwan i da bardu se jaraldai hala. ilaci jergi hiya cangyuwan se, sildat ba i niyalma, ejet hala. bayara cišiba, lohotai ba i niyalma, mangnut hala.（抬头）taidzung ejen i forgon de fukjin niru banjibure de meni mafari be ere nirude obuha. baši i jalan halame bošoho niru yargiyan, temšere hacin akū, be gemu gūnin dahambi seme alibuhabi.

ereci wesihun nirui ursei alibuha turgun be nirui janggin baši de fonjici, baši i alibuha bade, mini bošoho niru jalan halame bošoho niru, bayara mukei, cangtai, sanyatu, geyoo, uksin sandase, bayara dase, uksin hoošang, yafagan uksin ilaci, gendu sei mafari mini unggu mafa coktu be dahame jihe manggi, fukjin niru banjibure de, ere nirude obuha. siden i nirui janggin bime yafagan coohai ilhi gūsai da batma, miyoocan i juwan i da bardu, ilaci jergi hiya cangyuwan, bayara cišiba sei mafari be fukjin niru banjibure de ere nirude obuhangge yargiyan seme nirui ursei alibuha songkoi alibuhabi.

baicaci, hūwaliyasun tob i uyuci aniya dorgi yamun ci unggihe bithede, yargiyan kooli de arahangge, abang, imtu, undurhū, mantao esei monggoso sunja tanggū susai ilan haha be ekiyehun gūsade neigenjeme buhe sehebi. umai jušen harangga gajiha ba akū be dahame, kemuni jalan halame bošoho niru obuki seme wesimbufi jalan halame bošoho niru obuha be dangsede ejehebi. ere niru coktu taiji i gaifi jihe niyalma antaha emu jalan bošoho, coktu taiji i jui mantao ci, baši de isibume duin jalan bošohobi. te nirui janggin baši i alibuha nirui sekiyen gūsai doron gidaha dangsede acanaha bime, nirui urse umai temšere habšara hacin akū, gemu gūnin dahambi seme teisu teisu alibure jakade, amban meni beyese tuwame hūwayalabuha. nirui janggin sindara de da niru bošoho turgun be tuwame ubu bisire akū be faksalame icihiyafi hūwayalabuhangge. nirui janggin baši i alibuha bade, mini bošoho jalan halame bošoho niru de, nirui janggin sindara de, mini unggu mafa coktu taiji i juse omosi de ubu bi, mini eshen unggu mafa coirasi, eshen da mafa daicing sei juse omosi de ubu akū seme alibuhabi.

baicaci, jalan halame bošoho niru sindara de, niru bošoho niyalmai juse omosi de ubu bi, niru bošohakū banjiha ahūn deo i juse omosi de ubu akū. baši i alibuha ubu bisire, ubu akū sehe babe, ceni mukūn i urse de tuwabuci, coirasi i omosi gocika bayara guwanding, yakdan, bayara altai, uksin urtunasutu, sula genggiyentu, hūwašabure cooha mergengge, daicing ni omosi bošokū sanjio se gemu baši i alibuhangge inu, be umai temšere habšara hacin akū, gemu gūnin dahambi seme hūwayalahabi. amban be dasame kimcime baicaci, gemu acanara jakade, ceni mukūn i urse be meni meni gebui fejile hūwayalabuha. uttu ofi, hūwayalabuha songkoi ubu bisire, ubu akū babe giyapu de arafi suwaliyame gingguleme tuwabume wesimbuhe.

MA2-23-4-2

承管明琦佐领袭职家谱

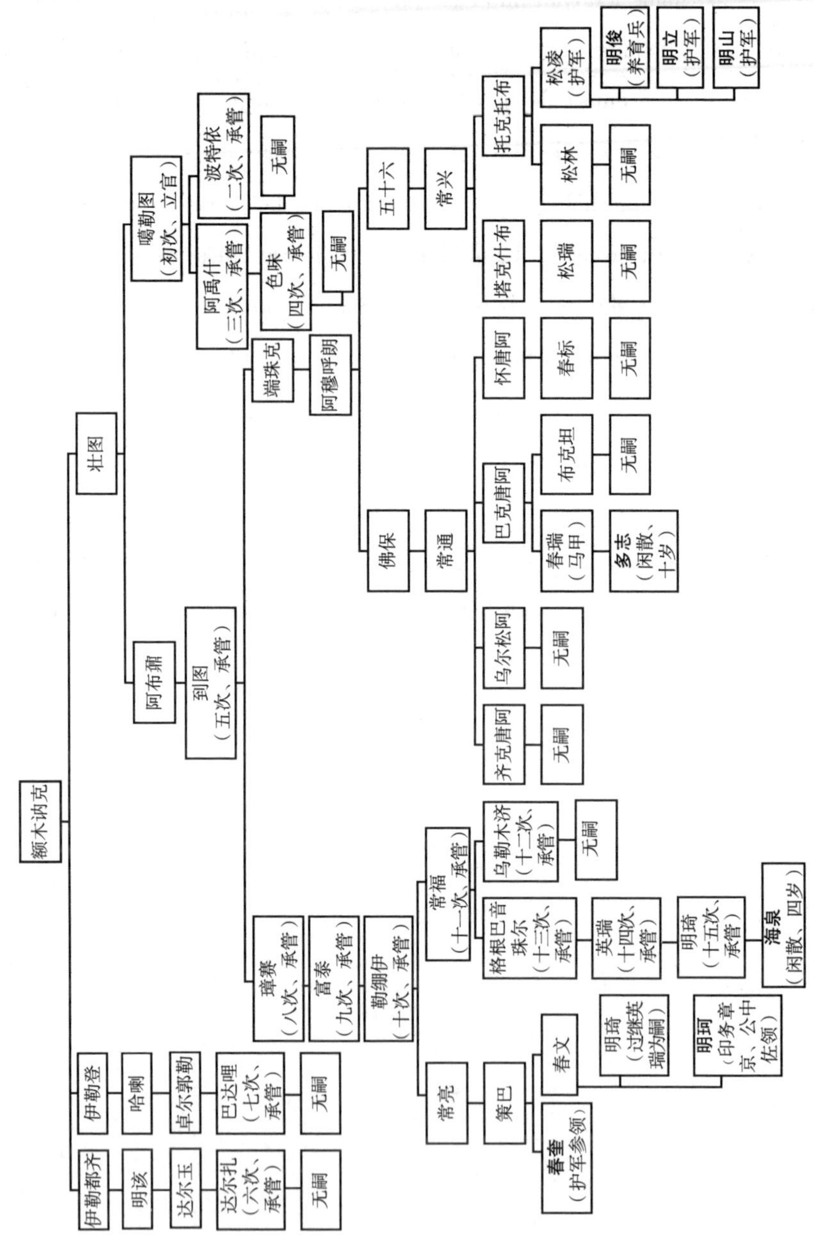

MA2-23-4-3

佐领巴图、善福等世管佐领根源

nirui janggin batu, šanfu sei aibuha bade, batu meni unggu mafa coboi, yehe ba i niyalma, barin hala.（抬头）sure han i sunjaci aniya amcame jihe monggoso be fukjin niru banjibufi, gūsa be kadalara amban bihe coboi de bošobuha. oron tucike manggi, coboi i banjiha deo budasiri de bošohuha. oron tucike manggi, budasiri i banjiha ahūn i omolo cangboo de bošobuha. oron tucike manggi, cangboo i mukūn i eshen ūljei de bošobuha. oron tucike manggi, cangboo i mukūn i banjiha jui batu de bošobuha. batu ne niru bošombi. elhe taifin i juwan ilaci aniya, budasiri niruci haha fusefi niru banjibure de, fuseke niru be budasiri i banjiha jui cangnai de bošobuha. oron tucike manggi, cangnai i banjiha jui canlihūn de bošobuha. dain de akū oho manggi, canlihūn i banjiha jui šanfu de bošobuha. šanfu ne fuseke niru bošombi. be gemu jalan halame bošoho niru sehebi.

nirui ursei alibuha meni meni tehe ba na, hala, batu, šanfu sei nirude banjibuha turgun.

（抬头）juwan i da bege sei alibuhangge, meni mukūn haracin ba i niyalma, wanggiya hala. bayara beiboo se blot hala. funde bošokū sujuk se, kalkai ba i niyalma, barin hala. gocika bayara liošisan, barin hala. bayara sakdasa se cahar ba i niyalma, cijik hala. cangsamboo se secik hala. sertai se tamcin hala. lingboo, liosisan, herentai, imaci, uksin turi, gocika bayara dorji se barin hala. bayara kalka se korcin ba i niyalma, manggilu hala. abida se hoocit ba i niyalma, barin hala. amcame jihe monggoso be fukjin niru banjibure de, ere nirude obuha.

baitalabure hafan jai emu tuwašara hafan jeseri sei alibuhangge, meni mukūn cahar ba i niyalma, borgijin hala. tuwašara hafan cangju se borjigit hala. meni mafari（抬头）taidzung ejen be baime dahame jihe manggi, ere nirude kamcibuha.

jai jergi hiya dalai sei alibuhangge, bedune ba i niyalma, fuce hala, elhe taifin i gūsin jakūci aniya, ging hecen de gajifi, ere nirude kamcibuha. batu i jalan halame bošoho niru yargiyan. temšere hacin akū, be gemu gūnin dahambi.

（抬头）šanfu nirui baitalabure hafan sei alibuhangge，cahar ba i niyalma，šenggin hala. bayara bastai se，šajin hala. baitalabure hafan berten se，yehe ba i niyalma，barin hala. juwan i da cangbooju，barin ba i niyalma，bain hala. bayara šamboo se，minggat hala. furungge cen nan pu ba i niyalma，dayut hala. jalbu se，torocuk hala. amcame jihe monggoso be fukjin niru banjibure de，coboi nirude obuha bihe. amala haha fusefi niru banjibure de，ere nirude obuha.

（抬头）baitalabure hafan，jai emu tuwašara hafan ocan sei alibuhangge，meni mukūn onon balji ba i niyalma，keregit hala. baitalabure hafan šiteo se cahar ba i niyalma，borjigit hala. baitalabure hafan dzungyan se，barin ba i niyalma，oncin hala. meni mafari（抬头）taidzung ejen be baime dahame jihe manggi，ere nirude obuha. bayara erincin i alibuhangge，bedune ba i niyalma，fuca hala. elhe taifin i gūsin jakūci aniya ging hecen de gajifi，ere nirude kamcibuha. šanfu i jalan halame bošoho niru yargiyan，temšere hacin akū. be gemu gūnin dahambi seme alibuhabi.

ereci wesihun nirui ursei alibuha turgun be，nirui janggin batu sede fonjici，batu i alibuha bade，mini bošoho niru jalan halame bošoho niru. juwan i da bege，bayara beiboo，funde bošokū sujuk，gocika bayara liosisan，bayara sandase，cangsamboo，sertai，lingboo，liosisan，herentai，imaci，uksin turi，gocika bayara dorji，bayara kalka，abida sei mafari be，f ukjin niru banjibure de，ere nirude obuha. baitalabure hafan jai emu tuwašara hafan jeseri，tuwašara hafan cangju sei mafari（抬头）taidzung ejen be baime dahame jihe manggi，ere nirude kamcibuha. jai jergi hiya dalai，bedune ba i niyalma，elhe taifin i gūsin jakūci aniya，ging hecen de gajifi，ere nirude kamcibuhangge yargiyan seme，nirui ursei alibuha songkoi alibuhabi.

nirui janggin šanfu i alibuha bade，mini bošoho niru jalan halame bošoho niru，baitalabure hafan jooboo，bayara bastai，baitalabure hafan berten，juwan i da cangbooju，bayara šamboo，furungge，jalbu sei mafari be fukjin niru banjibure de，coboi nirude obuha bihe. amala haha fusefi niru banjibure de，ere nirude obuha. baitalabure hafan jai emu tuwašara hafan ocan，baitalabure hafan šiteo sei mafari（拾头）taidzung ejen be baime dahame jihe manggi，ere nirude obuha. bayara erincin，bedune ba i niyalma，elhe taifin i gūsin jakūci aniya ging hecen de gajifi，ere nirude kamcibuhangge yargiyan seme，nirui ursei alibuha songkoi alibuhabi.

baicaci，ere niru batu i unggu mafa coboi ci batu de isibume，uheri ninggun jalan bošoho. haha fusefi banjibuha niru be šanfu ne bošohobi. te nirui janggin batu，šanfu sei alibuha nirui sekiyen，gūsai doron gidaha dangsede acanaha bime，nirui urse umai temšere habšara hacin akū，gemu gūnin dahambi seme teisu teisu alibure jakade，amban meni beyese tuwame hūwayalabuha. nirui janggin sindara de，da niru bošoho turgun be tuwame ubu bisire akū be faksalame icihiyafi hūwayalabuhangge. nirui janggin batu sei alibuha bade，meni bošoho jalan halame bošoho niru de，nirui janggin sindara de，meni unggu mafa coboi，budasiri i juse omosi de ubu bi. mukūn i mafa uljei，meni udu emte mudan niru bošocibe，gemu enen akū. jai mukūn i da mafa oljitu，eljitu sei omosi de ubu akū seme alibuhabi. baicaci，jalan halame bošoho niru sindara de，niru bošoho niyalmai juse omosi de ubu bi. niru bošohakū banjiha ahūn deo i juse omosi de ubu akū. batu sei alibuha ubu bisire，ubu akū sehe babe ceni mukūn i urse de tuwabuci，oljitu i omosi bayara loge，bošokū cige，eljitu i omosi bayara nayantai se gemu batu sei alibuhangge inu，be umai temšere habšara hacin akū，gemu gūnin dahambi seme hūwayalahabi.

amban be dasame kimcime baicaci，gemu acanara jakade，ceni mukūn i urse be meni meni gebui fejile hūwayalabuha. uttu ofi hūwayalabuha songkoi ubu bisire，ubu akū babe giyapu de arafi suwaliyame gingguleme tuwabume wesimbuhe.

MA2-23-4-4

batu，šanfu i bohoho niru be ubu bisire akū be bodome icihiyafi toktobuha songkoi giyapu de nirufi tuwabume wesimbuhe，jalan halame bošoho niru.

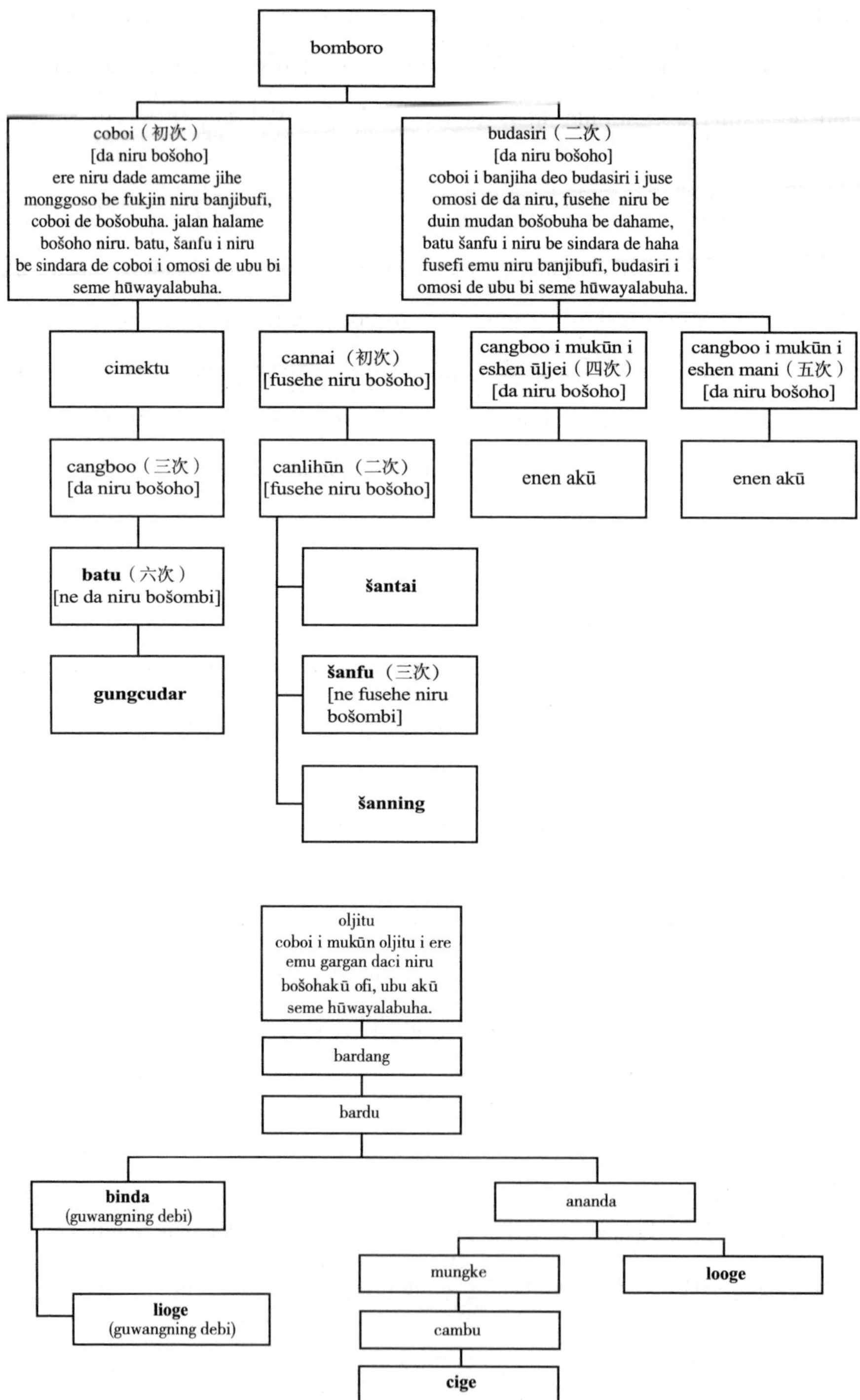
bomboro
coboi（初次）
[da niru bošoho]
ere niru dade amcame jihe monggoso be fukjin niru banjibufi, coboi de bošobuha. jalan halame bošoho niru. batu, šanfu i niru be sindara de coboi i omosi de ubu bi seme hūwayalabuha.
budasiri（二次）
[da niru bošoho]
coboi i banjiha deo budasiri i juse omosi de da niru, fusehe niru be duin mudan bošobuha be dahame, batu šanfu i niru be sindara de haha fusefi emu niru banjibufi, budasiri i omosi de ubu bi seme hūwayalabuha.
cimektu
cangboo（三次）
[da niru bošoho]
batu（六次）
[ne da niru bošombi]
gungcudar
cannai（初次）
[fusehe niru bošoho]
canlihūn（二次）
[fusehe niru bošoho]
šantai
šanfu（三次）
[ne fusehe niru bošombi]
šanning
cangboo i mukūn i eshen ūljei（四次）
[da niru bošoho]
enen akū
cangboo i mukūn i eshen mani（五次）
[da niru bošoho]
enen akū
oljitu
coboi i mukūn oljitu i ere emu gargan daci niru bošohakū ofi, ubu akū seme hūwayalabuha.
bardang
bardu
binda
(guwangning debi)
lioge
(guwangning debi)
ananda
mungke
cambu
cige
looge

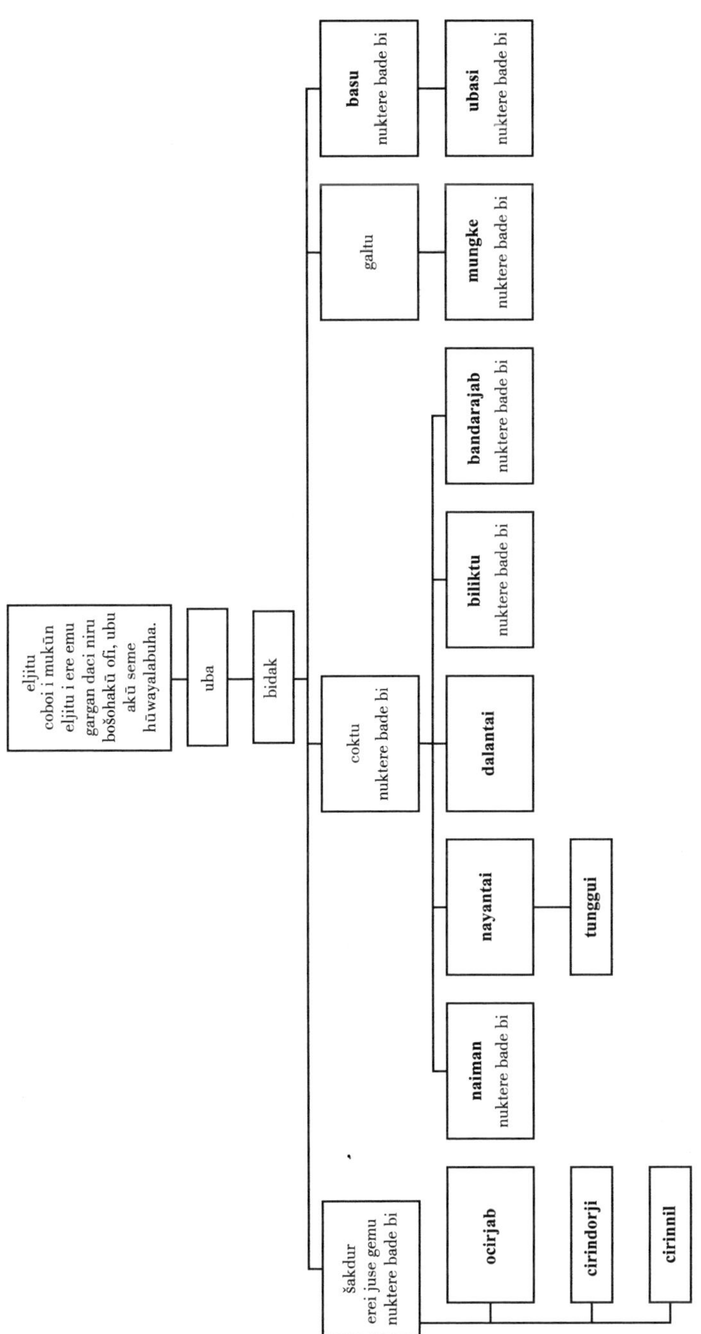
eljitu
coboi i mukūn
eljitu i ere emu
gargan daci niru
bošohakū ofi, ubu
akū seme
hūwayalabuha.
uba
bidak
šakdur
erei juse gemu
nuktere bade bi
ocirjab
cirindorji
cirinnil
coktu
nuktere bade bi
naiman
nuktere bade bi
nayantai
tunggui
dalantai
biliktu
nuktere bade bi
bandarajab
nuktere bade bi
galtu
mungke
nuktere bade bi
basu
nuktere bade bi
ubasi
nuktere bade bi

MA2-23-4-5

贡楚达尔七次

kubuhe šanggiyan i monggo gūsa be kadalara amban i baita be kadalame icihiyara hošoi yargiyangga cin wang amban yūn bi sei ginggulene（抬头）wesimburengge, jalan halame bošoho nirui janggin sindara jalin. amban meni gūsai nirui janggin batu i oron tucikebi. ere nirui da sekiyen be baicaci, dade（抬头）sure han i sunjaci aniya amcame jihe monggoso be fukjin niru banjibufi, batu i unggu mafa gūsa be kadalara amban bihe coboi de bošobuha. oron tucike manggi, coboi i banjiha deo budasiri de bošobuha. elhe taifin i juwan ilaci aniya budasiri niruci fusefi niru banjibure de, fuseke niru be budasiri i banjiha jui cangnai de bošobuha. cangnai i banjiha omolo šantai ne fuseke niru bošombi. budasiri i oron tucike manggi, banjiha ahūn i omolo cangboo de bošobuha. oron tucike manggi, cangboo i mukūn i eshen ūljei de bošobuha. oron tucike manggi, cangboo i mukūn i eshen mani de bošobuha. oron tucike manggi, cangboo i banjiha jui batu de bošobuha sehebi. geli baicaci, abkai wehiyehe i jai aniya,（抬头）hese be dahame fujuri niru, jalan halame bošoro nirui sekiyen be toktobume icihiyara de, amban meni gūsaci batu sei bošoho jalan halame bošoro nirui sekiyen be baicafi, nirui janggin sindara de, niru ilibuha coboi i juse omosi jai niru bošoho coboi i banjiha deo budasiri i juse omosi de ubu bi seme wesimbuhe be, nirui sekiyen i baita be icihiyara wang ambasa gisurefi, harangga gūsaci wesimbuhe songkoi obuki seme dahūme wesimbufi benjihebe jakūn gūsai hafan niru ubu bahabure baita be icihiyara wang ambasai bade benebufi ubu bahabume toktobume gisurefi wesimbufi benjihe bithei dorgide, ere niru be da niru ilibuha niyalmai juse omosi de bošobufi oron tucici, oron tucike niyalmai juse omosi be sonjofi cohobuki, ere niru bošoho banjiha ahūn deo amji eshen i juse omosi i dorgici sonjofi adabuki, da niru ilibuha niyalmai juse omosi ere niru bošoho niyalmai juse omosi i dorgici sonjofi gebu faidabuki. aika juwe ilan niru be niru ilibuha niyalmai banjiha juse omosi de bošobufi, oron tucici, oron tucike niyalmai juse omosi be sonjofi cohobuki. oron tucike gargan i te ne niru bošohongge bici, niru akū gargan i juse omosi i dorgici sonjofi cohobuki. ere niru bošoho banjiha ahūn deo amji eshen i juse omosi be sonjofi adabuki, funcehe niru ilibuha niyalmai juse omosi, ere niru bošoho niyalmai juse omosi i dorgici sonjofi gebu faidabuki seme wesimbufi benjihebe gemu dangsede ejehebi. uttu ofi, amban be（抬头）tucibuhe hafan niru ubu bahabure baita be icihiyara wang ambasai baci toktobume gisurefi wesimbuhe songkoi batu i oronde, jalan halame bošoro nirui janggin sindara de, batu i ahūngga jui sula gungcudar be cohome, batu i banjiha eshen mafa budasiri i jai jalan i omolo ningguci jergi fulehun hafan šanning be adabume, batu i jacin jui sula ocir be faidabume sonjohobi. bahaci enenggi gungcudar šanning ocir sebe gaifi beyebe（抬头）tuwabume wesimbufi, batu i oronde jalan halame bošoro nirui janggin sindaki sembi. erei jalin gingguleme wesimbuhe, hese be baimbi. abkai wehiyehe i tofohoci aniya ninggun biyai ice uyun de（抬头）wesimbuhede, hese, niru be gungcudar de bošobu sehe.

abkai wehiyehe i tofohoci aniya ninggun biyai ice uyun gūsa be kadalara amban i baita be kadalame icihiyara hošoi yargiyangga cin wang amban yūn bi, meiren i jangin amban bolbunca, meiren i janggin unenggi kiyangkiyan be amban umitai kubuhe šanggiyan i monggo gūsai gūsa be kadalara amban i baita be kadalame icihiyara hošoi yargiyangga cin wang yūn bi gaifi beyebe（抬头）tuwabume wesimbufi sindaha. jalan halame bošoho nirui janggin emke emu baita, erei gebu be arafi gingguleme（抬头）wesimbuhe. batu i niru be gungcudar de bošobuha.

jalan halame bošoho niru nirui janggin batu i oron tucikebi. ere niru sindara urse be, gūsa be kadalara amban i baita be kadalame icihiyara hošoi yargiyangga cin wang yūn bi, meiren i janggin bolbuca, umitai se tuwame ilgahangge.

sula gungcudar, cohoho, nirui janggin bihe batu i ahūngga jui, juwan jakūn se, gabtarangge jergi, niyamniyarangge jergi.

ningguci jergi fulehun hafan šanning, adabuha. nirui janggin bihe batu i banjiha eshen mafa budasiri i jai jalan i omolo, caliyan fulun jeme, juwan jakūn aniya, gūsin jakūn se, gabtarangge jergi, niyamniyarangge jergi.

sula ocir, gebu faidaha. nirui janggin bihe batu i jacin jui, juwan juwe se.

MA2-23-4-6

ere niru dade amcame jihe monggoso be fukjin niru banjibufi batu i unggu mafa coboi de bošobuha. jalan halame bošoho niru.

ere niru serengge, da niru ilibuha niyalmai banjiha deo, niru ilibuha niyalmai juse omosi de bošobuha. hafan niru ubu bahabure baita be icihiyara wang ambasai gisurefi（抬头）wesimbuhe bade, jalan halame bošoro niru sindara de, niru bošoho niyalmai juse omosi de gemu ubu bahabuci acara be dahame, da niru ilibuha niyalmai juse omosi de bošobufi, oron tucici, oron tucike niyalmai juse omosi be sonjofi cohobuki, ere niru bošoho niyalmai juse omosi be sonjofi adabuki, da niru ilibuha niyalmai juse omosi ere niru bošoho niyalmai juse omosi i dorgici sonjofi gebu faidabuki seme（抬头）wesimbufi kooli toktobuha. .

MA2-23-4-7

镶白旗蒙古都统左参领第九佐领为贡楚达尔补副将后其佐领仍令其管理请旨

kubuhe šanyan i monggo gūsai gūsa be kadalara amban doroi coros giyūn wang amban lobja sei gingguleme wesimburengge.（抬头）hese be baire jalin. ere aniya juwe biyai ice niggun de, coohai jurgan ci benjihe bithede, meni jurgan ci suweni gūsai jalan halame bošoro nirui janggin bime, bayarai jalan i janggin gungcudar be juwe biyai ice juwe de gaifi beyebe tuwabume wesimbuhede,（抬头）hese, gungcudar be šansi g'ansu de unggifi harangga uheri kadalara amban de afabufi, aisilame kadalara da de tucibufi baitala sehebe gingguleme dahafi benjihebi. baicaci, neneme gulu fulgiyan i manju gūsai jalan halame bošoho nirui janggin šitai be fugiyan jegiyang goloi dasihire hafan de niyeceme baitalabume unggihe de, harangga gūsaci šitai i oronde eici daiselabuci acara eici sindaci acara babe hese be baime wesimbuhede,（抬头）hese, ereci julesi jakūn gūsade šitai i adali baita bici, sirara nirui durugan be suwaliyame ibebufi hese be baime wesimbukini sehebe gingguleme dahafi benjihebe dangsede ejehebi. amban meni gūsai bayarai jalan i janggin bime, jalan halame bošoro nirui janggin gungcudar, šansi g'ansu i aisilame kadalara da de tucibufi baitalabume unggihebi. baicaci, gungcudar i niru sirara booi durugan i dorgi, gungcudar i jui derengge ne huhuri, jai da niru ilibuha coboi i banjiha deo budasiri i jai jalan i omolo ningguci jergi fulehun hafan de bihe šanning, abkai wehiyehe i orin uyuci aniya de, coohai dasan simnere de, erdemu eberi seme wakalame wesimbufi, coohai jurgan ci gisurefi juwe jergi wasibufi forgošome baitalabure niyalma, ne kemuni niyeceme baitalara unde. šanning de ne inu juse akū. ereci tulgiyen jai umai niru siraci acara niyalma akū be dahame, amban be bahaci, gungcudar i bošoho niru be an i gungcudar i beyede bibufi, oronde kooli songkoi nirui baita be daiselabuci acara hafasa be sonjofi gaifi beyebe tuwabufi daiselabuki. uttu ofi, gungcudar i niru bošoro booi durugan be suwaliyame gingguleme ibebuhe. acanara acanarakū babe hese wasinjiha manggi gingguleme dahame icihiyaki sembi. erei jalin gingguleme wesimbuhe. （抬头） hese be baimbi seme abkai wehiyehe i gūsin nadanci aniya juwe biyai orin duin de baita wesimbure gocika hiya cunning sede bufi ulame wesimbuhede, ineku inenggi hese saha sehe.

abkai wehiyehe i gūsin nadaci aniya juwe biyai orin duin.

kiyan cing men de yabure gūsa be kadalara amban doroi coros giyūn wang amban lobja;

kiyan cing men de yabure meiren i janggin bime sula amban uju jergi kesi be aliha gung, nirui janggin, amban isungga;

beidere jurgan i hashū ergi ashan i amban, kubuhe šanyan i monggo gūsai meiren i janggin i baita be daiselame icihiyara, siden nirui janggin, amban mahingga.

MA2-23-4-8

镶白旗蒙古都统左参领第九佐领

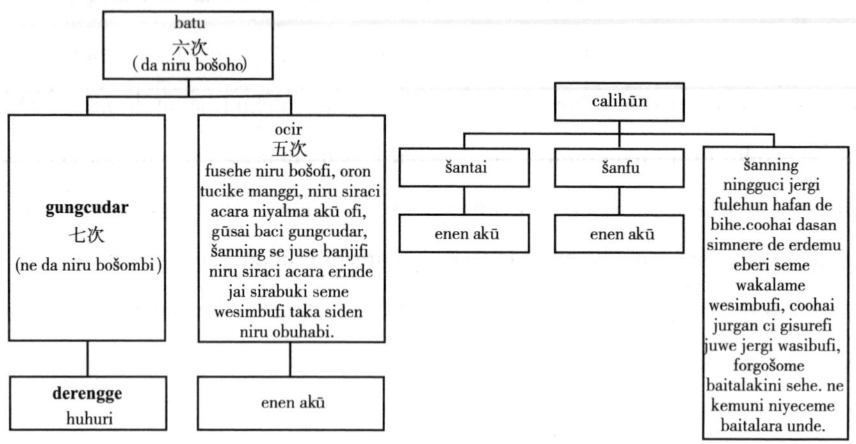

MA2-23-4-9

德宁额八次

（省略）

MA2-23-4-10

德宁额八次

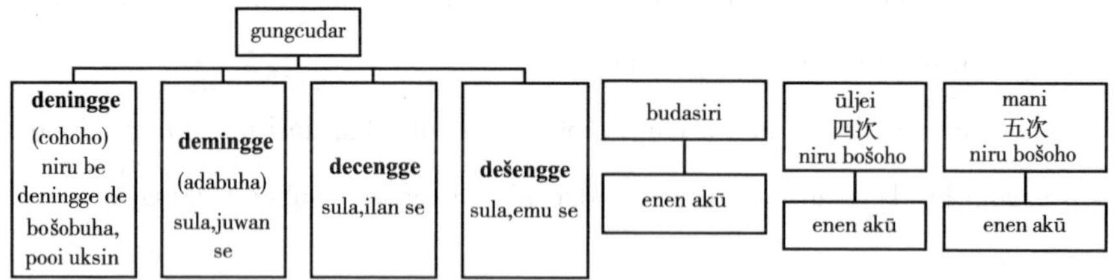

MA2-23-4-11

成桂九次（嘉庆二十年十月二十三日）

（省略）

MA2-23-4-12

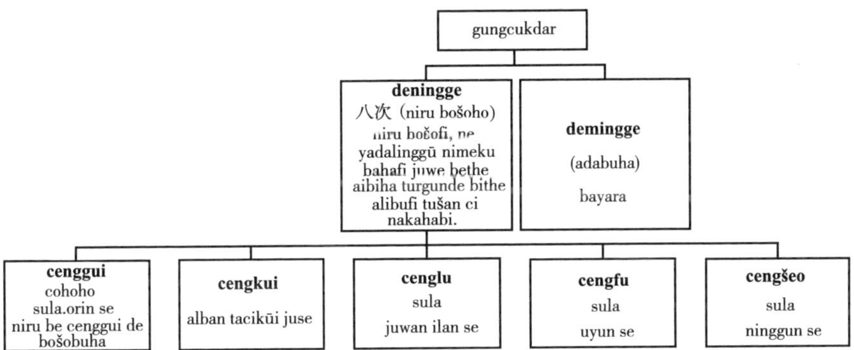

MA2-23-4-13

镶白旗蒙古都统左参领第九佐领

庆昌十次

（省略）

MA2-23-4-14

镶白旗蒙古都统左参领第九佐领

（省略）

MA2-23-4-15

镶白旗蒙古都统左参领第九佐领

博多洪武十一次，道光二十七年七月二十三日

（省略）

MA2-23-4-16

镶白旗蒙古都统左参领第九佐领

博多洪武拟正

（省略）

MA2-23-4-17

镶白旗蒙古都统左参领第九佐领

博多洪武补参将请旨，咸丰五年十二月十六日

（省略）

MA2-23-4-18

镶白旗蒙古都统左参领第九佐领

博多洪武十一次

（省略）

MA2-23-4-19

镶白旗蒙古都统左参领第九佐领

英秀十二次，光绪三年十二月六日

（省略）

MA2-23-4-20

英秀十二次，家谱

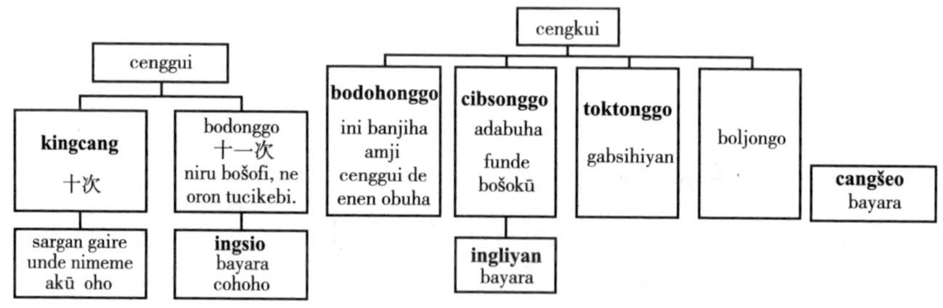

MA2-23-4-21

佐领海寿之轮管佐领根源

nirui janggin haišeo i alibuha bade, haišeo mini unggu mafa hife, kuwecike hoton i ba i niyalma, jarut hala. ere niru daci（抬头）taidzung ejen i forgon de emu gūsade fukjin sunja niru banjibure de, menggei be haha sain seme niru bošobuha. oron tucike manggi, menggei i deote juse ajigen ofi, emu nirui funde bošokū hife de bošobuha. oron tucike manggi, menggei i banjiha deo menggetu de bošobuha. nimekulefi nakaha manggi, menggedu i banjiha jui bandara de bošobuha. oron tucike manggi, bandara i banjiha jui biliktu de bošobuha. oron tucike manggi, biliktu i banjiha deo engke de bošobuha. oron tucike manggi, hife i banjiha omolo boji de bošobuha. nimekulefi nakaha manggi, boji i banjiha jui haišeo de bošobuha. haišeo ne niru bošombi. teodenjeme bošoho niru sehebi.

nirui urse i alibuha meni meni tehe ba na, hala, haišeo nirude banjibuha turgun.

uju jergi hiya sonom sei alibuhangge, meni mukūn jarbun ba i niyalma, borging hala. jai jergi hiya norbu se ninggun holo ba i niyalma, ouyot hala. uksin uge se barin hala. tuwašara hafan toktoho se, ilan holo ba i niyalma, detesan jool hala. miyoocan i bayara arsalan se, borjikut hala. jakūci jergi bithesi sundai se, barin hala. gabsihiyan coiranjab, ulan degel hala. bayara sanjab, barite hala. juwan i da milaboo, šanggiyan birai ba i niyalma, bukut hala, uksin tura se, bukut hala. cangšeo se, ut hala. meni mafari be（抬头）taidzung ejen i forgon de, gūsa tome fukjin sunja niru banjibure de ere nirude obuha.

bošokū holgo sei alibuhangge, meni mukūn, bedune ba i niyalma, fuca hala. elhe taifin i gūsin jakūci aniya ging hecen de gajifi, ere nirude kamcibuha. haišeo sei teodenjeme bošoho niru yargiyan, temšere hacin akū, be gemu gūnin dahambi seme alibuhabi.

ereci wesihun nirui ursei alibuha turgun be nirui janggin haišeo de fonjici, haišeo i alibuha bade, mini bošoho niru teodenjehe niru. uju jergi hiya sonom, jai jergi hiya norbu, uksin uge, tuwašara hafan toktoho, miyoocan i bayara arsalan, jakūci jergi bithesi sundai, gabisihiyan coiranjab, bayara sanjab, juwan i da milaboo, uksin tura, cangšeo sei mafari be fukjin niru banjibure de, ere nirude obuha. bošokū holgo se, bedune ba i niyalma, elhe taifin i gūsin jakūci aniya, ging hecen de gajifi, ere nirude kamcibuhangge yargiyan seme, nirui ursei alibuha songkoi alibuhabi.

baicaci, ere niru teodenjehe niru, te nirui janggin haišeo i alibuha nirui sekiyen, gūsai doron gidaha dangsede acanaha bime, nirui urse umai temšere hacin akū, gemu gūnin dahambi seme teisu teisu alibure jakade, amban meni beyese（抬头）tuwame hūwayalabuha.

baicaci, ere niru daci menggei bošoho. sirame haišeo i ergi hife bošoho. sirame menggei i ergi menggetu, bandara, biliktu, engke emu siran i duin jalan bošoho. sirame haišeo i ergi boji, haišeo emu siran i juwe jalan bošoho be tuwaci, giyan i teodenjeme bošoho niru obuci acambi. damu da niru bošoho menggei enen juse akū bime, mukūn inu akū. baicaci, kubuhe suwayan i manju gūsaci wesimbuhe. nirui baita be uheri baita be icihiyara wang ambasa, jakūn gūsai ambasa dahūme gisurefi（抬头）wesimbufi benjihe bithei dorgide, ulai bošoho teodenjere niru serengge, daci tumei, ulai sei juwe ergi teodenjeme bošoho bihe. udu tumei ergi enen lakcaha bicibe, damu ulai ergi ini mafa esen ci ulai de isibume sunja jalan bošoho be dahame, uthai siden niru obume banjinarakū. amban be bahaci, ulai i bošoho ere niru be, jalan halame bošoho niru obuki sembi seme wesimbufi benjihe be dangsede ejehebi. amban be kimcime gūnici, haišeo i bošoho teodenjehe nirude, da niru bošoho menggei i sirame haišeo i unggu mafa hife bošoho. hife i sirame menggei i deo menggetu ci, duin jalan bošofi enen akū ofi, dasame hife i omolo boji, boji i jui haišeo de bošobuhabi. udu kubuhe suwayan i manju gūsai ulai i bošoho niru de adališacibe, damu haišeo i unggu mafa hife ci, haišeo de isibume ilan jalan bošoho be dahame, teodenjehe hergen be meitefi, jalan halame bošoho niru obure, eici siden i niru obure babe neneme icihiyaha uheri baita be icihiyara wang, ambasa, jakūn gūsai ambasa de afabufi gisurefi toktobuha manggi, dahame icihiyaki sembi. uttu ofi, amban meni icihiyaha babe, giyapu be suwaliyame gingguleme（抬头）tuwabume wesimbuhe.

MA2-23-4-22

haišeo i bošoho niru be sindara de ubu bisire be bodome icihiyafi toktobuha songkoi giyapu de nirufi tuwabume wesimbuhe. teodenjeme bošoho niru.

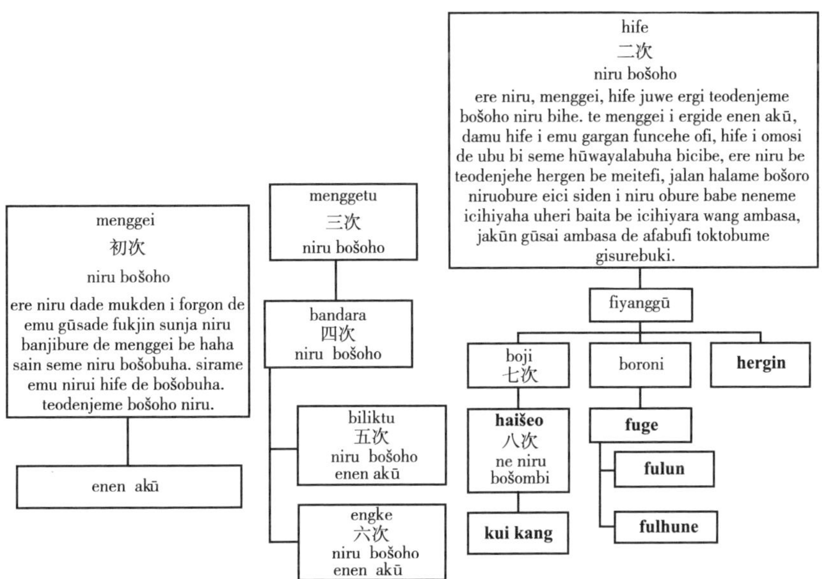

MA2-23-4-23

为补放被革职佐领海寿之缺

kubuhe šanggiyan i monggo gūsai gūsa be kadalara amban i baita be kadalara icihiyara hošoi yargiyangga cin wang, amban yūn bi sei gingguleme wesimburengge, julin i adali siden nirui janggin sindara jalin. amban meni gūsai temen kutulere uksin be kadalara nirui janggin haišeo, temen kutulere de tucibuhe ini booi dangse faksalaha uksin delii i emgi hebešefi, baha（抬头）šang ni menggun, bigan i ciyanliyang, alban i morin be gemu beyede singgebume gaifi, delii be gamahakū. delii i ujiha jui geol be orolobume gamahangge ubiyada turgunde, orin inenggi selhen etubufi, ninju šusiha tantafi hafan efulehebi. ere nirui da sekiyen be baicaci, abkai wehiyehe i jai aniya amban meni gūsaci hese be dahame fujuri niru, jalan halame bošoro nirui sekiyen be toktobume icihiyara de, haišeo i bošoho teodenjehe nirui sekiyen be baicaci, eici jalan halame bošoro niru obure, eici siden niru obure babe nirui sekiyen i baita be icihiyara wang ambasa de afabufi, toktobume gisurebuki seme（抬头）wesimbufi, nirui sekiyen i baita be icihiyara wang ambasa de afabufi toktobume gisurefi wesimbufi amasi benjihe bithei dorgide, amban be baicaci, harangga gūsaci wesimbufi benjihe bade, haišeo i bošoho niru serengge, daci（抬头）taidzung ejen i forgon de, emu gūsade fukjin sunja niru banjibure de, menggei be haha sain seme niru bošobuha. oron tucike manggi, menggei i deote juse ajigen ofi, emu nirui funde bošokū hife de bošobuha. sirame menggei i banjiha deo menggetu de bošobuha. sirame menggetu i jui bandara de bošobuha. sirame bandara i jui biliktu de bošobuha. sirame biliktu i banjiha deo engke de bošobuha. sirame hife i banjiha omolo boji de bošobuha. sirame boji i jui haišeo de bošobuha. haišeo ne niru bošombi. da niru bošoho menggei enen juse akū. ere niru udu kubuhe suwayan i manju gūsai ulai i teodenjeme bošoho niru de adališacibe, damu haišeo i unggu mafa hife ci haišeo de isibume ilan jalan bošoho be dahame, teodenjehe hergen be meitefi jalan halame bošoro niru obure eici siden niru obure babe wang ambasa de afabufi gisurebureo sehebi. amban be kimcime baicaci, neneme meni jakūn gūsai ambasa gisurefi wesimbuhe ulai niru serengge, daci tumei bošombihe. tumei ergi enen lakcaha, ulai i ergi sunja mudan teodenjeme bošoho bime, geli da hese bisire jakade, teni jalan halame bošoho niru obuhabi. haišeo niru serengge, dade menggei be haha sain seme fukjin niru bošobuha. oron tucike fonde, menggei i deote juse ajigen ofi, encu hala hife de bošobuha. hife i sirame an i menggei i deo menggetu de bošobuha. mengggetu i juse duin mudan bošoho amala, menggei, menggetu gemu enen lakcaha turgunde, teni hife i omosi de juwe mudan bošobuhabi. hife i ergi udu ilan mudan bošocibe, niru bošoho dari damu menggei i ergi juse deote ajigen, enen lakcaha jergi turgun bifi bošobuhabi. umai daci suwaliyaganjame faidaha, ishunde teodenjeme bošohakū bime, onggolo sindara de, geli umai encu hese wasimbuha ba akū be dahame, kubuhe suwayan i manju gūsai ulai i niru songkoi gisureme banjinarakū. te harangga boji be sindara fonde, uksin dailu be adabuha. haišeo be sindara fonde, nirui juwan i da foboo be faidaha sehebe tuwaci, ere niru menggei i ergi enen lakcaha amala, uthai siden nirui kooli songkoi encu hala be suwaliyaganjame faidafi sidaha be dahame, giyan i siden niru obuci acambi. hife ci haišeo de isibume ceni emu booi ilan mudan bošoho be dahame, gulu lamun i monggo gūsai julin i nirui songkoi siden niru obufi, oron tucike dari hife i omosi i dorgici emu juwe niyalma be sonjofi, gūsai dorgi sindaci acara hafasai emgi suwaliyaganjame tuwabume wesimbufi sindaki seme gisurefi, abkai wehiyahe i ilaci aniya nadan biyai orin sunja de（抬头）wesimbuhede,（抬头）hese, gisurehe songkoi obu sehebe gingguleme dahafi benjihebe dangsede ejehebi. amban be baicaci, haišeo, ini booi dangse faksalaha uksin delii be, temen kutulere de gamahahū. delii i baha šang, bigan i ciyanliyang ni jergi hacin be gemu beyede singgebume gaifi, delii i ujiha jui geol be orolobume gamahangge ubiyada turgunde, selhen šusiha weile arafi hafan efulehe niyalma be dahame, erei oronde nirui janggin sindara de, haišeo i jui uksin kui g'ang be kooli songkoi dosimburakūci tulgiyen, haišeo i unggu mafa niru bošoho hife i jai jalan i omolo ilaci jergi hiya fuge be cohome, hife i ilaci jalan i omolo bayara fulhune be adabume, gūsai dorgi nirui janggin sindaci acara jai jergi hiya norbu, ušisan sebe faidabume sonjohobi. bahaci, esebe gaifi beyebe tuwabume wesimbufi, siden nirui janggin sindaki sembi. erei jalin gingguleme wesimbuhe, hese be baimbi.

abkai wehiyehe i jakūci aniya omšon biyai tofohon de, beyebe tuwabume wesimbuhede, hese, niru be cohoho fuge de bošobu sehe.

abkai wehiyehe i jakūci aniya omšon biyai tofohon.

gūse be kadalara amban i baita be kadalame icihiyara, hošoi yargiyangga cin wang, amban yūn bi;

meiren i janggin amban ocir;

meiren i janggin amban bolbunca.

MA2-23-4-24

ere niru dade encu hala menggei jai haišeo i unggu mafa hife juwe ergi teodenjeme bošoho niru bihe. amala nirui sekiyen i baita be baicame icihiyafi siden niru obuha. julin i adali siden niru.

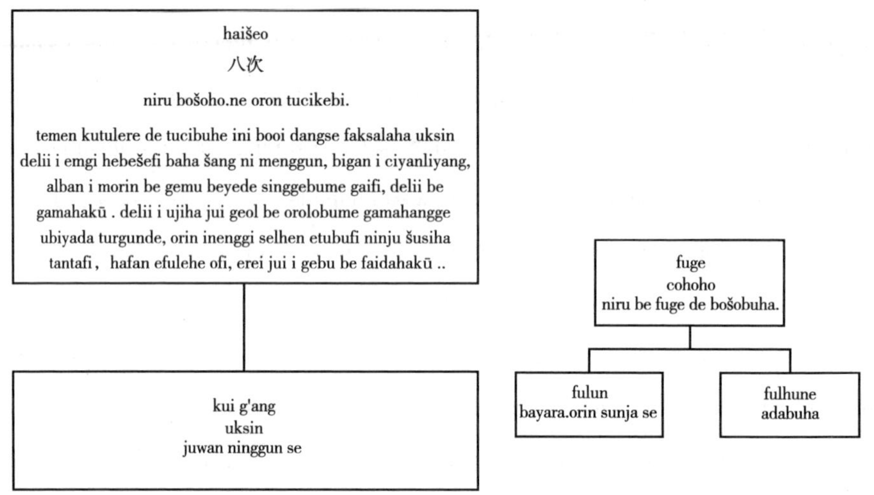

MA2-23-4-25

（省略）seme abkai wehiyehe i gūsin juweci aniya sunja biyai ice duin de baita wesimbure gociha hiya sonomcering sede bufi, ulame wesimbuhede, bukdari, booi durugan be dolo bibuhe. ineku biyai ice ninggun de bukdari booi durugan be tucibufi,（抬头）hese wasimbuhangge, enenggi kubuhe šanyan i manju gūsaci sekiyen akū siden nirui janggin guwantai i oron, monggo gūsaci sekiyen akū siden nirui janggin fuge i oronde sindara jalin ibebuhe booi durugan be tuwaci, ese gemu sekiyen akū siden niru bicibe, manju gūsai guwantai niru oci, ceni booci daci gajiha haha bimbime, geli ududu jalan bošohobi. harangga gūsaci ceni booi urse be sonjofi juleri obuhangge, inu giyan i uttu icihiyaci acambi. monggo gūsai fuge i niru udu inu sekiyen akū siden niru bicibe, fuge i mafa hife umai daci niru banjibuha niyalma waka. tuktan mudan niru bošobuha menggei enen akū turgunde, teni hife de bošobuha. hife emu jalan bošofi oron tucike manggi, geli menggei i deo menggetu de bošobuha. menggetu i juse omosi ududu jalan bošofi, geli enen lakcaha turgunde, teni hife i omosi de bošobuha. erebe adarame guwantai nirui adali icihiyaci ombini. fuge i niru be suwe siden niru obufi sindaci acara niyalma be kooli sonjofi gaifi beyebe（抬头）tuwabufi sindakini. ereci julesi guwantai i niru sindara de ceni da niru bošoho niyalmai juse omosi i dorgi jergi isinahangge akū okini, inu giyan i ceni niyalma be sonjofi, juleri faidafi sindaci acara ursei sasa gaifi beyebe tuwabume sindaci acambi. erebe harangga gūsade afabufi ere songkoi icihiyakini sehe seme aniya aliha gūsaci afabume tucibuhebi.

MA2-23-4-26

此佐领原系彭龄之始祖额斯库率领喀喇沁三十二人于太宗时来归后，因加入旗丁作为整佐领，以额斯库承管。 世管佐领

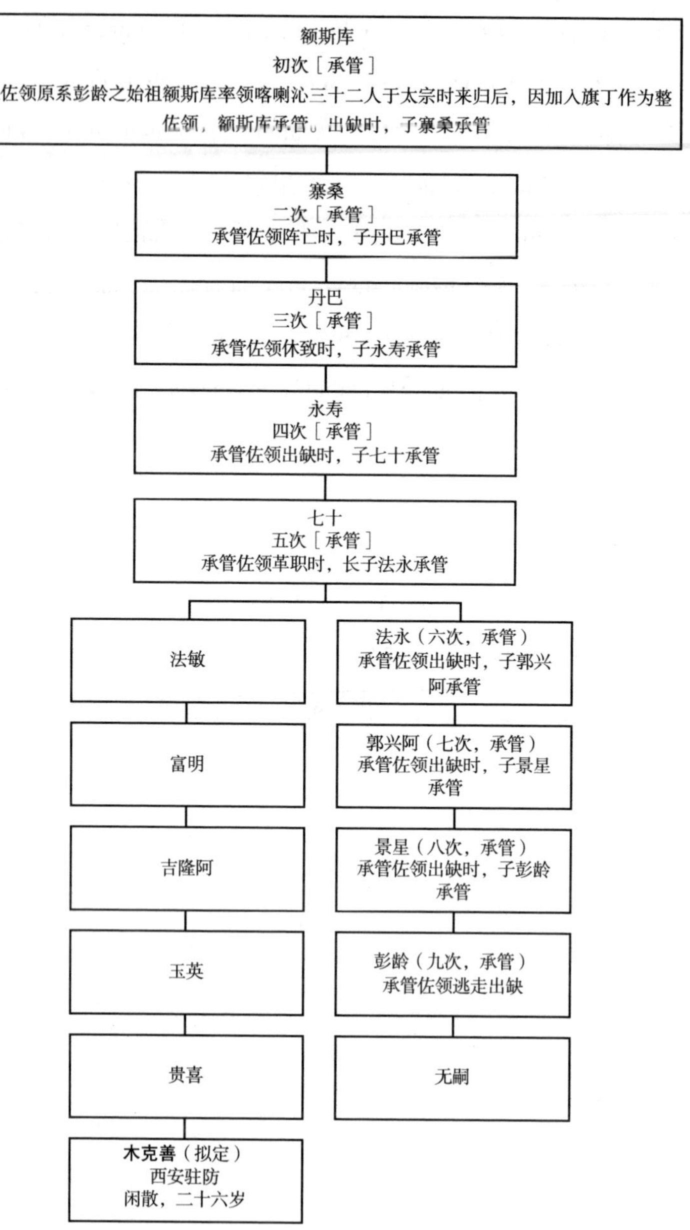
额斯库
初次［承管］
此佐领原系彭龄之始祖额斯库率领喀喇沁三十二人于太宗时来归后，因加入旗丁作为整佐领，额斯库承管。出缺时，子寨桑承管
寨桑
二次［承管］
承管佐领阵亡时，子丹巴承管
丹巴
三次［承管］
承管佐领休致时，子永寿承管
永寿
四次［承管］
承管佐领出缺时，子七十承管
七十
五次［承管］
承管佐领革职时，长子法永承管
法敏
富明
吉隆阿
玉英
贵喜
木克善（拟定）
西安驻防
闲散，二十六岁
法永（六次，承管）
承管佐领出缺时，子郭兴阿承管
郭兴阿（七次，承管）
承管佐领出缺时，子景星承管
景星（八次，承管）
承管佐领出缺时，子彭龄承管
彭龄（九次，承管）
承管佐领逃走出缺
无嗣

MA2-23-4-27

善泰四次

ere niru dade sure han i sunjaci aniya de amcame jihe monggoso be fukjin niru banjibufi, coboi de bošobuha. jalan halame bošoho niru.

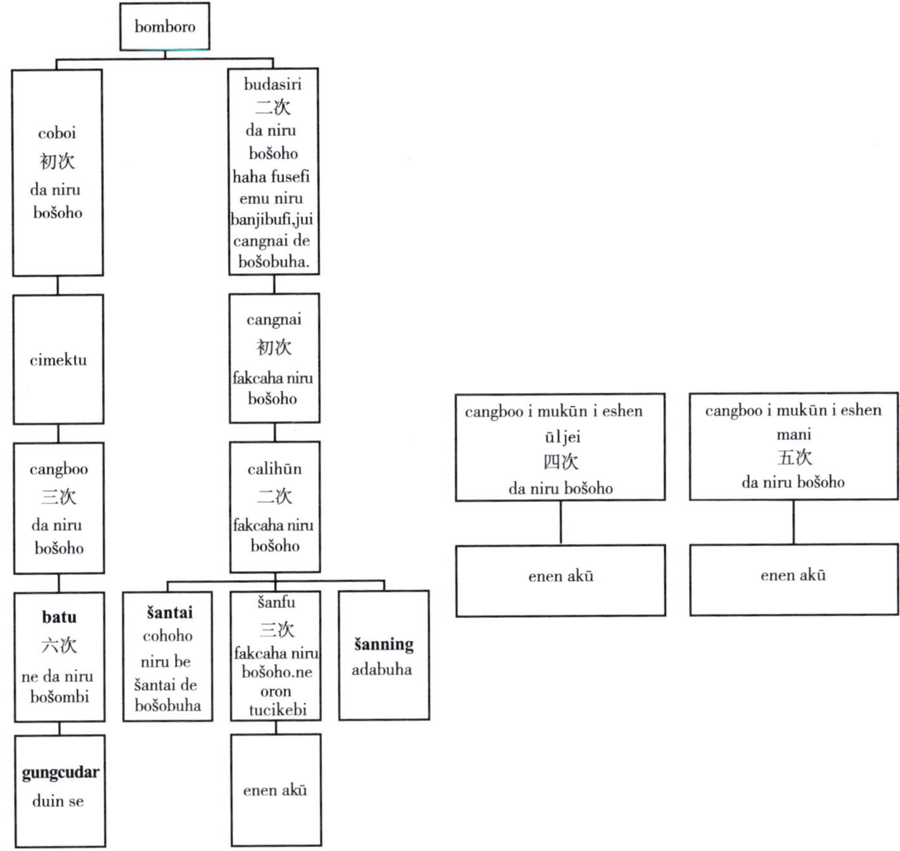

MA2-23-4-28

敖齐尔五次

kubuhe šanggiyan i monggo gūsai gūsa be kadalara amban, amban nayantai sei gingguleme wesimburengge, jalan halame bošoho nirui janggin sindara jalin. amban meni gūsai nirui janggin šantai i oron tucikebi. ere nirui da sekiyen be baicaci, dade

（抬头）sure han i sunjaci aniya，amcame jihe monggoso be fukjin niru banjibufi，gūsa be kadalara amban bihe coboi de bošobuha. oron tucike manggi，coboi i deo budasiri de bošobuha. oron tucike manggi，budasiri i banjiha ahūn i omolo cangboo de bošobuha. oron tucike manggi，cangboo i mukūn i eshen ūljei de bošobuha. oron tucike manggi，cangboo i mukūn i eshen mani de bošobuha. oron tucike manggi，cangboo i banjiha jui batu de bošobuha. oron tucike manggi，banjiha jui gungcudar de bošobuha. gungcudar ne da niru bošombi. elhe taifin i juwan ilaci aniya budasiri niruci haha fusefi niru banjibure de，fuseke niru be budasiri i banjiha jui cangnai de bošobuha. oron tucike manggi，cangnai i banjiha jui canlihūn de bošobuha. dain de akū oho manggi. canlihūn i banjiha jui šanfu de bošobuha. oron tucike manggi，banjiha ahūn šantai de bošobuha sehebi. geli baicaci，abkai wehiyehe i jai aniya，（抬头）hese be dahame fujuri niru，jalan halame bošoho nirui sekiyen be toktobume icihiyara de，amban meni gūsaci batu sei bošoho jalan halame bošoro nirui sekiyen be baicafi，nirui janggin sindara de，niru ilibuha coboi i juse omosi，jai niru bošoho coboi i banjiha deo budasiri i juse omosi de ubu bi seme（抬头）wesimbuhe be，nirui sekiyen i baita be icihiyara wang amban gisurefi，harangga gūsaci wesimbuhe songkoi obuki seme dahūme wesimbufi benjihe be jakūn gūsai hafan niru ubu bahabure baita be icihiyara wang ambasai bade benebufi，ubu bahabume toktobume gisurefi wesimbufi benjihe bithei dorgide，ere niru be da niru ilibuha niyalmai juse omosi de bošobufi oron tucici，oron tucike niyalmai juse omosi be sonjofi cohobuki. ere niru bošoho banjiha ahūn deo amji eshen i juse omosi i dorgici sonjofi adabuki，da niru ilibuha niyalmai juse omosi，ere niru bošoho niyalmai juse omosi i dorgici sonjofi gebu faidabuki. da niru ilibuha niyalmai banjiha deo i juse omosi de bošobufi oron tucici，oron tucike niyalmai juse omosi be sonjofi cohobuki. da niru ilibuha niyalmai juse omosi dorgici sonjofi adabuki. funcehe da niru ilibuha niyalmai juse omosi ere niru bošoho niyalmai juse omosi i dorgici sonjofi gebu faidabuki. oron tucike niyalma eici enen juse akū ojoro，eici weile de nakabufi juse omosi be nirui janggin sindara de dosimbuci ojorakū oci，ere niru umai ceni mafari ilibuha niru waka be dahame, tesu gargan de udu gūwa juse omosi bihe seme cohoro ubu bahaburakū, adabure ubu bahabuki. niru ilibuha niyalmai juse omosi dorgici sonjofi cohobuki seme wesimbufi benjihe be dangsede ejehebi. amban be, (抬头) hesei tucibuhe hafan niru ubu bahabure baita be icihiyara wang ambasai baci toktobume gisurefi wesimbuhe songkoi šantai i oronde jalan halame bošoro nirui janggin sindara jalin šantai de enen juse akū ofi, šantai i da niru ilibuha banjiha amji unggu mafa coboi i ilaci jalan i omolo sula ocir be cohome, šantai i banjiha deo ningguci jergi fulehun hafan šanning be adabume, coboi i duici jalan i omolo sula ajingga be gebu faidabume sonjohobi. erei dorgi ajingga se ajigen ofi, niowanggiyan uju teile ibebume, ocir, šanning be gaifi beyebe tuwabume (抬头) wesimbufi, šantai i oronde jalan halame bošoro nirui janggin sindaki sembi. erei jalin gingguleme wesimbuhe, (抬头) hese be baimbi.

abkai wehiyehe i juwan uyuci aniya juwan biyai juwan ninggun de (抬头) wesimbuhede, (抬头) hese, niru be ocir de bošobu sehe.

abkai wehiyehe i juwan uyuci aniya juwan biyai juwan ninggun.

gūsa be kadalara amban bime, sula amban, amban nayantai;

meiren i janggin bime, sula amban unenggi kiyangkiyan be, amban umitai;

meiren i janggin, amban puking.

kubuhe šanggiyan i monggo gūsai gūsa be kadalara amban nayantai, meiren i janggin unenggi kiyangkiyan be umitai, meiren i janggin puking se gaifi beyebe (抬头) tuwabume wesimbufi sindaha jalan halame bošoho nirui janggin emke, emu baita, erei gebu be arafi gingguleme (抬头) wesimbuhe. šantai i niru be ocir de bošobuha.

jalan halame bošoho niru.

nirui janggin šantai i oron tucikebi. erei oronde nirui janggin sindara urse be gūsa be kadalara amban nayantai, meiren i janggin unenggi kiyangkiyan be umitai, meiren i janggin puking se tuwame ilgahangge.

sula ocir cohoho. nirui janggin bihe šantai i banjiha amji unggu mafa coboi i ilaci jalan i omolo. juwan ninggun se. gabtarangge jergi, niyamniyarangge jergi.

ningguci jergi fulehun hafan šanning, adabuha. nirui janggin bihe šantai i banjiha deo, caliyan tulun jeme orin juwe aniya, dehi juwe se. gabtarangge jergi, niyamniyarangge jergi.

sula ajingga, gebu faidaha. nirui janggin bihe šantai i banjiha amji unggu mafa coboi i duici jalan i omolo. juwe se.

MA2-23-4-29

敖齐尔五次

jalan halame bošoho niru ere niru dade amcame jihe monggoso be niru banjibufi, coboi de bošobuha. coboi niruci fusehe hahasi be niru banjibufi, coboi i banjiha deo i jui cangnai de bošobuha.

ere niru serengge, da niru ilibuha niyalmai i banjiha juse omosi, niru ilibuha niyalmai banjiha deo i juse omosi de bošobuha. hafan niru ubu bahabure baita be icihiyara wang ambasai gisurefi wesimbuhe bade, jalan halame bošoro niru sindara de, niru bošoho niyalmai juse omosi de gemu ubu bahabuci acara be dahame, da niru ilibuha niyalmai banjiha deo i juse omosi de bošobufi oron tucici, oron tucike niyalmai juse omosi be sonjofi cohobuki. oron tucike niyalma eici enen juse akū ojoro, eici weile de nakabufi juse omosi be dosimbuci ojorakū oci, umai ceni mafari ilibuha niru waka be dahame, tesu gargan de udu gūwa juse omosi bihe seme cohoro ubu bahaburakū, adabure ubu bahabuki. niru ilibuha niyalmai juse omosi dorgici sonjofi cohobuki seme wesimbufi kooli toktobuha.

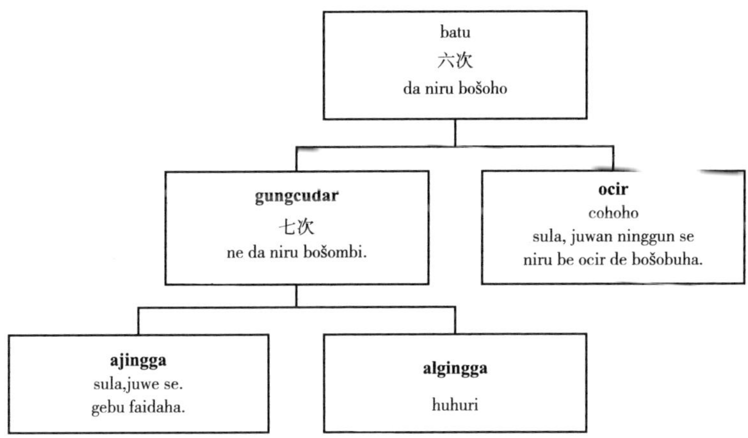

MA2-23-4-30

敖齐尔出缺请旨

（省略）hese be baimbi seme abkai wehiyehe i gūsici aniya juwe biyai orin sunja de wesimbuhede, hese, gisurehe songkoi obu sehebe gingguleme dahafi, ocir i oronde, encu hala ilaci jergi hiya bime, baitalabure hafan ciši'u de bošobuha. abkai wehiyehe i gūsin sunjaci aniya de ciši'u oron tucike manggi, gungcudar, šanning se kemuni juse akū ofi, an i siden nirui kooli songkoi icihiyafi encu hala ilhi bayarai jalan i janggin sandase de bošobuha. te sandase（抬头）iowan ming yuwan i gulu lamun i gūsai kūwaran i da de wesike. erei oronde sindara jalin, baicaci, ocir i banjiha eshen da mafa budasiri i jai jalan i omolo šanning ne umai juse akū, ocir i banjiha ahūn ne tušan i šansi daitung ni aisilame kadalara da gungcudar de emu jui banjiha, gebu derengge, teni ninggun se bime, ne geli ini ama be dahalame tušan i bade bi. amban be bahaci, ere niru be derengge mutufi nirui baita be icihiyame mutere erinde, oron tucike manggi, jai hese be baime wesimbufi niru sirabuki. ne sandase i wesike oronde kemuni taka siden nirui kooli songkoi icihiyaki.（抬头）hese wasinjiha manggi, amban be sindaci acara hafasa be ilgame sonjofi encu gaifi beyebe tuwabume wesimbufi sindaki sembi. erei jalin gingguleme wesimbuhe, hese be baimbi.

seme abkai wehiyehe i dehi emuci aniya aniya biyai orin ninggun de baita wesimbure gocika hiya sonomcering sede bufi ulame wesimbuhede, ineku inenggi hese saha sehe.

（抬头）abkai wehiyehe i dehi emuci aniya aniya biyai orin ninggun.

gocika hiya, kubuhe šanyan i monggo gūsai gūsa be kadalara amban i baita be daiselaha gulu suwayan i ujen coohai gūsai gūsa be kadalara amban, dergi amsu cai boo be kadalara amban, iowan ming yuwan i dorgi baita be uheri kadalara amban, jahūdai da, siden nirui janggin, emu jergi wasibufi tušan de bibuhe, amban deboo;

kiyan cing men de yabure, meiren i janggin bime, jai jergi taiji, amban namjal;

kiyan cing men de yabure, daiselaha meiren i janggin bime, faidan be tuwara hafan, amban ayusi.

MA2-23-4-31

敖齐尔出缺请旨

jalan halame bošoro niru ere niru dade amcame jihe monggoso be niru banjibufi, coboi de bošobuha. sirame banjiha deo budasiri de bošobuha. budasiri niruci fuseke hahasi be niru banjibufi, banjiha jui cangnai de bošobuha.

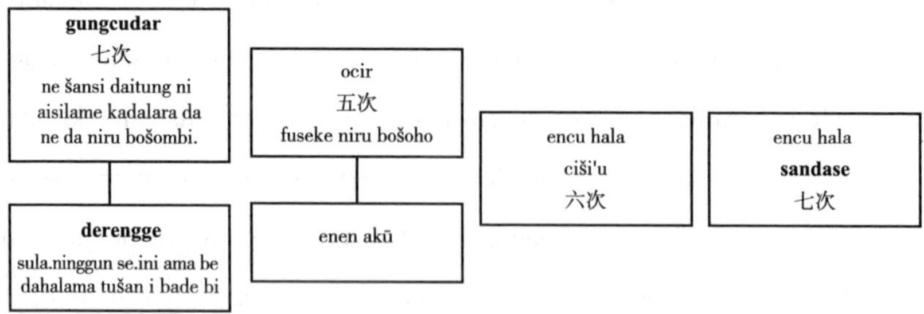

MA2-23-4-32

贡楚达尔七次

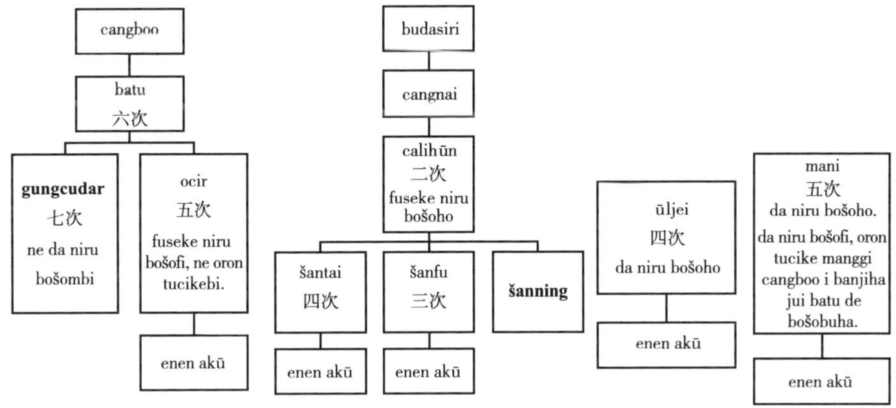

MA2-23-4-33

kubuhe šanyan i monggo gūsai gūsa be kadalara amban, amban fusen sei gingguleme wesimburengge, hese be baire jalin. amban meni gūsai teodenjeme bošoro nirui janggin fušan i oron tucikebi. ere nirui da sekiyen be baicaci,（抬头）sure han i uyuci aniya, fukjin niru banjibure de karcin i baihūndai i dehi ninggun haha baihūndai i mukūn hūbaktai i susai jakūn haha, jai encu hala kitat i juwan duin haha be acabufi, emu niru banjibufi, baihūndai de bošobuha. sirame hūbaktai i jui badara bošobuha. sirame baihūndai i jui enggesen de bošobuha. enggesen niruci haha fusefi geli emu niru banjibufi, banjibuha fuseke niru be encu hala kitat i jui bandarša de bošobuha. sirame bandarša i jui dorji de bošobuha. amala abkai wehiyehe i jai aniya（抬头）hese be dahame, nirui sekiyen be toktobume icihiyara fonde, amban meni gūsaci, dorji i bošoro nirui sekiyen be baicaci, ioiboo i da mafa hūbaktai, jai dorji i mafa kitat sei gajiha hahasi be acabufi, encu emu niru banjibuha babe tulergi golo be dasara jurgan i dangsede, ceni mafari i gajiha hahai ton gemu baicame tucibufi, dorji nirude, ioiboo i da mafa i gajiha hahasi bisirengge yargiyan, nirui janggin sindara de ioiboo de ubu bahabuci acame ofi, dorji i bošoho niru be teodenjeme bošoro niru obufi, oron tucike dari, juwe booi juse omosi i dorgici sonjofi sindaki seme wesimbuhe be nirui sekiyen i baita be icihiyara wang ambasa de afabufi, dahūme gisurefi, harangga gūsaci wesimbuhe songgkoi obuki seme wesimbufi benjihebe dangsede ejehebi. dorji oron tucike manggi, teodenjeme bošoro niru be, banjiha jui fušan de bošobuha sehebi. geli baicaci, abkai wehiyehe i jakūci aniya kubuhe fulgiyan i manju gūsai tiyan jin i gūsa be kadalara amban fucang ni teodenjeme bošoro nirui janggin i oronde sindara de, fucang ni jui be cohobume icihiyahangge, ubu neigen akū turgunde, (抬头) hese wasimbufi, gung necin de afabufi dahūme gisurefi, wesimbuhe bade, ereci julesi juwe hala emu niru be teodenjeme bošorongge oci, oron tucike manggi, oron tucike ergici sonjofi adabume, tere emu ergici sonjofi cohobuki, juwe ergici barabume sonjofi gebu faidabuki. sirame geli oron tucici, uthai ere songkoi icihiyabuki seme wesimbuhede, hese gisurehe songkoi obu sehebe gingguleme dahafi benjihe be inu dangsede ejehebi. amban be kimceme baicaci, fušan i oronde juwe halai teodenjeme bošoro nirui janggin sindara de, da haha gajiha baihūndai i jui enggesen de enen akū. jai hūbaktai i ilaci jalan i omolo ioiboo, coohai kūwakan de weile baha turgunde, ioiboo i bošoho jalan halame bošoro nirui be neneme amban meni gūsaci (抬头) hese be baime wesimbufi, siden niru obuha ofi, ne tucike juwe halai teodenjeme bošoro nirui janggin i oronde, geli weile baha ioiboo i juse be sonjofi ojorakū. aika damu kitat i emu gargan i dorgici sonjofi cohobume adabume, nirui janggin sindaci, uthai kitat i emu gargan i jalan halame bošoro niru ombi. fušan i teodenjeme bošoho niru be aika inu ioibooi bošoho da nirui songkoi siden niru obuci, fušan i unggu mafa kitat, daci geli juwan duin haha gajiha babi. baicaci, julin, lio ting mei sei adali bošoho siden niru be eici jalan halame bošoro niru obuci acara, eici siden niru obuci acara babe, ne hese wasimbufi, jakūn gūsai ambasa, coohai nashūn i ambasa de afabufi, toktobume icihiyabure be dahame, amban meni gūsai ne tucike fušan i bošoho teodenjehe niru, udu julin, lio ting mei sei nirui adali akū bicibe, amban be bahaci, hese be baifi， fušan i niru be ai gese niru obuci acara babe， inu julin sei nirui baita de dosimbufi suwaliyame toktobume gisurebuki sembi. uttu ofi fušan， ioiboo sei booi durugan be suwaliyame gingguleme tuwabume ibebuhe，（抬头） hese be baimbi.

abkai wehiyehe i orin sunjaci aniya omšon biyai gūsin.

gocika de yabure hebei amban， hafan i jurgan i aliha amban bime， kubuhe šanyan i monggo gūsai gūsa be kadalara amban， amban fulgiyan umiyesun， fušan；

gulu šanyan i tui janggin bime， meiren i janggin de kamcibuha， amban ailungga.

seme abkai wehiyehe i orin sunjaci aniya omšon biyai gūsin de baita wesimbure aisilakū hafan lii jy yeng sede bufi ulame wesimbuhede， ineku inenggi hese saha sehe.

MA2-23-4-34

teodenjeme bošoro niru

ere niru dade karcin i baihūndai， hūbaktai， kitat sei gajiha hahasi be acabufi niru banjibufi， baihūndai de bošobuha. amala haha fusehe turgunde， geli emu niru banjibufi， kitat i jui bandarša de bošbobuha.

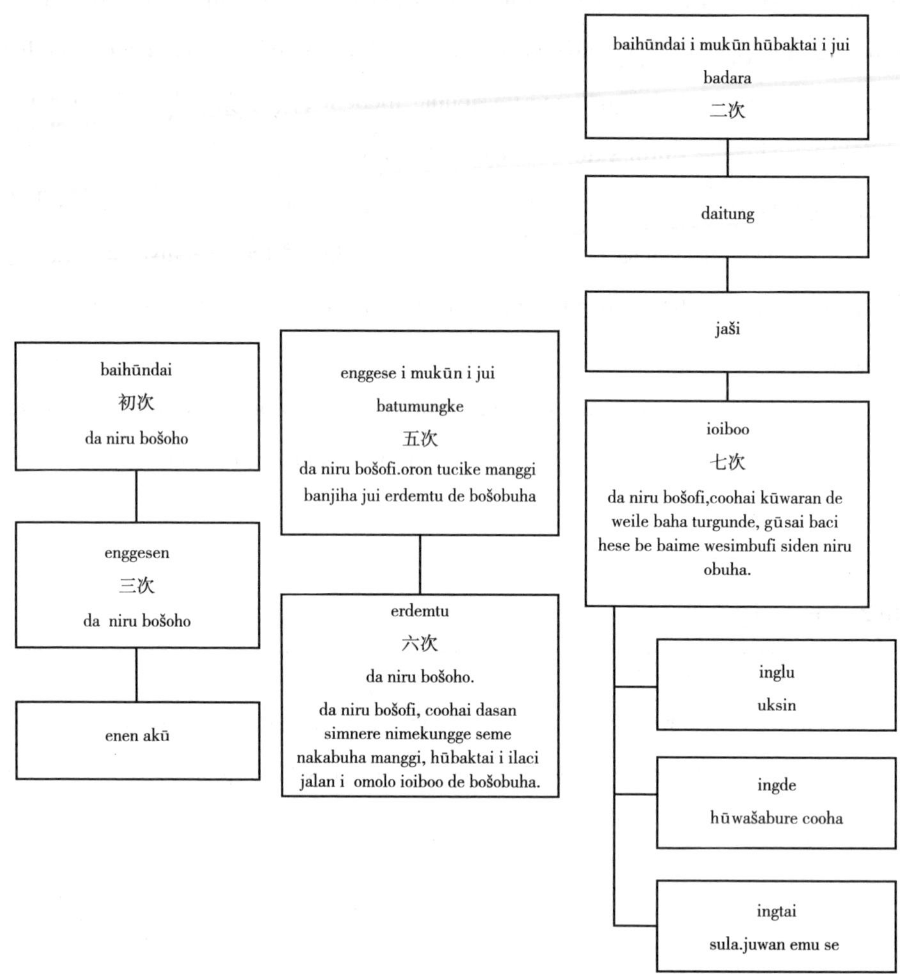
baihūndai i mukūn hūbaktai i jui
badara
二次
daitung
jaši
ioiboo
七次
da niru bošofi,coohai kūwaran de weile baha turgunde, gūsai baci hese be baime wesimbufi siden niru obuha.
inglu
uksin
ingde
hūwašabure cooha
ingtai
sula.juwan emu se
baihūndai
初次
da niru bošoho
enggesen
三次
da niru bošoho
enen akū
enggese i mukūn i jui
batumungke
五次
da niru bošofi.oron tucike manggi banjiha jui erdemtu de bošobuha
erdemtu
六次
da niru bošoho.
da niru bošofi, coohai dasan simnere nimekungge seme nakabuha manggi, hūbaktai i ilaci jalan i omolo ioiboo de bošobuha.

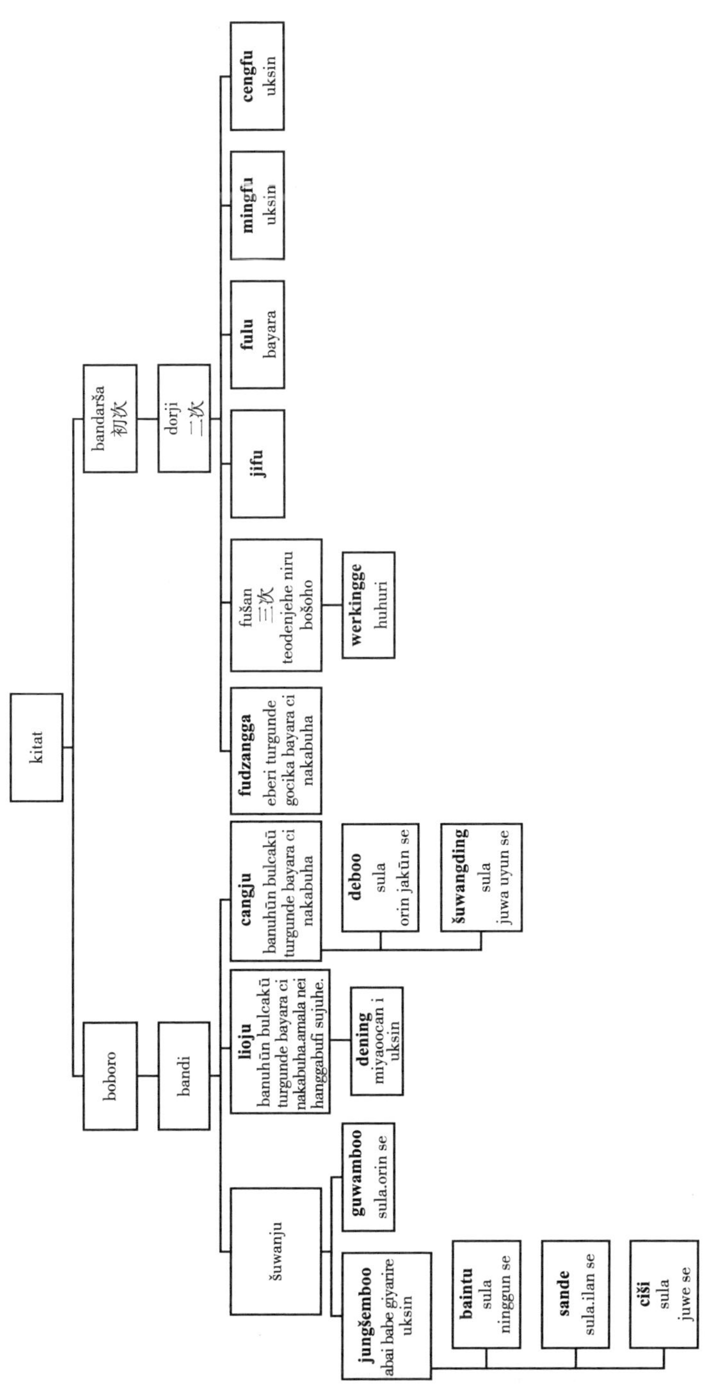
kitat
bandarša
初次
dorji
二次
cengfu
uksin
mingfu
uksin
fulu
bayara
jifu
fušan
三次
teodenjehe niru
bošoho
werkingge
huhuri
fudzangga
eberi turgunde
gocika bayara ci
nakabuha
boboro
bandi
cangju
banuhūn bulcakū
turgunde bayara ci
nakabuha
deboo
sula
orin jakūn se
šuwangding
sula
juwa uyun se
lioju
banuhūn bulcakū
turgunde bayara ci
nakabuha.amala nei
hanggabufi sujuhe.
dening
miyaoocan i
uksin
šuwanju
guwamboo
sula.orin se
jungšemboo
abai babe giyarire
uksin
baintu
sula
ninggun se
sande
sula.ilan se
ciši
sula
juwe se

MA2-23-4-35

kubuhe šanggiyan i monggo gūsai gūsa be kadalara amban i baita be kadalame icihiyara hošoi yargiyangga cin wang, amban yūn bi sei gingguleme wesimburengge, jalan halame bošoro nirui janggin sindara jalin. amban meni gūsai nirui janggin eldengge i oron tucikebi. ere nirui da sekiyen be baicaci, eldengge i amji da mafa emelci, dahame jihe gung de fukjin niru bure jergi de, niru be emelci de bošobuha. oron tucike manggi, jangnu i banjiha eshen cinggel i jui haraldai de bošobuha. oron tucike manggi, haraldai i jui arbin be ajigen seme, haraldai i mukūn i jui barang de bošobuha. oron tucike manggi, haraidai i mukūn i ahūn sirakitat de bošobuha. oron tucike manggi, haraidai i jui arbin de bošobuha. oron tucike manggi, arbin i jui yunggui de bošobuha. yunggui be mukden i gūsai da sindaha manggi, yunggui i banjiha deo tarni de bošobuha. oron tucike manggi, tarni i banjiha deo pusaboo de bošobuha. oron tucike manggi, pusaboo i jui eldengge de bošobuha sehebi. amban be baicaci, nirui janggin bihe eldengge i beyede jalan sirara baitalabure hafan jai emu tuwašara hafan bi. erei hafan sirara ejehe de araha hafan siraha niyalmai gebu mahūlafi, getuken i dahame muterakū ofi, uthai nirui janggin sindame banjinarakū turgunde, duleke aniiya juwan biyade hafan i jurgan de baicabume yabubuha bihe. te hafan i jurgan ci mahūlaha hergen be getukeleme arabufi amasi benjihebi. geli baicaci, abkai wehiyehe i jai aniya hese be dahame fujuri niru, jalan halame bošoro niru sekiyen be toktobume icihiyara de, amban meni gūsaci eldengge i bošoho jalan halame bošoho niru sekiyen be baicaci, nirui janggin sindara de, da niru bošoro emelci i jui jangnu de enen akū. emelci i banjiha deo cinggel i juse omosi de ubu bi seme (抬头) wesimbuhe be niru sekiyen i baita be icihiyara wang ambasa, jakūn gūsai ambasa, harangga gūsaci wesimbuhe songkoi obuki seme dahūme wesimbufi benjihebe, jakūn gūsai hafan, niru ubu bahabure baita be icihiyara wang, ambasai bade benebufi, ubu bahabume toktobume gisurefi, wesimbufi benjihe bithei dorgide, da niru ilibuha niyalma enen lakcafi, mukūn i urse be jui obume ujihakū turgunde, ne niru be banjiha ahūn, deo, amji, eshen i juse omosi de bošobuhabi. baicaci, ne niru bošoho niyalma gemu da niru ilibuha niyalmai banjiha ahūn, deo, amji, eshen i juse omosi, ubu bahabuci acara kooli de acanaha be dahame, oron tucici, enen lakcaha niyalmai banjiha ahūn deo i juse omosi. banjiha amji eshen i juse omosi de niru bošoho bošohakū be bodorakū, adali ubu bahabuki. banjiha amji eshen mafa i juse omosi i dorgi, udu niru bošoho mudan bicibe, kooli de ubu akū be dahame, ubu bahaburakū obuki seme wesimbufi benjihebe, gemu dangsede ejehebi. uttu ofi, amban be hesei tucibuhe hafan niru ubu bahabure baita be icihiyara wang ambasai baci toktobume gisurefi wesimbuhe songkoi, eldengge i oronde, jalan halame bošoro nirui janggin sindara de, baicaci, eldengge i banjiha amji yunggui i omolo sula guwamboo ci tulgiyen, jai niyalma akū. guwamboo, ere aniya nadan se be dahame, bahaci, guwamboo i niowanggiyan uju teile ibebufi tuwabume wesimbufi, jalan halame bošoro nirui janggin sindaki sembi. erei jalin gingguleme（抬头）wesimbuhe. hese be baimbi.

abkai wehiyehe i juwan ilaci aniya ninggun biyai juwan uyun.

gūsa be kadalara amban i baita be kadalame icihiyara, hošoi yargiyangga cin wang, amban yūn bi;

meiren i janggin amban bolbuca;

meiren i janggin amban arbin.

abkai wehiyehe i juwan ilaci aniya ninggun biyai juwan uyun de（抬头）wesimbuhede, hese, niru be guwamboo de bošobu sehe.

MA2-23-4-36

jalan halame bošoho niru ere niru dade eldengge i amji da mafa emelci dahame jihe gung de fukjin niru bure jergi de emelci de bošobuha.

ere niru serengge, da niru ilibuha niyalma enen lakcafi, banjiha deo i juse omosi de bošobuha, hafan niru ubu bahabure baita be icihiyara wang ambasai gisurefi, wesimbuhe bade, da niru ilibuha niyalma enen akū, banjiha ahūn, deo, amji, eshen i juse omosi niru bošoho bošohakū be bodorakū gemu adali ubu bahabuci acara be dahame, oron tucike niyalmai juse omosi be sonjofi cohobuki, funcehengge be barambume sonjofi adabuki, gebu faidabuki seme wesimbufi kooli toktobuha.

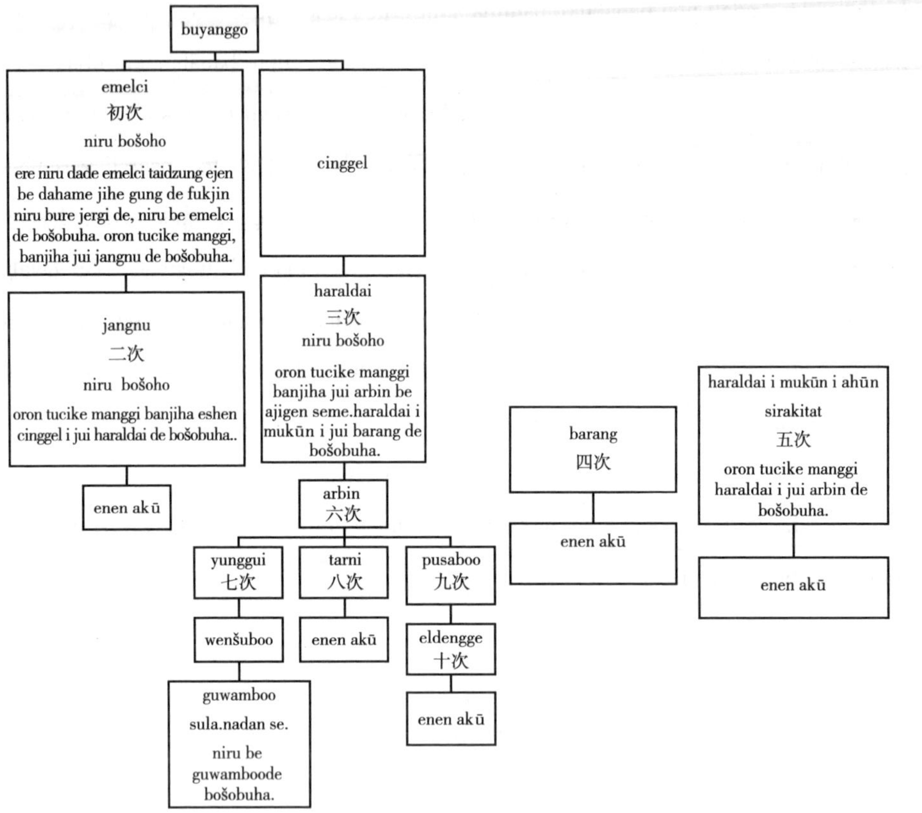

MA2-23-4-37

kubuhe šanyan i monggo gūsai gūsa be kadalara amban alifi baicara amban, amban begiyūn sei gingguleme（抬头）wesimburengge, jalan halame bošoho nirui janggin sindara jalin. amban meni gūsai jalan halame bošoho nirui janggin bime baitalabure hafan jai emu tuwašara hafan cenglin ne oron tucikebi. ere niru da sekiyen be baicaci, cenglin i amji da sekiyen mafa emelci dahame jihe gung de fukjin niru bure jergi de niru be emelci de bošobuha. oron tucike manggi, emelci i jui janggnu de bošobuha. oron tucike manggi, jangnu i banjiha eshen cinggel i jui haraldai de bošobuha. oron tucike manggi, haraldai i jui arbin be ajigen seme haraldai i mukūn i jui barang de bošobuha. oron tucike manggi, haraldai i mukūn i ahūn sirakitat de bošobuha. oron tucike manggi, haraidai i jui arbin de bošobuha. oron tucike manggi, arbin i jui yunggui de bošobuha. yunggui be（抬头）mukden i gūsai da sindaha manggi, yunggui i banjiha deo de bošobuha. oron tucike manggi, tarni i banjiha deo pusaboo de bošobuha. oron tucike manggi, pusaboo i jui eldengge de bošobuha. oron tucike manggi, eldengge i banjiha amji yunggui i omolo guwantai de bošobuha. guwantai coohai dasan simnerede se sakdaka bime nimekulehe turgunde nakabuha manggi, jui algingga de bošobuha. oron tucike manggi, enen obume ujihe jui cenglin de bošobuha sehebi. baicaci, toktobuha kooli de niru ilibuha niyalmai banjiha juse omosi de niru bošobufi oron tucici, oron tucike niyalmai juse omosi be sonjofi cohobuki, gūwa gargan i juse omosi i dorgici sonjofi adabuki gebu faidabuki sehebi. uttu ofi, amban meni gūsai jalan halame bošoho nirui janggin canglin i tucike oronde sindara jalin ilgame tuwaci, cenglin i ahūngga jui sula puguwang be sonjohobi. baicaci, puguwang ere aniya ninggun se, se ajigen ofi, beyebe（抬头）tuwabume muterakū. amban be bahaci, hafan sirara bukdari booi durugan be ginggulеme（抬头）tuwabume wesimbufi jalan halame bošoho nirui janggin sindaki, erei jalin ginggulеme wesimbuhe,（抬头）hese be baimbi.

doro eldengge i orin uyuci aniya uyun biyai orin ilan.

gūsa be kadalara amban, uheri be baicara yamun i alifi baicara amban, booi amban, kubuhe suwayan i monggo gūsai gūsa be kadalara amban i baita be daiselaha amban begiyūn;

meiren i janggin bime, tarbagatai i hebei amban, amban uksun cengkai. takūran.

meiren i janggin bime, si niyeng ni baita icihiyara amban, amban hargina. takūran.

daiselaha meiren i janggin, fe ice kūwaran i baita be kadalara amban, gulu šanyan i ujen coohai gūsai meiren i janggin amban žuicang.

seme doro eldengge i orin uyuci aniya uyun biyai orin uyun de erei hafan sirara booi durugan be ibebume wesimbuhede, hese cenglin i niru be puguwang de bošobu sehe.

MA2-23-4-38

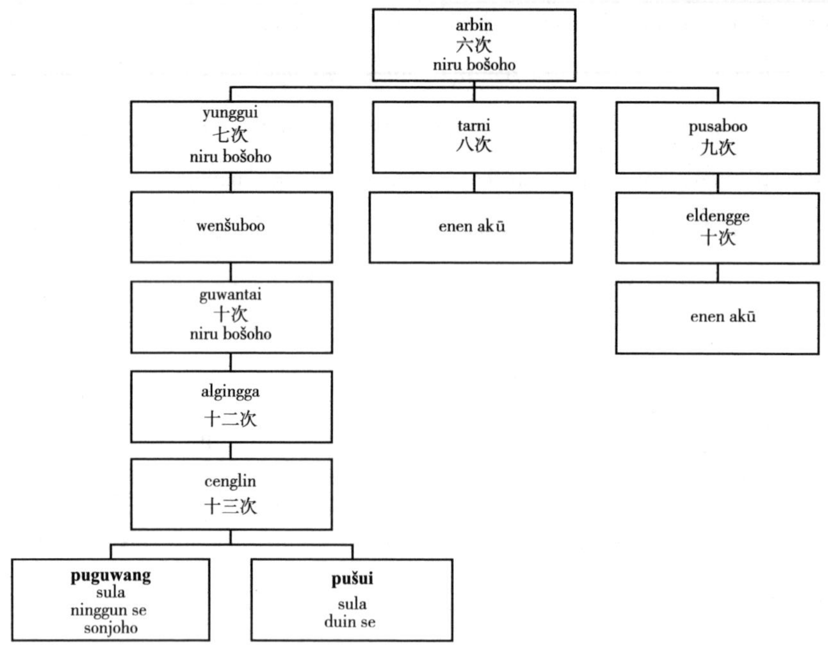

MA2-23-4-39

常永二次承管

jalan halame bošoho niru

ere niru dade karcin i ocir ubasi tabunang ni gaifi jihe tanggū haha be banjibuha niruci fuseke hahasi be niru banjibufi, ocir ubasi tabunang ni banjiha deo i juse omosi de bošobufi, geli haha fusefi encu emu niru banjibufi, ocir ubasi tabunang ni jai jalan i omolo ingbooju de bošobuha.

ere niru serengge, da niru ilibuha niyalmai banjiha deo niru ilibuha niyalmai juse omosi de bošobuha. hafan niru ubu bahabure baita be icihiyara wang ambasai gisurefi wesimbuhe bade, jalan halame bošoro niru sindara de, niru bošoho niyalmai juse omosi de gemu ubu bahabuci acara be dahame, da niru ilibuha niyalmai juse omosi de bošobufi, oron tucici, oron tucike niyalmai juse omosi be sonjofi, ere niru bošoho niyalmai juse omosi be sonjofi adabuki, da niru ilibuha niyalmai juse omosi, ere niru bošoho niyalmai juse omosi i dorgici sonjofi gebu faidabuki seme wsimbufi kooli toktobuha.

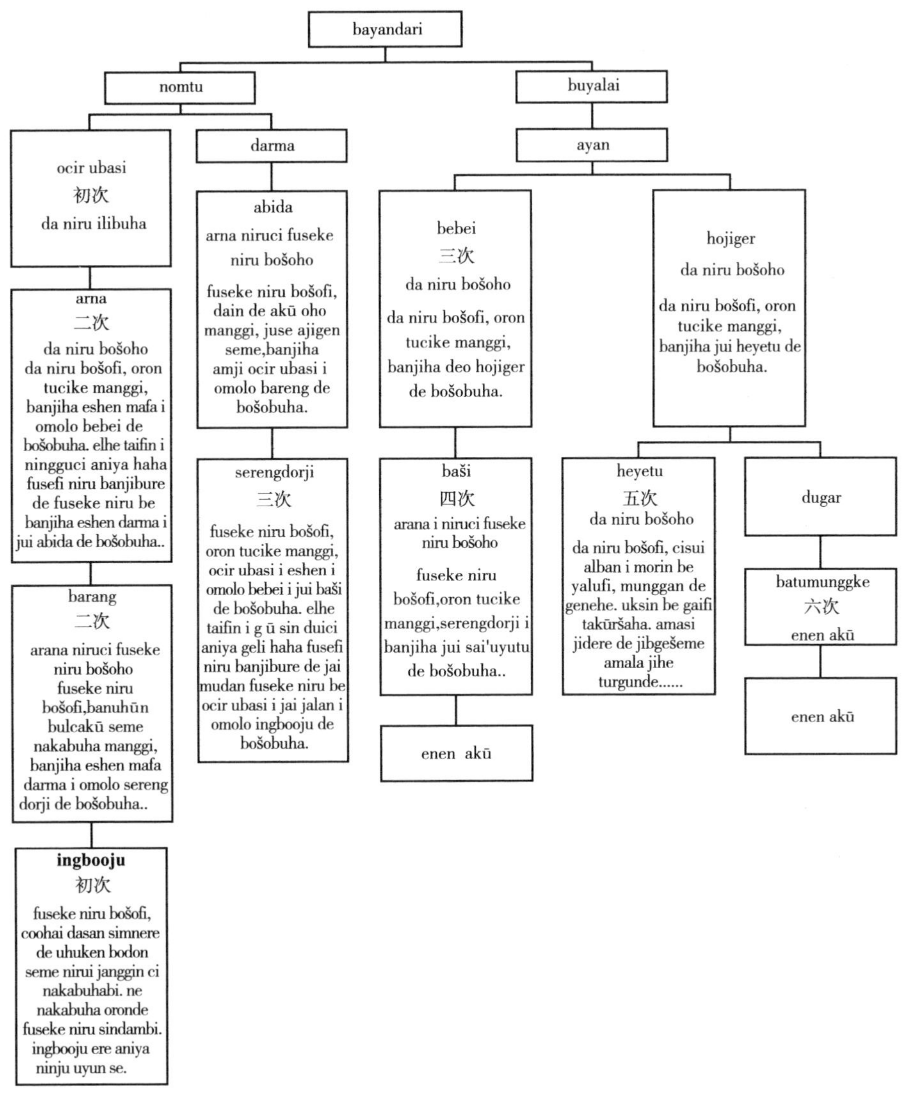

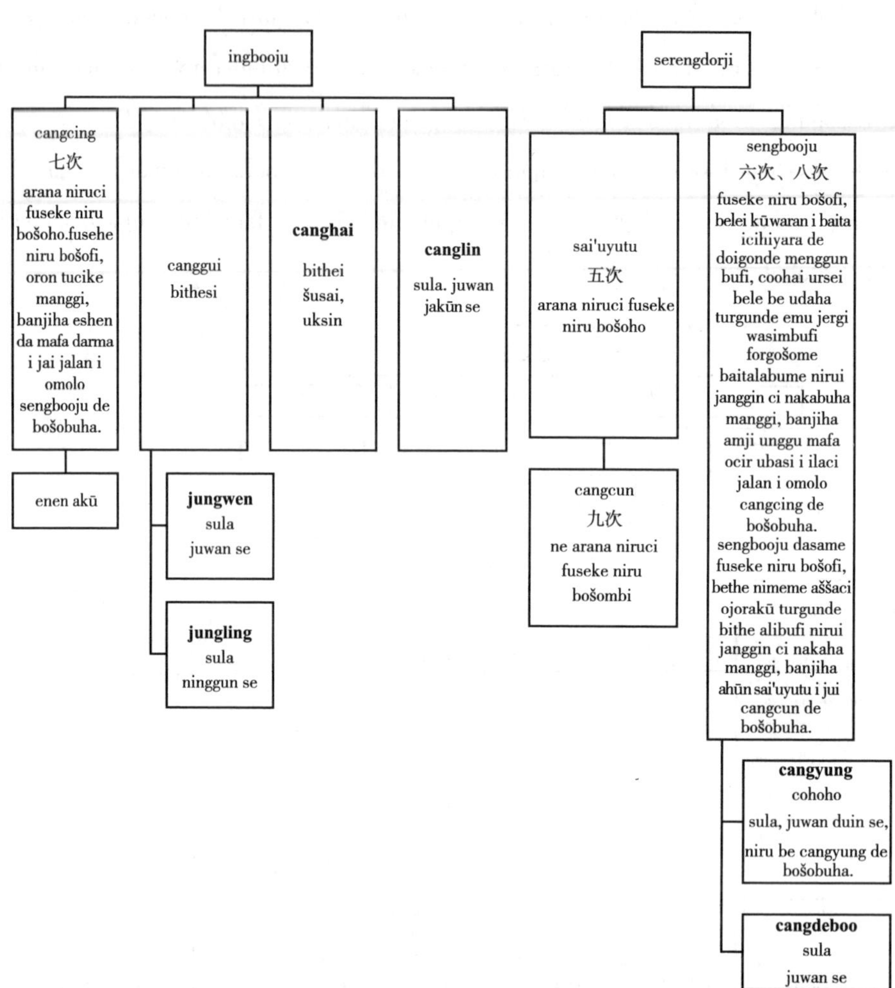
ingbooju
cangcing
七次
arana niruci fuseke niru bošoho.fusehe niru bošofi, oron tucike manggi, banjiha eshen da mafa darma i jai jalan i omolo sengbooju de bošobuha.
enen akū
canggui
bithesi
jungwen
sula
juwan se
jungling
sula
ninggun se
canghai
bithei
šusai,
uksin
canglin
sula. juwan jakūn se
serengdorji
sai'uyutu
五次
arana niruci fuseke niru bošoho
cangcun
九次
ne arana niruci fuseke niru bošombi
sengbooju
六次、八次
fuseke niru bošofi, belei kūwaran i baita icihiyara de doigonde menggun bufi, coohai ursei bele be udaha turgunde emu jergi wasimbufi forgošome baitalabume nirui janggin ci nakabuha manggi, banjiha amji unggu mafa ocir ubasi i ilaci jalan i omolo cangcing de bošobuha. sengbooju dasame fuseke niru bošofi, bethe nimeme aššaci ojorakū turgunde bithe alibufi nirui janggin ci nakaha manggi, banjiha ahūn sai'uyutu i jui cangcun de bošobuha.
cangyung
cohoho
sula, juwan duin se, niru be cangyung de bošobuha.
cangdeboo
sula
juwan se

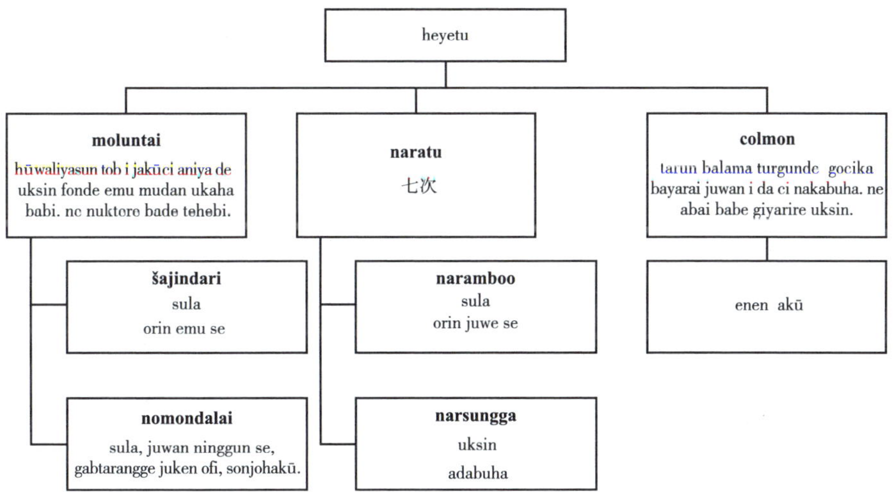

MA2-23-4-40

常永补放参将请旨可否署理

kubuhe šanyan i monggo gūsai gūsa be kadalara amban i baita be kadalame icihiyara amban miyan na sei gingguleme wesimburengge，（抬头）hese be baire jalin. ere aniya juwe biyai juwan emu de coohai jurgan ci benjihe bithede，meni jurgan ci suweni gūsai jai jergi hiya bime，jalan halame bošoro nirui janggin cangyung be juwe biyai ice sunja de gaifi beyebe（抬头）tuwabufi，guwangdung ni cendeme baitalara adaha kadalara da sindahabi seme benjihebi. baicaci，neneme gulu fulgiyan i manju gūsai jalan halame bošoro nirui janggin šitai be fugiyan jegiyang goloi dasihire hafan de niyeceme baitalabume unggihe de，harangha gūsaci šitai i oronde，eici daiselabuci acara，eici sindaci acara babe，（抬头）hese be baime wesimbuhede，hese ereci julesi jakūn gūsade šitai i adali baita bici，niru sirara booi durugan be suwaliyame ibebufi hese be baime wesimbukini sehebe gingguleme dahafi benjihebe dangsede ejehebi. amban meni gūsai jai jergi hiya bime，jalan halame bošoro nirui janggin cangyung guwangdung ni cendeme baitalara adaha kadalara da sindaha cangyung ni beyede bisire jalan halame bošoro niru be eici cangyung ni beyede bibufi nirui baita be daiselabuci acara hafasa be sonjofi wesimbufi daiselabure, eici niru bošoci acara niyalma be ilgame sonjofi bošobure babe gingguleme（抬头）hese be baime wesimbuhe. hese wasinjiha manggi gingguleme dahame icihiyaki. uttu ofi, niru sirara booi durugan be suwaliyame gingguleme ibebuhe.（抬头）hese be baimbi..

abkai wehiyehe i dehi ilaci aniya juwe biyai juwan nadan.

gūsa be kadalara amban i baita be kadalame icihiyara, dashūwan galai gabsihiyan i galai amban bime, manju tuwai agūrai kūwaran i doron be jafaha uheri kadalara amban, culgan da i baita be icihiyara, tofohoto niyamniyara mangga be kadalara amban, fe ice kūwaran i baita be kadalara ilan gūsai uheri karan i da, doroi tokton giyūn wang, amban miyan na;

kiyan cing men de yabure, meiren i janggin bime, jai jergi taiji, amban namjal;

meiren i janggin bime, silin dacungga kūwaran be kadalara amban karan i da, amban gatabu.

seme abkai wehiyehe i dehi ilaci aniya juwe biyai juwan nadan de baita wesimbure gocika hiya keksen baturu heo horonggo sede bufi ulame wesimbuhede, ineku inenggi hese, oron be tucibufi bošoci acara niyalma be sonjofi gaifi beyebe tuwabu sehe.

MA2-23-4-41

常永补放参将请旨可否署理

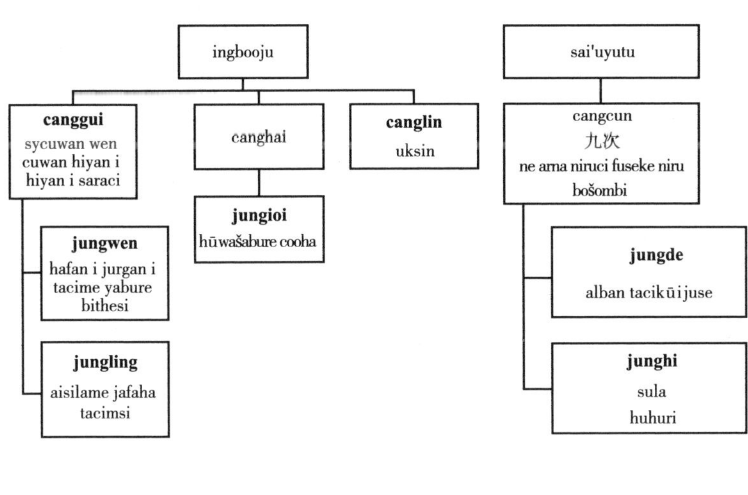

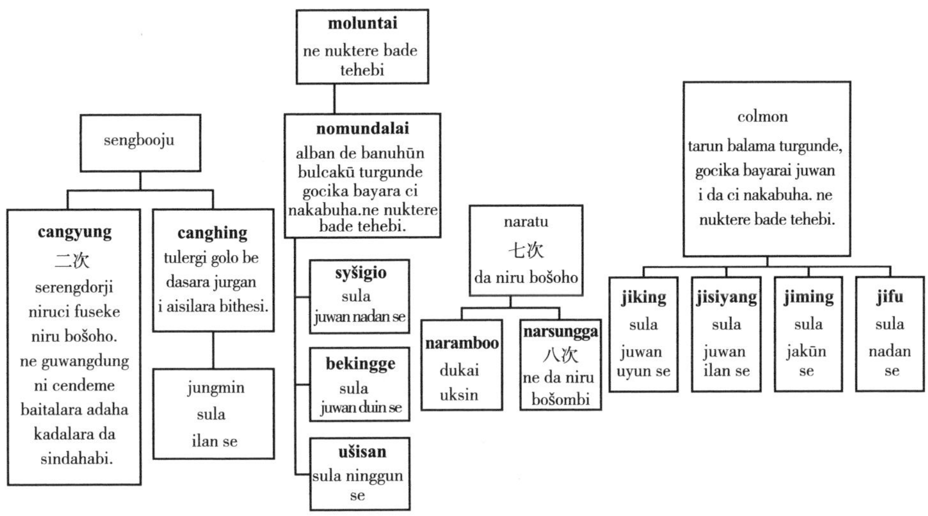

MA2-43-4-42

常永出缺应行拟正可否调取请旨

kubuhe šanyan i monggo gūsai gūsa be kadalara amban i baita be kadalame icihiyara amban miyan na sei gingguleme wesimburengge,（抬头）hese be baire jalin. amban meni gūsai jai jergi hiya bime, jalan halame bošoro nirui janggin cangyung, coohai jurgan ci gaifi beyebe tuwabufi guwangdung ni cendeme baitalara adaha kadalara da sindaha turgunde, amban meni gūsaci cangyung nı beyede bısıre jalan halame bošoro niru be eici cangyung ni beyede bibufi, nirui baita be encu hafan de daiselabure, eici niru bošoci acara niyalma be sonjofi bošobure babe booi durugan be suwaliyame ibebufi, hese be baime wesimbuhede, （抬头）hese, oron tucibufi bošoci acara niyalma be sonjofi gaifi beyebe tuwabu sehebe gingguleme dahafi, baicaci, abkai wehiyehe i gūsin ilaci aniya omšon biyai juwan de, liyangking ni baci hafan i jurgan ci gulu suwayan i manju gūsai dening ni tucike heo i oronde, ini deo hiyan i saraci dekun be cohoho ubude tomilafi, urunakū omšon biyai dolo gemun hecen de isinjikini seme bithe benjihe. dekun ne gui jeo goloi bi jiyei hiyan i hiyan i saraci i baita be daiselahabi. joolame afabure baita labdu bime, ba umesi goro, bilagan inenggi i songkoi isinjime muterakū seme turgun be tucibume （抬头）wesimbuhede, （抬头）hesei ereci julesi hafan sirara de cohoho ubude tomilaha tulergi tušan i ursebe doigonde bithe yabubufi ganabure be baiburakū, neneme booi durugan be ibebume wesimbufi, jai ganame bithe yabubukini sehebe gingguleme dahafi dangsede ejehebi. te amban meni gūsai guwangdung ni cendeme baitalara adaha da sindaha cangyung ni oronde jalan halame bošoro nirui janggin sindara de cohoro ubude tomilaci acara sycuwan wen cuwan hiyan i hiyan i saraci canggui ne tušan i bade bisire be dahame, canggui be eici ganabuci acara acarakū babe niru sirara booi durugan be gingguleme （抬头）tuwabume wesimbuhe, （抬头）hese wasinjiha manggi, amban be gingguleme dahame icihiyaki. erei jalin gingguleme wesimbuhe. （抬头）hese be baimbi.

abkai wehiyehe i dehi ilaci aniya juwe biyai orin sunja.

gūsa be kadalara amban i baita be kadalame icihiyara dashūwan galai gabsihiyan i galai amban bime, manju tuwai agūrai kūwaran i doron be jafaha uheri kadalara amban, culgan da i baita be icihiyara tofohoto niyamniyara mangga be kadalara amban, fe ice kūwaran i baita be kadalara, ilan gūsai uheri karan i da, doroi tokton giyūn wang, amban miyan na;

kiyan cing men de yabure, meiren i janggin bime jai jergi taiji, amban namjal;

meiren i janggin bime, silin dacungga kūwaran be kadalara amban karan i da, amban gatabu.

seme abkai wehiyehe i dehi ilaci aniya juwe biyai orin sunja de baita wesimbure gocika hiya keksen baturu heo horonggo sede bufi ulame wesimbuhede, ineku inenggi coohai nashūn i baci afabume tucibuhe. hese, canggui be ganabure be joo, niru be encu niyalma tucibufi daiselakini sehe.

MA2-23-4-43

常永出缺应行拟正之人可否调取请旨

jalan halame bošoho niru ere niru dade karcin i ocir ubasi tabunang ni gaifi jihe juwe tanggū haha be banjibuha niruci fuseke hahasi be niru banjibufi, ocir ubasi tabunang ni banjiha deo i juse omosi de bošobufi, geli haha fusefi encu emu niru banjibufi, ocir ubasi tabunang ni jai jalan i omolo ingbooju de bošobuha.

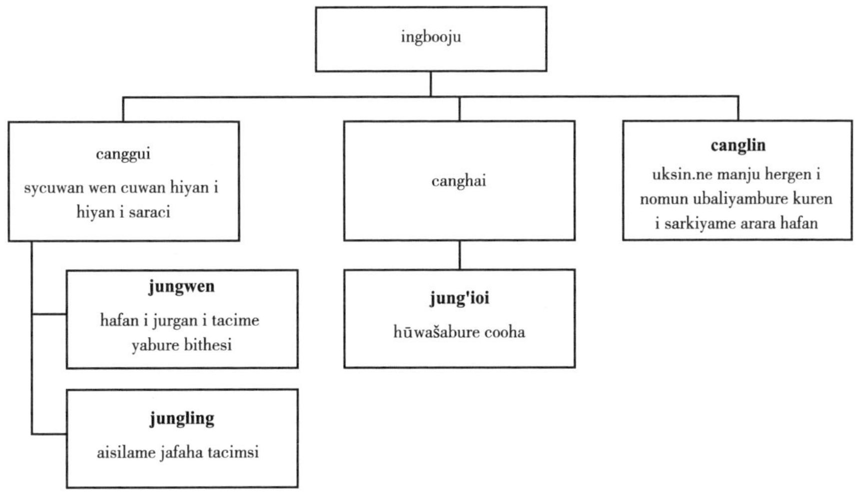

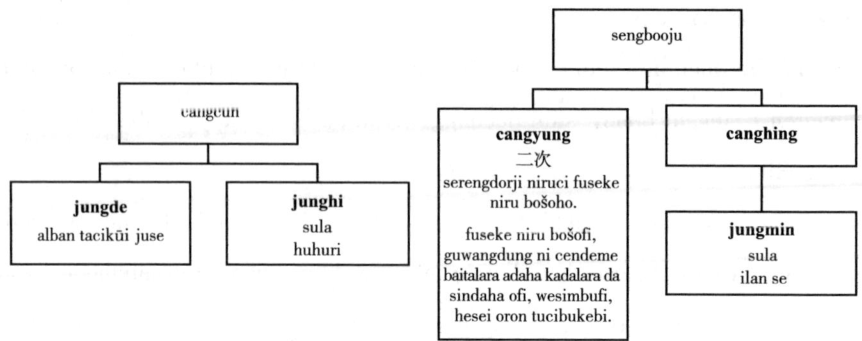

MA2-23-4-44

郭兴阿三次

kubuhe šanyan i monggo gūsai gūsa be kadalara amban karacin i doroi beile amban dambadorji sei gingguleme wesimburengge, jalan halame bošoro nirui janggin sindara jalin, amban meni gūsai jalan halame bošoro nirui janggin cangyung ni oron tucikebi. ere nirui da sekiyen be baicaci, dade karacin i ocir ubasi tabunang juwe tanggū haha be gaifi niohon ulgiyan aniya de（抬头）taidzung ejen be baime jihe manggi, niru banjibufi, ocir ubasi tabunang de bošobuha. oron tucike manggi, ocir ubasi tabunang ni banjiha jui arna de bošobuha. elhe taifin i ningguci aniya, arna niruci haha fusefi niru be arna i banjiha eshen darma i jui abida de bošobuha. dain de akū oho manggi, juse ajigen seme, abida i banjiha amji ocir ubasi tabunang ni omolo bareng de bošobuha. bareng be banuhūn bulcakū seme nakabuha manggi, bareng ni banjiha eshen mafa darma i omolo serengdorji de bošobuha. elhe taifin i gūsin duici aniya, serengdorji niruci haha fusefi, geli niru banjibure de, jai mudan fuseke niru be, ocir ubasi tabunang ni jai jalan i omolo ingbooju de bošobuha. coohai dasan simnere de uhuken budun seme nirui janggin ci nakabuha manggi, ocir ubasi tabunang ni banjiha deo darma i ilaci jalan i omolo cangyung de bošobuhabi. cangyung niru bošofi, ne oron tucikebi. geli baicaci, toktobuha kooli de aika juwe ilan niru be gemu niru ilibuha niyalmai banjiha ahūn deo, amji, eshen i juse omosi de bošobufi, oron tucici, ceni mafa umai niru ilibuha niyalma waka bime, ne geli niru bošoho be dahame, oron tucike niyalmai juse omosi de cohoro ubu bahabume banjinarakū. niru ilibuha niyalmai juse omosi be sonjofi cohobuki. ere niru bošoho banjiha ahūn, deo, amji, eshen i juse omosi be sonjofi adabuki, funcehe niru ilibuha niyalmai juse omosi, ere niru bošoho niyalmai juse omosi i dorgici sonjofi gebu faidabuki sehebi. amban meni gūsai jalan halame bošoho nirui janggin cangyung ni tucike oronde sindara jalin, ilgame tuwafi, cangyung ni amji da mafa ocir ubasi tabunang ni ningguci jalan i omolo sarkiyame arara hafan gosingge be cohome, cangyung ni ahūngga jui alban tacikūi juse jungsin be adabume, cangyung ni eshen da sekiyen mafa buyalai i duici jalan i omolo, silin dacungga kūwaran i gabsihiyan i juwan i da jiking be gebu faidabume sonjohobi. bahaci, gosingge, jungsin, jiking be gaifi beyebe（拾头）tuwabume wesimbufi, jalan halame bošoho nirui janggin sindaki sembi. erei jalin niru bošoro booi durugan be suwaliyame gingguleme tuwabume wesimbuhe. hese be baimbi.

saicungga fengšen i jakūci aniya omšon biyai ice.

gocika de yabure, gūsa be kadalara amban bime, hiya kadalara dorgi amban, dorgi faidan be kadalara yamun i uheri tuwara amban, saicungga fengšen i jakūci aniya omšon biyai ice de gaifi beyebe tuwabume wesimbuhede, hese, niru be cohoho gosingge de bošobu sehe.

MA2-23-4-45

郭兴阿三次

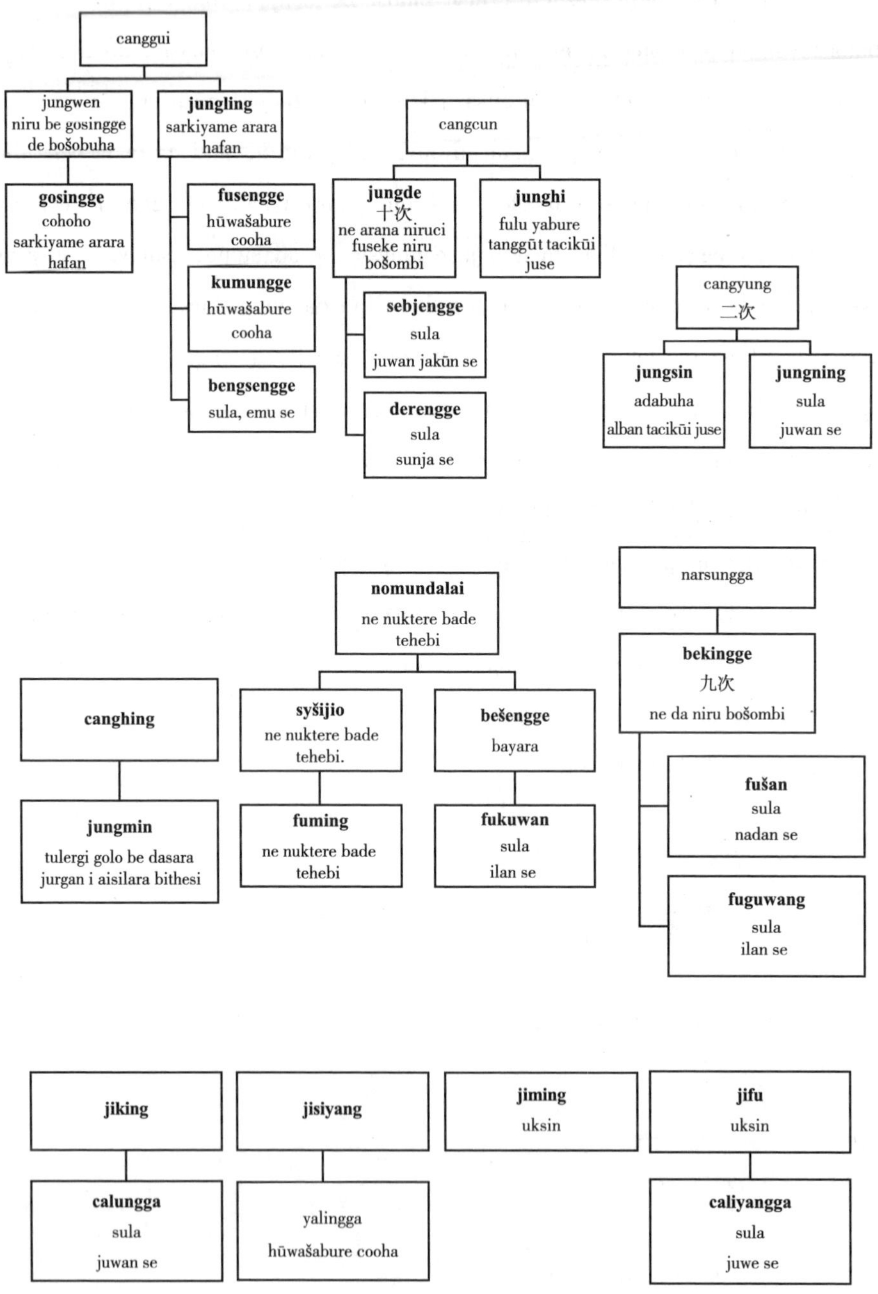

MA2-23-4-46

成惠四次

kubuhe šanyan i monggo gūsai gūsa be kadalara amban, amban mengju sei gingguleme（抬头）wesimburengge. jalan halame bošoho nirui janggin sindara jalin. ambn meni gūsai jalan halamc bošoho nirui janggin gosingge i oron tucikebi. ere nirui da sekiyen be baicaci, dade karacin i ocir ubasi tabunang juwe tanggū haha be gaifi niohon ulgiyan aniya de（抬头）taidzung ejen be baime jihe manggi, niru banjibufi, ocir ubasi tabunang de bošobuha. oron tucike manggi, ocir ubasi tabunang ni banjiha jui arna de bošobuha. elhe taifin i ningguci aniya arna niruci haha fusefi niru banjibure de, fuseke niru be arna i banjiha eshen darma i jui abida de bošobuha. dain de akū oho manggi, juse ajigen seme abida i banjiha amji ocir ubasi tabunang ni omolo bareng de bošobuha. bareng be banuhūn bulcakū seme nakabuha manggi, bareng ni banjiha eshen mafa darma i omolo serengdorji de bošobuha. elhe taifin i gūsin duici aniya, serengdorji niruci haha fusefi, geli niru banjibure de, jai mudan fuseke niru be ocir ubasi tabunang ni jai jalan i omolo ingbooju de bošobuha.（抬头）coohai dasan simnere de uhuken budun seme nirui janggin ci nakabuha manggi, ocir ubasi tabunang ni banjiha deo darma i ilaci jalan i omolo cangyung de bošobuha. oron tucike manggi, cangyung ni amji da mafa ocir ubasi tabunang ni ningguci jalan i omolo gosingge de bošobuha sehebi. gosingge ne oron tucikebi. geli baicaci, toktobuha kooli de, juwe ilan niru be ilibuha niyalmai banjiha juse omosi de bošobufi, oron tucici, oron tucike niyalma juse omosi be sonjofi coho, oron tucike gargan de ne niru bošohongge bici, niru akū gargan i juse omosi i dorgici sonjofi coho. ere niru bošoho banjiha ahūn, deo, amji, eshen i juse omosi be sonjofi adabu. funcehe niru ilibuha niyalmai juse omosi. jai ere niru bošoho niyalmai juse omosi i dorgici sonjofi gebu faida sehebi. te amban meni gūsai jalan halame bošoho nirui janggin gosingge i tucike oronde sindara jalin, ilgame tuwafi, gosingge i banjiha jui sula cenghui be cohome, gosingge i banjiha eshen da sekiyen mafa darma i duici jalan i omolo tanggūt tacikūi juse junghi be adabume, gosingge i eshen da sekiyen mafa buyalai i sunjaci jalan i omolo bayara bešengge be gebu faidabume sonjohobi. cohoho sula cenghui, se ajigen ofi, niowanggiyan uju teile ibebumbi. bahaci, junghi, bešengge be gaifi beyebe tuwabume wesimbufi jalan halame bošoho nirui janggin sindaki. erei jalin niru bošoro booi durugan be suwaliyame gingguleme tuwabume wesimbuhe. hese be baimbi.

saicungga fengšen i orici aniya juwan biyai orin ilan.

kiyan cing men i hiya, gūsa be kadalara amban, iowan ming yuwan i jakūn gūsa booi ilan gūsai baita be kadalara amban, kesi be aliha gung, amban mengju. idu.

kiyan cing men i hiya, meiren i janggin, manju tuwai agūrai kūwaran be kadalara amban, uju jergi colgoroko baturu gung, ilaci jergi adaha hafan, amban anceng;

meiren i janggin, kubuhe šanyan i gūsai tui janggin, iowan ming yuwan i jakūn gūsa booi ilan gūsai baita be kadalara amban, siden nirui janggin, baitalabure hafan, jai emu tuwašara hafan, kesingge hafan, kucitei baturu, hafan efulefi tušan de bibuhe, amban gebuše. culgan urebume genehe.

saicungga fengšen i orici aniya juwan biyai orin ilan de gaifi beyebe tuwabume wesimbuhede, hese, niru be cohoho cenghui de bošobu sehe.

MA2-23-4-47

成惠四次

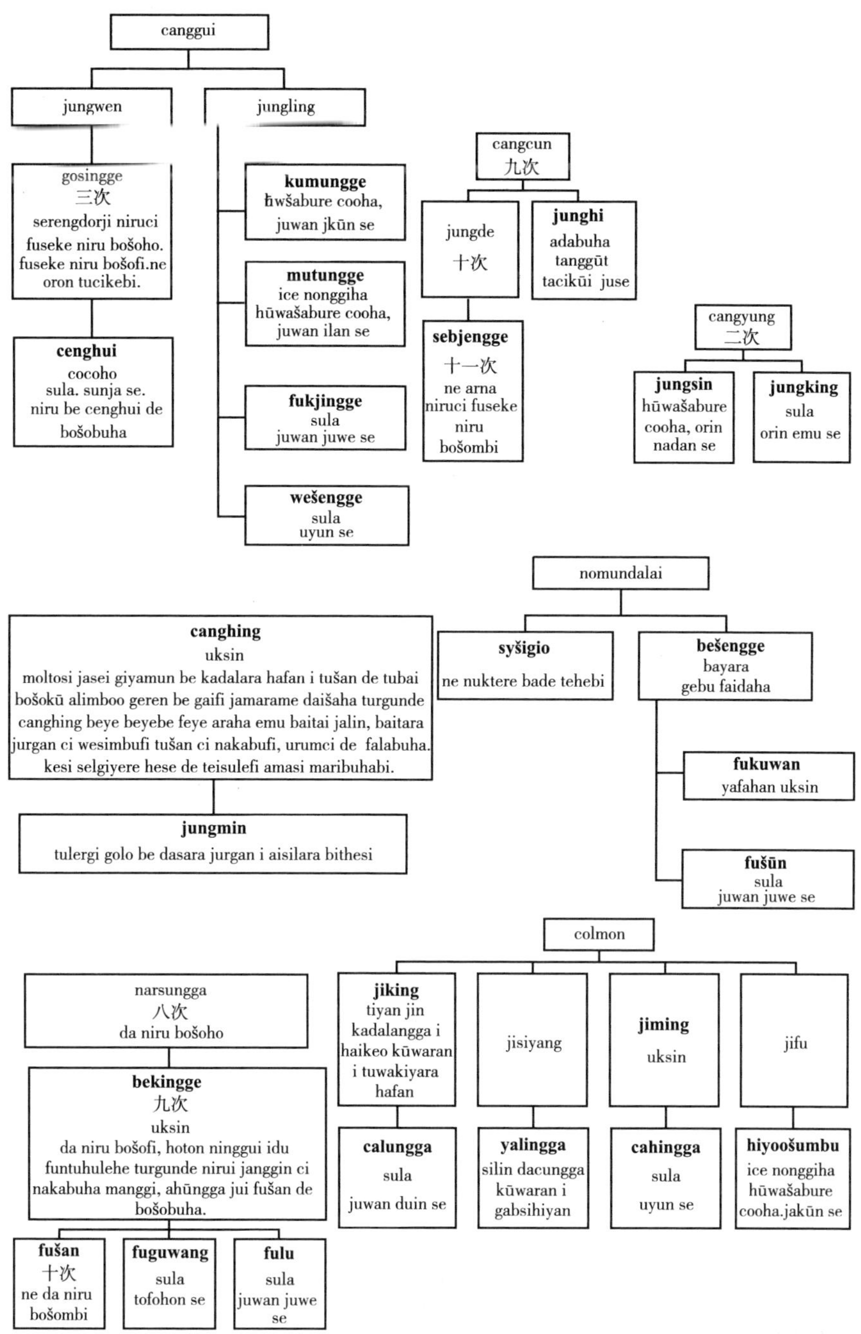

MA2-23-4-48

恩荣五次

（省略）cenghui ne oron tucikebi. cenghui enen juse akū ofi, cenghui i sargan anggasi i alibuha, cihangga ini eigen i mukūn i jalahi jui sula enyong be cenghui de enen obume ujifi jukten sirabukini seme, boigon i jurgan de yabubufi, jurgan ci baicafi, tesu mukūn i jalan ilhi ishunde acanara kooli de acanaha ofi, enyong be nimeme akū oho jalan halame bošoho nirui janggin cenghui de enen ubume ujibuki seme amasi gūsade bithe benjihebi. amban be cenghui i tucike jalan halame bošoho nirui janggin i oronde, ini ujihe jui enyong de cohobuci ojoro ojorakū babe coohai jurgan de dacilame yabubuha de, jurgan ci baicaci, toktobuha kooli de, mukūn i urse be banjibuha jalan halame bošoho niru serengge, daci goro mukūn i ursei niru kamcibuha amala tanggū haha jalukiyafi, encu banjibuha niru, ceni mukūn i niyalma de gemu ubu bi. ere jergi niru oron tucici, oron tucike niyalma juse omosi be sonjofi coho, ceni mukūn i ubu bahabuci acara ele niyalmai dorgici ceni acara be tuwame bireme sonjofi adabu, gebu faida sehebi. geli doro eldengge i ilaci aniya sunja biyade wasimbuha hesei dorgi, ereci julesi jalan sirara gūsai niyalma aika tesu mukūn de gaifi enen obuhangge oci, teni sirara hafan be sirabu. encu mukun, encu hala, niyaman hūncihin i urse be gaifi enen obuhangge oci siraburakū obu. jakūn gūsai gūsa be kadalara ambasa de adabufi, emu adali dahame icihiya sehebi. amasi jorinjiha bithe benjihebi. uttu ofi, amban meni gūsai jalan halame bošoho nirui janggin, cenghui i tucike oronde sindara jalin. amban be kooli be dahame ilgame tuwafi, cenghui i enen obume ujihe jui sula enyong be cohome, cenghui i banjiha eshen da sekiyen mafa darma i ningguci jalan i omolo bošokū žuikiyan be adabume, cenghui i eshen da sekiyen mafa buyalai i nadaci jalan i omolo sula cengduwan be gebu faidabume sonjohobi. bahaci, enyong, žuikiyan, cengduwan be gaifi beyebe tuwabume wesimbufi jalan halame bošoho nirui janggin sindaki. erei jalin niru bošoro booi durugan be suwaliyame gingguleme tuwabume wesimbuhe. hese be baimbi. (抬头) gubci elgiyengge i ilaci aniya jorgon biyai ice ilan.

ambarame giyangnara inenggidari giyangnara ilire tere be ejere hafan, gūsa be kadalara amban, dorgi amban, culgan i da, hafan i jurgan i aliha amban, asari baita be alifi kadalara amban, uksun be kadalara yamun i menggun i namun i baita be kadalara, bithei yamun i baita be alifi kadalara bithei da, geren giltusi be tacibure amban, booi amban, kumun i jurgan i baita be kadalara, sarin be dagilara yamun i baita be kadalara, hoton i dolo nadan calu be giyarime baicara amban, dashūwan galai se asihan jalan sirara hafasai tacikū be kadalara amban, amban begiyūn. daiselaha meiren i janggin, hafan i jurgan i ici ergi ashan i amban, dashūwan galai uheri kadalara da, kubuhe lamun i ujen coohai gūsai meiren i janggin, kubuhe suwayan i gūsai tui janggin i baita be daiseleha, hoton i dolo nadan calu be giyarime baicara amban, gurun i suduri bithi kuren i manju bithe be uheri acabume tuwara hafan, jebele galai se asihan jalan sirara hafasai tacikū be kadalara amban, amban aisin.

meiren i janggin bime, uliyasutai i hebei amban, amban halgina. takūran.

meiren i janggin, iowan ming yuwan i idu dosire amban, fe ice kūwaran, hoton i dolo untuhun ba i alban boo be kadalra amban, amban urguntai. takūran.

seme gubci elgiyengge i ilaci aniya jorgon biyai ice ialan de esebe gaifi beyebe tuwabume wesimbuhede, hese, jalan halame bošoho nirui jangin i oronde cohoho enyong de bošobu sehe.

MA2-23-4-49

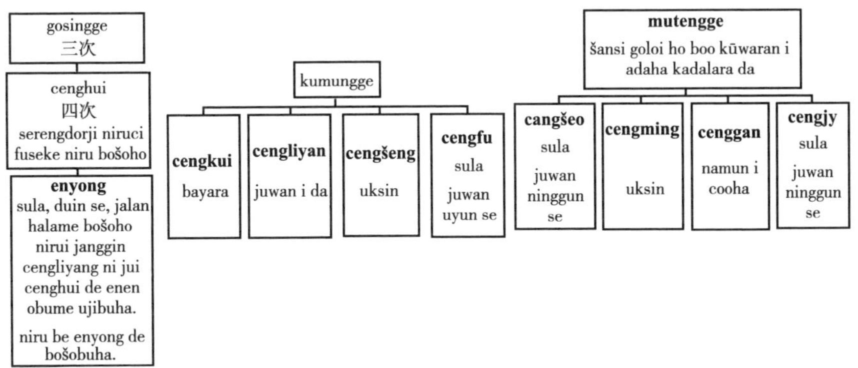

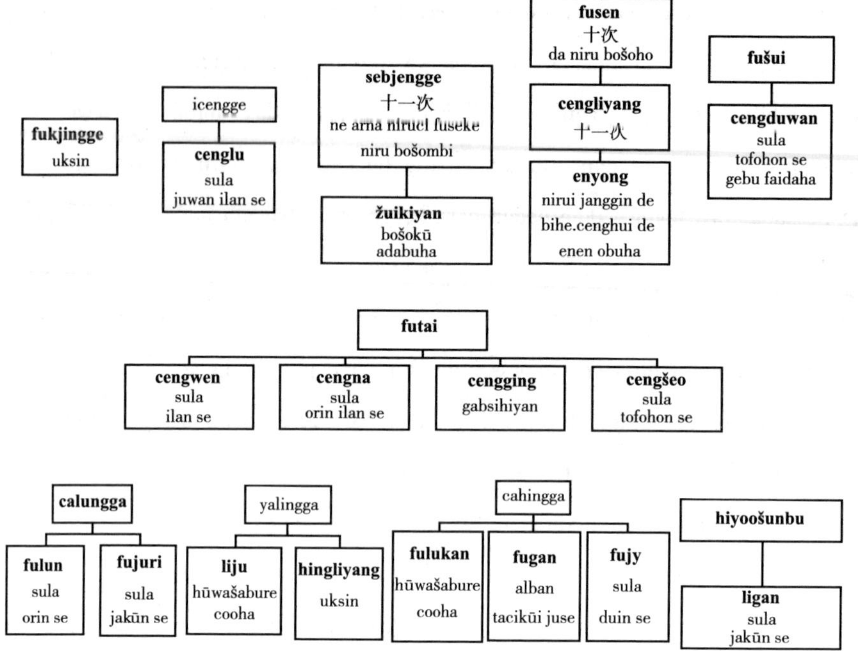

MA2-23-4-50

成奎六次

kubuhe šanyan i monggo gūsai gūsa be kadalara amban, aliha amban, amban cungši sei gingguleme wesimburengge, sirame fuseke jalan halame bošoho nirui janggin sindara jalin. amban meni gūsai sirame fuseke jalan halame bošoho nirui janggin enyong ne da gargan de dosimbufi, ini ama cengliyang ni tucike de ilibuha jalan halame bošoho nirui janggin i oron de halame bošofi, erei onggolo bošobuha ini mukūn i amji cenghui i tucike sirame fuseke jalan halame bošoho niru janggin i oron be sulabuhabi. ere niru da sekiyen be baicaci, enyong i da sekiyen mafa bayandari i ahūngga omolo karacin i ocir ubasi juwe tanggū haha be gaifi, taidzung ejen be baime jihe manggi……te enyong de ilibuha jalan halame bošoho nirui janggin halame bošofi, ne sirame fuseke jalan halame bošoho nirui janggin i oron sulabuhabi. baicaci, toktobuha kooli de niru ilibuha niyalmai banjiha juse omosi de niru bošofi, oron tucici, oron tucike niyalmai juse omosi ba sonjofi cohobuki. gūwa gargan i juse omosi i dorgici sonjofi adabuki gebu faidabuki. aika oron tucike niyalma enen lakcafi, ahūngga booi gūwa gargan i juse omosi i dorgici sonjofi cohobuki. gūwa booi juse omosi i dorgici sonjofi adabuki gebu faidabuki sehebi. （抬头） uttu ofi, amban meni gūsai enyong ni sulabuha sirame fuseke jalan halame bošoho nirui janggin i oronde sindara jalin, amban bo kooli be dahame, niru bošoro booi durugan be tuwame ilgame tuwafi enyong ni da sekiyen mafa bayandari i ahūngga jui nomtu i nadaci jalan i omolo bayara cengkui be cohome, enyong ni da sekiyen mafa bayandari i jacin jui buyalai i nadaci jalan i omolo ningguci jergi jingse hadabuha bošokū cengšeo be adabume sonjohobi. （抬头） hesei tucibuhe wang ambasa simneme tuwafi sindara de, te niru bošoro bukdari booi durugan be suwaliyame gingguleme tuwabume wesimbuhe.

badarangga doro i sucungga aniya juwe biyai ice juwe.

ambarame giyangnara hafan, gūsa be kadalara amban, beidere jurgan i aliha amban, mukdehun mukdehen be giyarime baicame amban, amban cungši;

uju jergi jingse hadabuha, meiren i janggin, fe ice kūwaran i boo hoton i dolo alban i boo be kadalara amban, hiyoo yūng baturu, amban simengkesik, alban bi.

meiren i janggin, weilere jurgan i hashū ergi ashan i amban, geren gurun i baita be uheri icihiyara amban, dashūwan galai hoton i ninggui juce idu dosire hafan cooha be giyarime baicame amban, jebele galai uheri kadalara da, amban cenglin.

MA2-23-4-51

成奎六次

镶白旗蒙古补放二次分编世管佐领拟正护军成奎，拟陪六品顶戴领催成寿

镶白旗蒙古都统尚书臣崇实等谨奏，为承袭二次分编世管佐领事。臣旗二次分编世管佐领恩荣现在归宗改袭伊父成亮所出之原立世管佐领。其前袭伊族伯成惠之二次分编世管佐领现在出缺。查此佐领之由，恩荣之始祖巴彦达哩之长孙喀喇沁敖齐尔吴巴式（什）率领二百人来归，（抬头）太宗皇帝编为佐领，以敖齐尔吴巴式承管。康熙六年，复因户口繁多，初次分编一佐领，敖齐尔吴巴式之侄阿必达承管。康熙三十四年，仍因户口繁多，二次分编一佐领，

敖齐尔吴巴式之二世孙英保住承管。革职时，英保住之叔曾祖达尔玛之三世孙常永承管。出缺时，常永之伯始祖敖齐尔吴巴式之五世孙郭兴阿承管。出缺时，郭兴阿之子成惠承管。出缺时，成惠之继子恩荣承管等语。今恩荣改袭原立世管佐领，其所遗二次分编世管佐领员缺，查例载，立佐领人之嫡派子孙承管，若出缺，将出缺人之子孙拣选拟正，别支子孙内拣选拟陪、列名。若出缺人无嗣，于长房之别支派子孙内拣选拟正，别房之子孙内拣选拟陪、列名等语。臣旗相应将恩荣所遗二次分编世管佐领员缺，遵例视其家谱，拣选得恩荣之始祖巴彦达哩之长子诺木图之七世孙护军成奎拟正，恩荣之始祖巴彦达哩之次子布雅赉之七世孙六品顶戴领催成寿拟陪。经（抬头）钦派王大臣等验放承袭。兹将承袭佐领折谱一并呈览谨奏等因，光绪元年二月初二日具奏奉旨：依议。钦此。

光绪元年二月初二日。

经筵讲官、都统、刑部尚书、稽察坛庙大臣、臣崇实；

六品顶戴、副都统、管理新旧营房、城内官房大臣、骁勇巴图鲁、臣西蒙克西克，有差；

副都统、工部左侍郎、总管各国事务大臣、稽察左翼城上值班官兵大臣、右翼总兵、臣成林。

MA2-23-4-52

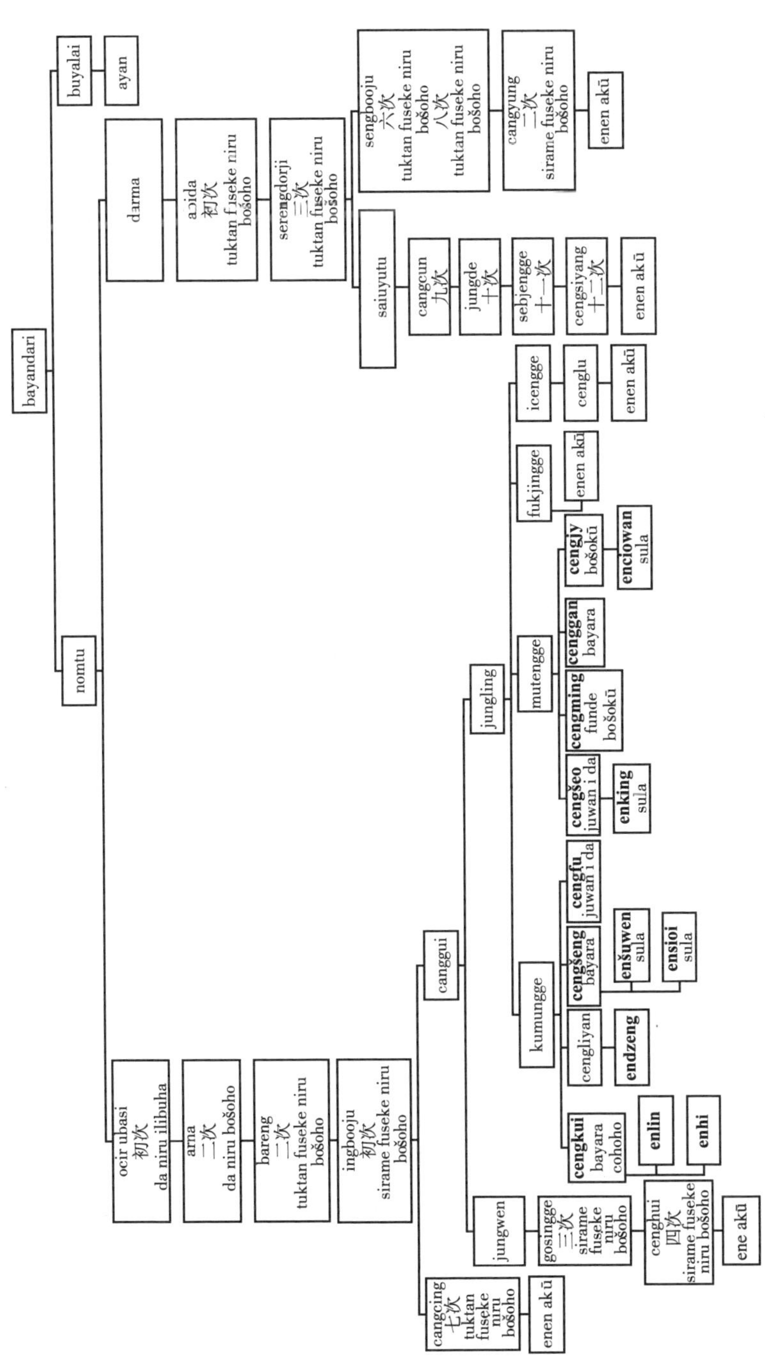
bayandari
buyalai
ayan
nomtu
darma
aɔida
初次
tuktan fɪseke niru
bošoho
serengdorji
二次
tuktan fuseke niru
bošoho
sengbooju
六次
tuktan fuseke niru
bošoho
八次
tuktan fuseke niru
bošoho
cangyung
二次
sirame fuseke niru
bošoho
enen akū
saiuyutu
cangcun
九次
jungde
十次
sebjengge
十一次
cengsiyang
十二次
enen akū
ocir ubasi
初次
da niru ilibuha
arna
二次
da niru bošoho
bareng
二次
tuktan fuseke niru
bošoho
ingbooju
初次
sirame fuseke niru
bošoho
canggui
cangcing
七次
tuktan
fuseke
niru
bošoho
enen akū
jungwen
gosingge
三次
sirame
fuseke
niru
bošoho
cenghui
四次
sirame fuseke
niru bošoho
ene akū
jungling
kumungge
cengkui
bayara
cohoho
enlin
enhi
cengliyan
endzeng
cengšeng
bayara
enšuwen
sula
ensioi
sula
cengfu
juwan i da
mutengge
cengšeo
juwan i da
enking
sula
cengming
funde
bošokū
cenggan
bayara
cengjy
bošokū
enciowan
sula
fukjingge
enen akū
icengge
cenglu
enen akū

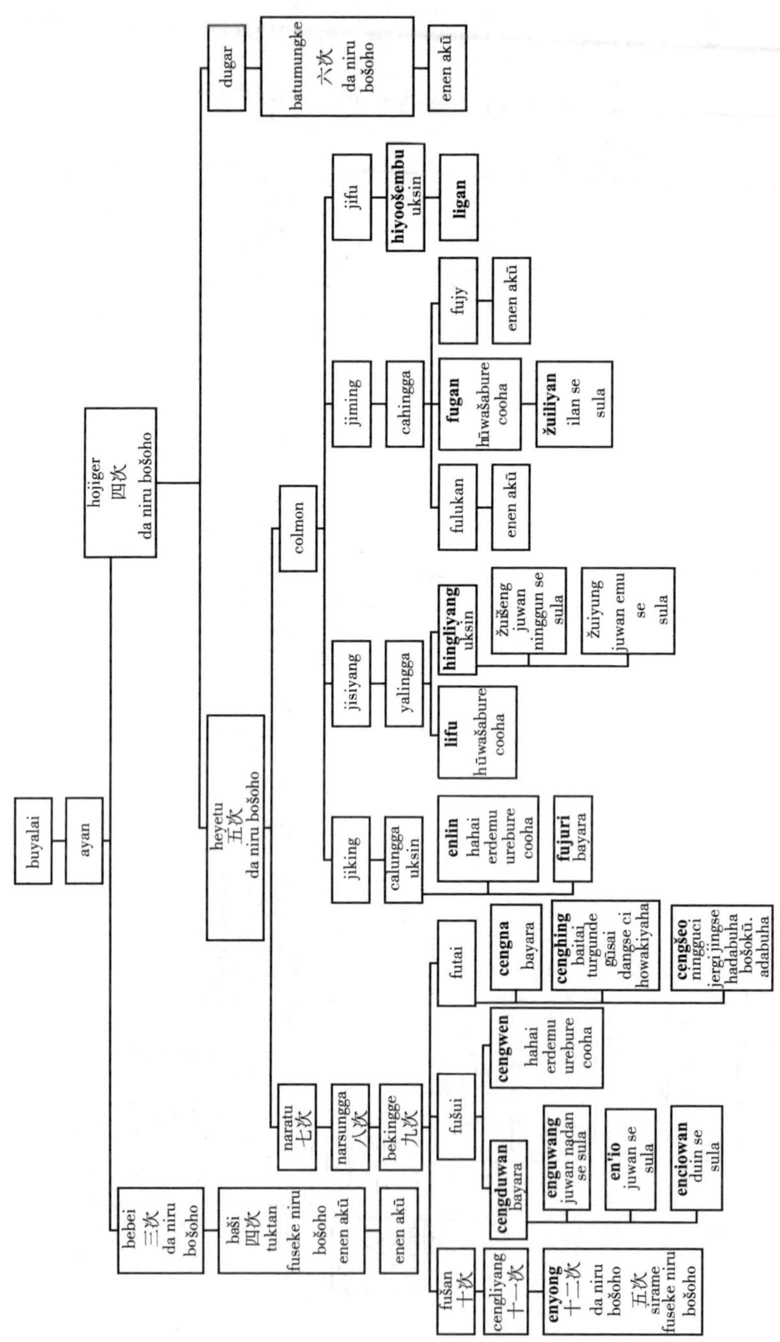
buyalai
ayan
hojiger 四次 da niru bošoho
dugar
batumungke 六次 da niru bošoho
enen akū
heyetu 五次 da niru bošoho
colmon
jifu
hiyoošembu uksin
ligan
jiming
cahingga
fujy
enen akū
fugan hūwašabure cooha
žuiliyan ilan se sula
fulukan
enen akū
jisiyang
yalingga
hingliyang uksin
žušeng juwan ninggun se sula
žuiyung juwan emu se sula
lifu hūwašabure cooha
jiking
calungga uksin
enlin hahai erdemu urebure cooha
fujuri bayara
futai
cengna bayara
cenghing baitai turgunde gūsai dangse ci howakiyaha
cengšeo ningguci jergi jingse hadabuha bošokū. adabuha
cengwen hahai erdemu urebure cooha
fušui
cengduwan bayara
enguwang juwan nadan se sula
en'io juwan se sula
enciowan duin se sula
naratu 七次
narsungga 八次
bekingge 九次
bebei 三次 da niru bošoho
baši 四次 tuktan fuseke niru bošoho enen akū
enen akū
fušan 十次
cengliyang 十一次
enyong 十二次 da niru bošoho 五次 sirame fuseke niru bošoho

MA2-23-4-53

成奎六次

二次分编佐领
此佐领系恩荣之伯始祖喀喇沁敖齐尔吴巴式率领二百人来归编为佐领。复因户口繁多，初次分编一佐领。仍因户口繁多，二次分编一佐领。此佐领系原立佐领敖齐尔吴巴式之二世孙英保住承管。 此佐领系原立佐领人之嫡派子孙承管之佐领。查例载，立佐领人之嫡派子孙承管，若出缺将出缺人之子孙拣选拟正，别支子孙内拣选拟陪、列名。若出缺人无嗣，于长房之别支派子孙内拣选拟正，别房之子孙内拣选拟陪、列名等语。

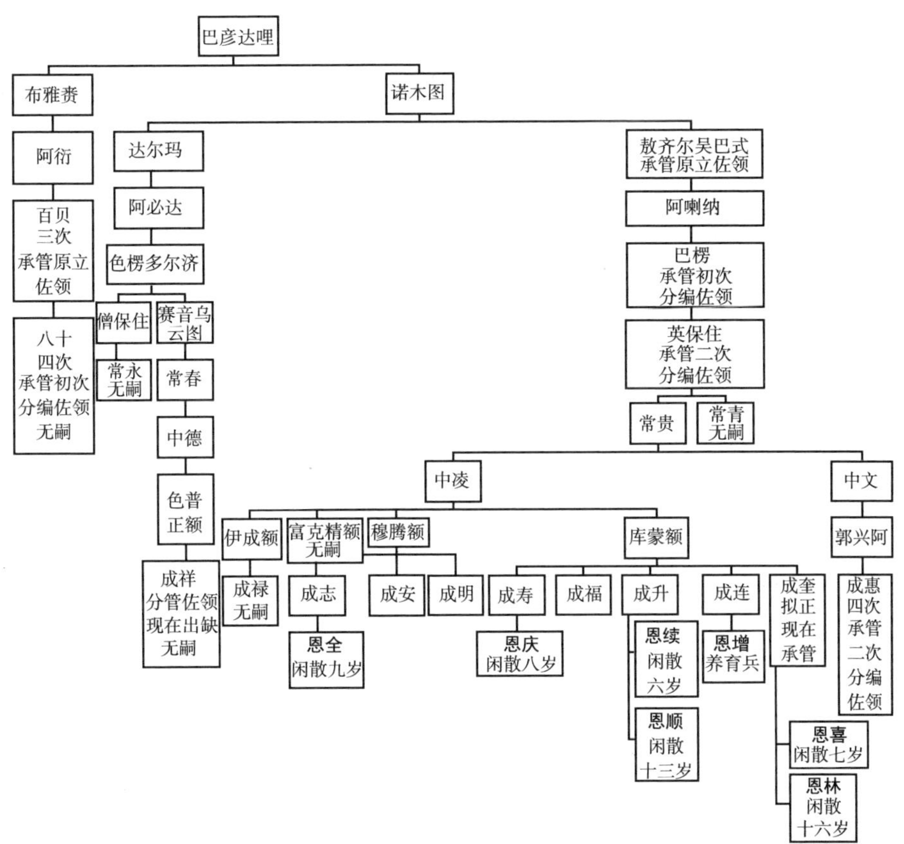

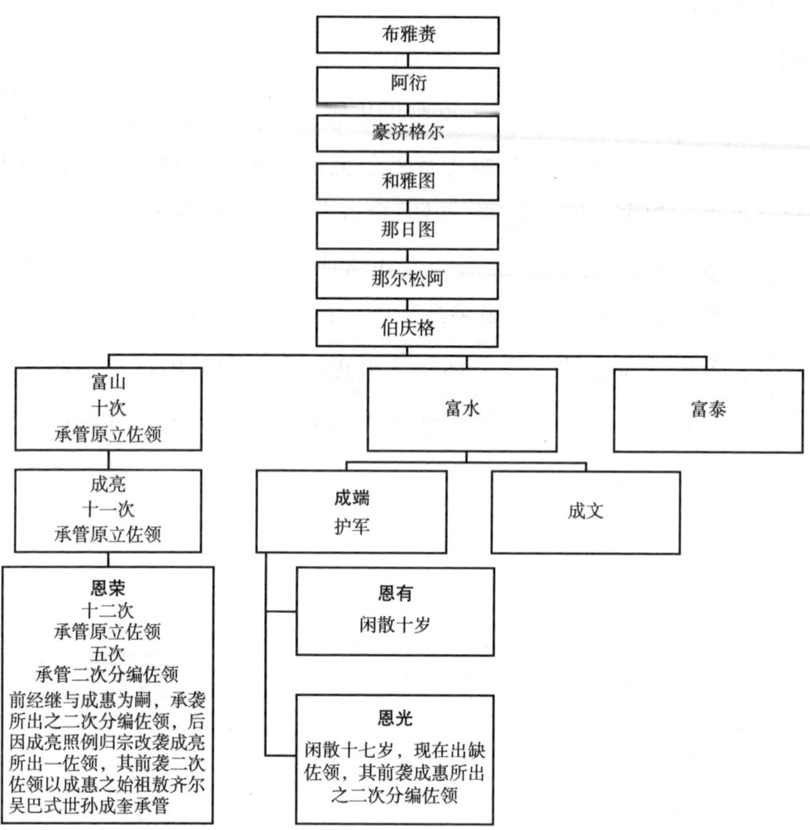

MA2-23-4-54

恩印七次

sirame fuseke jalan halame bošoro niru

sirame fuseke jalan halame bošoro nirui janggin cengkui oron tucikebi. gūsa be kadalara amban alifi baicara amban, amban guiheng se sindara urse be tuwame ilgahangge.

uksin enyen cocoho. sirame fuseke jalan halame bošoro nirui janggin de bihe cengkui i ahūngga jui, gūsin ilan se, gabtarangge jergi, niyamniyarangge jergi.

bayara enguwang adabuha. sirame fuseke jalan halame bošoro nirui janggin de bihe. cengkui i da sekiyen mafa bayandari i uyuci jalan i omolo. gūsin ilan se, gabtarangge jergi, niyamniyarangge jergi.

（省略）cengkui i ahūngga jui uksin enyen be cohome, cengkui i eshen i da sekiyen mafa bayandari i uyuci jalan i omolo bayara enguwang be adabume sonjohobi. bahaci, cocoho enyen, adabuha enguwang be gaifi beyebe tuwabufi de niru bošoro bukdari booi durugan be suwaliyama gingguleme tuwabume wesimbufi, sirame fuseke jalan halame bošoro nirui janggin sindaki. erei jalin gingguleme（抬头）wesimbuhe.（抬头）hese be baimbi. seme badarangga doro i juwan nadaci aniya jakūn biyai juwan juwe de esebe gaifi beyebe（抬头）tuwabuhade, hese, sirame fuseke jalan halame bošoro nirui janggin i oronde cohoho enyen de bošobu sehe.

MA2-23-4-55

佐领折谱

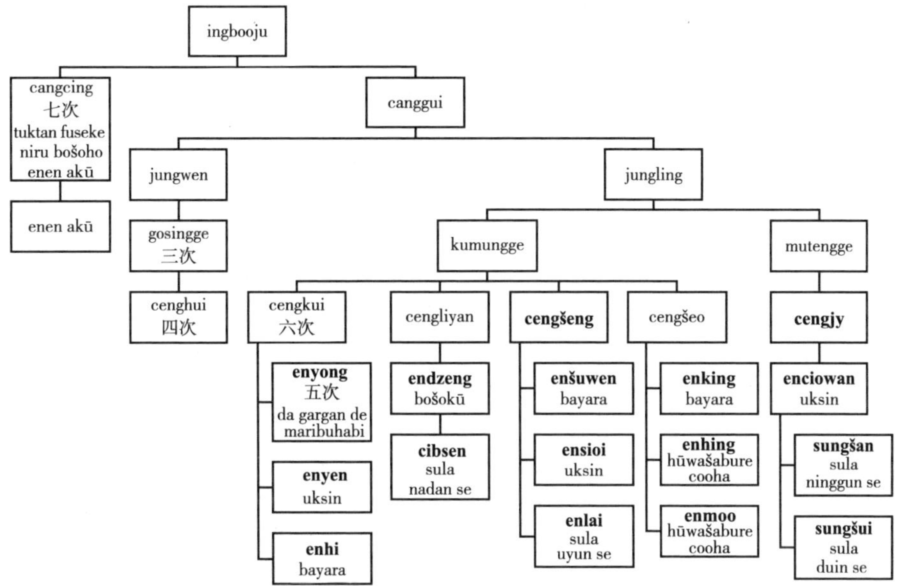

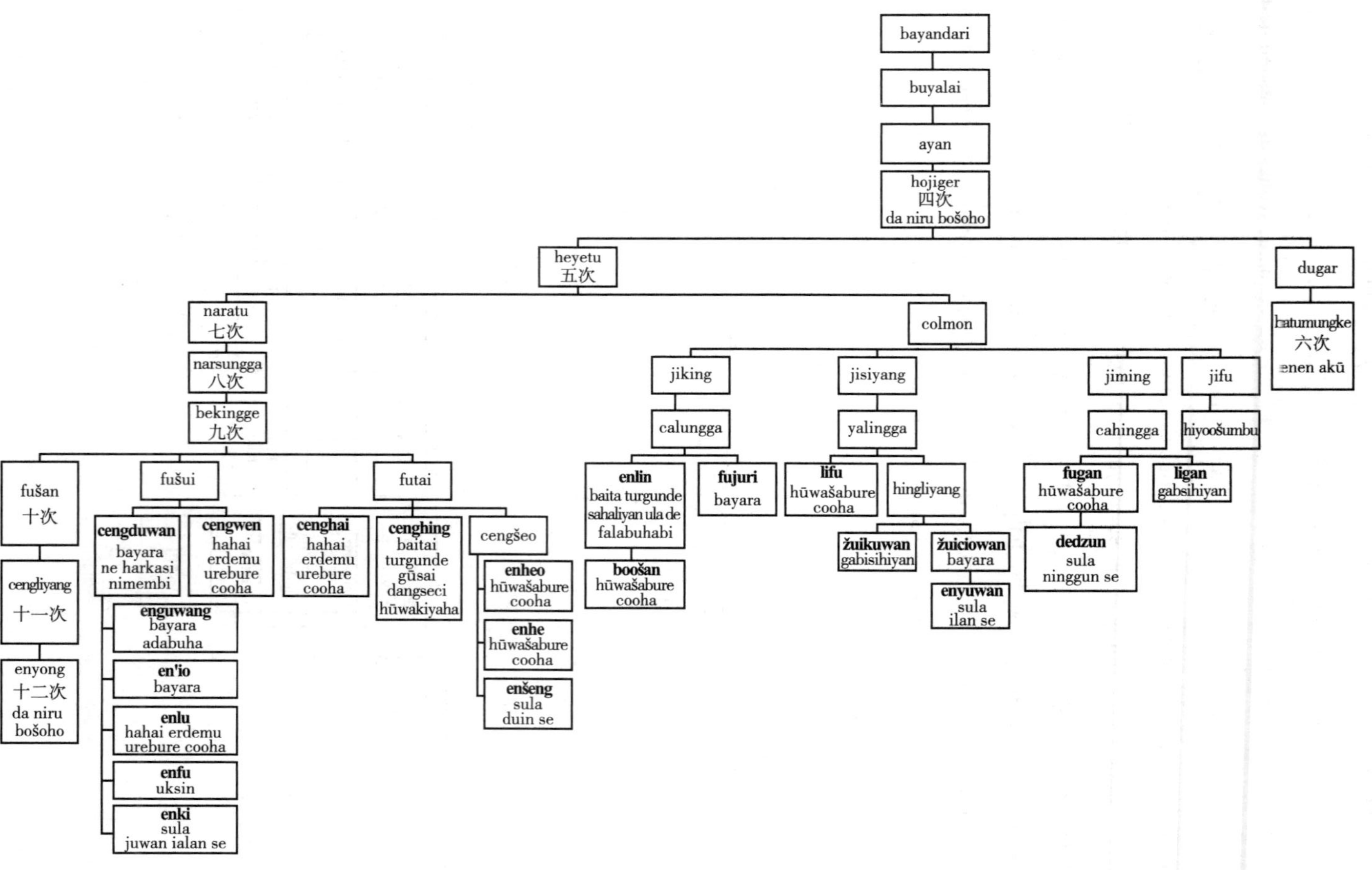
bayandari
buyalai
ayan
hojiger 四次 da niru bošoho
heyetu 五次
dugar
batumungke 六次 enen akū
naratu 七次
colmon
narsungga 八次
bekingge 九次
jiking
jisiyang
jiming
jifu
calungga
yalingga
cahingga
hiyoošumbu
fušan 十次
fušui
futai
enlin baita turgunde sahaliyan ula de falabuhabi
fujuri bayara
lifu hūwašabure cooha
hingliyang
fugan hūwašabure cooha
ligan gabsihiyan
cengduwan bayara ne harkasi nimembi
cengwen hahai erdemu urebure cooha
cenghai hahai erdemu urebure cooha
cenghing baitai turgunde gūsai dangseci hūwakiyaha
cengšeo
žuikuwan gabisihiyan
žuiciowan bayara
dedzun sula ninggun se
cengliyang 十一次
boošan hūwašabure cooha
enheo hūwašabure cooha
enyuwan sula ilan se
enguwang bayara adabuha
enhe hūwašabure cooha
enyong 十二次 da niru bošoho
en'io bayara
enšeng sula duin se
enlu hahai erdemu urebure cooha
enfu uksin
enki sula juwan ialan se

MA2-23-4-56

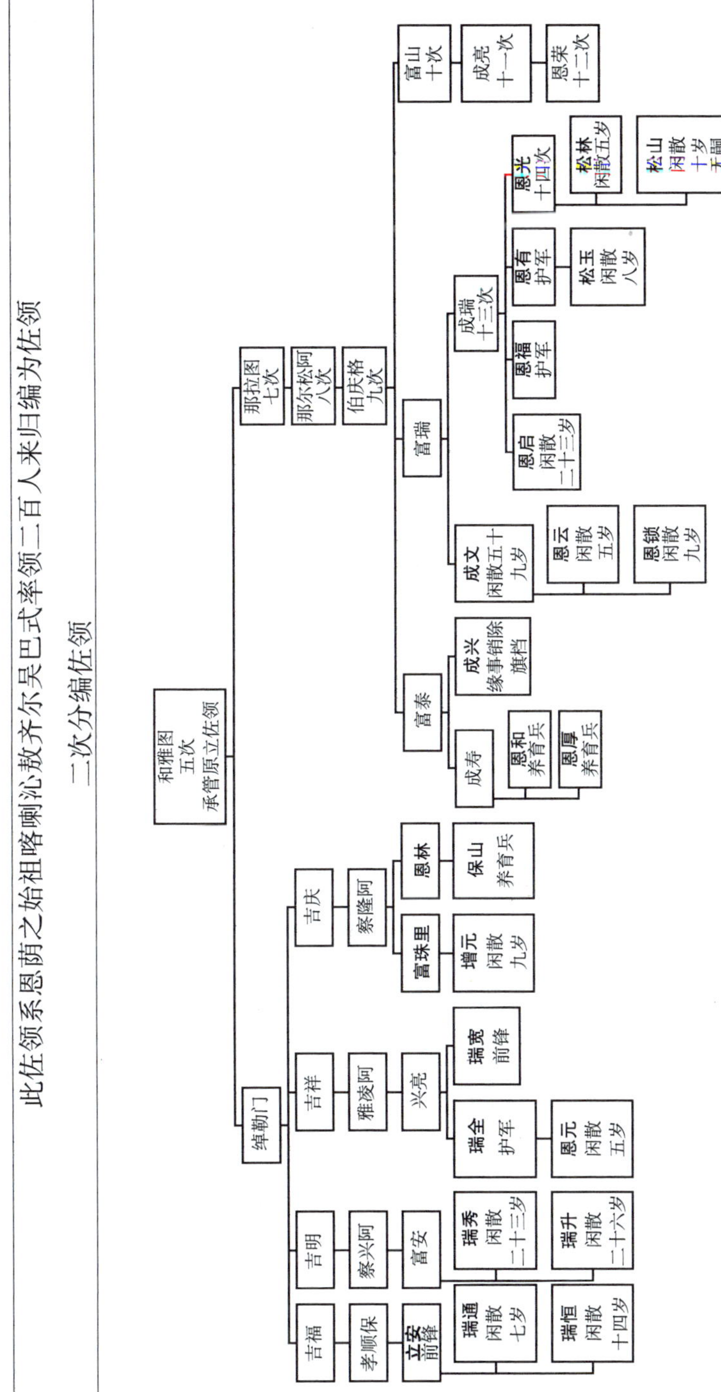

此佐领系恩荫之始祖略喇沁敖齐尔吴巴式率领二百人来归编为佐领
二次分编佐领
和雅图 五次 承管原立佐领
绰勒门
那拉图 七次
那尔松阿 八次
伯庆格 九次
富山 十次
成亮 十一次
恩荣 十二次
富瑞
富泰
成瑞 十三次
恩光 十四次
松林 闲散五岁
松山 闲散 十岁 无嗣
恩有 护军
松玉 闲散 八岁
恩福 护军
恩启 闲散 二十二岁
成文 闲散五十九岁
恩云 闲散 五岁
恩锁 闲散 九岁
成兴 缘事销除旗档
成寿
恩和 养育兵
恩厚 养育兵
吉庆
察隆阿
恩林
保山 养育兵
富珠里
增元 闲散 九岁
吉祥
雅凌阿
兴亮
瑞宽 前锋
瑞全 护军
恩元 闲散 五岁
吉明
察兴阿
富安
瑞秀 闲散 二十三岁
瑞升 闲散 二十六岁
吉福
孝顺保
立安 前锋
瑞通 闲散 七岁
瑞恒 闲散 十四岁

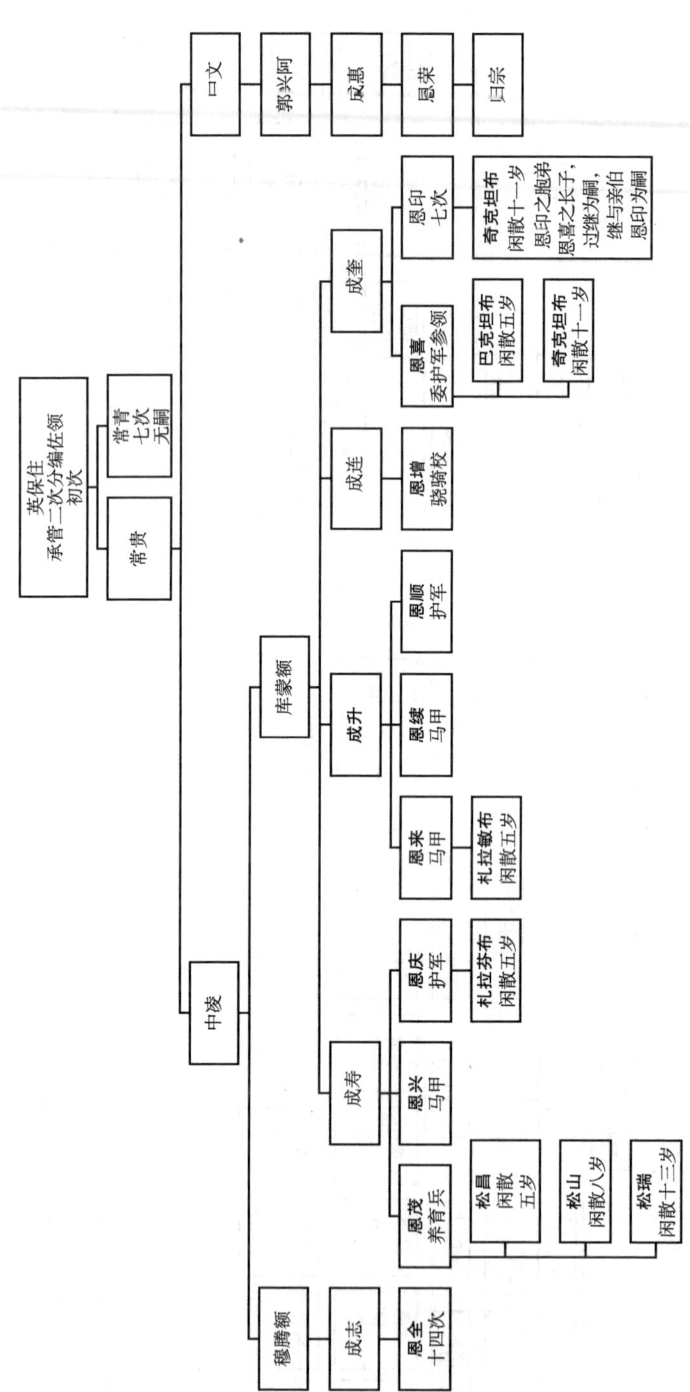
英保住
承管二次分编佐领
初次
常青
七次
无嗣
常贵
口文
郭兴阿
威惠
恩荣
归宗
中凌
库蒙额
穆腾额
成奎
成连
成升
成寿
成志
恩印
七次
奇克坦布
闲散十一岁
恩印之胞弟
恩喜之长子，
过继为嗣，
继与亲伯
恩印为嗣
恩喜
委护军参领
巴克坦布
闲散五岁
奇克坦布
闲散十一岁
恩增
骁骑校
恩顺
护军
恩续
马甲
恩来
马甲
札拉敏布
闲散五岁
恩庆
护军
札拉芬布
闲散五岁
恩兴
马甲
恩茂
养育兵
松昌
闲散
五岁
松山
闲散八岁
松瑞
闲散十三岁
恩全
十四次

MA2-23-4-57

奇克坦布八次

kubuhe šanyan i monggo gūsa jalan halame bošoro nirui jangin sirara

cocoho sula ciktambu oron tucike enyen i enen obuha jui，juwan emu se.

adabuha sula sungšan oron tucike enyen i da sekiyen mafa bayandari i jacin jui buyalai i uyuci jalan i omolo，juwan se.

镶白旗蒙古　承袭世管佐领

拟正　闲散奇克坦布，系出缺恩印之继子，年十一岁。

拟陪　闲散松山，系出缺恩印之始祖巴彦达哩之次子布雅赉之九世孙，年十岁。

MA2-23-4-58

镶白旗蒙古都统头品顶戴臣芬车等谨奏，为承袭世管佐领事。臣旗世管佐领恩印现在出缺，溯查，此佐领原系恩印之始祖喀喇沁敖齐尔吴巴式于天聪四年率领二百人来归，编为佐领，以敖齐尔吴巴式承管。康熙六年，因户口繁多，分编一佐领，以敖齐尔吴巴式之亲弟达尔玛之子阿必达承管。康熙三十四年，复因户口繁多，又分编一佐领，以敖齐尔吴巴式之二世孙英保住承管。共编为三个佐领，其英保住所管二次分编佐领革职时，叔曾祖达尔玛之三世孙常永承管。出缺时，伯高祖敖齐尔吴巴式之五世孙郭兴阿承管。出缺时，子成惠承管。出缺时，继子恩荣承管。归宗时，伯始祖敖齐尔吴巴式之六世孙成奎承管。出缺时，子恩印承管。今恩印出缺。查定例，立佐领人之嫡派子孙承管。若出缺，将出缺人之子孙拣选拟正，别支子孙内拣选拟陪、列名等语。

臣旗相应将恩印所出二次分编世管佐领员缺，遵例视其家谱拣选得恩印之继子、闲散奇克坦布拟正。恩印之始祖巴彦达哩之次子布雅赉之九世孙闲散松山拟陪。查拟正奇克坦布现年十一岁，拟陪松山年甫十岁，俱因年未及岁。照例奏请承袭谨将承管佐领折谱恭呈预览请袭世管佐领。为此谨奏请旨。光绪三十年六月初七日。

御前侍卫代进，内大臣头品顶戴都统、署理正蓝旗满洲都统、管理上虞备处事务、管理新旧营房城内官房大臣、管理神机营事务、引马大臣、压马大臣、世袭骑都尉臣芬车；

乾清门侍卫、副都统、备引大臣臣瑞启，副都统、武职进班大臣、公中佐领臣恒顺。

MA2-23-4-59

奇克坦布八次

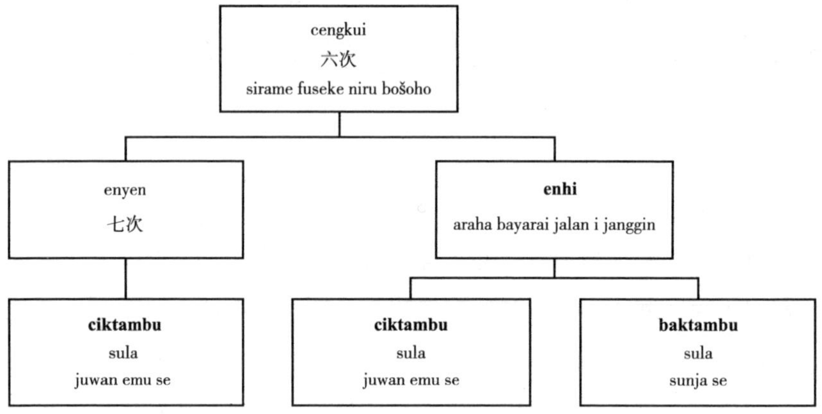

MA2-23-4-60

奇克坦布八次　二次分编佐领

（省略）

MA2-23-5-1

乾隆十五年十二月八日奏折

镶白旗蒙古一等轻车都尉又一云骑尉巴图（初次绰贝）

贡楚达尔五次

kubuhe šanggiyan i monggo gūsai gūsa be kadalara amban i baita be kadalame icihiyara hošoi yargiyangga cin wang, amban yūn bi sei gingguleme（抬头）

wesimburengge, hafan sirara jalin. amban meni gūsai uju jergi ashan i hafan batu i oron tucikebi. baicaci, batu i hafan sirara（抬头）ejehe de arahangge, coboi simbe afabuha weile be mutembi, joriha jurgan be jurcerakū seme baitalabure hafan obuha. amala elen yoose ehe kuren i golo de ubahai emgi cooha genefi yabuha sain seme ni gidaha, jai ineku elen yoose, sengkule ehe kuren i golo de cooha genefi, da joriha haha ci fulu baha, yabuha sain seme baitalabure hafan be nenehe ni be acabufi, ilaci jergi adaha hafan obuha. amala boigon i jurgan de, weile icihiyara hafan sindafi, nadaci aniya simnefi weile mutehe sain seme ilaci jergi adaha hafan be jai jergi adaha hafan obuha. amala bejing be duleme šandung ni golo de cooha genehe sucungga mudan de, ji nan fu i emu minggan ilan tanggū moringga yafahan cooha be gidarade, gūsai ejen golohoi emgi gidaha. g'ao taigiyan i moringga cooha be gidarade, gūsai ejen i emgi teisu bata be gidaha. heo dzung bing guwan i moringga yafahan cooha be gidarade, jalan be gaifi tesu bata be gidaha. sungšan i hoton be ulan fetefi kaha manggi, sungšan i hoton i cooha kubuhe šuwayan i ulan i teisu dobori afanjiha de, gūsa be gaifi ulan i dolo dosifi gidaha. ming gurun i doro be baha mudan de, šanaha be dosika inenggi liodzei orin tumen cooha be gidarade, jalan be gaifi, moringga cooha be teisu bata be gidaha seme, jai jergi adaha hafan be uju jergi adaha hafan obuha. amala boigon i jurgan de weile icihiyara hafan sindafi, sunjaci aniya simnefi, weile mutehe seme uju jergi adaha hafan de jai emu tuwašara hafan nonggiha. ilan mudan i（抬头）kesi selgiyere hese de, uju jergi adaha hafan jai emu tuwašara hafan be uju jergi ashan i hafan obuha. jalan halame hafan lashalarakū sirambi. nimeme akū oho manggi, jui cimektu be ineku uju jergi ashan i hafan siraha. jalan halame hafan lashalarakū sirarangge nenehe songkoi. weile baha manggi, banjiha jui cangboo be ineku uju jergi ashan i hafan siraha. jalan halame hafan lashalarakū sirarangge nenehe songkoi. nimeme akū oho manggi, banjiha jui batu be ineku uju jergi ashan i hafan siraha, jalan halame hafan lashalarakū sirarangge nenehe songkoi sehebi. batu i oronde hafan sirara de, toktobuha kooli songkoi argiyara eberembure ba bisire akū babe（抬头）ejehe be hafan i jurgan de benefi baicabufi amasi benjihe bade, baicaci, batu i hafan sirara ejehe de ilan mudan i (抬头) kesi selgiyere hese de nonggiha ilan tuwašara hafan bi. kooli songkoi aigiyafi, tuncehe da ilibuha uju jergi adaha hafan jai emu tuwašara hafan be sirabuki seme amasi bithe benjihebi. geli baicaci, batu i sirara hafan be ubu bahabure jalin, hesei tucibuhe hafan niru ubu bahabure baita be icihiyara wang ambasai baci wesimbufi benjihe bade, gulu šuwayan i manju gūsai yungkiyan i siraha hafan be baicaci, dade yungkiyan i mafa tulai ilibuha hafan be siran siran i sirafi, ne tulai i omolo yungkiyan de sirabuhabi. yungkiyan i siraha hafan i oron tucici, oron tucike niyalmai juse omosi be sonjofi cohoro ubu bahabuki. sirame booi juse omosi be sonjofi adabure ubu bahabuki, funcehengge be barambume sonjofi gebu faidabure ubu bahabuki. ere adali kubuhe šanggiyan i monggo gūsai batu i hafan be inu ere songkoi icihiyabuki seme wesimbufi benjihebe dangsede ejehebi. (抬头) amban be hesei tucibuhe hafan niru ubu bahabure baita be icihiyara wang ambasai baci wesimbufi, toktobuha kooli songkoi batu i oronde uju jergi adaha hafan jai emu tuwašara hafan sirara jalin, ilgame sonjofi, batu i ahūngga jui jalana halame bošoho nirui janggin gungcudar be cohome, batu i jacin jui sula ocir be adabuhabi. uttu ofi, gungcudar, ocir sebe beyebe (抬头) tuwabume wesimbufi sirabuki sembi. erei jalin sirara hafan sekiyen be suwaliyame gingguleme tuwabume wesimbuhe. hese be baimbi.

abkai wehiyehe i tofohoci aniya jorgon biyai juwan jakūn.

gūsa be kadalara amban i baita be kadalame icihiyara hošoi yargiyangga cin wang, amban yūn bi;

meiren i janggin, amban bolbunca. meiren i janggin unenggi kiyangkiyan be amban umitai.

abkai wehiyehe i tofohoci aniya jorgon biyai juwan uyun de gaifi beyebe tuwabume wesimbuhede, (抬头) hese, hafan be gungcudar de sirabu sehe.

MA2-23-5-2

一等轻车都尉又一云骑尉（初次绰贝）

贡楚达尔五次

ere hafan dade batu i unggu mafa coboi i faššaha hafan. uju jergi adaha hafan jai emu tuwašara hafan. ere hafan serengge, da hafan ilibuha niyalmai juse omosi de sirabuha. hafan niru ubu bahabure baita be icihiyara wang ambasai gisurefi wesimbuhe bade, hafan hafan ilibuha niyalmai banjiha juse omosi de sirabuha hafan fujuri niru sindara kooli ci encu akū be dahame, oron tucike niyalmai juse omosi be sonjofi cohobuki. sirame booi juse omosi be sonjofi adabuki. funcehengge be barambume sonjofi gebu faidabuki seme wesimbufi kooli toktobuha.

ere hafan dade coboi afabuha weile be mutembi, joriha jurgan be jurcerakū seme baitalabure hafan obuha. coohai gungge de ilaci jergi adaha hafan obuha.

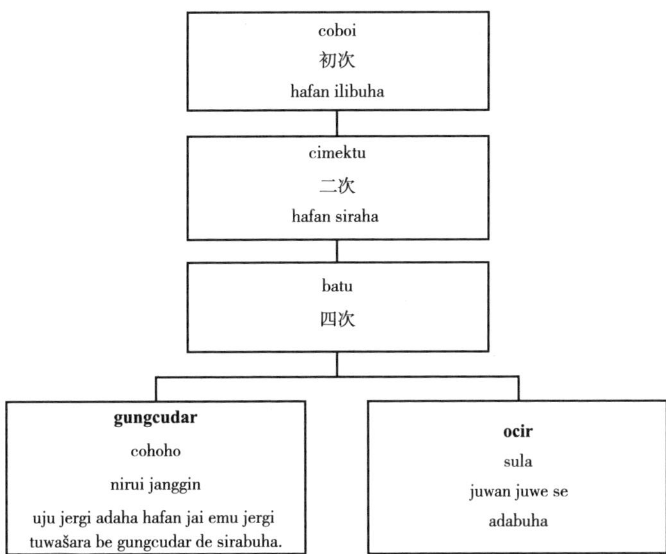

MA2-23-5-3

德宁额六次

kubuhe šanyan i monggo gūsai gūsa be kadalara amban bime tulergi golo be dasara jurgan i aliha amban, tuwašara hafan, amban liobooju sei gingguleme（抬头）wesimburengge, hafan sirara jalin. amban meni gūsai uju jergi adaha hafan jai emu tuwašara hafan gungcukdar i oron tucikebi. baicaci, gungcukdar i hafan sirara（抬头）ejehe de arahangge, coboi simbe afabuha weile be mutembi, joriha jurgan be jurcerakū seme baitalabure hafan obuha. amala elen yoose ehe kuren i golo de ubahai emgi cooha genefi yabuha sain seme ni gidaha. jai ineku elen yoose sengkule ehe kuren i golo de cooha genefi, da joriha haha ci fulu baha. yabuha sain seme baitalabure hafan be nenehe ni be acabufi ilaci jergi adaha hafan obuha. amala boigon i jurgan de weile icihiyara hafan sindafi, nadaci aniya simnefi weile mutehe sain seme ilaci jergi adaha hafan be jai jergi adaha hafan obuha. amala bejing be duleme šandung ni golo de cooha genehe sucungga mudan de, ji nan fu i emu minggan ilan tanggū moringga yafahan cooha be gidarade, gūsai amban golohoi emgi gidaha. g'ao taigiyan i moringga cooha be gidarade, gūsai amban i emgi teisu bata be gidaha. heo uheri kadalara da i moringga yafahan cooha be gidarade, jalan be gaifi, teisu bata be gidaha. sungšan i hoton be ulan fetefi kaha manggi, sungšan i hoton i cooha, kubuhe suwayan i ulan i teisu dobori afanjiha de, gūsa be gaifi ulan i dolo dosifi gidaha. ming gurun i doro be baha mudan de, šanaha be dosika inenggi liodzei orin tumen cooha be gidarede, jalan be gaifi, moringga cooha be teisu bata be gidaha seme jai jergi adaha hafan be uju jergi adaha hafan obuha. amala boigon i jurgan de weile icihiyara hafan sindafi, sunjaci aniya simmefi, weile mutehe seme uju jergi adaha hafan de jai emu tuwašara hafan nonggiha. ilan mudan i（抬头）kesi selgiyere hese de, uju jergi adaha hafan, jai emu tuwašara hafan be, uju jergi ashan i hafan obuha. jalan halame hafan lashalarakū sirambi. nimeme akū oho manggi, jui cimektu be ineku uju jergi ashan i hafan siraha. jalan halame hafan lashalarakū sirarangge nenehe songkoi. weile baha manggi, banjiha jui cangboo be ineku uju jergi ashan i hafan siraha. jalan halame hafan lashalarakū sirarangge nenehe songkoi, nimeme akū oho manggi, banjiha jui batu be ineku uju jergi ashan i hafan siraha. jalan halame hafan lashalarakū sirarangge nenehe songkoi. batu nimeme akū oho manggi, erei ilan mudan i（抬头）kesi selgiyere hese de buhe hafan be argiyafi, funcehe coboi i da faššaha uju jergi adaha hafan jai emu tuwašara hafan be banjiha jui gungcukdar siraha. jalan halame hafan lashalarakū sirambi sehebi. baicaci, toktobuha kooli de, niru ilibuha niyalmai banjiha juse omosi de niru bošobufi, oron tucici, oron tucike niyalmai juse omosi be sonjofi cohobuki, gūwa gargan i juse omosi i dorgici sonjofi adabuki, gebu faidabuki. hafan sirara baita be inu ere songkoi icihiyabuki sehebi. amban meni gūsai uju jergi adaha hafan jai emu tuwašara hafan gungcukdar i oron de, sirara de amban be kooli be dahame, ilgame tuwafi, gungcukdar i ahūngga jui jalan halame bošoho nirui janggin deningge be cohome. gungcukdar i jacin jui sula demingge be adabume sonjohobi. demingge se ajigen ofi, niowanggiyan uju teile ibebume, deningge be gaifi beyebe（抬头）tuwabume wesimbufi uju jergi adaha hafan jai emu tuwašara hafan sirabuki sembi. erei jalin hafan sirara booi durugan be suwaliyame gingguleme（抬头）tuwabume wesimbuhe（抬头）hese be baimbi.

abkai wehiyehe i susai jakūci aniya jorgon biyai juwan ninggun de gaifi beyebe（抬头）tuwabume wesimbuhede, hese, hafan be deningge de sirabu sehe.

abkai wehiyehe i susai jakūci aniya jorgon biyai tofohon.

gūsa be kadalara amban bime, tulergi golo be dasara jurgan i aliha amban, tuwašara hafan, juwe jergi wasibufi tušan de bibuhe, amban liobooju;

meiren i janggin bime, tulergi golo be dasara jurgan i ici ergi ashan i amban, amban kuišu;

kiyan cing men de yabure meiren i janggin, amban neyen.

MA2-23-5-4

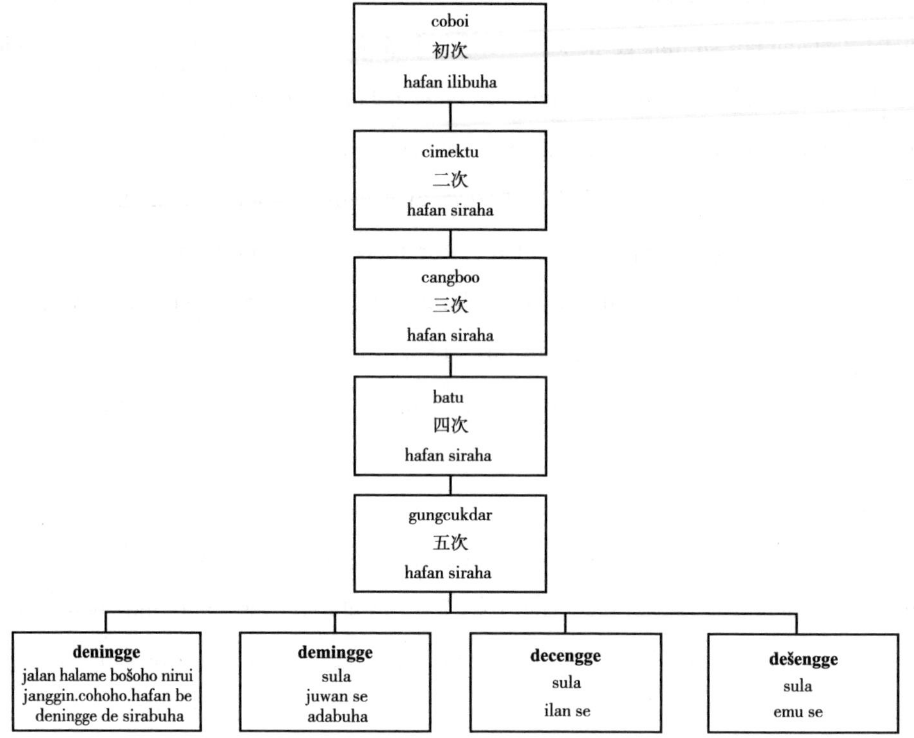

MA2-23-5-5

嘉庆二十一年十二月十五日奏折

镶白旗蒙古一等轻车都尉又一云骑尉德宁额（初次绰贝）

（省略）amban meni gūsai uju jergi adaha hafan jai emu tuwašara hafan deningge i tucike oronde, sirara jalin ilgame tuwaci, deningge i banjiha ahūngga jui jalan halame bošoho nirui janggin cenggui be cohome, denigge i banjiha deo, bayara demingge be adabume sonjohobi. adabuha bayara deningge ne nimehe ofi, niowanggiyan uju teile ibebumbi, bahaci cenggui be gaifi beyebe tuwabume wesimbufi uju jergi adaha hafan jai emu tuwašara hafan sirabuki. erei jalin hafan sirara booi durugan be suwaliyame gingguleme tuwabume wesimbuhe.（省略）hese, hafan be cohoho cenggui de sirabu sehe.

MA2-23-5-6

镶白旗蒙古一等轻车都尉又一云骑尉德宁额（初次绰贝）

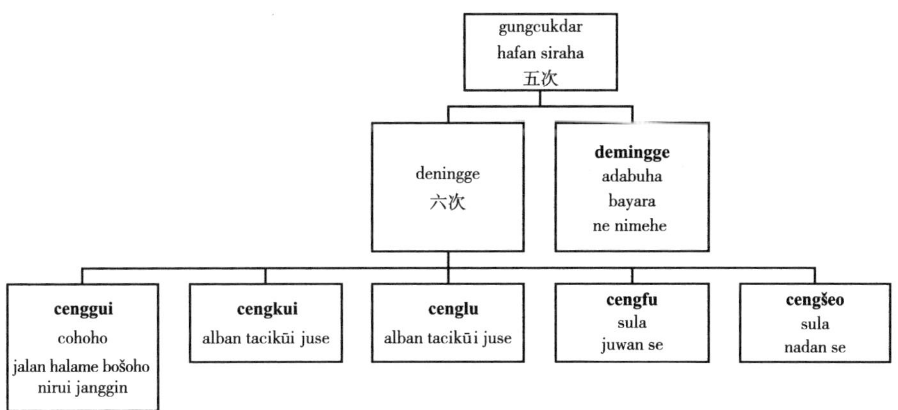

MA2-23-5-7

道光二十一年十二月十五日奏折

镶白旗蒙古一等轻车都尉又一云骑尉成桂（初次绰贝）

庆昌八次

（省略）cenggui i tucike oronde sirara jalin ilgame tuwafi，cenggui i banjiha jui jalan halame bošoho nirui janggin kingcang be cohome，cenggui i banjiha deo gabsihiyan cengkui be adabume sonjohobi，cohoho kingcang ere aniya duin se ofi（省略）doro eldengge i orin emuci aniya jorgon biyai tofohon de wesimbufi，juwan ninggun de gaifi beyebe tuwabuhade，hese，cenggui i hafan be cocoho kingcang de sirabu sehe.

MA2-23-5-8

镶白旗蒙古一等轻车都尉又一云骑尉成桂（初次绰贝）

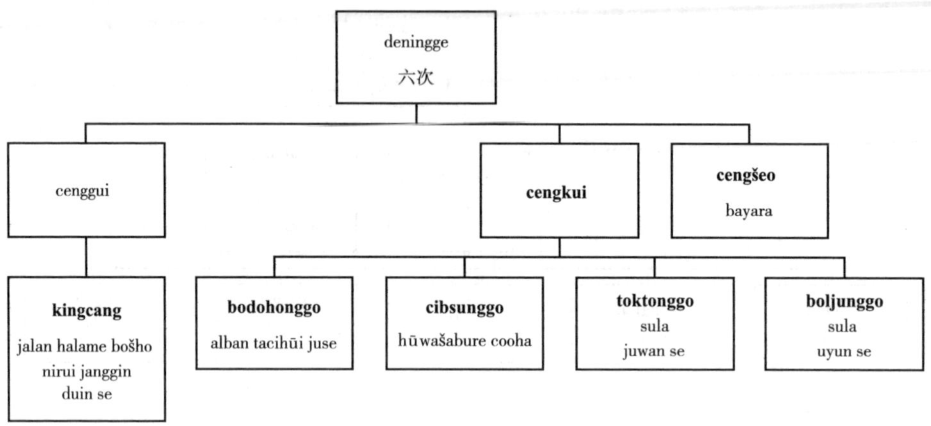

MA2-23-5-9

道光二十七年十二月十六日奏折

镶白旗蒙古一等轻车都尉又一云骑尉庆昌（初次绰贝）

博多洪武九次

（省略）kingcang ni tucike oronde sirara jalin, amban be kooli be dahame ilgame tuwafi, kingcang ni ama cenggui i enen obume ujihe jui jalan halame bošoho nirui janggin bodohonggo be cohome, kingcang ni banjiha eshen gabsigiyan i juwan i da cengkui be adabuha sonjohobi.（省略）hese uju jergi adaha hafan jai emu tuwašara hafan bodohonggo de sirabu sehe.

MA2-23-5-10

镶白旗蒙古一等轻车都尉又一云骑尉庆昌（初次绰贝）

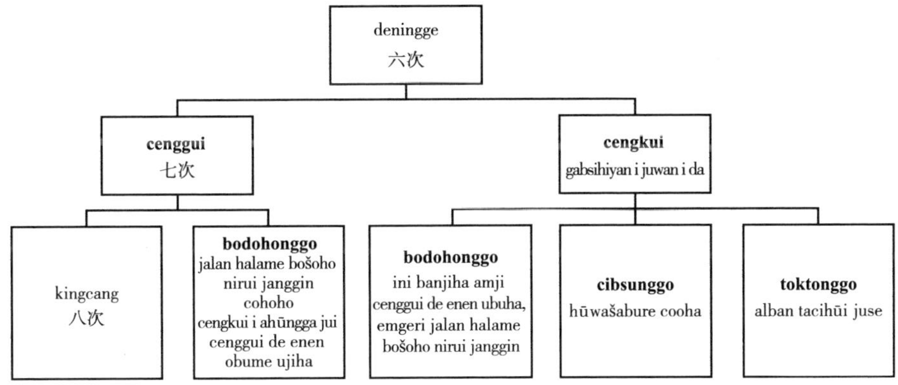

MA2-23-5-11

镶白旗蒙古一等轻车都尉又一云骑尉庆昌（初次绰贝）

博多洪武九次

ere hafan dade kingcang ni da sekiyen mafa coboi faššaha hafan, uju jergi adaha hafan jai emu tuwašara hafan（折谱内容与 MA2-23-5-10 相同）

MA2-23-5-12

镶白旗蒙古一等轻车都尉又一云骑尉博多洪武（初次绰贝）

英秀十次

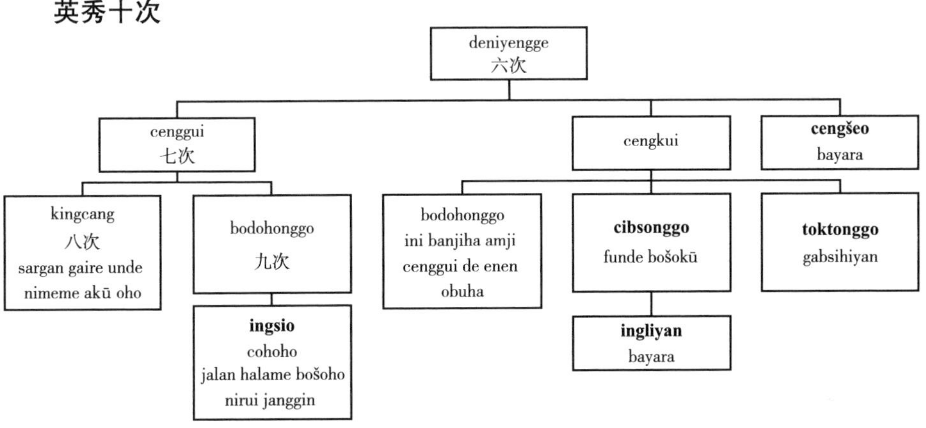

MA2-23-5-13

镶白旗蒙古一等轻车都尉又一云骑尉瑧乌布

此官原系瑧乌布之胞伯祖贾慕苏所立之官

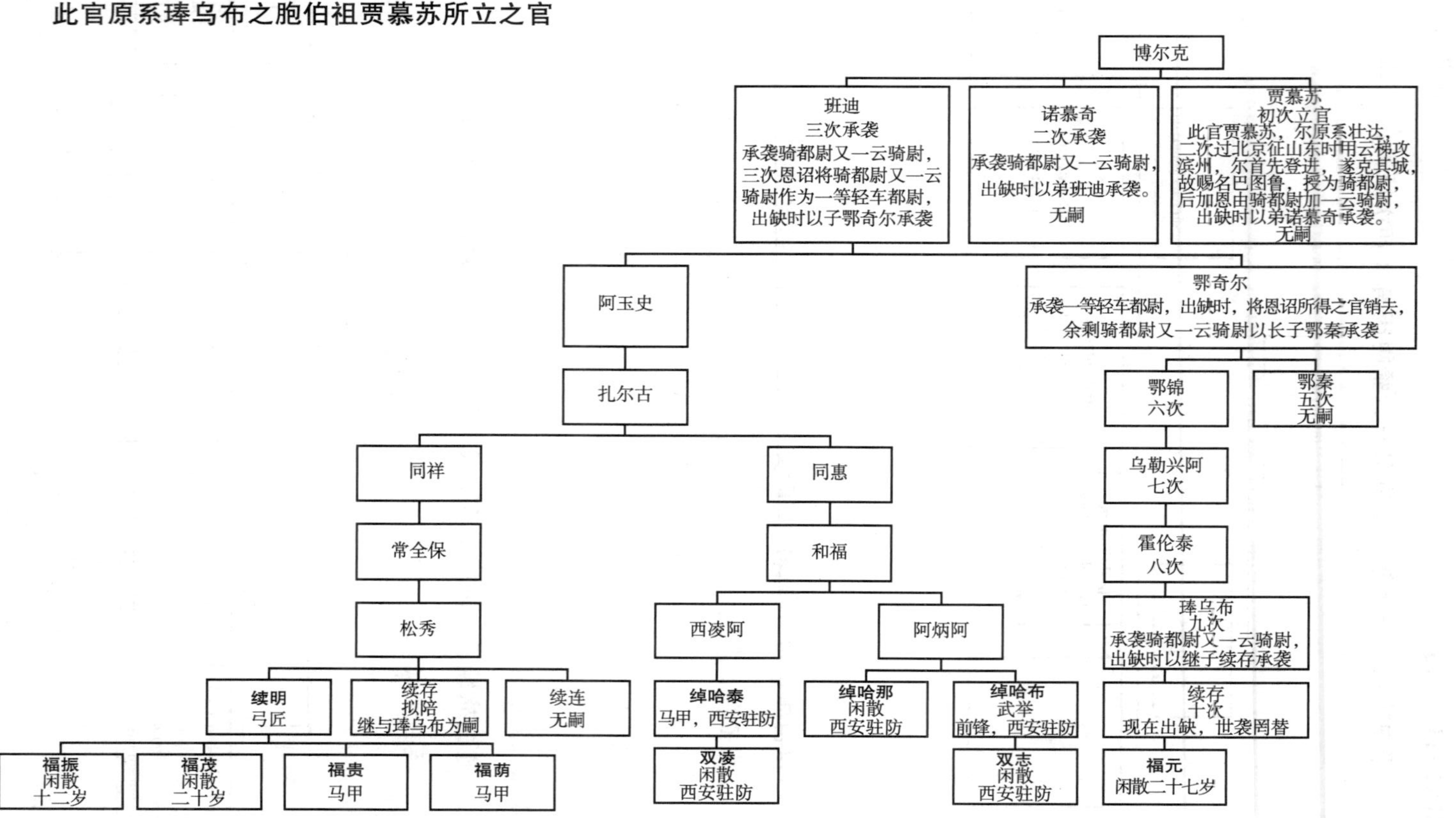

MA2-23-5-14

雍正五年十二月初四日奏折

镶白旗蒙古骑都尉敖齐尔（初次巴雅尔）

博多洪武九次

kubuhe šanggiyan i monggo gūsai gūsa be kadalara amban, amban kirsa sei ginggguleme wesimburengge, hafan sirara jalin. amban meni gūsai jai jergi adaha hafan ocir tan ho nimeku bahafi, alban de yabume muterakū turgunde wesimbufi hafan ci nakaha. baicaci, ocir i amji mafa bayar i ejehe de arahangge, bayar si dade bai niyalma bihe, bejing be duleme šandung ni golo de cooha genehe jai mudan de, li jiya hiyan be wan i afara de, ugese sirame jai jergi de fekufi, hoton be gaiha seme tuwašara hafan obuha. wesihun erdemunggei jakūci aniya juwan biyai ice duin de, amala ming gurun i doro be baha mudan de, šanaha be dosika inenggi liodzei orin tumen cooha be gidarade, gūsa be kadalara amban junta i emgi moringga yafagan cooha be teisu bata be gidaha, liodzei cooha be bošome genefi, cing du hiyan de amcanafi gidarade, teisu bata be gidaha seme tuwašara hafan de jai emu tuwašara hafan nonggifi, baitalabure hafan obuha. bayar nimeme akū oho manggi, eshen i jui talatu be ineku baitalabure hafan siraha. ijishūn dasan i nadaci aniya emu joo de, baitalabure hafan de jai emu tuwašara hafan nonggiha, jalan halame hafan lashalarakū sirambi. talatu nimeme akū oho manggi, banjiha ahūn i jui sanyatu be ineku baitalabure hafan jai emu tuwašara hafan siraha, jalan halame lashalarakū sirarangge nenehe songkoi. sanyatu si dade jakūci jergi hafan bihe, giyangsi golo de dailame genehe mudan de, hūlhai holo dzung bing tang pei šeng se, duin minggan funcere hūlha be gaifi, loo juwang ni bade hiyagan maktafi, kalka faidafi alime gaiha be gidarade, jalan be gaifi, teisu bata be gidaha. hūlhai da jeo guwan, bu dzai gung se, sunja minggan funcere hūlha be gaifi, tsoo giya dzui, ma an šan i bade poo miyoocan kalka faidafi, alime gaiha be gidarade, jalan be gaifi teisu bata be gidaha. šen kung kiyoo i bade hūlhai holo jung giyūn, gin sy dzai, g'o hung gi se, juwe minggan funcere hūlha be gaifi alime gaiha be gidarade, jalan be gaifi teisu bata be gidaha. hūlhai da yan giyūn cung, siyoo ceng se sunja minggan funcere hūlha be gaifi, fu liyang hiyan i birai cargi dalin de šoro tebufi, poo miyoocan kalka faidafi alime gaiha be gidarade, jalan be gaifi teisu bata be gidaha, ši gi du ı bade hūlhaı holo fujiyang jang bang cui, hū ioi cun se, nadan minggan funcere hūlha be gaifi, hiyagan maktafi poo miyoocan faidafi alime gaiha be gidarade, jalan be gaifi teisu bata be gidaha. fu fung i bade fudaraka hūlha g'o hung ki se tumen funcere hūlha be gaifi poo miyoocan faidafi alime gaiha be gidarade, jalan be gaifi teisu bata be gidaha. hūlhai holo jiyanggiyūn han da žin, cen yoo iowan, li moo ju se tumen funcere hūlha be gaifi, šang ho ling ni dabagan de poo miyoocan faidafi alime gaiha be gidarade, jalan be gaifi teisu bata be gidaha, hūlha geli ho iowan keo i kamni angga de, poo miyoocan faidafi alime gaiha be gidarade, jalan be gaifi teisu bata be gidaha. sirame guwangsi golo de genefi, hūlhai holo jiyanggiyūn wan ci han, jan yang se juwe tumen isire hūlha be gaifi, doo deng ni bade hiyagan maktafi sufan kalka faidafi alime gaiha be gidarade, jalan be gaifi teisu bata be gidaha. geli sirame yūn nan i golo de genefi, hūlhai holo jiyanggiyūn ho gi dzu, wang hung hiyūn se tumen funcere hūlha be gaifi, ši men k'an i alin i hafirahūn kamni angga be akdulafi alime gaiha be gidarade, jalan be gaifi yafahalafi teisu bata be gidaha. hūlha geli alin i kamni de alime gaiha be gidarade jalan be gaifi teisu bata be gidaha. hūlhai holo jiyanggiyūn ho gi dzu, wang hung hiyūn, wang io gung, yang guwang siyan se juwe tumen isire hūlha be gaifi, hūwang tsoo ba i bade hiyagan maktafi, sufan kalka poo miyoocan faidafi alime gaiha be gidarade jalan be gaifi teisu bata be gidaha. hūlhai holo jiyanggiyūn hū guwe bing, lio ki lung, hūwang ming se tumen funcere hūlha be gaifi, yūn nan i hoton ci tucifi hiyagan maktafi, sufan kalka poo miyoocan faidafi, alime gaiha be gidarade, jalan be gaifi teisu bata be gidaha seme dabali wesimbufi baitalbure hafan, jai emu tuwašara hafan de baitalabure hafan nunggifi, jai jergi adaha hafan obuha, jai juwe jergi sirafi, geli sirabure erinde, sanyatu i baitalabure hafan be efulefi, ini eshen talatu i baitalabure hafan, jai emu tuwašara hafan be jalan halame lashalarakū sirarangge nenehe songkoi sanyatu nimeme akū oho manggi, banjiha jui ocir be ineku jai jergi adaha hafan siraha. jai emu jergi sirafi, geli sirabure erinde, sanyatu i baitalabure hafan be efulefi, ini eshen mafa talatu i baitalabure hafan jai emu tuwašara hafan be jalan halame hafan lashalarakū sirarangge nenehe songkoi sehebi. erei hafan sirara jalin baicabuci, jalan i janggin dešeo, ilhi jalan i janggin baši, nirui janggin ginliyang, ilhi nirui janggin bime juwan i da k'ao šan, funde bošokū sengboo, bayara be araha funde bošokū sonon, ajige bošokū booju, mukūn i da bayara bage sei alibuhangge, ocir i ahūngga jui uksin be araha bayara murtai, juwan uyun se, jacin jui sula erdeni, juwan ilan se, ilaci jui sula ilingga duin se, eseci tulgiyen, jai hafan siraci acara niyalma akū seme uhei akdulafi alibuhabi. amban be dasame kimcime baicaci, encu akū. uttu ofi, murtai, erdeni beyebe（抬头）tuwabume gingguleme（抬头）wesimbuhe. hese be baimbi.

hūwaliyasun tob i sunjaci aniya jorgon biyai ice duin.

gūsa be kadalara amban, amban kirsa;

meiren i janggin amban liyang yung hi;

meiren i janggin, amban lomi;

jalan i janggin, amban dešeo;

ilhi jalan i janggin, amban baši.

MA2-23-5-15

镶白旗蒙古骑都尉敖齐尔（初次巴雅尔）

ere hafan dade ocir i amji mafa bayar i faššaha hafan

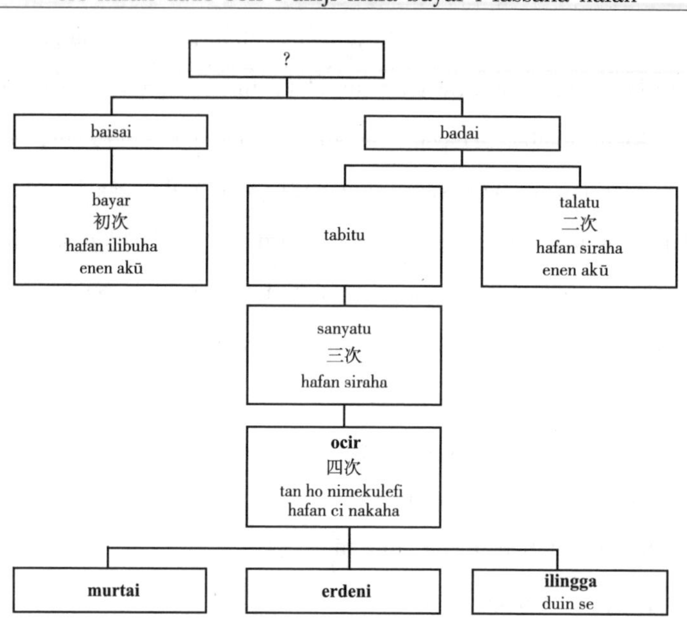

MA2-23-5-16

乾隆五十七年十二月十五日奏折

镶白旗蒙古骑都尉阿必达（初次巴雅尔）

（省略）sanyatu i baitalabure hafan be efulefi ini eshen mafa talatu i baitalabure hafan jai emu tuwašara hafan be jalan halame hafan lashalarakū sirarangge nenehe songkoi, nimekulehe seme nakaha manggi, kesi selgiyere hese de buhe hafan be nakabufi, funcehe ilaci jergi adaha hafan be ahūngga jui murtai de siraha. jai sirabure de, sanyatu i baitalabure hafan be nakabufi, funcehe ini amji unggu mafa bayar i baitalabure hafan be jalan halame hafan lashalarakū sirarangge nenehe songkoi, yasa jadagalaha turgunde nakaha manggi, sanyatu i kesi selgiyere hesei amala coohai gungge de baha baitalabure hafan be argiyafi, funcehe da ilibuha baitalabure hafan be ini jui abida de siraha, jalan halame hafan lashalarakū sirambi sehebi. baicaci, toktobuha kooli de niru ilibuha niyalmai banjiha juse omosi i dorgi, ahūngga booi gargan i juse omosi de niru bošobufi oron tucici, oron tucike niyalmai juse omosi be sonjofi cohobuki, gūwa gargan i juse omosi i dorgici sonjofi adabuki gebu faidabuki, da niru ilibuha niyalma enen lakcafi niru be banjiha ahūn, deo, amji, eshen i juse omosi de bošobufi, damu emu gargan teile funcehengge oci, gemu banjiha juse omosi niru bošoho kooli songkoi icihiyabuki, hafan sirara baita be inu ere songkoi icihiyabuki sehebi. amban be kooli be dahame abida i oronde baitalabure hafan sirara jalin ilgame tuwafi, abida i ahūngga jui gabsihiyan ioiking be cohome, abida i banjiha eshen erdeni i omolo beri faksi fumingga be adabume sonjohobi. bahaci, ioiking, fumingga be gaifi beyebe tuwabume wesimbufi baitalabure hafan sirabuki sembi. erei jalin hafan sirara booi durugan be suwaliyame gingguleme tuwabume wesimbuhe. hese be baimbi. abkai wehiyehe i susai nadaci aniya jorgon biyai juwan ninggun de gaifi beyebe tuwabume wesimbuhede, hese, hafan be ioiking de sirabu sehe.

abkai wehiyehe i susai nadaci aniya jorgon biyai tofohon.

gūsa be kadalara amban bime, tulergi golo be dasara jurgan i aliha amban, tuwašara hafan, juwe jergi wasibufi tušan de bibuhe, amban liobooju;

meiren i janggin bime, dorgi yamun i ashan i bithei da, amban gioroi sahalji;

meiren i janggin bime, tulergi golo be dasara jurgan i ici ergi ashan i amban, amban kuišu.

uju meyen baitalabure hafan
baitalabure hafan abida i oron tucikebi. erei oronde, hafan sirara urse be gūsa be kadalara amban bime, tulergi golo be dasara jurgan i aliha amban, tuwašara hafan liobooju, meiren i janggin bime, dorgi yamun i ashan i bithei da, gioroi sahalji, meiren i janggin bime, tulergi golo be dasara jurgan i ici ergi ashan i amban kuišu tuwame ilgahangge. gabsihiyan ioiking cohoho, baitalabure hafan de bihe abade i jui, orin duin se, gabtarangge jergi, niyamniyarangge jergi. beri faksi fumingga, adabuha, baitalabure hafan de bihe abade i banjiha eshen erdeni i omolo, orin nadan se, gabtarangge jergi, niyamniyarangge jergi.

MA2-23-5-17

镶白旗蒙古骑都尉阿必达（初次巴雅尔）

baitalabure hafan
ere hafan dade, abade i amji da mafa bayar i faššaha hafan

erc hafan serengge, da hafan ilibuha niyalmai banjiha eshen i jui omosi de sirabuha hafan. baicaci toktobuha kooli de niru ilibuha niyalmai banjiha juse omosi i dorgi ahūngga booi gargan i juse omosi de niru bošobufi oron tucici, oron tucike niyalmai juse omosi be sonjofi cohobuki, gūwa gargan i juse omosi i dorgici sonjofi adabuki gebu faidabuki, hafan sirara baita be inu ere songkoi icihiyabuki seme toktobuhabi.

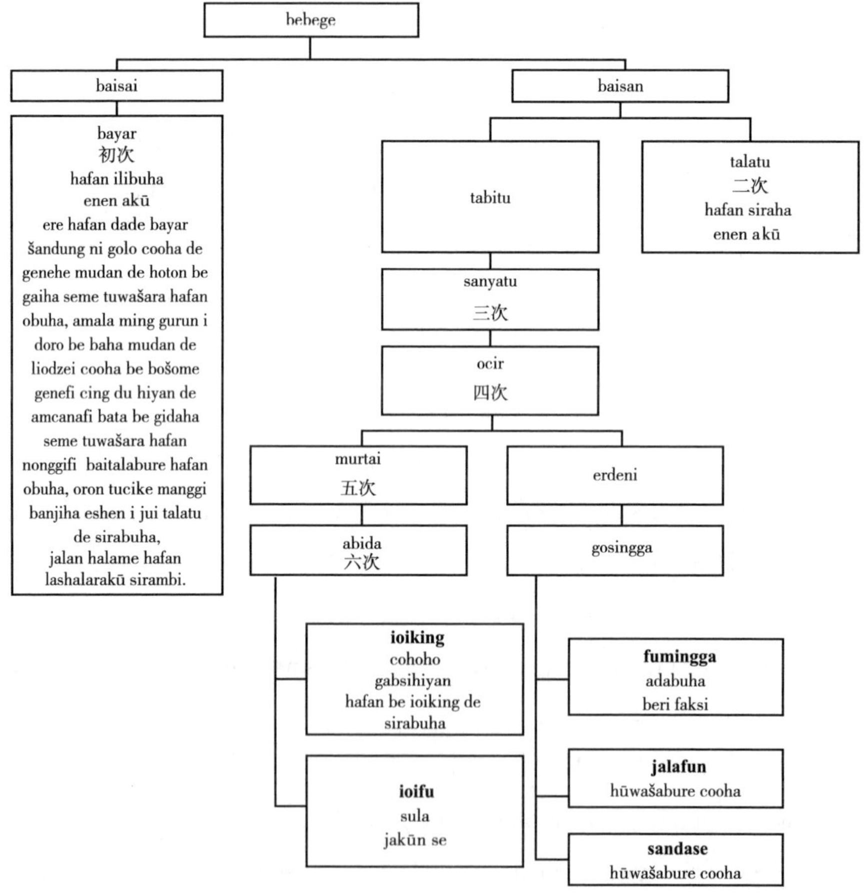

MA2-23-5-18

镶白旗蒙古骑都尉余庆（初次巴雅尔）

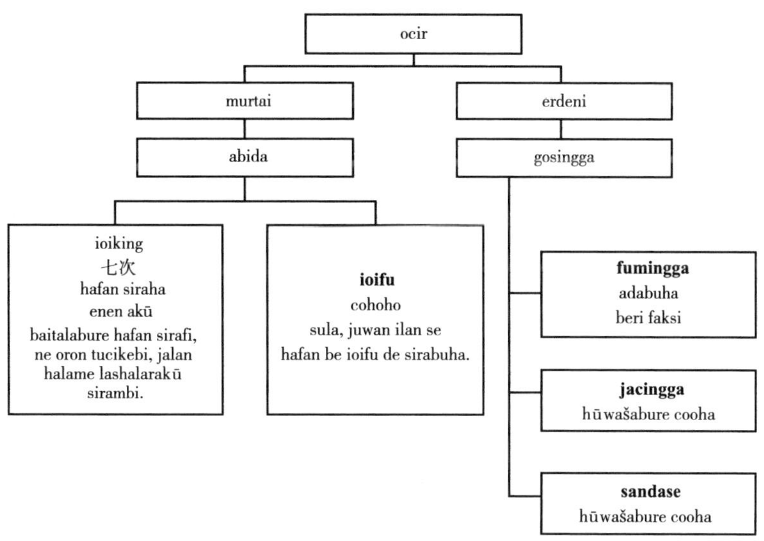

MA2-23-5-19

嘉庆二十一年十二月十五日

镶白旗蒙古骑都尉余富（初次巴雅尔）

（省略）aha meni gūsai baitalabure hafan ioifu hoton ninggui idu funtuhulehe turgunde, coohai jurgan ci gisureme wesimbufi hafan efulehebi,（省略）ioifu i nakabuha baitalabure hafan i oronde, argiyara eberembure ba bisire akū babe hafan i jurgan de baicaname bihe. te hafan i jurgan ci baicaci, toktobuha kooli de, jalan sirara hafan, hafan efulefi selhen etubufi, šusiha šusihalara weile, necihengge be terei necihe weile aika umai fafun be miosihodome, ulin be doosidaha, caliyan be giyatarame hūlhaha weile waka oci, terei tucike jalan sirara hafan be an i sirabu sehebi. te ioifu hoton ninggui idu funtuhulehe turgunde hafan efulehebi. baicaci, ini tucike baitalabure hafan oci, jalan halame lashalarakū sirarangge, argiyara eberembure be baiburakū seme aha meni gūsade bithe benjihebi. uttu ofi, aha meni gūsai baitalabure hafan ioifu i nakabuha oronde sirara jalin ilgame tuwafi, ioifu i banjiha eshen mafa erdeni i omolo bayara dalingga be sonjohobi. bahaci, dalingga be gaifi beyebe tuwabume wesimbufi baitalabure hafan sirabuki. erei jalin hafan sirara booi durugan be suwaliyame gingguleme tuwabume wesimbuhe. hese be baimbi.

saicungga fengšen i juwan ningguci aniya jorgon biyai juwan ninggun de gaifi beyebe tuwabume wesimbuhede, hese, hafan be sonjoho dalingga de sirabu sehe.

MA2-23-5-20

镶白旗蒙古骑都尉余富（初次巴雅尔）

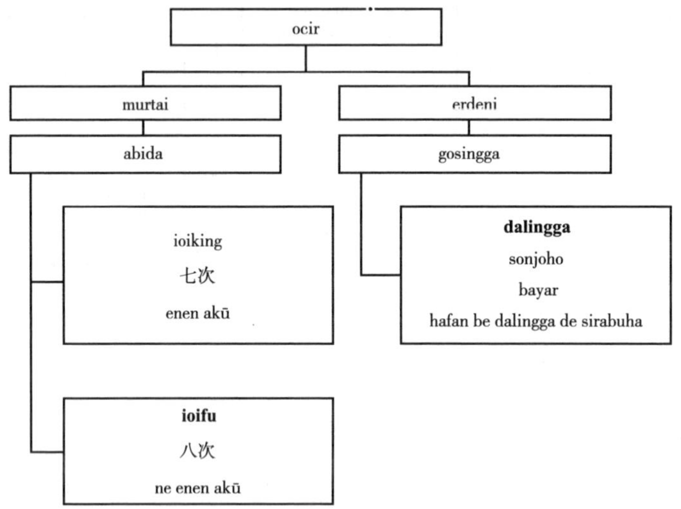

MA2-23-5-21

镶白旗蒙古骑都尉余富（初次巴雅尔）

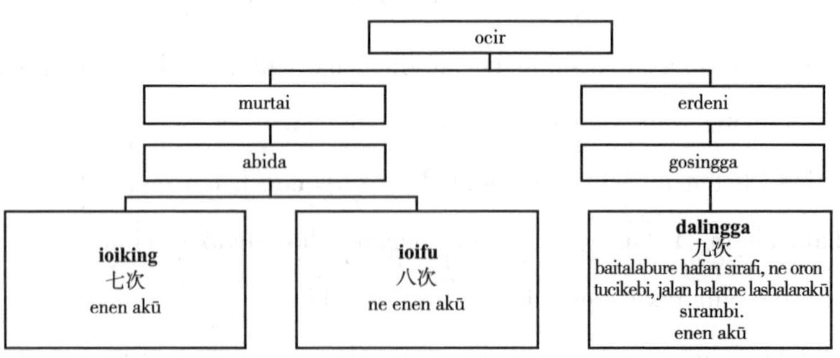

MA2-23-5-22

雍正十一年十二月十八日

镶白旗蒙古骑都尉阿毓锡（阿禹什）（初次色楞澈臣）

石头三次

kubuhe šanggiyan i monggo gūsai gūsa be kadalara amban i doron be daiselaha gulu šanggiyan i manju gūsai meiren i janggin, amban piyantu sei gingguleme wesimburengge, hafan sirara jalin. enen lakcaha hafan i baita be icihiyara ambasai wesimbufi benjihe bithede, kubuhe šanggiyan i monggo gūsai uju jergi jingkini hafan, jai emu tuwašara hafan sereng cecen, dade cahar ba i amba jaisang bihe, jakūnju boigon be gaifi, yaya onggolo dahame jihe seme ilaci jergi jingkini hafan obuha. liodzei hūlha be efulehe cooha de faššaha seme jai jergi jingkini hafan obuha, juwe mudan kesi joo de uju jergi jingkini hafan jai emu tuwašara hafan obuha.（抬头）kesi joo i hafan be eberembufi, baitalabure hafan sirabuki seme wesimbuhede, hese, gisurehe songkoi obu sehebe gingguleme dahafi benjihebi. erei hafan sirara jalin baicabuci, daiselaha jalan i janggin baliyang, araha jalan i janggin pusio, nirui janggin šanfu, ilhi nirui janggin liošeo, funde bošokū lioši, ilhi funde bošokū cangšeo, bošokū da bastai, mukūn i da bayara wanliboo, singju se alibuhangge, ayusi i sargan anggasi i gaifi enen obume ujiha goro mukūn i omolo uksin šiteo, juwan jakūn se, ayusi i goro mukūn i jui ilaci jergi adaha hafan heyetu ninju nadan se, heyetu i jui uksin cangtai, gūsin nadan se, heyetu i deo i jui uksin cangju, juwan uyun se, ayusi i goro mukūn i jui jalan i janggin bandi, dehi sunja se, eseci tulgiyen jai hafan siraci ojoro niyalma akū seme uhei akdulafi alibuhabi. amban be dasame kimceme baicaci, encu akū, uttu ofi, ayusi de enen obuha šiteo, jai ini goro mukūn i omolo cangju sebe beyebe tuwabume gingguleme wesimbuhe. hese be baimbi. seme hūwaliyasun tob i juwan emuci aniya jorgon biyai juwan jakūn de baita wesimbure icihiyara hafan jang wen bin sede bufi ulame wesimbuhe. ineku biyai juwan uyun de ayusi sargan anggasi gaifi ujiha jui uksin šiteo be cohome, ayusi i goro mukūn i omolo uksin cangju be adabume, esei gebu be niowanggiyan ujude arafi, gūsa be kadalara amban i doron be daiselaha gulu šanggiyan i manju gūsai meiren i janggin piyantu, meiren i janggin bayartu, nasutai, gūsai baita be aisilame icihiyara coohai jurgan i icihiyara hafan gelmin se gaifi beyebe tuwabume wesimbuhede, hese, ayusi i sargan anggasi gaifi ujiha uksin šiteo de hafan sirabu sehe.

MA2-23-5-23

雍正十一年十二月十八日

镶白旗蒙古骑都尉阿毓锡（初次色楞澈臣）

石头三次

enen lakcaha sereng cecen i faššame baha jai jergi jingkini hafan be eberembufi baitalabure hafan sirambi.

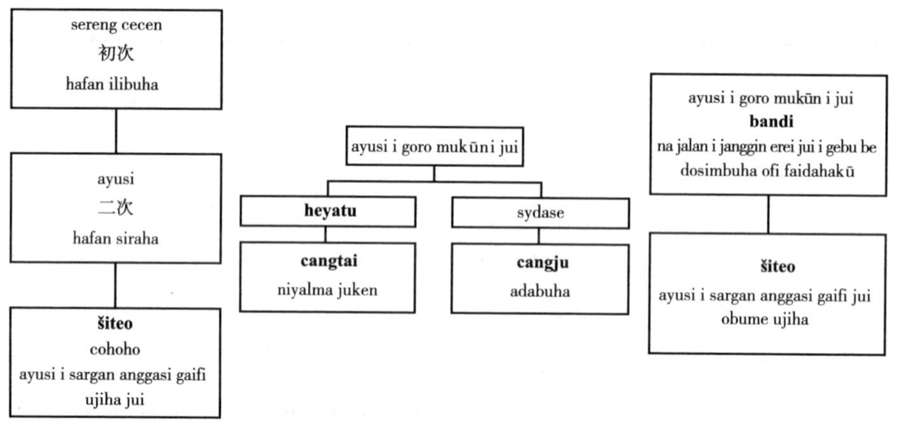

MA2-23-5-24

乾隆二十七年十二月十五日

镶白旗蒙古骑都尉石头（初次色楞澈臣）

珠隆阿四次

（省略）sereng cecen si dade, monggo gurun i cahar han i amba jaisang bihe, sini han tanggūt gurun i baru casi generede, si fakcafi jakūnju boigon be gajime jifi, katun i birai bajila bihe. mini takūraha elcin isinjiha manggi, uthai yaya onggolo bira be doofi jihe seme ilaci jergi jingkini hafan obuha. （省略） da hafan ilibuha. sereng cecen de mukūn bi, hafan siraha ayusi i sargan anggasi, ne ini mukūn i omolo be jui obume ujiha be dahame, gūsai ambasa de hese wasimbufi, hafan siraci acara niyalma be baicafi toktobufi wesimbureo seme wesimbufi benjihe manggi, sirame enen lakcaha hafan i baita be icihiyara ambasai baci wesimbufi benjihe bithede, baicaci, jakūn gūsaci baicafi benjihe （抬头） taidzu, taidzung ni forgon de, gungge de buhe jalan halame lashalarakū sirara hafasai dorgi, enen lakcafi sirabuhakū uju jergi jingkini hafan jai emu tuwašara hafan sereng cecen i jergi juwan juwe hafan, gemu goro mukūn i juse omosi bisire be dahame, jingkini hafan, ashan i hafan, adaha hafan be yooni eberembufi, baitalabure hafan sirabukini seme benjihe ofi, hafan efulehe ayusi i jai jergi jingkini hafan be eberembufi, baitalabure hafan sirabure jalin, hūwaliyasun tob i juwan emuci aniya jorgon biyade wasibufi, ayusi i sargan anggasi i jui obume ujiha goro mukūn i omolo, uksin šiteo de hafan sirabuhabi. te šiteo oron tucifi, erei sirara hafan de kemuni argiyara eberembure be bisire akū babe, toktobuha kooli songkoi （抬头） ejehe be hafan i jurgan de benefi baicabufi amasi benjihe bade, baicaci, šiteo i ejehe de arahangge jalan halame hafan lashalarakū sirarangge, argiyara be baiburakū be dahame, harangga gūsaci kooli songkoi icihiyafi sirabukini seme benjihe ofi, amban be, šiteo i oronde baitalabure hafan sirara jalin ilgame sonjofi, šiteo i ahūngga jui uksin julungga be cohome, hafan ilibuha sereng cecen i goro mukūn i ilaci jalan i omolo tuwašara hafan heidase be adabume sonjohobi. bahaci julungga, heidase sebe gaifi beyebe tuwabume wesimbufi baitalabure hafan sirabuki sembi, erei jalin hafan sirara booi durugan be suwaliyame gingguleme tuwabume wesimbuhe. hese be baimbi. abkai wehiyehe i orin nadaci aniya jorgon biyai juwan ninggun de beyebe tuwabume wesimbuhede, hese hafan be julungga de sirabu sehe.

MA2-23-5-25

镶白旗蒙古骑都尉石头（初次色楞澈臣）

珠隆阿四次

ere hafan dade enen lakcaha sereng cecen i faššaha jai jergi jingkini hafan be eberembufi, cohotoi kesi isibume baitalabure hafan obuha. baitalabure hafan

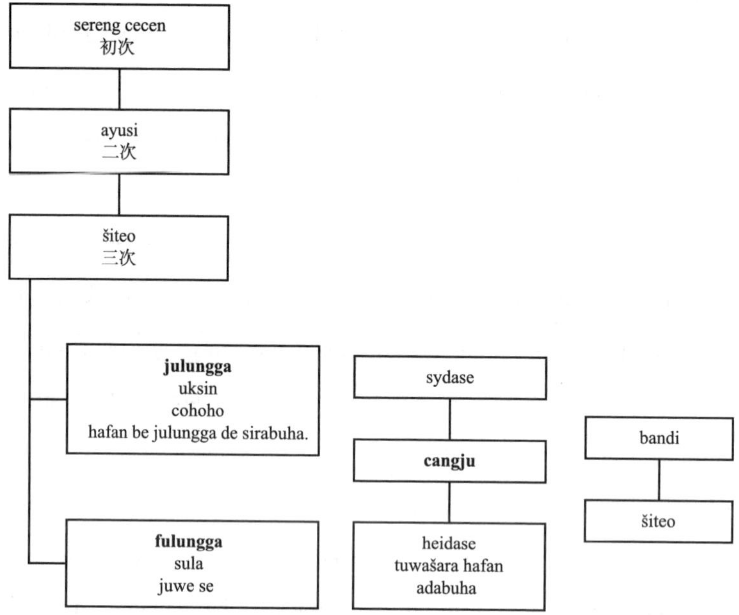

MA2-23-5-26

乾隆三十六年五月十二日奏折

镶白旗蒙古骑都尉珠隆阿（初次色楞澈臣）

珠隆阿出缺请旨

（省略）jui julungga be ineku baitalabure hafan siraha, jalan halame hafan lashalarakū sirambi sehebi. amban be baicaci, julungga i siraha baitalabure hafan serengge, da hafan ilibuha sereng cecen i faššaha uju jergi jingkini hafan jai emu tuwašara hafan be jui ayusi de sirafi, tuwai belhen i idu funtuhulehe turgunde wakalafi hafan efulefi sirabuhakū bihe. hūwaliyasun tob i nadaci aniya juwe biyai orin duin de, （抬头）dergi hese wasimbuhangge, muse gurun gungge ambasa de kesi isibume jalan sirara hafan šangnafi mohon akū siraburengge cohome cooha dain gungge de karulame jukten be lashalarakū, ini juse omosi be enteheme kesi be alikini sere turgun, damu ememungge enen lakcafi hafan sirabuhakūngge bi, erebe bi umesi šar seme gosime gūnimbi. te urgun cin wang, yentai, cangšeo, cabina, santai de afabufi neneme gungge ilibuha ambasa hafasai juse enen, enen akūngge be ini hanci mukūn i niyalma be baicakini, hanci mukūn i niyalme akū oci, goro mukūn niyaman hūncihin i dorgide baicakini. aika mukūn niyaman hūncihin akūngge oci, emu gūsai dorgi inde enen obufi hafan sirabuci ojorongge be baicafi hafan sirabukini. jai（抬头）taidzu, taidzung ni forgon de gungge buhe baitalabure hafan ci wesihun hafasai dorgi, udu jalan teile siraburengge be baicara ba akū, jalan lashalarakū siraburengge be akūmbume baicafi wesimbu sehebe ginggulеme dahafi sirame（抬头）hese be dahame, enen lakcaha hafan i baita be icihiyara ambasai baci wesimbufi benjihe bade, jakūn gūsai（抬头）taidzu taidzung ni forgon de buhe jalan halame lashalarakū sirara hafasai dorgi enen lakcafi sirabuhakū hafan gemu goro mukūn i juse bisire be dahame, jingkini hafan, ashan i hafan, adaha hafan be yooni eberembufi baitalabure hafan sirabukini seme benjihe songkoi sereng cecen i ilibuha uju jergi jingkini hafan jai emu tuwašara hafan be eberembufi, baitalabure hafan obufi, sereng cecen i jui ayusi i sargan anggasi i gaifi jui obume ujiha goro mukūn i omolo šiteo be baitalabure hafan sirabuha. oron tucike manggi, šiteo i jui julungga de sirabuhabi. geli baicaci, abkai wehiyehe i gūsici aniya uyun biyade coohai jurgan jakūn gūsai ambasai emgi acafi jakūn gūsai jalan sirara hafan i dorgi enen lakcaha hafan be banjiha amji eshen unggu mafa i juse omosi, goro mukūn i juse omosi encu gūsai emu halai juse omosi de sirabuha orin hafan be oron tucike erinde gemu sirabure be ilinjaki seme gisurefi wesimbuhe baita de wasimbuha hesei dorgide, ne jingkini gargan de umai siraci acara niyalma akū, damu goro mukūn jai encu gūsai emu halai juse omosi bi seme baicame tucibuhe ursebe, inu oron tucike erinde jai icihiyaci acara dabala, afanggala geli aiseme doigomšome gisurembini sehebe gingguleme dahafi dangsede ejehebi. te amban meni gūsai baitalabure hafan julungga i oron tucikebi. baicaci, julungga i siraha baitalabure hafan serengge, abkai wehiyehe i gūsici aniya coohai jurgan, jakūn gūsai ambasa gisurefi sirabure be ilinjaci acara orin i ton i dorgide bisire hafan be dahame, amban be bahaci, julungga i baitalabure hafan be sirabure be ilinjafi, da hafan ilibuha sereng cecen be tondo be iletulehe juktehen de dosimbume, ne oron tucike julunngga i sargan anggasi de toktobuha kooli songkoi beye bisire ebsihe hontoho fulun ulebure, eici ere hafan be kemuni sirabure babe kesi ejen ci tucimbi, hese wasinjiha manggi, amban be gingguleme dahame kooli songkoi icihiyaki sembi. erei jalin booi durugan be suwaliyame gingguleme tuwabume wesimbuhe, hese be baimbi. abkai wehiyehe i gūsin ningguci aniya sunja biyai juwan juwe de wesimbuhede, hese, an i sirabukini sehe.

abkai wehiyehe i gūsin ningguci aniya sunja biyai juwan juwe.

kiyan cing men de yabure gūsa be kadalara amban, doroi coros giyūn wang amban lobja;

kiyan cing men de yabure meiren i janggin bime, sula amban, uju jergi kesi be aliha gung nirui janggin, amban isungga;

gocika hiya, daiselaha meiren i janggin, amban onijirgal.

MA2-23-5-27

镶白旗蒙古骑都尉珠隆阿（初次色楞澈臣）

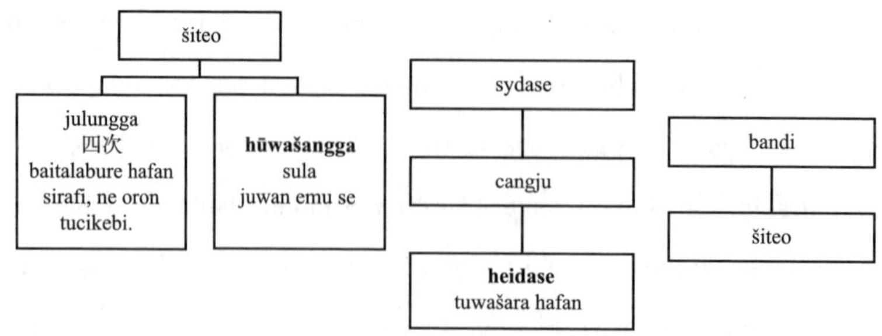

MA2-23-5-28

乾隆三十六年十二月十五日奏折

镶白旗蒙古骑都尉珠隆阿（初次色楞澈臣）

花尚阿五次，后改花良阿

（省略）amban be julungga i oronde baitalabure hafan sirara de，hese be dahame julungga i banjiha deo sula hūwašangga be cohome，hafan ilibuha sereng cecen i goro mukūn i ilaci jalan i omolo tuwašara hafan heidase be adabume sonjohobi.（省略）hese，hafan be hūwašangga de sirabu sehe.

MA2-23-5-29

镶白旗蒙古骑都尉珠隆阿（初次色楞澈臣）

花尚阿五次，后改花良阿

ere hafan dade enen lakcaha sereng cecen i faššaha jai jergi jingkini hafan be eberembufi，cohotoi kesi isibume baitalabure hafan obuha.

baitalabure hafan

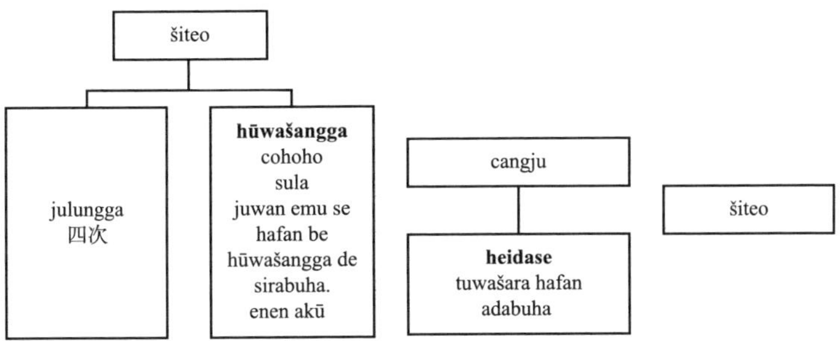

MA2-23-5-30

嘉庆十五年十二月十五日奏折

镶白旗蒙古骑都尉花良阿（初次色楞澈臣）

佛尔国春六次

kubuhe šanyan i monggo gūsai gūsa be kadalara amban，amban jalangga sei gingguleme wesimburengge, hafan sirara jalin. amban meni gūsai baitalabure hafan hūwaliyangga juwe šan jigeyen bime, bethe jadagalafi bithe alibuha turgunde, kooli songkoi wesimbufi baitalabure hafan ci nakahabi. （省略）hūwaliyangga i banjiha jui uksin ferguwecun be cohome, hafan ilibuha sereng cecen i goro mukūn i ilaci jalan i omolo tuwašara hafan bime, sula janggin jilangga be adabume sonjohobi.（省略）hese, hafan be cohoho ferguwecun de sirabu sehe.

MA2-23-5-31

镶白旗蒙古骑都尉花良阿（初次色楞澈臣）

佛尔国春六次

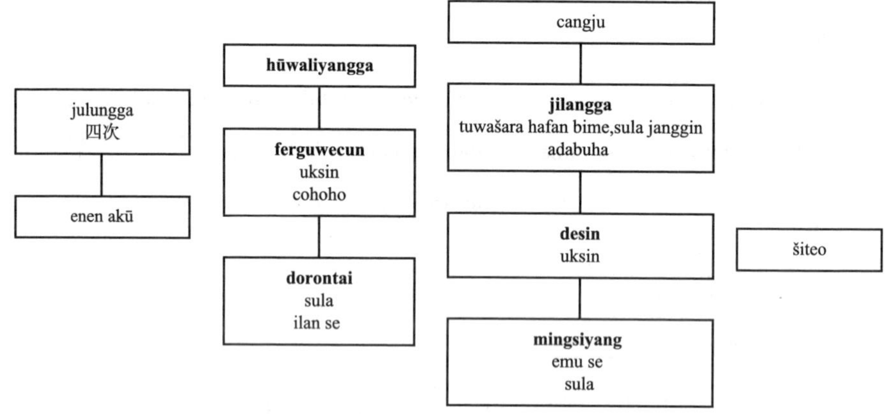

MA2-23-5-32

道光十年十二月十五日奏折

镶白旗蒙古骑都尉佛尔国春（初次色楞澈臣）

多銮泰七次

（省略）amban meni gūsai baitalabure hafan ferguwecun i tucike oronde, sirara jalin. ilgame tuwaci, ferguwecun i banjiha jui uksin dorontai be cohome, hafan ilibuha sereng cecen i goro mukūn i sunjaci jalan i omolo tuwašara hafan guwan'imboo be adabume sonjohobi.（省略）hese, hafan be cohoho dorontai de sirabu sehe.

doro eldengge i juwanci aniya jorgon biyai tofohon.

gūsa be kadalara amban bime, hiyan an gung ni alban tacikūi baita be kadalara boigon i jurgan i ici ergi ashan i amban, jiha fafun i yamun i baita be kamcifi kadalara booi amban, amban gioroi boohing. takūran.

gūsa be kadalara amban i baita be daiselaha kubuhe lamun i monggo gūsai gūsa be kadalara amban uksun be kadalara yamun i hashū ergi adafi kadalara amban, cang cun yuwan i baita be kadalara kubuhe fulgiyan i gioroi tacikū be kadalara hanci gargan i jai mukūn, mukūn i da tungken mergen gūsai beise, amban miyan sy;

meiren i janggin bime, manju tuwai agūrai kūwaran be kadalara amban, amban koolingga;

meiren i janggin bime, tuwašara hafan, amban cangcing. takūran.

MA2-23-5-33

镶白旗蒙古骑都尉佛尔国春（初次色楞澈臣）

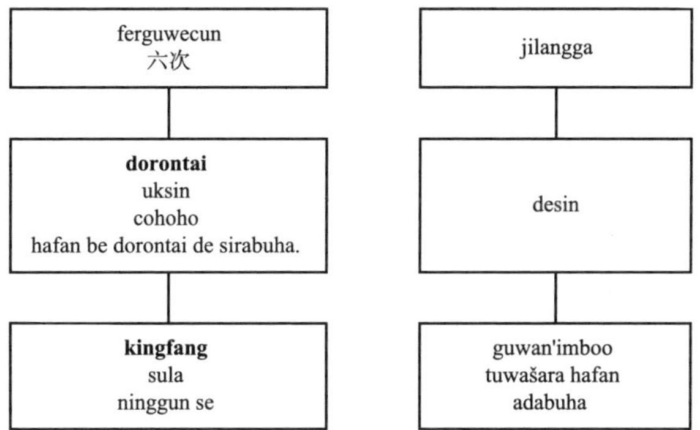

MA2-23-5-34

咸丰三年十二月十六日奏折

镶白旗蒙古骑都尉多銮泰（初次色楞澈臣）

庆芳八次

（省略）baitalabure hafan dorontai i tucike oronde, sirara jalin. ilgame tuwafi, dorontai i ahūngga jui sula kingfang be cohome, hafan ilibuha sereng cecen i goro mukūn i sunjaci jalan i omolo tuwašara hafan guwank'ai be adabume sonjohobi, bahacı, kingfang, guwank'ai be gaifi beyebe tuwabume wesimbufi baitalabure hafan sirabuki. erei jalin hafan sirara booi durugan be suwaliyame gingguleme tuwabume wesimbuhe.（省略）hese, baitalabure hafan be cohoho kingfang de sirabu sehe.

MA2-23-5-35

镶白旗蒙古骑都尉多銮泰（初次色楞澈臣）

庆芳八次

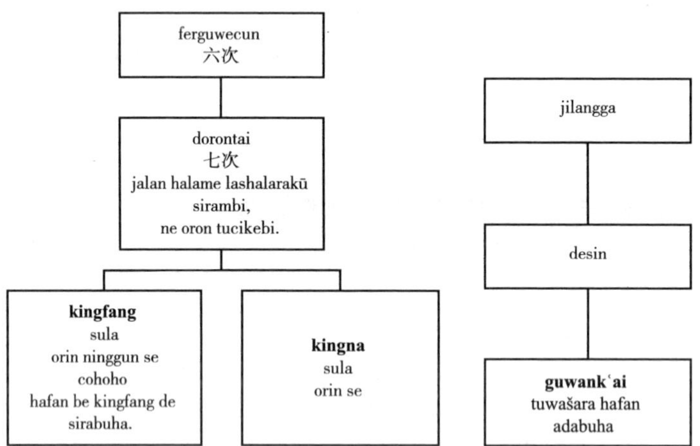

MA2-23-5-36

咸丰十年十二月十二日奏折

镶白旗蒙古骑都尉庆芳（初次色楞澈臣）

穆克登布九次

（省略）baitalabure hafan kingfang ni tucike oronde sirara jalin ilgame tuwafi, kingfang ni banjiha jui sula mukdembu be cohome, hafan ilibuha sereng cecen i goro mukūn i sunjaci jalan i omolo tuwašara hafan guwank'ai be adabume sonjohobi.（省略）

MA2-23-5-37

镶白旗蒙古骑都尉庆芳（初次色楞澈臣）

穆克登布九次

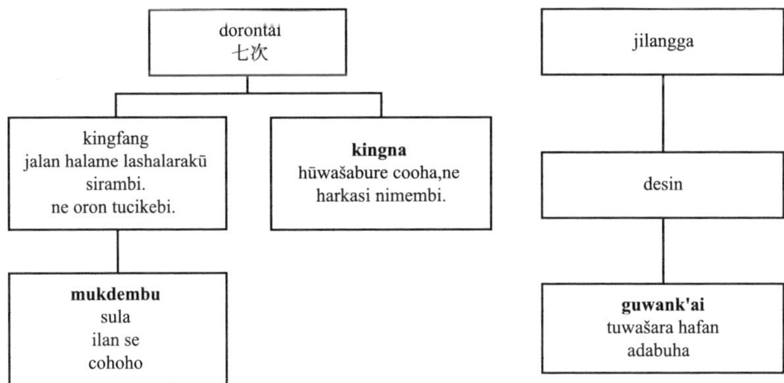

MA2-23-5-38

咸丰十年十二月十二日奏折

镶白旗蒙古骑都尉穆克登布（初次色楞澈臣）

凤山十次

骑都尉
此官尔原系色楞澈臣绝嗣所立二等子爵，蒙特恩减为骑都尉。

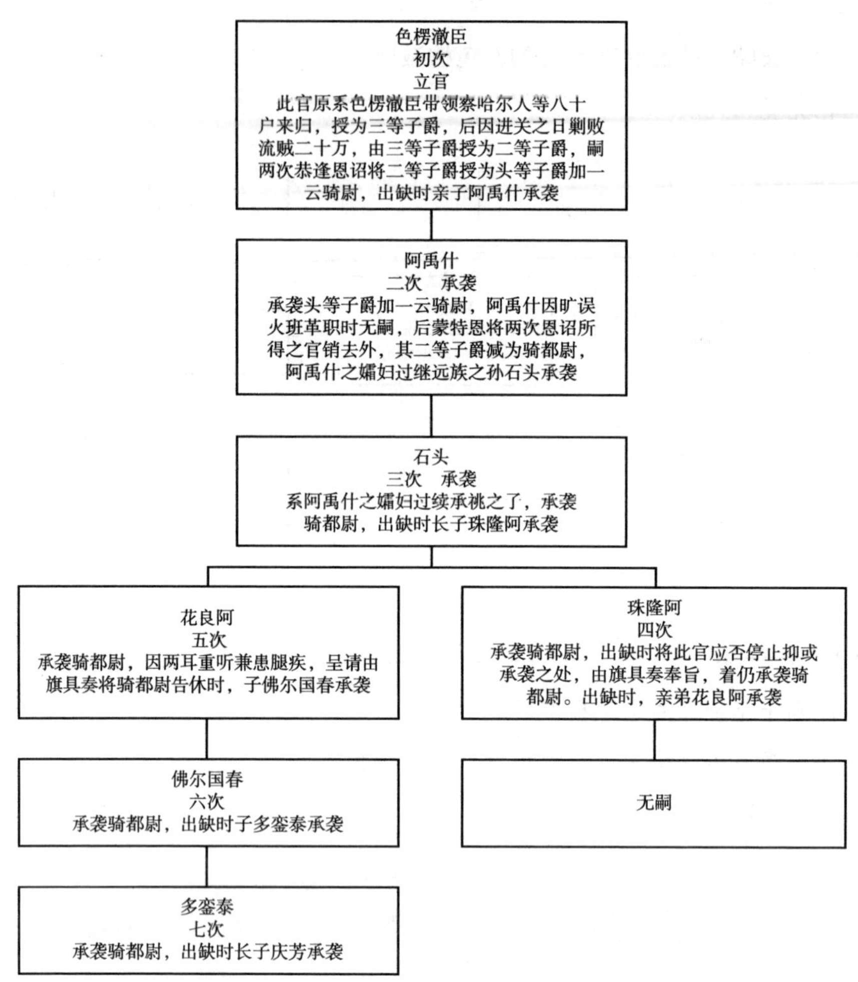
色楞澈臣
初次
立官
此官原系色楞澈臣带领察哈尔人等八十户来归，授为三等子爵，后因进关之日剿败流贼二十万，由三等子爵授为二等子爵，嗣两次恭逢恩诏将二等子爵授为头等子爵加一云骑尉，出缺时亲子阿禹什承袭
阿禹什
二次　承袭
承袭头等子爵加一云骑尉，阿禹什因旷误火班革职时无嗣，后蒙特恩将两次恩诏所得之官销去外，其二等子爵减为骑都尉，阿禹什之孀妇过继远族之孙石头承袭
石头
三次　承袭
系阿禹什之孀妇过续承祧之子，承袭骑都尉，出缺时长子珠隆阿承袭
花良阿
五次
承袭骑都尉，因两耳重听兼患腿疾，呈请由旗具奏将骑都尉告休时，子佛尔国春承袭
珠隆阿
四次
承袭骑都尉，出缺时将此官应否停止抑或承袭之处，由旗具奏奉旨，着仍承袭骑都尉。出缺时，亲弟花良阿承袭
佛尔国春
六次
承袭骑都尉，出缺时子多銮泰承袭
无嗣
多銮泰
七次
承袭骑都尉，出缺时长子庆芳承袭

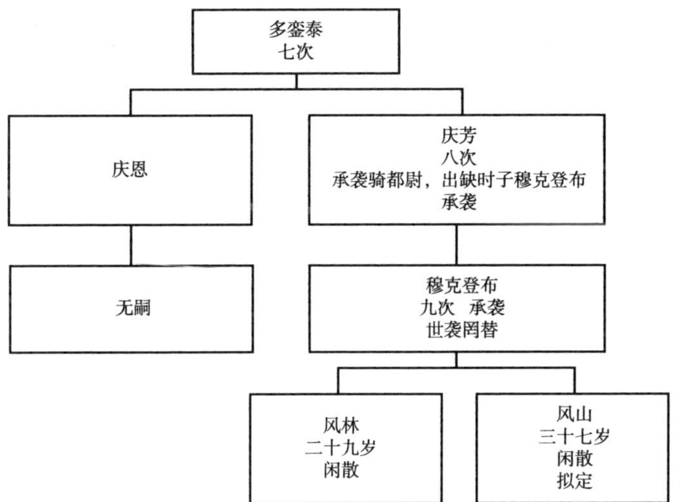

MA2-23-5-39

雍正九年十二月四日奏折

镶白旗蒙古骑都尉索诺木（初次色珥古楞）

kubuhe šanggiyan i monggo gūsai be kadalara amban, amban kirsa sei ginggulеme（抬头）wesimburengge, hafan sirara jalin. amban meni gūsai šanfu nirui baitalabure hafan sonom i oron tucikebi baicaci, sonom i banin mafa serguleng si dade juwan i da bihe, yūn nan golo be toktobuha de, hūlhai holo jiyanggiyūn ho gi dzu, wang hung hiyūn se tumen funcere hūlha be gaifi, ši men k'an alin i hafirahūn kamni angga be akdulafi, alime gaiha be gidara de, jalan be gaifi yafagalafi teisu bata be gidaha, hūlha geli alin i kamni angga de alime gaiha be gidara de, jalan be gaifi teisu bata be gidaha. hūlhai holo jiyanggiyūn ho gi dzu, wang hung hiyūn, wang io gung, jang guwang siyan se, juwe tumen isire hūlha be gaifi, hūwang tsoo ba i bade hiyagan maktafi, sufan, kalka, poo, miyoocan faidafi, alime gaiha be gidara de, jalan be gaifi teisu bata be gidaha. hūlhai holo jiyanggiyūn hū guwe bing, lio ki lung, wang ming se tumen funcere hūlha be gaifi, yūn nan hoton ci tucifi, hiyagan maktafi, sufan kalka, poo, miyoocan faidafi, alime gaiha be gidara de, jalan be gaifi teisu bata be gidaha, hūlhai holo jiyanggiyūn ma boo, ba yang yuwan se tumen funcere hūlha be gaifi, u mo šan alin i mudun de hiyagan maktafi, sufan, kalka, poo, miyoocan faidafi, alime gaiha be gidara de, jalan be gaifi teisu bata be gidaha. nimeme akū oho manggi, dabali wesimbufi, baitalabure hafan obufi, banjiha jui asik de siraha, jai juwe jergi sirambi. nimeme akū oho manggi, banjiha jui sonom be ineku baitalabure hafan siraha, jai emu jergi sirambi sehebi. erei hafan sirara jalin baicabuci, jalan i janggin baši, ilhi jalan i janggin arabtan, araha jalan i janggin pusio, nirui janggin šanfu, ilhi nirui janggin liošeo, funde bošokū lioši, ilhi funde bošokū cangšeo, bošokū da bastai, mukūn i da bayara wanliboo se alibuhangge, baitalabure hafan sonom i banjia amji mafa cangju i jui gidai bayara berten, orin uyun se, cooha de genehe, berten i ahūngga jui sula cišijio, juwan emu se, jacin jui bešeo ilan se, sonom i banjiha amji mafa cangju i jai jalan i omolo sula daliyan, juwan ilan se, eseci tulgiyen jai hafan siraci ojoro niyalma akū seme uhei akdulafi alibuhabi. amban be dasame kimceme baicaci, encu akū. uttu ofi, daliyan jai cooha de genehe gidai bayara berten i niowanggiyan uju teile be suwaliyame beyebe（抬头）tuwabume ginggulеme wesimbuhe.（抬头）hese be baimbi.

seme hūwaliyasun tob i uyuci aniya jorgon biyai ice duin de baita wesimbure ilaci jergi hiya boode sede bufi ulame wesimbuhe. ineku biyai ice sunja de baitalabure hafan de bihe sonom i amji mafa cangju i jui cooha de genehe gidai bayara berten, cangju i jai jalan omolo sula daliyan sei gebu be niowanggiyan uju de arafi, gūsa be kadalara amban kirsa, gūsa be kadalara amban i baita be aisilame icihiyara ujen coohai gūsai meiren i janggin wasingge se, niowanggiyan uju teile ibebufi tuwabume wesimbuhede, hese, cooha de genehe gidai bayara berten de baitalabure hafan sirabu sehe .

hūwaliyasun tob i uyuci aniya jorgon biyai ice duin.

gūsa be kadalara amban, amban kirsa;

gūsa be kadalara amban i baita be aisilame icihiyara ujen coohai gūsai meiren i janggin, amban wesingge;

hashū ergi syi guwan fang jafaha, jalan i janggin, amban baši.

MA2-23-5-40

镶白旗蒙古骑都尉索诺木（初次色珥古楞）

ere hafan dade sonom i banin mafa serguleng ni fašša hafan

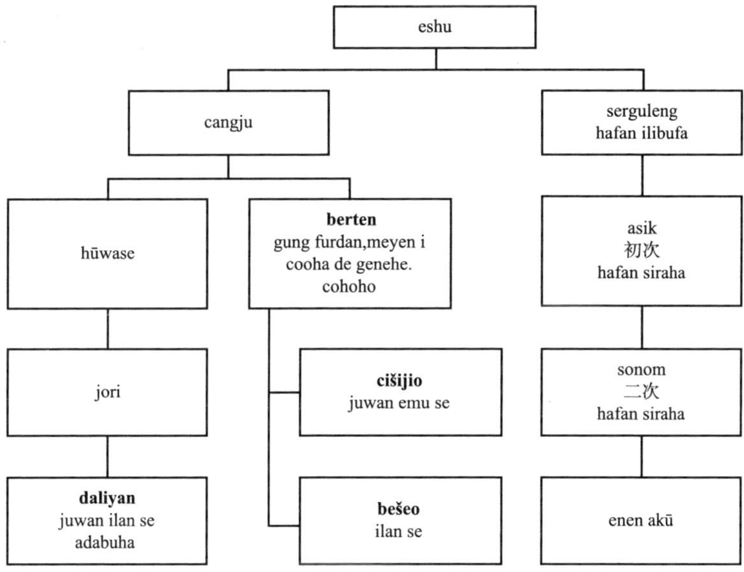

MA2-23-5-41

乾隆三十九年七月二十六日奏折

镶白旗蒙古云骑尉富宁阿（立官）

kubuhe šanyan i monggo gūsai gūsa be kadalara amban i doron be daiselaha gulu fulgiyan i manju gūsai gūsa be kadalara amban bime, aliha bithei da i baita be aisilame icihiyara hafan i jurgan i aliha amban, amban guwamboo sei gingguleme wesimburengge, šangnaha tuwašara hafan sirara jalin. abkai wehiyehe i gūsin uyuci aniya duin biyai tofohon de, coohai jurgan ci ilgame gisurefi benjihe bithei dorgide, wargi be toktobure jiyanggiyūn agūi i wesimbuhe bithede, neneme hese wasimbuhangge, wenfu be dahalame uksalame tucike tanggū funcere manju ursei dorgi dain de tuhekengge be agūi de afabufi suwaliyame gutukeleme baicafi jurgan de benefi ilgame gisurekini sehe. geli coohai jurgan ci benjihe bithede, hailanca sei baci benjihe cesede dain de tuheke funggala da i jergi orin niyalma seme araha babe harangga jiyanggiyūn de afabufi getukeleme baicafi cese weilefi jurgan de benjifi ilgame gisureki seme benjihebi. uttu ofi, mug'om i bade dain de tuheke orin juwe niyalma, gemu yargiyan i jiyanggiyūn be dahalame uksalame tucire de dain de tuheke. sabuha niyalma bi seme buyeme akdulara bithe tucibuhe babe suwaliyame getuken cese weilefi, coohai jurgan de benefi icihiyabuki seme, wesimbufi jurgan de isinjihabi. baicaci, toktobuha kooli de dain de tuheke kūwaran i da, jalan i janggin ci fusihūn, jingse bisire hafan ci wesihun gemu tuwašara hafan bahabu sehebi. uttu ofi, ere mudan mukg'om i bade uksalame tucire de dain de tuheke untuhun lamun funggala hadabuha, gabsihiyan funingga de, kooli songkoi jalan sirara tuwašara hafan bahabuki seme abkai wehiyehe i gūsin uyuci aniya duin biyai juwan de wesimbuhe. ineku biyai juwan juwe de, hese, gisurehe songkoi obu sehebe gingguleme dahafi, erebe harangga gūsade yabubufi icihiyabuki seme benjihebi, amban meni gūsai sycuwan cooha de genefi mug'om i bade uksalame tucire de dain de tuheke untuhun lamun funggala hadabuha gabsihiyan funingga de（抬头）šangnaha tuwašara hafan be sirabure jalin, baicaci funingga i jui sula dekjin ere aniya ninggun se, ereci tulgiyen jai hafan siraci acara niyalma akū be dahame, bahaci dain de tuheke untuhun lamun funggala hadabuha gabsihiyan funingga de šangnaha tuwašara hafan be ini jui sula dekjin de sirabuki sembi. erei jalin hafan sirara booi durugan be suwaliyame gingguleme tuwabume wesimbuhe. hese be baimbi. hese, funingga i tuwašara hafan be ini jui dekjin de sirabu sehe.

MA2-23-5-42

镶白旗蒙古云骑尉富宁阿（立官）

ere hafan serengge untuhun lamun funggala hadabuha gabsihiyan funingga sycuwan i coohai bade mug'om ci uksalame tucire de dain de tuheke turgunde jurgan ci ilgame gisurefi šangnaha hafan tuwašara hafan

MA2-23-5-43

嘉庆五年十二月十二日奏折

镶白旗蒙古云骑尉德克锦（立官富宁阿）

（省略）amban meni gūsai tuwašara hafan dekjin i tucike oronde hafan sirara jalin. ilgame tuwafi，dekjin i ahūngga jui sula horontai be sonjohobi. horontai ere aniya nadan se，se ajigen ofi gaifi beyebe tuwabume muterakū be dahame，amban be bahaci，erei hafan sirara booi durugan，bukdari be tuwabume wesimbufi tuwašara hafan sirabuki sembi. erei jalin gingguleme wesimbuhe. hese be baimbi.（省略）hese，hafan be sonjoho horontai de sirabu sehe.

MA2-23-5-44

镶白旗蒙古云骑尉德克锦（立官富宁阿）

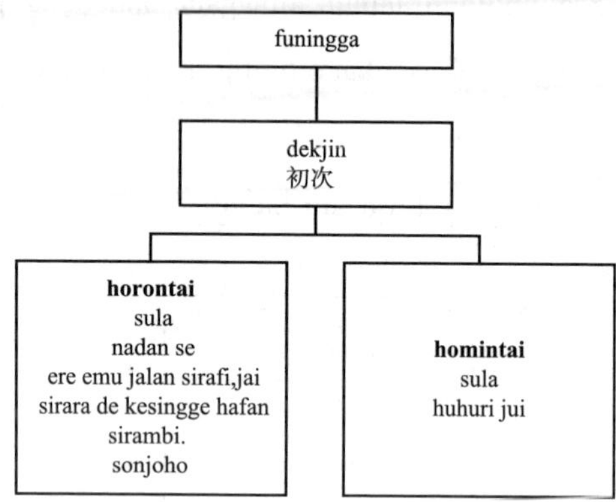

ere hafan dade dekjin i ama untuhun lamun funggala hadabuha gabsihiyan de bihe fulingga dain de tuheke turgunde šangnaha hafan tuwašara hafan

ere hafan serengge，da hafan ilibuha niyalmai banjiha juse omosi de sirabuha hafan. baicaci，toktobuha kooli de niru ilibuha niyalmai banjiha juse omosi de niru bošobufi，oron tucici，oron tucike niyalmai juse omosi be sonjofi cohobuki，gūwa gargan i juse omosi be sonjofi adabuki，gebu faidabuki，hafan sirara baita be inu ere songkoi icihiyabuki seme toktobuhabi.

MA2-23-5-45

咸丰八年十二月十四日奏折

镶白旗蒙古云骑尉召庆（立官）

莫尔根初次

kubuhe šanyan i monggo gūsai gūsa be kadalara amban，aliha amban，amban žuicang sei gingguleme wesimburengge，šangnaha tuwašara hafan sirara jalin. coohai jurgan ci benjihe bithede，že ho i gūsa be kadalara amban uksun cangcing ni baci benjihengge，meni ubai oron be aliyara bithesi jooking giyangnan i jergi bade afara de dain de tuheke turgunde, jurgan ci ilgame gisurefi kooli songkoi juwe jalan sirara tuwašara hafan bahabuki, sirara jergi wajiha manggi, kesingge hafan bahabuki jalan halame lashalarakū sirabuki seme wesimbuhede, hese, gisurehe songkoi obu sehebe gingguleme dahafi dangsede ejehebi. te dain de tuheke jooking de šangnaha tuwašara hafan sirabure jalin, dain de tuheke jooking emu jui bi, sula mergen be sonjohobi. bahaci, hafan sirara booi durugan be coohai jurgan de benebufi, jurgan ci ulame harangga gūsade yabubufi tuwašara hafan sirabuki seme benjihe be dahame, erebe harangga gūsade yabubufi icihiyabuki seme gūsade isinjihabi. uttu ofi, amban be bahaci, že ho i gūsa be kadalara amban, uksun cangcing ni dahabume benjihe dain de tuheke jooking ni bahabuha tuwašara hafan i oronde sirara jalin, ilgame tuwafi, jooking ni banjiha jui sula mergen be sonjohobi. bahaci, mergen be gaifi beyebe tuwabume wesimbufi tuwašara hafan sirabuki. erei jalin hafan sirara bukdari, booi durugan be suwaliyame gingguleme（抬头）tuwabume wesimbuhe. hese be baimbi. gubci elgiyengge i jakūci aniya jorgon biyai tofohon de, gaifi beyebe tuwabume wesimbuhede, hese, že ho de tebunehe jooking ni bahabuha tuwašara hafan be mergen de sirabu sehe.

MA2-23-5-46

镶白旗蒙古云骑尉召庆（立官）

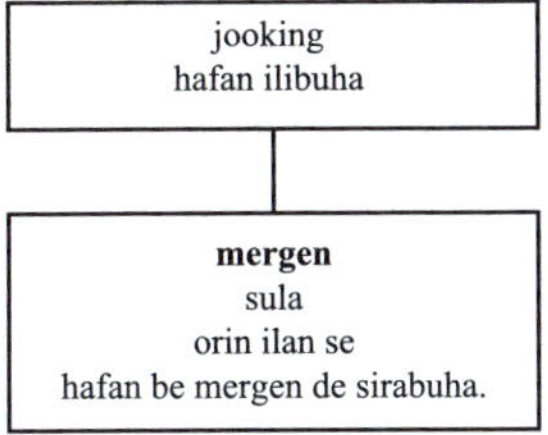

（省略）jurgan ci ilgame gisurefi šangnaha juwe jalan sirara tuwašara hafan sirara jergi wajiha manggi kesingge hafan bahabufi jalan halame lashalarakū sirambi.

MA2-23-5-47

光绪二十四年十二月十五日奏折

镶白旗蒙古云骑尉莫尔根（立官召庆）

莫尔根初次

kubuhe šanyan i monggo gūsai gūsa be kadalara amban, amban cungli sei gingguleme wesimburengge, tuwašara hafan sirara jalin. coohai jurgan ci benjihe bithede, že ho i gūsa be kadalara amban selengge baci benjihengge, že ho i abai hoihan de tebunehe kubuhe šanyan i monggo gūsai tuwašara hafan mergen ne oron tucikebi,（省略）mergen i enen obuha jui sula kuiwen be sonjohobi. bahaci hafan sirara booi durugan nirufi coohai jurgan de benebufi urgan ci ulame harangga gūsade yabubufi icihiyame sirabuki seme benjihebi,（省略）hese,（省略）kuiwen de sirabu sehe.

MA2-23-5-48

光绪二十四年十二月十五日奏折

镶白旗蒙古云骑尉莫尔根（立官召庆）

镶白旗蒙古都统臣崇礼等谨奏，为承袭云骑尉事。兵部咨热河都统色楞额咨称，热河围场驻防镶白旗蒙古云骑尉莫尔根现在出缺，查莫尔根之袭官（抬头）敕书，内载：召庆尔原系候补笔帖式，因在江南等处打仗阵亡，由部议给云骑尉，子莫尔根承袭等语。查定例，世职官若出缺无嗣，将出缺人之继子拣选拟正，别支子孙内拣选拟陪、列名等语。今莫尔根所出云骑尉，遵例拣选得莫尔根之继子闲散奎文拟定，绘画袭职家谱咨行兵部，由部转咨该旗办理承袭等因前来。臣旗相应将热河围场驻防莫尔根所处云骑尉照依袭职家谱复加验看，仅将拟定莫尔根之继子闲散奎文带领引见，合将袭职折谱一并呈览，请袭云骑尉，为此谨奏请旨，于光绪二十四年十二月十六日带领引见，奉旨：热河围场莫尔根所处云骑尉着拟定奎文承袭。钦此。

光绪二十四年十二月十五日。

太子少保、头品顶戴刑部尚书、都统管理新旧营房城内官房大臣、专操大臣、总理各国事务大臣、步军统领、崇文门副监督、臣崇礼；

花翎头品顶戴、都统衔副都统、圆明园进班大臣、公中佐领臣明惠，差；副都统、公中佐领、武职进班大臣臣舒存。

MA2-23-5-49

光绪二十四年十二月十五日奏折

镶白旗蒙古云骑尉莫尔根（立官召庆）

奎文二次

ere hafan dade že ho i abai hoihan de tebunehe oron be aliyara bithesi jooking giyangnan i jergi bade afara de dain de tuheke turgunde jurgan ci gosime gisurefi bahabuha hafan.
tuwašara hafan

ere hafan serengge hafan ilibuha niyalmai juse omosi de sirabuha hafan. baicaci, toktobuha kooli de jalan sirara hafan oron tucici enen juse akū ofi, oron tucike niyalmai enen obuha jui be sonjofi cohobuki, gūwa gargan i juse omosi i dorgici sonjofi adabuki, gebu faidabuki sehebi.

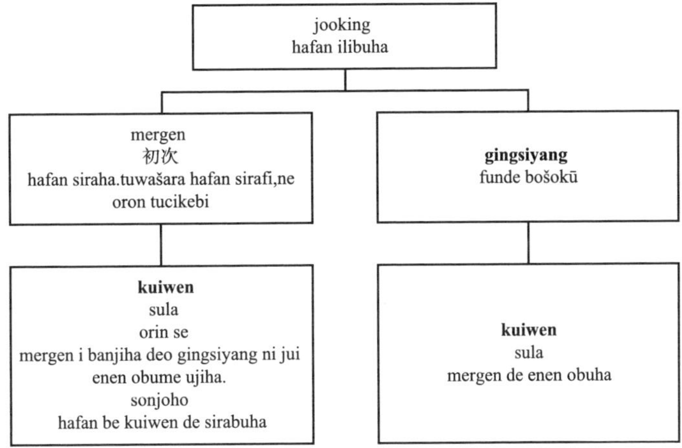

MA2-23-5-50

镶白旗蒙古云骑尉莫尔根（立官召庆）

奎文二次

此官系热河围场驻防候补笔帖式召庆因在江南等处打仗阵亡，由部议给之官。云骑尉

此官系立官人之子孙承袭之官，查定例，世职官若出缺无嗣，将出缺人之继子拣选拟正，别支子孙内拣选拟陪、列名等语。

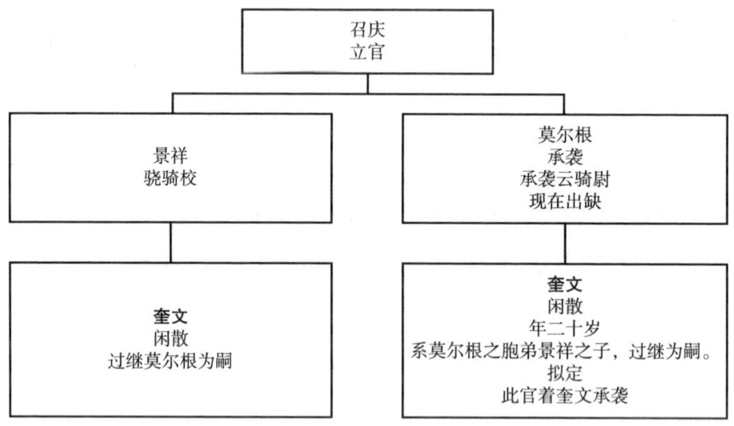

MA2-23-5-51

乾隆十年十二月十五日奏折

镶白旗蒙古云骑尉曹住

kubuhe šanyan i monggo gūsai gūsa be kadalara amban i baita be kadalame icihiyara hošoi yargiyangga cin wang amban yūn bi sei gingguleme wesimburengge, hafan sirara jalin. amban meni gūsai damba nirui tuwašara hafan soju i oron tucikebi. baicaci, soju i ama sege i ejehe de arahangge, sege si dade untuhun nirui janggin bihe. ūlet i g'aldan be dailame genehe mudan de, si wargi jugūn i cooha de genefi, suweni hafan cooha mini beye herulun de isinaha be donjifi, udu yafagan omihon de amcabucibe, damu jalan halame gosiha ujiha kesi de karulara be gūnime, ejen i beye bata de nikenehe be dahame, meni hafan cooha bucere giyan ningge oci, jugūn de tuhekini, ergen bisirengge oci, urunakū faššaki seme dosifi, teisu teisu poo miyoocan sindame gabtašame fafuršame afahai bata be gidahangge, ambula saišacuka seme, nimeme akū oho amala tuwašara hafan obufi, banjiha jui soju de siraha, jai emu jergi sirambi sehebi. geli baicaci, soju i sirara hafan be ubu bahabure jalin, hesei tucibuhe hafan niru ubu bahabure baita be icihiyara wang ambasai baci wesimbufi benjihe bade, gulu suwayan i manju gūsai yungkiyan i siraha hafan be baicaci, dade yungkiyan i mafa tulai ilibuha hafan be siran siran i sirafi, ne tulai i omolo yungkiyan de sirabuhabi. yungkiyan i siraha hafan i oron tucici, oron tucike niyalmai juse omosi be sonjofi, cohoro ubu bahabuki, sirame booi juse omosi be sonjofi adabure ubu bahabuki, funcehengge be barambume sonjofi, gebu faidabure ubu bahabuki, ere adali kubuhe šanyan i monggo gūsai soju i siraha hafan be inu ere songkoi icihiyabuki seme wesimbufi benjihebe dangsede ejehebi. amban be hesei tucibuhe hafan niru ubu bahabure baita be icihiyara wang ambasai baci wesimbufi toktobuha kooli songkoi, soju i oronde tuwašara hafan sirara jalin ilgame sonjofi, soju i ahūngga jui bošokū ginliyang be cohome, jacin jui sula yuju be adabuhabi. uttu ofi, ginliyang yuju sebe gaifi, beyebe tuwabume wesimbufi hafan sirabuki sembi. erei jalin gingguleme wesimbuhe. hese be baimbi.

abkai wehiyehe i juwanci aniya jorgon biyai juwan ninggun de beyebe tuwabume wesimbuhede, hese, hafan be ginliyang de sirabu sehe.

abkai wehiyahe i juwanci aniya jorgon biyai tofohon.

gūsa be kadalara amban i baita be kadalame icihiyara hošoi yargiyangga cin wang amban yūn bi;

meiren i janggin amban bolbunca, amban arbin.

（另纸）uju meyen

tuwašara hafan soju i oron tucikebi, ere hafan sirara urse be gūsa be kadalara amban i baita be kadalame icihiyara hošoi yargiyangga cin wang amban yūn bi, meiren i janggin amban bolbunca. amban arbin se tuwame ilgahangge.

bošokū ginliyang, cohoho. tuwašara hafan bihe soju i ahūngga jui, gūsin ninggun se, gabtarangge jergi, niyamniyarangge jergi.

sula yuju, adabuha, tuwašara hafan bihe soju i jacin jui, orin juwe se, gabtarangge jergi, niyamniyarangge juken.

(另纸)

kubuhe šanyan i monggo gūsai gūsa be kadalara amban i baita be kadalame icihiyara hošoi yargiyangga cin wang amban yūn bi, meiren i janggin amban bolbunca, arbin se gaifi beyebe tuwabume wesimbufi siraha, tuwašara hafan juwe, juwe baita, esei gebu be arafi gingguleme wesimbuhe.

suju i hafan be ginliyang de sirabuha.

nertu i hafan be dunju de sirabuha.

MA2-23-5-52

镶白旗蒙古云骑尉曹住

ere hafan dade soju i ama sege i faššaha hafan tuwašara hafan

sege
hafan ilibuha

soju
初次
hafan siraha
tuwa šara hafan sirafi, ne oron tucikebi.

ginliyang
cohoho
bošokū, gūsin ninggun se
tuwašara hafan be ginliyang de sirabuha

yuju
adabuha
sula
orin juwe se

dekdengge
sula
niggun se,erei ama i gebu be faidaha

MA2-23-5-53

镶白旗蒙古云骑尉常庆

（另纸）ilaci meyen

tuwašara hafan

dain de tuheke cangcing de šangnaha tuwašara hafan sirara urse be gūsa be kadalara amban i baita be daiselame icihiyara doroi yongsu giyūn wang yong siowan se tuwame ilgahangge.

sula fukjingge, cohoho. dain de tuheke cangcing ni ahūngga jui, juwan nadan se, gabtarangge jergi, niyamniyarangge jergi.

sula elgingge, adabuha. dain de tuheke cangcing ni jacin jui, juwan ilan se, gabtarangge jergi, se ajigen ofi, niyamiyabuhakū.

kubuhe šanyan i monggo gūsai gūsa be kadalara amban i baita be daiselame icihiyara doroi yongsu giyūn wang, amban yong siowan sei gingguleme wesimburengge, šangnaha tuwašara hafan sirara jalin. coohai jurgan ci benjihe bithei dorgide, ere mudan coohai takūran de unggifi, jen an hiyan i bade afara de, dain de tuheke silin dacungga kūwaran i araha gabsihiyan i janggin cangcing de ilgame gisurefi, kooli songkoi jalan sirara tuwašara hafan bahabuki, sirara jergi wajiha manggi, kesingge hafan bahabufi, jalan halame lashalarakū sirabuki seme wesimbuhede, hese, gisurehe songkoi obu sehebe gingguleme dahafi harangga gūsade yabubufi icihiyabuki sehebi. uttu ofi, amban meni gūsai dain de tuheke cangcing de šangnaha tuwašara hafan sirabure jalin, amban be ilgame tuwafi, cangcing ni ahūngga jui sula fukjingge be cohome, jacin jui sula elgingge be adabume sonjohobi. bahaci, sula fukjingge, elgingge be gaifi beyebe tuwabume wesimbufi tuwašara hafan sirabuki sembi. erei jalin hafan sirara booi durugan be suwaliyame gingguleme tuwabume wesimbuhe, hese be baimbi. saicungga fengšen i ilaci aniya jorgon biyai juwan nadan de gaifi beyebe tuwabume wesimbuhede, hese, hafan be cohoho fukjingge de sirabu sehe.

MA2-23-5-54

镶白旗蒙古云骑尉常庆

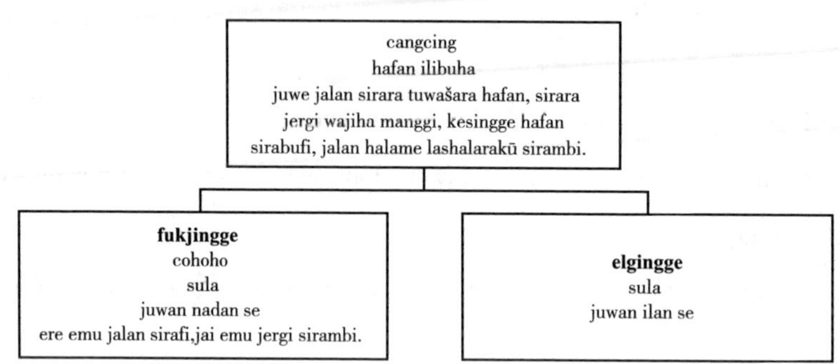

MA2-23-5-55

镶白旗蒙古云骑尉奎焕

系甘肃候选县丞恒善在甘肃固原州地方打仗阵亡，由部议赏给之官。云骑尉

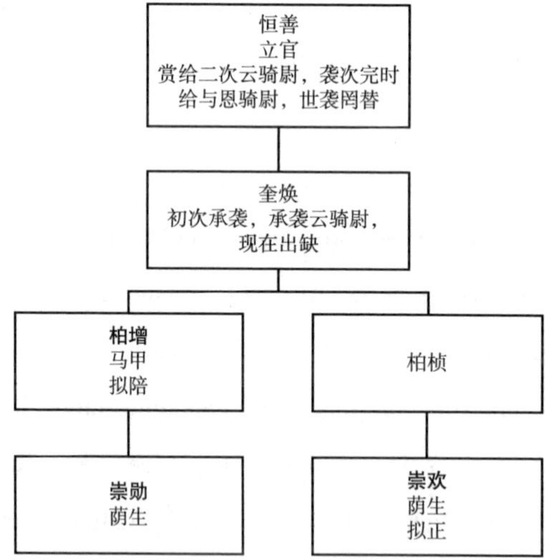

MA2-23-5-56

乾隆十六年十二月十五日

镶白旗蒙古恩骑尉和雅尔图（立官阿彦）

（另纸）duici meyen

dain gaibufi tuwašara hafan ilibuha ayan de cohotoi kesi isibume šangnaha kesingge hafan sirara urse be gūsa be kadalara amban i baita be kadalame icihiyara hošoi yargiyangga cin wang yūn bi，meiren i janggin bime dorgi amban bolbunca，unenggi kiyangkiyan be umitai se tuwame ilgahangge.

uksin tarabjab，cohoho，dain de gaibufi tuwašara hafan ilibuha ayan i jai jalan i omolo，tofohon se，gabtarangge jergi，niyamniyarangge juken.

bayara eldembu，adabuha. dain de gaibufi tuwašara hafan ilibuha ayan i jai jalan i omolo，gūsin ilan se，gabtarangge jergi，niyamniyarangge jergi.

kubuhe šanyan i monggo gūsai gūsa be kadalara amban i baita be kadalame icihiyara hošoi yargiyangga cin wang，amban yūn bi sei gingguleme wesimburengge，šangnaha kesingge hafan sirara jalin. amban meni gūsai dain de gaibuha ayan i faššaha tuwašara hafan siraha ejehe de arahangge，ayan si dade juwan i da bihe，gui jeo golo de cooha genehe，sirame sycuwan golo be dailame genehe mudan de，bata de akū oho seme tuwašara hafan obufi，banjiha jui oljitu de siraha. sirame oljitu i banjiha deo hoyartu de guribume sirahabi sehebi. baicaci，amban meni gūsai juwan i da bihe ayan dain de gaibuha turgunde，ilibuha hafan be sirara jergi wajihabi，te dain de gaibuha urse be enduringge ejen jilame gosime cohotoi kesi isibume kesingge hafan šangnafi，jalan lashalarakū sirabure be dahame，amban be dain de gaibuha ayan i jai jalan i omolo uksin tarabjab be cohome，tarabjab i banjiha eshen mafa i omolo iowan ming yuwan i bayara eldembu be adabume sonjohobi. bahaci，tarabjab，eldembu sebe gaifi beyebe tuwabume wesimbufi kesingge hafan sirabuki sembi. erei jalin sirara hafan sekiyen be suwaliyame gingguleme tuwabume wesimbuhe. hese be baimbi.

abkai wehiyehe i juwan ningguci aniya jorgon biyai juwan niggun de gaifi beyebe tuwabume wesimbuhede，hese，hafan be tarabjab de sirabu sehe.

MA2-23-5-57

镶白旗蒙古恩骑尉和雅尔图（立官阿彦）

ere hafan serengge dain de gaibuha ayan de cohotoi kesi isibume šangnaha kesingge hafan

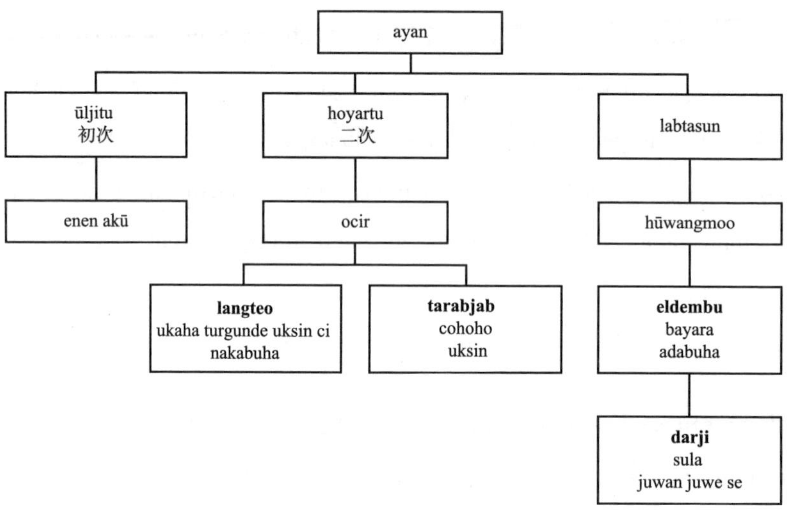

MA2-23-5-58

乾隆十六年十二月十五日

镶白旗蒙古恩骑尉塔尔巴扎布（立官阿彦）

jai meyen

（省略）amban be kooli be dahame tarbajab i oronde kesingge hafan sirara jalin ilgame tuwafi, tarbajab i jui bayara taksin be cohome, tarbajab i eshen mafa labtasun i jai jalan i omolo iowan ming yuwan i bayara darji be adabume sonjohobi.（省略）hese, hafan be taksin de sirabu sehe.

MA2-23-5-59

镶白旗蒙古恩骑尉塔尔巴扎布（立官阿彦）

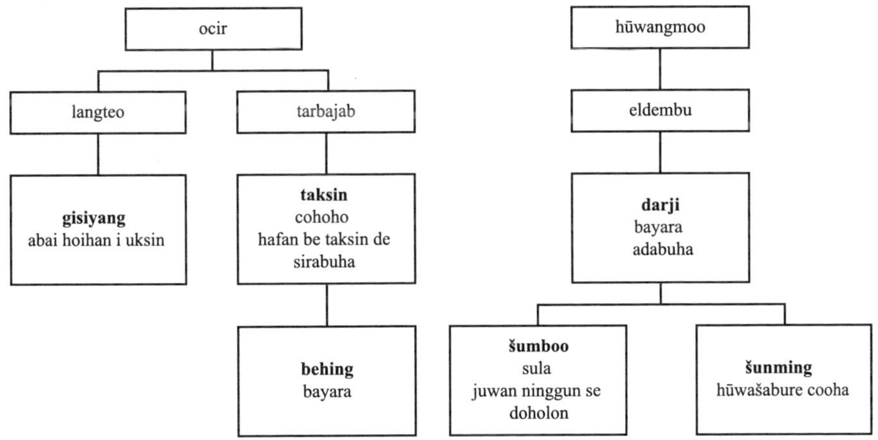

MA2-23-5-60

镶白旗蒙古恩骑尉塔克慎（立官阿彦）

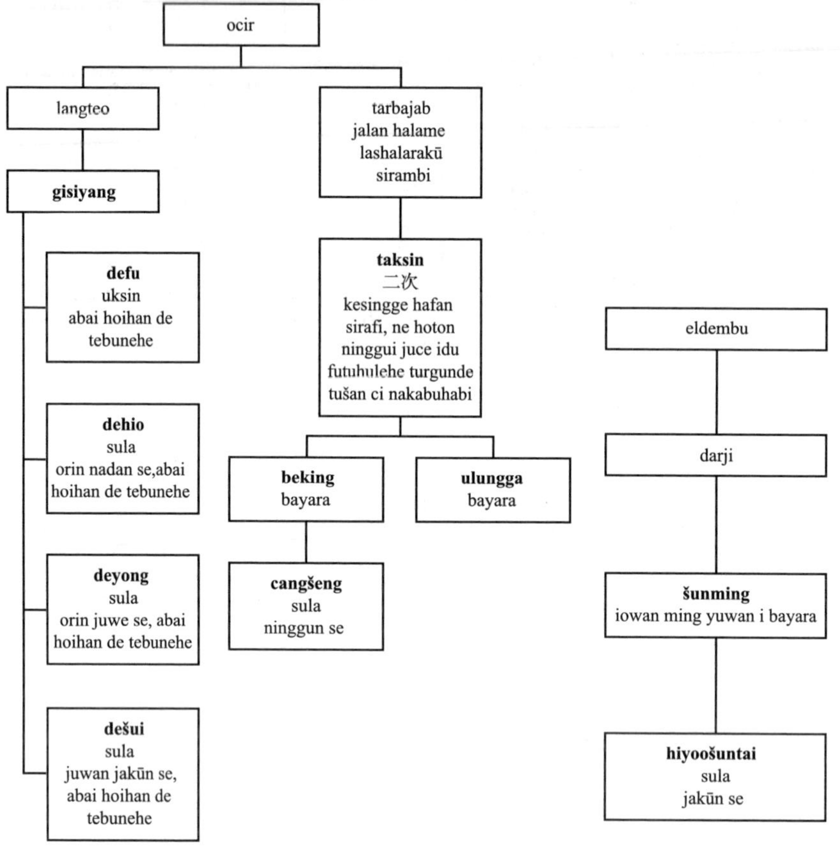

MA2-23-5-61

嘉庆十七年十二月十五日

镶白旗蒙古恩骑尉塔克慎（立官阿彦）

kubuhe šanyan i monggo gūsai gūsa be kadalara amban i baita be kamcifi daiselaha gūsa be kadalara amban bime aliha amban, amban ginggan sei gingguleme wesimburengge, hafan sirara jalin. amban meni gūsai kesingge hafan taksin hoton ninggui idu funtuhulehe turgunde, duleke aniya nadan biyade coohai jurgan ci gisureme wesimbufi hafan efulehebi... tarbajab i banjiha jui taksin de sirabufi, jalan halame lashalarakū sirambi sehebi. taksin hafan sirafi hafan efulehebi. amban be taksin i nakabuha oronde, eici oron tucike niyalmai juse omosi de sirabure, eici da hafan ilibuha niyalmai banjiha juse omosi be encu sonjofi sirabure babe hafan i jurgan de dacilame yabubuha de, jurgan ci toktobuha kooli de, jalan sirara hafan, hafan efulefi, selhen etubufi šusiha šusihalara weile necihengge be, terei necihe weile, aika umai fafun be miosihodome ulin be doosidaha, caliyan be giyatarame hūlhaha weile waka oci, terei tucike jalan sirara hafan be an i sirabu sehebi. te kesingge hafan taksin, idu funtuhulehe turgunde hafan efulehebi. baicaci, ini tucike kesingge hafan be giyan i kooli songkoi da hafan ilibuha niyalmai banjiha juse omosi de sirabuci acambi seme, amban meni gūsade bithe benjihebi. amban be taksin hafan sirara booi durugan be baicame tuwaci, taksin i da mafa ayan i banjiha ilaci jalan i omolo gisiyang, giyan i cohoro ubu bahabuci acambi, damu gisiyang se, ne gemu abai hoihan i bade bi, gisiyang be gemun hecen de gajifi kesingge hafan sirabure jalin, amban be duleke aniya juwan biyade kooli songkoi donjibume wesimbufi, coohai jurgan de yabubufi, jurgan ci ulame halhūn be jailara gurung ni gūsa be kadalara amban de yabubufi uksin gisiyang cihangga gemun hecen de jidere jiderakū babe getukeleme fonjifi icihiyabuki seme yabubuha de, sirame coohai jurgan ci benjihe bithei dorgide, harangga gūsa be kadalara amban ioisio i baci, uksin gisiyang de fonjici, cihangga gemun hecen de dosifi, kesingge hafan sirambi seme baime bithe alibuhabi. damu ne hafan sirara inenggi emgeri dulekebi icihiyame amcarakū be dahame, bahaci, gisiyang be aniyai dubede benebufi hafan sirabuki seme jurgan ci ulame amban meni gūsade bithe benjihe bihe. te coohai jurgan ci aba hoihan i bade tebunehe uksin gisiyang be harangga baci benjibufi kesingge hafan sirabuki seme bithe benjihebe harangga gūsade yabubufi baicame icihiyabuki seme bithe benjihebi. amban be geli baicaci, toktobuha kooli de, goloi hoton de seremšeme tehe ba i niyalma, jalan sirara hafan sirafi hafan oci, kemuni da tušan de bibu, bošokū uksin oci, kemuni seremšeme tehe bade bibufi, jergi teherere oron, jai funde bošokū i oron tucike manggi sonjofi sinda sehebi. uttu ofi, amban meni gūsai kesingge hafan taksin i nakabuha oronde sirara jalin ilgame tuwaci, taksin i da mafa ayan i banjiha ilaci jalan i omolo, aba hoihan de tebunehe uksin gisiyang be cohome, taksin i da mafa ayan i ilaci jui labtasun i banjiha ilaci jalan i omolo iowan ming yuwan i bayara šunming be adabume sonjohobi. bahaci, gisiyang, šunming be gaifi beyebe tuwabume wesimbufi kesingge hafan sirabuki. ejen aika gisiyang de kesingge hafan sirabuci, amban be gisiyang be kooli songkoi amasi da bade unggiki. erei jalin hafan sirara booi durugan be suwaliyame gingguleme tuwabume wesimbuhe. hese be baimbi.

saicungga fengšen i juwan nadaci aniya jorgon biyai juwan niggun de gaifi beyebe tuwabume wesimbuhede, hese, hafan be cohoho gisiyang de sirabu sehe.

MA2-23-5-62

镶白旗蒙古恩骑尉塔克慎（立官阿彦）

ere hafan dade taksin i da mafa juwan i da bihe ayan sycuwan golode dailame genehe mudan de bata de akū oho seme cohotoi kesi isibume šangnaha hafan.

kesingge hafan

ere hafan serengge da hafan ilibuha niyalmai banjiha juse omosi de sirabuha hafan, baicaci , toktobuha kooli de jalan sirara hafan, hafan efulefi selhen edubufi šusiha šusihalara weile necihengge be terei necihe weile, aika umai fafun be miosihodome ulin be doosidaha caliyan be giyatarame hūlhaha weile waka oci ini tucike kesingge hafan be an i da hafan ilibuha niyalmai banjiha juse omosi de sirabu sehebi.

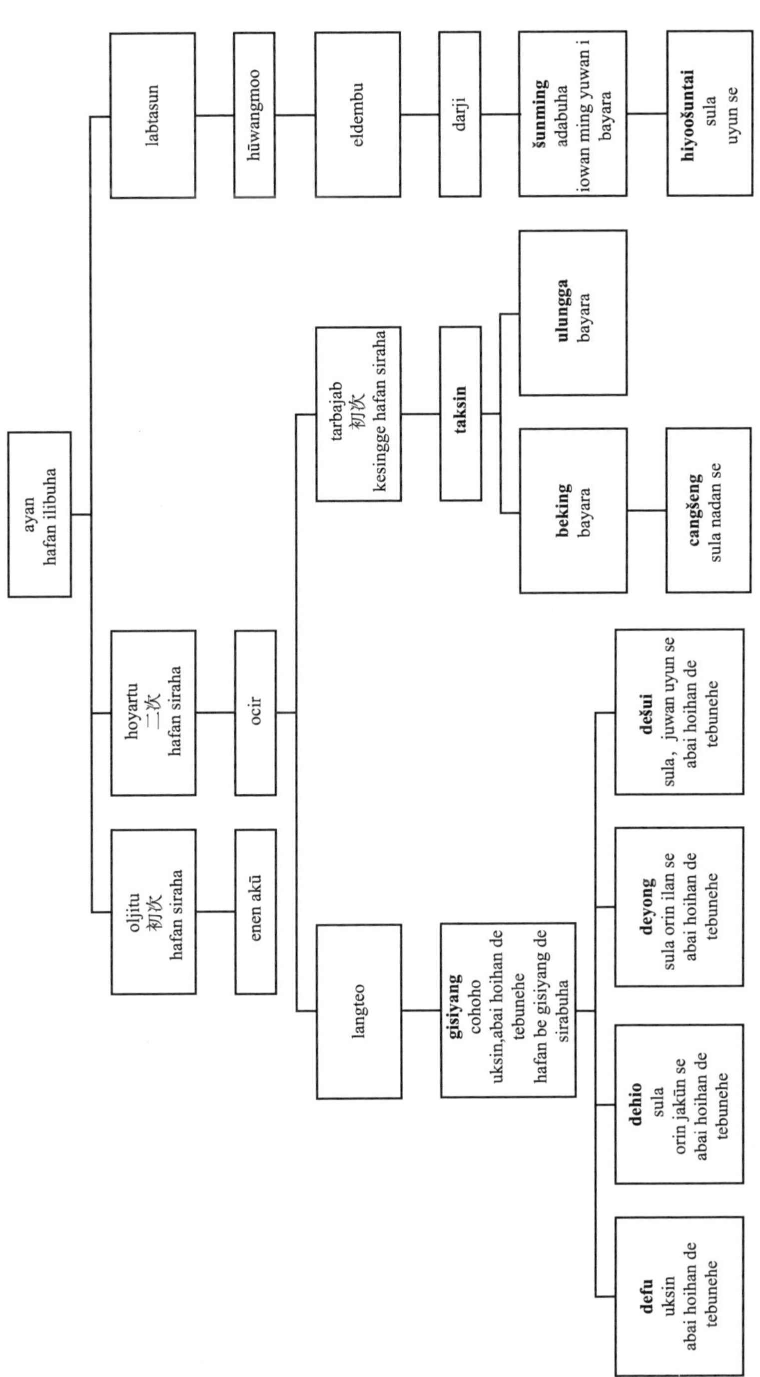
ayan
hafan ilibuha
oljitu
初次
hafan siraha
enen akū
hoyartu
二次
hafan siraha
ocir
labtasun
hūwangmoo
eldembu
darji
šunming
adabuha
iowan ming yuwan i
bayara
hiyoošuntai
sula
uyun se
langteo
tarbajab
初次
kesingge hafan siraha
taksin
ulungga
bayara
beking
bayara
cangšeng
sula nadan se
gisiyang
cohoho
uksin,abai hoihan de
tebunehe
hafan be gisiyang de
sirabuha
defu
uksin
abai hoihan de
tebunehe
dehio
sula
orin jakūn se
abai hoihan de
tebunehe
deyong
sula orin ilan se
abai hoihan de
tebunehe
dešui
sula，juwan uyun se
abai hoihan de
tebunehe

MA2-23-5-63

道光二十三年十二月十五日

镶白旗蒙古恩骑尉吉祥（立官阿彦）

（省略）amban meni gūsai že ho i abai hoihan de tebunehe kesingge hafan gisiyang coohai dasan i simnerede，se sakdaka hūsun ebereke ofi，ergelcme tušan ci nakabuhabi.（省略）gisiyang ni ahūngga jui uksin defu be cohome，gisiyang ni da mafa ayan i ilaci jui labtasun i duici jalan i omolo iowan ming yuwan i bayara hiyoošuntai be adabume sonjohobi，（省略）jorgon biyai juwan ninggun de gaifi beyebe tuwabume wesimbuhede，hese，hafan be cohoho defu de sirabu sehe.

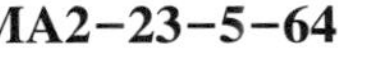

MA2-23-5-64

镶白旗蒙古恩骑尉吉祥（立官阿彦）

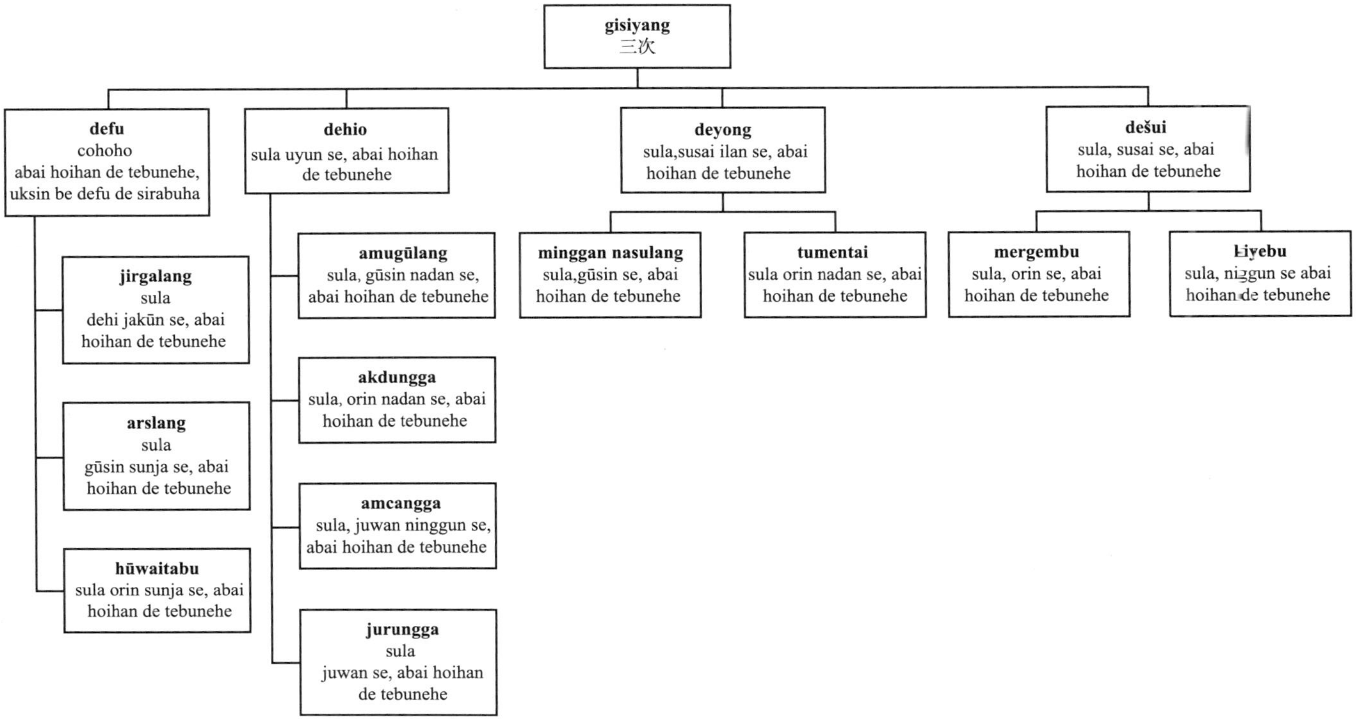

- **gisiyang** 三次
  - **defu** cohoho abai hoihan de tebunehe, uksin be defu de sirabuha
    - **jirgalang** sula dehi jakūn se, abai hoihan de tebunehe
    - **arslang** sula gūsin sunja se, abai hoihan de tebunehe
    - **hūwaitabu** sula orin sunja se, abai hoihan de tebunehe
  - **dehio** sula uyun se, abai hoihan de tebunehe
    - **amugūlang** sula, gūsin nadan se, abai hoihan de tebunehe
    - **akdungga** sula, orin nadan se, abai hoihan de tebunehe
    - **amcangga** sula, juwan ninggun se, abai hoihan de tebunehe
    - **jurungga** sula juwan se, abai hoihan de tebunehe
  - **deyong** sula,susai ilan se, abai hoihan de tebunehe
    - **minggan nasulang** sula,gūsin se, abai hoihan de tebunehe
    - **tumentai** sula orin nadan se, abai hoihan de tebunehe
  - **dešui** sula, susai se, abai hoihan de tebunehe
    - **mergembu** sula, orin se, abai hoihan de tebunehe
    - **Liyebu** sula, ninggun se abai hoihan de tebunehe

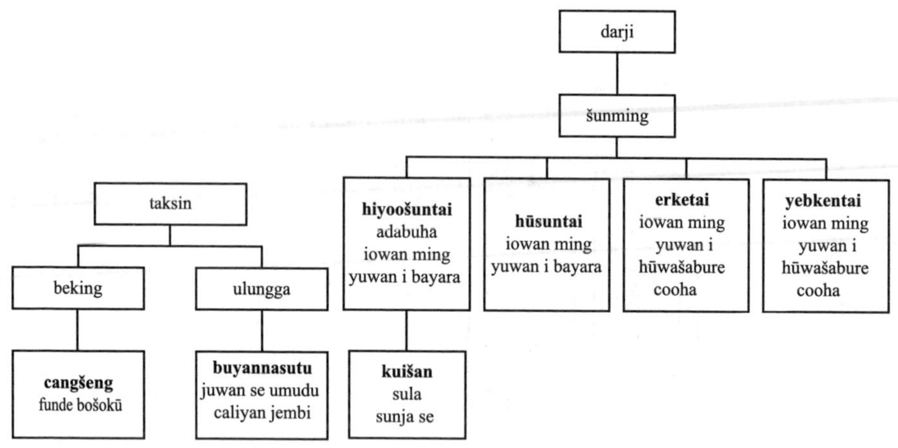

MA2-23-5-65

道光二十七年十二月十五日

镶白旗蒙古恩骑尉德福（立官阿彦）

（省略）defu i ahūngga jui abai hoihan de tebunehe sula jirgalang be cohome, defu i da mafa ayan i ilaci jui labtasun i duici jalan i omolo iowan ming yuwan i bayara hiyoošuntai be adabuha sonjohobi …… doro eldengge i orin nadaci aniya jorgon biyai juwan ninggun de gaifi beyebe tuwabuhade, hese, že ho i abai hoihan de tebunehe kesingge hafan defu i oronde cohoho jirgalang de sirabu sehe.

MA2-23-5-66

镶白旗蒙古恩骑尉德福（立官阿彦）

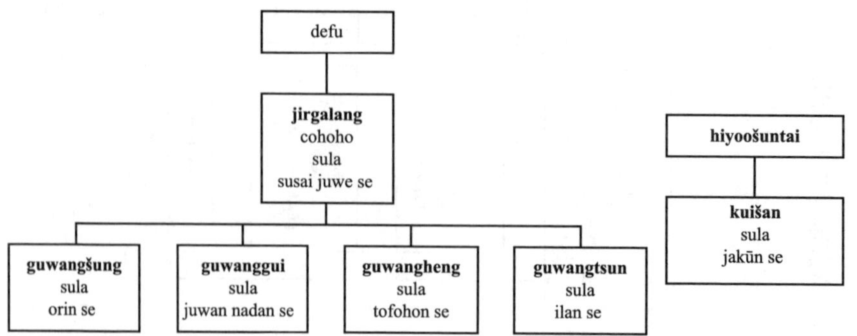

MA2-23-5-67

光绪十四年十二月十五日奏折

镶白旗蒙古恩骑尉济尔嘎朗（立官阿彦）

希尔肯六次

kubuhe šanyan i monggo gūsai gūsa be kadalara amban i baita be kadalame icihiyara hošoi erke cin wang amban benge sei gingguleme wesimburengge, kesingge hafan sirara jalin. coohai jurgan ci benjihe bithede, že ho i gūsa be kadalara amban uksun kiyanhi i baci benjihengge, že ho i abai hoihan de seremšeme tebunehe kubuhe šanyan i monggo gūsai kesingge hafan jirgalang ne oron tucikebi.（省略）jirgalang ni banjiha omolo sula sirken be cohome, terei adabuha niyalma be giyan i gemun hecen i gūsai gargan i dorgici ilgame sonjombi. hafan sirara booi durugan be nirufi, coohai jurgan de yabubufi, jurgan ci ulame harangga gūsade yabubufi icihiyame sirabuki seme benjihebi. uttu ofi, amban meni gūsai že ho i abai hoiha de seremšeme tebunehe jirgalang ni tucike kesingge hafan be, erei hafan sirara booi durugan be tuwame dasame ilgame tuwafi, jirgalang ni banjiha omolo sula sirken be cohome, jirgalang ni eshen da mafa labtasun i sunjaci jalan i omolo iowan ming yuwan i bayara kuilung be adabume sonjohobi.（省略）tofohon de bukdari durugan be ibebufi, sirame juwan nadan de gaifi beyebe tuwabuhade, hese... sirken be sirabu sehe.

MA2-23-5-68

光绪十四年十二月十五日

镶白旗蒙古恩骑尉济尔嘎朗

希尔肯六次

管理镶白旗蒙古都统事务和硕豫亲王本格等谨奏，奏为承袭恩骑尉事，准兵部咨热河都统宗室谦禧咨称，热河围场驻防镶白旗蒙古恩骑尉济尔嘎朗现在出缺。查济尔嘎朗之袭官敕书内载，阿彦尔原系护军校，因出师贵州转战四川攻敌阵殁，授为云骑尉，长子鄂勒济图承袭，再承袭一次。出缺时，胞弟和雅尔图仍承袭云骑尉。出缺时，云骑尉袭次已完，照例不准承袭恩骑尉。后因特旨念系阵殁所立之官，赏给恩骑尉，与原立官阿彦之二世孙塔尔巴扎布承袭。出缺时子塔克慎承袭。革职时，亲伯朗透之子吉祥承袭。革职时，长子德福承袭。出缺时，长子济尔嘎朗承袭。世袭罔替等语。查定例，世职官若出缺，将出缺人之子孙拣选拟正，别支子孙内拣选拟陪、列名等语。今济尔嘎朗所出恩骑尉遵例拣选得济尔嘎朗之孙闲散希尔肯拟正，其拟陪之人应由京旗支派内拣选，绘具袭官家谱咨行兵部，由部转咨该旗办理承袭等因前来。臣旗相应将热河围场驻防济尔嘎朗所出恩骑尉照依袭官家谱复行拣选得济尔嘎朗之孙闲散希尔肯拟正，济尔嘎朗之叔始祖喇巴塔逊之五世孙圆明园护军奎隆拟陪，理合将拟正希尔肯、拟陪奎隆等带领引见。兹将袭官折谱一并呈览，请袭恩骑尉。为此谨奏请旨等因，于光绪十四年十二月十五日将折谱呈进。于十七日带领引见，奉旨，恩骑尉员缺着拟正希尔肯承袭，钦此。

光绪十四年十二月十五日。

内大臣宗人府左宗正管理都统事务稽察坛庙大臣、专操大臣、值年大臣、管理新旧营房、城内官房大臣，稽察城内七仓大臣、正蓝旗宗室、族长、管理正白旗觉罗学事务、和硕豫亲王臣本格，臣谦光，臣明安，臣溥英，差。

MA2-23-5-69

镶白旗蒙古恩骑尉济尔嘎朗（立官阿彦）

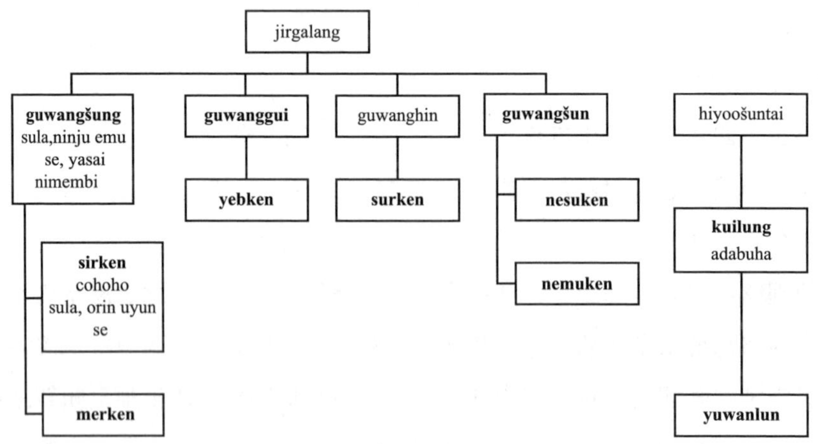

MA2-23-5-70

镶白旗蒙古恩骑尉济尔嘎朗（立官阿彦）

希尔肯六次

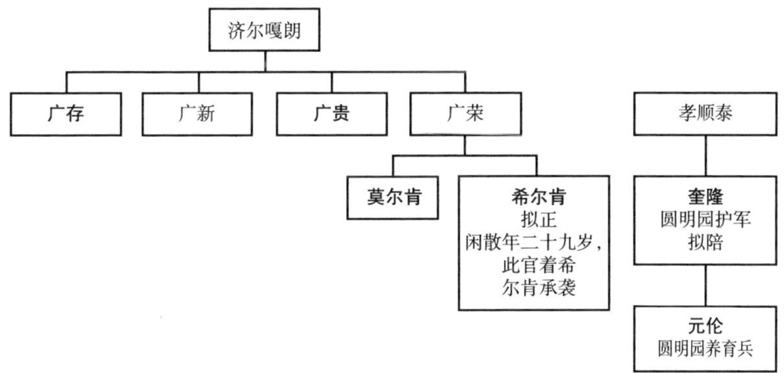

MA2-23-5-71

镶白旗蒙古骑都尉佛尔国春

恩骑尉色布正额

kubuhe šanyan i monggo gūsai gūsa be kadalara amban jalangga se gaifi beyebe tuwabure, baitalabure hafan sirara, cohoho uksin ferguwecun, adabuha tuwašara hafan bime, sula janggin jilangga, kesingge hafan sirara, cohoho jalan halame bošoho nirui janggin sebjengge, adabuha hiyan an gung ni alban tacikūi juse jungsin.

kubuhe šanyan i monggo gūsai gūsa baitalabure hafan sirara emu baita, emu meyen, niyalma juwe, kesingge hafan sirara emu baita, emu meyen, niyalma juwe, uheri juwe baita, juwe meyen, tuwabure niyalma duin.

MA2-23-5-72

镶白旗蒙古骑都尉玉庆

恩骑尉塔克慎

kubuhe šanyan i monggo gūsai gūsa be kadalara amban bime, tulergi golo be dasara jurgan i aliha amban, tuwašara hafan liobooju, meiren i janggin bime, dorgi yamun i ashan i bithei da, gioroi sahalji, meiren i janggin bime, tulergi golo be dasara jurgan i ici ergi ashan i amban kuišu gaifi beyebe tuwabume wesimbufi siraha, baitalabure hafan emke, esei gebu be arafi gingguleme wesimbuhe.

abida i hafan be ioiking de sirabuha.

tarbajab i hafan be taksin de sirabuha.

kubuhe šanyan i monggo gūsa, baitalabure hafan sirara emu baita, emu meyen, tuwabure niyalma juwe, kesingge hafan sirara emu baita, emu meyen, tuwabure niyalma juwe.

MA2-23-5-73

光绪二十一年十二月十二日

镶白旗蒙古荆州云骑尉楚惠

在京族内佐领恩隆

kubuhe šanyan i monggo gūsai gūsa be kadalara amban i baita be kadalame icihiyara, kalkai jasak hošoi cin wang amban nayantu se badarangga doro i orin emuci aniya jorgon biyai juwan juwe de gingjeo de tebunehe niyeceme gaifi beyebe tuwabure se de isinaha kesingge hafan cuhui, jai gemun hecen i mukūn i dorgi bošoro nirui janggin sindara urse be gaifi beyebe tuwabuhade, hese gingjeo i se de isinaha kesingge hafan cuhui be da bade maribu, gemun hecen i mukūn i dorgi bošoro nirui janggin i oronde cohoho enlung be bošobu sehe.

kubuhe šanyan i monggo gūsai gūsa be kadalara amban i baita be kadalame icihiyara, kalkai jasak hošoi cin wang amban nayantu sei gingguleme wesimburengge, gaifi beyebe tuwabure jalin. amban meni gūsai gingjeo i jiyanggiyūn uksin siyangheng ni baci dahabume benjihengge niyeceme gaifi beyebe tuwabure se de isinaha kesingge hafan emu baita, emu meyen, niyalma emke, gemun hecen i mukūn i dorgi bošoro nirui janggin sindara emu baita, emu meyen, niyalma ilan, uheri juwe baita, juwe meyen, niyalma duin. bahaci gingjeo i niyeceme gaifi beyebe tuwabure se de isinaha kesingge hafan an i cuhui be sirabuki, jai gemun hecen i mukūn i dorgi bošoro nirui janggin sindara ilan niyalma dorgi cohoho enlung, ere aniya juwan juwe se, se ajigen ofi, giyan i adabuha kingliyan, gebu faidabuha hengšeo be gaifi beyebe tuwabume wesimbuhede, hesei emu niyalma be sindaki, damu niyeceme gaifi beyebe tuwabure kesingge hafan cuhui hese wasinjiha manggi, amban be harangga bade bithe yabubufi gingguleme dahame icihiyabuki. bahaci esei gebu jergi be afaha arafi ginguleme ibebufi tuwabume wesimbuhe, hese be baimbi.

MA2-23-5-74

光绪二十二年十二月十六日

镶白旗蒙古杭州云骑尉文欢　文瑶

kubuhe šanyan i monggo gūsai gūsa be kadalara amban i baita be kadalame icihiyara, kalkai jasak hošoi cin wang amban nayantu se, badarangga doro i orin juweci aniya jorgon biyai juwan ninggun de hangjeo de tebunehe tuwašara hafan juwe oronde sirara urse be gaifi beyebe tuwabuhade, hese, hangjeo i fojung ni bahabuha tuwašara hafan be sonjoho wenhuwan de sirabu, fosiyang ni bahabuha tuwašara hafan be sonjoho wenyao de sirabu sehe.

MA2-23-5-75

镶白旗蒙古荆州云骑尉

杭州乍浦云骑尉

江宁京口云骑尉

热河围场云骑尉

kubuhe šanyan i monggo gūsa gingjeo de tebunehe tuwašara hafan sirara, emu baita, emu meyen, niyalma juwe. hangjeo japu de tebunehe tuwašara hafan sirara ilan baita, ilan meyen, niyalma ilan. giyang ning ging keo de tebunehe tuwašara hafan sirara juwe baita, juwe meyen, niyalma ilan. že ho i abai hoihan de tebunehe tuwašara hafan sirara emu baita, emu meyen, niyalma emke.

ereci wesihun baita nadan hacin nadan meyen, niyalma uyun i dorgi se de isinara unde nimekulehe ofi gemun hecen de jihekū juwe niyalma ci tulgiyen (yargiyan) i tuwabure niyalma nadan.

MA2-23-5-76

镶白旗蒙古荆州云骑尉元安

察哈尔云骑尉车楞纳木扎尔

热河围场恩骑尉希尔肯

kubuhe šanyan i monggo gūsai gūsa be kadalara amban i baita be kadalama icihiyara hošoi cin wang, amban benge se gaifi beyebe tuwabure. gingjeo i tuwašara hafan sirara cohoho sula yuwangan, adabuha kesingge hafan hinggan, cihanggai gemun hecen de dosirakū. niowanggiyan uju teile ibebumbi. gebu faidaha sula žunggan, cihanggai gemun hecen de dosirakū, niowanggiyan uju teile ibebumbi.

cahar i tuwašara hafan sirara sonjoho bayara ceringnamjal, že ho i abai hoihan i kesingge hafan sirara cohoho sula sirken, adabuha iowan ming yuwan i bayara kuilung.

(另纸)

kubuhe šanyan i monggo gūsa gingjeo i tuwašara hafan sirara, emu baita, emu meyen, niyalma ilan. cahar i tuwašara hafan sirara emu baita, emu meyen, niyalma emke, že ho i abai hoihan i kesingge hafan sirara emu baita, emu meyen, niyalma juwe.

ereci wesihun baita ilan hacin, ilan meyen, niyalma ninggun i dorgi cihanggai gemun hecen de dosirakū, niowanggiyan uju teile ibeburengge juwe niyalma ci tulgiyen, yargiyan i tuwabure niyalma duin.

镶白旗蒙古荆州承袭云骑尉一事，一排，人三名。

察哈尔承袭云骑尉一事，一排，人一名。

热河围场承袭恩骑尉一事，一排，人二名。

以上事三件，三排，人六名，内除情愿不进京二名，仅进绿头牌外，实引见四名。

MA2-23-5-77

光绪二十二年六月十二日

镶白旗蒙古杭州云骑尉荣森

西安骁骑校临福

密云县防御象宾

kubuhe šanyan i monggo gūsai gūsa be kadalara amban i baita be kadalame icihiyara, kalkai jasak hošoi cin wang amban nayantu se badarangga doro i orin juweci aniya ninggun biyai juwan juwe de hangjeo de tebunehe niyeceme gaifi beyebe tuwabure se de isinaha tuwašara hafan, si an de tebunehe funde bošokū mi yūn hiyan de tebunehe tuwašara hafan i jergi janggin sindara urse be gaifi beyebe tuwabuhade, hese, hangjeo i se de isinaha tuwašara hafan i žungšen be da bade maribu, si an i funde bošokū i oronde cohoho linfu be sinda, adabuha ts'unšeng be gebu eje, mi yūn hiyan i tuwašara hafan i jergi janggin i oronde cohoho siyangbin be sinda, adabuha liyan'ing be gebu eje sehe.

MA2-23-5-78

镶白旗蒙古杭州恩骑尉佛昆泰

恩骑尉

dain de tuheke eldase de šangnaha kesingge hafan sirara urse be, gūsa be kadalara amban i baita be daiselame icihiyara doroi yongsu giyūn wang yong siowan se tuwame ilgahangge.

gabsihiyan fekuntai, cohoho, fulehun i tuwakiyara hafan de bihe banjibu i ahūngga jui, orin sunja se, gabtarangge jergi, niyamniyarangge jergi.

hūwašabure coohai fulungtai, adabuha, fulehun i tuwašara hafan de bihe banjibu i banjiha deo hūwaitabu i jui, uyun se, gabtarangge juken, se ajigen ofi, niyamniyabuhakū.

MA2-23-5-79

镶白旗蒙古西安骁骑校春寅

宝坻县骁骑校盛文

kubuhe šanyan i monggo gūsa de afabufi，ineku inenggi gaifi beyebe tuwabuha si an i funde bošokū i adabuha gabsihiyan huiwen，boo di i funde bošokū i adabuha bošokū sungkui be gemu hese gebu eje sehe. bahaci，wesihun gūsade selgiyefi gingguleme dahame icihiyakini，erei jalin afabuha，jorgon biyai ice ilan.

镶白旗蒙古都统臣崇礼等带领引见察哈尔补行引见年已及岁出痘身热头等子爵禄布桑则文，西安驻防补放骁骑校拟正前锋春寅、拟陪前锋惠文，宝坻县驻防补放骁骑校拟正领催盛文、拟陪领催松奎。

镶白旗蒙古都统臣崇礼等带领引见察哈尔补行引见年已及岁出痘身热头等子爵禄布桑则文，西安驻防补放骁骑校拟正前锋春寅，拟陪前锋惠文，宝坻县驻防补放骁骑校拟正领催盛文、拟陪领催松奎。

MA2-23-5-80

光绪十八年五月十六日

镶白旗蒙古都统湖南骁骑校神修

kubuhe šanyan i monggo gūsai gūsa be kadalara amban，aliha amban，amban guiheng sei gingguleme wesimburengge，amban meni gūsai ne isinjiha honan golode tebunehe funde bošokū sindara emu baita，emu meyen，niyalma juwe，enenggi gaifi beyebe tuwabume wesimbufi sindaki. bahaci cohoho adabuha ursei gebu jergi be afaha arafi gingguleme ibebufi tuwabume wesimbuhede，hesei emu niyalma be sindaki，funcehe emu niyalma be gebu ejeci ojoro ojorakū babe hese wasinjiha manggi，amban be harangga bade bithe yabubufi gingguleme dahame yabubuki. erei jalin gingguleme wesimbuhe. hese be baimbi.

（另纸）kubuhe šanyan i monggo gūsade afabufi ineku inenggi gaifi beyebe tuwabuha honan i funde bošokū i adabuha bošokū šensio be hese gebu eje sehe. bahaci，wesihun gūsade，selgiyefi gingguleme dahame icihiyakini，erei jalin afabuha. sunja biyai juwan ninggun.

MA2-23-5-81

镶白旗蒙古都统热河防御

kubuhe šanyan i monggo gūsade afabufi, ineku inenggi gaifi beyebe tuwabuha že ho i tuwašara hafan i jergi janggin i adabuha tuwašara hafan liyanšeng be hese gebu eje sehe. bahaci, wesihun gūsade selgiyefi gingguleme dahame icihiyakini. erei jalin afabuha. duin biyai ice sunja.

MA2-23-5-82

镶白旗蒙古恩印佐领下，为呈报事

恩印佐领下：

为呈报事，据本佐领下族长护军恩顺结称，据本族内已故世管佐领恩印之妻常氏呈称，窃氏于本年闰五月初十日孕生一女，为此呈报，等情前来。本佐领下除饬该孀妇另行出结办理过继外，相应出具图片呈报甲喇处可也。

此系暂署佐领事务骁骑校恒隆、骁骑校缺领催平顺仝保。

MA2-23-5-83

同治六年八月初四日奏折

镶白旗蒙古都统世管佐领、公中佐领

kubuhe šanyan i monggo gūsai gūsa be kadalara amban i baita be daiselaha, gūsai beise, amban dzai jung sei gingguleme wesimburengge, donjibume wesimbure jalin. amban meni gūsai ice sindaha dashūwan dube monggo jalan i ilhi jalan i janggin cangšeng ni kadalaha siden niru tesu jalan i niru baicaci, toktobuha kooli de jakūn gūsai jalan i janggisai dorgi tesu jalan i niru be kadalahangge bici, uthai gūwa jalan de forgošokini sehebi. udu kooli songkoi jalan be forgošoci acacibe, damu baicaci, juwe jalan i ilhi jalan i janggin gemu dashūwan dube monggo jalan i niru be kadahalabi. uttu ofi jalan be forgošoci ojorakū. amban be bahaci, icihiyaha baita be dahame, ilhi jalan i janggin cangšeng ni kadalaha dashūwan dube monggo jalan i siden niru be, enboo i kadalaha jebele dube monggo jalan i siden niru de ishunde forgošome kadalabuki, erei jalin gingguleme wesimbuhe.

enduringgei bulekušere be baime gingguleme wesimbuhe seme yooningga dasan i ningguci aniya jakūn biyai ice duin de wesimbuhede, ineku inenggi hese, saha sehe.

yooningga dasan i ningguci aniya jakūn biyai ice duin.

MA2-23-5-84

镶白旗蒙古世管佐领、公中佐领

kubuhe šanyan i monggo gūsai gūsa be kadalara amban uju jergi jingse hadabuha amban funce se badarangga doro i orin jakūci aniya jalan halame bošoro nirui janggin emu oron, siden nirui janggin emu oronde sindara urse be gaifi beyebe tuwabuhade, hese, jalan halame bošoro nirui janggin i oronde cohoho enguwang be, bošoro nirui janggin i oronde dešeng be sinda sehe.

MA2-23-5-85

乾隆三十五年八月十一日奏折

镶白旗蒙古旧营房

kubuhe šanyan i monggo gūsai fe kūwaran i baita be kadalara meiren i janggin aha ulemji gingguleme wesimburengge, hese be baire jalin. aha mini kadalaha fe kūwaran i dolo, coohai ursede tebuhe alban i boo uheri sunja tanggū giyalan be abkai wehiyehe i orin juweci aniya de enduringge ejen kesi isibume dasame dasatame weilebufi coohai ursede tebuheci ebsi aniyadari aga muke de teisulefi, kūwaran i boo i fajiran, fu heni majige tuheke efujehe ba bici, nerginde uthai boo tehe coohai ursede nikebufi niyeceteme dasataha turgunde, umai tuhere efujere de isinahakū. damu ere aniya aga muke elgiyen ofi, kūwaran i boo i dorgi, fiyasha fajiran uyun ba, kūwaran i šurdehe fu, hūwa i fu uheri juwe tanggū funcere juda tuhekebi.

baicaci, duleke aniya coohai nashūn i baci wesimbuhe bade, meni meni kūwaran be kadalara ambasa de afabufi, ereci julesi urunakū inenggidari giyarime baicabume, heni majige dasataci acara ba bici nerginde uthai boo tehe ursede nikebufi niyeceteme dasatabume efujere tuhere de isiburakū obuki, unenggi aga muke de usihibufi, boo fajiran sangsarame tuhere jergi hacin bifi, coohai urse beye hūsun i dasatame muterakū oci, meni meni harangga kadalara ambasa yargiyalame baicafi, adarame icihiyara babe hese be baime wesimbufi icihiyabuki seme wesimbufi benjihe be dangsede ejehebi. damu ere aniya aga muke elgiyen ofi, kūwaran i fajiran fu i jergi ba tuhekengge labdu. ede, aha ulemji bi hafasa be tucibufi kimcime yargiyalame baicafi, tuhere hamika šurdehe fu be efulefi doho barabufi, emu adali obume cirgere, kūwaran i dolo boo fajiran fiyasha jergi ba be suwaliyame dasatame weilerede siseteme bodobuci, amba muru ilan tanggū susai yan menggun baibumbi. erebe kemuni nenehe songkoi boo tehe coohai ursede nikebufi niyeceteme dasatabuci, emu erinde niyeceteme dasatara de mangga bime, ainaha seme neigen teksin akdun beki obume muterakū ne aha i kadalaha morin i heren de, ere udu aniya morin ulebure de malhūšame tucike emu minggan ilan tanggū juwan emu yan funcere menggun gūsai namun de asaraha be dahame, aha bahaci, ere hacin i menggun i dorgici ilan tanggū susai yan menggun be acinggiyafi, fe kūwaran i tuheke efujehe boo i fajiran i jergi ba be niyeceteme dasatabuki, baitalaha menggun i ton be ishun aniya morin be adun de unggihe amala, sume bodobume wesimbure bukdari de dosimbufi wesimbuki, funcehe uyun tanggū ninju emu yan funcere menggun be an i gūsai namun de asarabufi morin isinjire onggolo hūda ja i erin be tuwame ufa i da i jergi jaka be udafi, morin ulebure de belhebuki, enduringge ejen aika baiha songkoi yabubuci, aha ulemji bi gūsai dorgici sain mutere hafan be tucibufi harangga kadalara kūwaran i da janggisai emgi acafi, uhei tuwame urunakū akdun beki obume weilebuki, aha ulemji inu erin akū genefi kimcime baicaki, acanara acanarakū babe hese wasinjiha manggi gingguleme dahame icihiyaki sembi. erei jalin gingguleme wesimbuhe, hese be baimbi seme abkai wehiyehe i gūsin sunjaci aniya jakūn biyai juwan emu de baita wesimbure gocika hiya cunning sede bufi ulame wesimbuhede, ineku inenggi hese saha sehe.

MA2-23-5-86

同治五年十一月十四日奏折

镶白旗蒙古旧营房

kubuhe šanyan i monggo gūsai fe kūwaran i baita be kadalara meiren i janggin ilaci jergi faššangga kicibe be, amban fukiyan gingguleme wesimburengge, donjibume wesimbure jalin. fe kūwaran de baita bisire akū babe kooli de aniyadari omšon biyade emu mudan wesimbumbi. baicaci, fe, kūwaran de duleke aniya omšon biyaci deribume ere aniya omšon biyade isibume emu aniyai dolo cooha urse gemu teisu teisu an be tuwakiyambi, umai baita dekdeme yaburengge akū. erei jalin gingguleme donjibume wesimbuhe seme yooningga dasan i sunjaci aniya omšon biyai juwan duin de wesimbuhede, hese, saha sehe.

yooningga dasan i sunjaci aniya omšon biyai juwan duin.

meiren i janggin ilaci jergi faššaha kicibe be, amban fukiyan.

MA2-23-5-87

光绪八年十一月十四日奏折

镶白旗蒙古旧营房

kubuhe šanyan i monggo gūsai fe kūwaran i baita be kadalara gūsa be kadalara amban hošoi erke cin wang, amban benge gingguleme wesimburengge, donjibume wesimbure jalin. fe kūwaran de baita bisire akū babe kooli de aniyadari omšon biyade emu mudan wesimbuki. baicaci, fe kūwaran de duleke aniya omšon biyaci deribume ere aniya omšon biyade isibume emu aniyai dolo cooha urse gemu teisu teisu an be tuwakiyambi, umai baita dekdeme yaburengge akū. erei jalin gingguleme donjibume wesimbuhe.

badarangga doro i jakūci aniya omšon biyai juwan duin.

管理镶白旗蒙古旧营房事务都统和硕豫亲王臣本格谨奏，为奏闻事。旧营房有无事故，遵例每年十一月间具奏一次。查旧营房自上年十一月起至本年十一月止，此一年内兵丁等俱各安分，无滋生事端，为此谨奏。

光绪八年十一月十四日。

内大臣、管理都统事务备察坛庙大臣、专操大臣、管理新旧营房城内官房大臣、稽察左翼城上值班官兵大臣、稽察城内七仓大臣、正蓝旗宗室总族长（省略）本格。差。

MA2-23-5-88

光绪十四年十二月十五日奏折

镶白旗蒙古旧营房

kubuhe šanyan i monggo gūsai gūsa be kadalara amban i baita be kadalame icihiyara hošoi erke cin wang，amban benge sei gingguleme wesimburengge，kooli songkoi ejehe jergi bahabure jalin. baicaci，amban meni gūsai hafasai dorgi，baita turgun bisire aniya jalure unde hafasa be ejehe jergi bahabuci acarakūci tulgiyen，ere aniya de ejehe jergi bahabuci acara doron i jalan i janggin emke，jalan i janggin emke，ilhi jalan i janggin juwe，doron i janggin ilan，fulun caliyan i baita be alifi icihiyara janggin emke，ese emu aniyai dolo alifi icihiyara baita de gemu melebuhe bilagan tulike ba akū，jai nirui janggin sunja，daiseleha nirui janggin juwe，funde bošokū duin，hafan de kamcibuha mukūn i da emke，ese ilan aniyai dolo alifi icihiyara baita de gemu melebuhe bilagan tulike ba akū be dahame，bahaci，kooli songkoi meni meni emte ejehe jergi bahabuki. uttu ofi ere aniya de kooli songkoi ejehe jergi bahabuci acara hafan uheri orin i gebu jergi be encu afaha de arafi suwaliyame gingguleme tuwabume wesimbuhe.

seme badarangga doro i juwan duici aniya jorgon biyai tofohon de wesimbuhede，hese，gisurehe songkoi obu sehe.

管理镶白旗蒙古都统事务和硕豫亲王臣本格等谨奏，为循例请给纪录事，臣旗官员内除有事故及尚未年满之官员等不应请给纪录外，所有本年应行请给纪录之印务参领一员、参领一员、副参领二员、印务章京三员、办理俸饷事务章京一员，伊等一年内承办事件均无遗漏逾限。再佐领五员、署佐领二员、骁骑校五员、官兼族长一员，伊等三年内承办事件均无遗漏逾限。理合照例各给纪录一次，相应将本年循例应行请给纪录官共二十员之职名，另缮清单恭呈御览谨奏，等因，于光绪十四年十二月十五日具奏，本日奉旨，依议，钦此。

MA2-23-5-89

光绪二十八年十二月十五日奏折

为循例请给纪录事

镶白旗蒙古

kubuhe šanyan i monggo gūsai gūsa be kadalara amban, uju jergi jingse hadabuha amban funce sei gingguleme wesimburengge, kooli songkoi ejehe jergi bahabure jalin. baicaci, amban meni gūsai hafasai dorgi baita turgun bisire aniya jalure unde hafasa be ejehe jergi bahaburakūci tulgiyen, ere aniya de ejehe jergi bahabuci acara doron i jalan i janggin ilan, fulun caliyan i baita be alifi icihiyara janggin emke, ese emu aniyai dolo alifi icihiyara baita de gemu melebuhe bilagan tulike ba akū jai nirui janggin sunja, funde bošokū ilan, ese ilan aniyai dolo alifi icihiyara baita de gemu melebuhe bilagan tulike ba akū be dahame, bahaci, kooli songkoi meni meni emte ejehe jergi bahabuki. uttu ofi, ere aniya de kooli songkoi ejehe jergi bahabuci acara hafan uheri juwan ninggun i gebu jergi be encu afaha de arafi suwaliyame gingguleme tuwabume wesimbuhe.

镶白旗蒙古都统头品顶戴臣芬车等谨奏，为循例请给纪录事。查臣旗官员内除有事故及尚未年满之官员等不应请给纪录外，所有本年应行请给纪录之印务章京二员、办理俸饷事务章京一员，伊等一年内承办事件均无遗漏逾限。再佐领七员、骁骑校三员，伊等三年内承办事件均无遗漏逾限。理合照例各给纪录一次，相应本年循例应行请给纪录官共十六员之职名，另缮清单恭呈御览谨奏。

MA2-23-5-90

镶白旗蒙古

芬奏为叩谢天恩事

臣芬跪奏，为叩谢天恩事。窃臣七旬生辰，仰蒙皇太后天恩，赏给臣御笔福寿字一分、御笔长寿一轴、佛一龛、如意一柄、蟒袍面一件、尺头八件，臣恭设香案叩头敬谨祗领伏恩。臣一介庸愚，黑龙江边疆世仆，由骑都尉世职选为三音哈哈，因出师微劳，仰蒙高厚天恩，赏给乾清门三等侍卫，并蒙赏入京旗正白旗满洲，荐授都统，排为御前侍卫，并蒙赏给头品顶戴。复荷赏穿黄马褂。臣芬叠受厚恩，至优极渥，毫无报称，正悚惶之际，复蒙皇太后逾格恩施臣七旬生辰，赏赐御笔福寿字等物，臣实梦想不及，不胜欣感悚惶之至，臣兹叨逾格高厚鸿慈倍加感激，惟有诸凡差务益勤，竭力奋勉冀期图报于万一，为此叩谢天恩谨奏。

清单（满汉合璧）

二月二十七日，芬大人七十岁生辰，皇太后赏御笔福寿字一分、御笔长寿一轴、无量寿佛一龛、如意一柄、蟒袍面一件、尺头八件，皇上赏御笔匾额一面、无量寿佛一尊、三镶玉如意一柄、尺头八件。

han i araha hūturi jalafun hergen emu ubu，han i araha enteheme jalafun emu temuhen，fucihi emu erhuweku，keksebuku emu dasin，gecuheri sijigiyan talgan emu hacin，defelinggu jakūn hacin，han i araha iletulehen emu talgan，fucihi emu aligan，ilan kubume gu keksebuku emu dasin，defelinggu jakūn hacin.

MA2-23-5-91

镶白旗蒙古钱粮关系

kubuhe šanyan i monggo gūsai gūsa be kadalara amban，amban cungli sei gingguleme wesimburengge，amban meni gūsai emu aniya de gaiha fulun caliyan bele morin i menggun jiha i šošohon ton i bukdari emke，bargiyaha boo i turigen i jiha，gaiha siden i baibungga jiha jai baitalaha jiha i ton i bukdari emke，uheri bukdari juwe.

镶白旗蒙古都统臣崇礼等谨奏，臣旗领过一年俸饷米石马银马钱，汇总数目折一件，收过房租钱文、领过公费钱文及用过钱文数目折一件。共折二件。

MA2-23-5-92

一年期满纪录折单

emu aniya jalukangge

doron i jalan i janggin cangšeng
jalan i janggin hadabu
ilhi jalan i janggin hūsungga
doron i janggin genggiyen
doron i janggin ilibu
doron i janggin baturuntai
fulun caliyan i baita be alifi icihiyara nirui janggin sioiliyan 在文治之次
fulun caliyan i baita be alifi icihiyara nirui janggin wenjy

ilan aniya jalukangge

nirui janggin cangšeng
nirui janggin fafungga
nirui janggin wenheng
nurui janggin kuišeng
nirui janggin guilin
daisalaha nirui janggin funde bošokū dešeng
daisalaha nirui janggin funde bošokū gicun
bošokū cunyong
funde bošokū žuiming
funde bošokū sioiliyan
funde bošokū ioicang
funde bošokū hūturi
funde bošokū inggiye

ereci wesihun ejehe jergi bahabuci acara hafan uheri orin.

MA2-23-5-93

一年期满纪录折单

emu aniya jalukangge

doron i jalan i janggin cangšeng

jalan i janggin medabu

ilhi jalan i janggin hūsungga

ilhi jalan i janggin kinglung

doron i janggin mingke

doron i janggin ilibu

doron i janggin wenheng

fulun caliyan i baita be alifi icihiyara nirui janggin wenjy

ilan aniya jalukangge

nirui janggin hūsungga

nirui janggin baturuntai

nirui janggin ilibu

nirui janggin kesibu

daisalaha nirui janggin funde bošokū guilin

funde bošokū gicun

funde bošokū deyen

funde bošokū duwanceng

funde bošokū hinggan

funde bošok wenbing

funde bošokū žuiking

funde bošokū žuiyong

funde bošokū dešeng

funde bošokū wenhui

funde bošokū（人名不清）

funde bošokū žuijy

fundc bošokū hinglu

funde bošokū henglung

funde bošokū balingga

funde bošokū sioiliyang

ereci wesihun ejehe jergi bahabuci acara hafan uheri gūsin.

MA2-23-5-94

一年期满纪录折单

一年期满

印务参领常升

参领明珂

副参领巴图伦泰

印务章京庚音

印务章京文惠

印务章京德胜

办理俸饷事务佐领文志

三年期满

佐领常升

佐领文衡

佐领奎升

佐领庚音

佐领贵林

署理佐领事务骁骑校吉春

骁骑校玉昌

骁骑校瑚图礼

骁骑校英杰

骁骑校福佑

以上应行请给纪录官共十七员

MA2-23-5-95

一年期满纪录折单

emu aniya jalukangge

doron i jalan i janggin cangšeng

jalan i janggin mingke

ilhi jalan i janggin baturuntai

ilhi jalan i janggin wenheng

doron i janggin wenhui

doron i janggin dešeng

doron i janggin ciowanšeng

fulun caliyan i baita be alifi icihiyara nirui janggin wenjy

ilan aniya jalukangge

nirui janggin mingke

nirui janggin wenjy

nirui janggin ingsio šiyen guigiyūn

funde bošokū ciowanšeng

fudde bošokū funggiyūn

funde bošokū žungšeng

ereci wesihun ejehe jergi bahabuci acara hafan uherijuwan ninggun（抹掉 duin 一字）.

以上应行请给纪录官共十四员

MA2-23-5-96

年期满纪录折单

一年期满

印务参领常升

参领

副参领

印务章京庚音

印务章京文衡

印务章京文惠

办理俸饷事务佐领文治

三年期满

佐领瑚松阿

佐领巴图伦泰

佐领伊里布

佐领克什布

骁骑校吉春

骁骑校德荫

骁骑校端诚

骁骑校兴安

骁骑校文炳

骁骑校瑞庆

骁骑校瑞永

骁骑校德胜

骁骑校文惠

骁骑校瑞志

骁骑校兴禄

骁骑校恒隆

骁骑校巴龄阿

骁骑校续良

骁骑校启良

骁骑校恩特和布

以上应行请给纪录官共二十四员

MA2-23-5-97

家谱断片

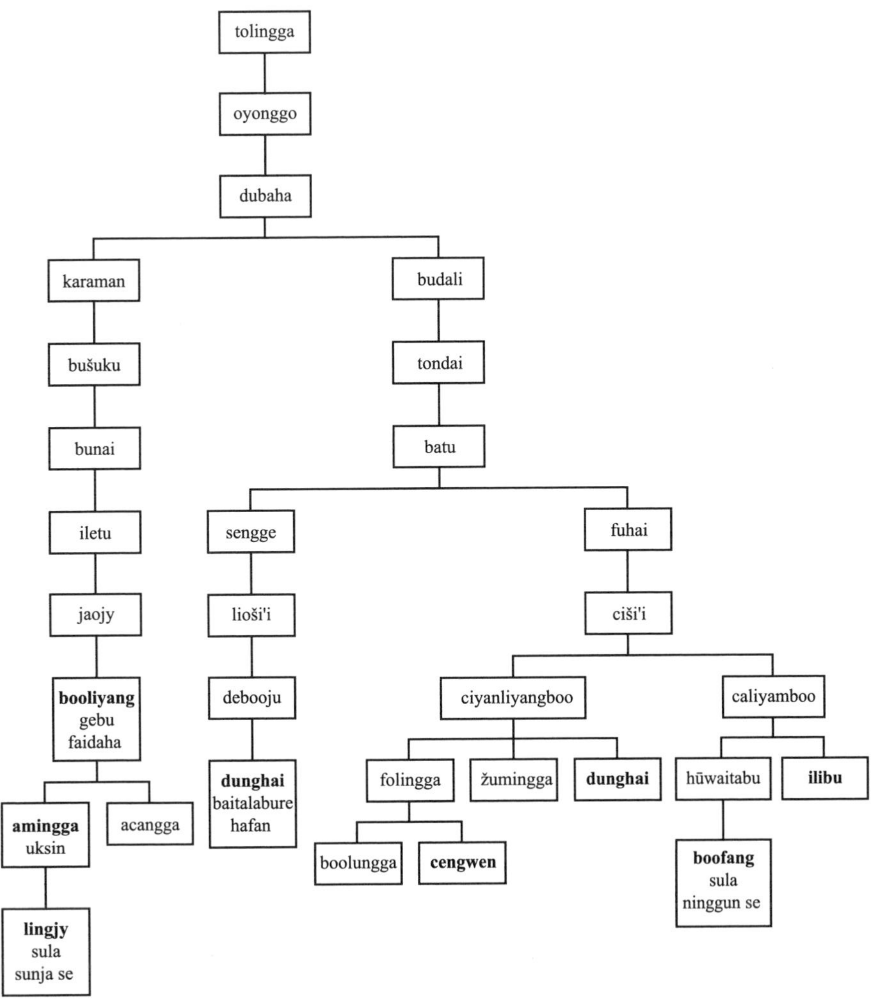

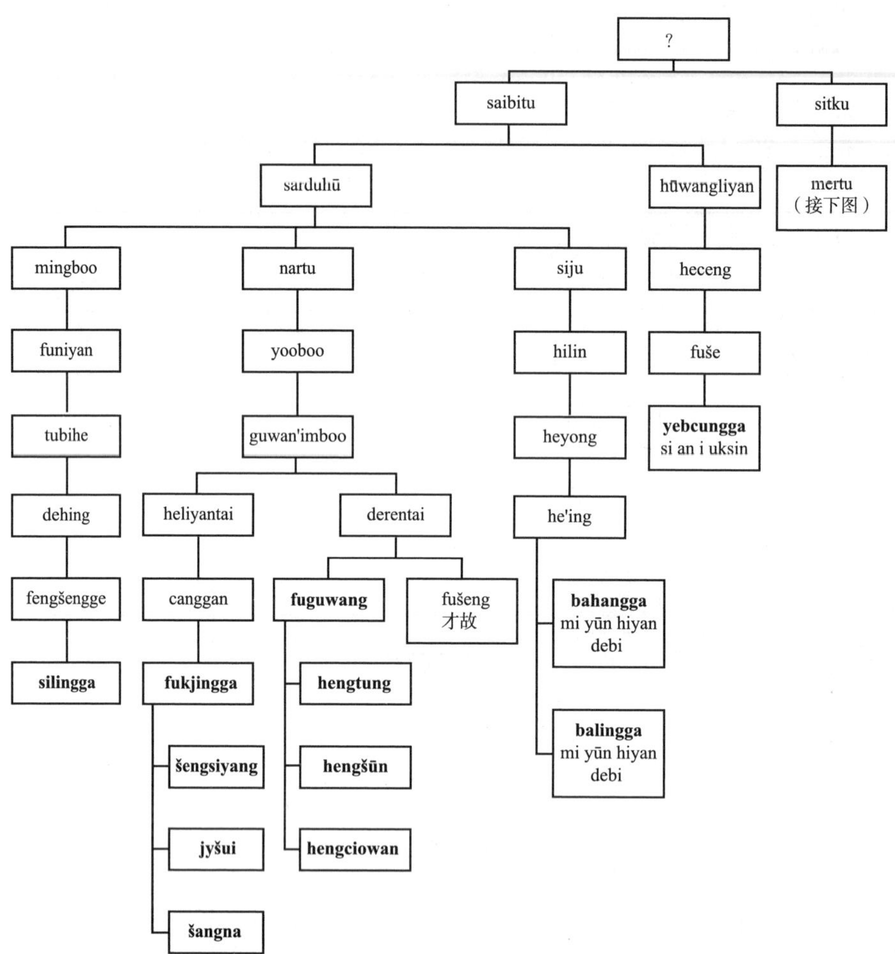
?
saibitu
sitku
sarduhū
hūwangliyan
mertu
（接下图）
mingboo
nartu
siju
heceng
funiyan
yooboo
hilin
fuše
tubihe
guwan'imboo
heyong
yebcungga
si an i uksin
dehing
heliyantai
derentai
he'ing
fengšengge
canggan
fuguwang
fušeng
才故
bahangga
mi yūn hiyan
debi
silingga
fukjingga
hengtung
šengsiyang
hengšūn
balingga
mi yūn hiyan
debi
jyšui
hengciowan
šangna

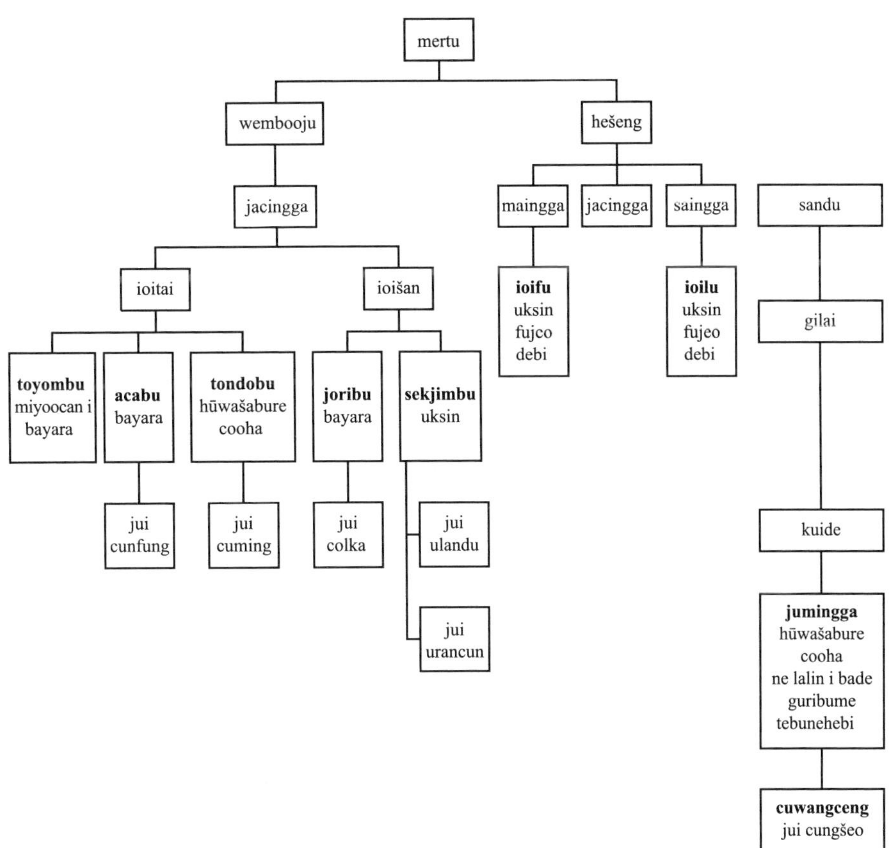

MA2-23-5-98

家谱断片

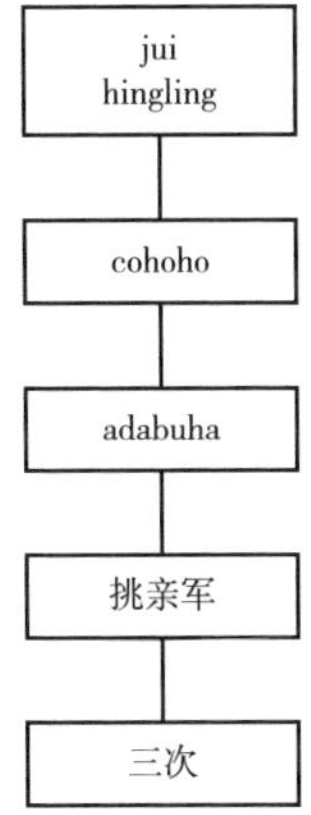

（完）

译 注

MA2-23-4-1

佐领八十世管佐领根源

佐领八十呈报，本人曾祖绰克图台吉，原系多罗特[①]贝子，多罗特地方人，博尔济吉特氏，从锦州率领百三名壮丁，于崇德七年来附太宗皇帝后，初编其所率诸蒙古为佐领，[②] 令跟随绰克图台吉来的安他哈管理。出缺后，令绰克图台吉子满韬管理。年老染病休致后，以满韬子那木僧格谛管理。染病休致后，以那木僧格谛子官保管理。出缺后，以官保之弟八十管理。如今以八十管理牛录。查实录，诺木齐塔布囊、绰克图台吉、吴巴什台吉等率来官兵等共计六千二百十一人口。

因符合实录所记佐领，兵丁等情愿画押，于雍正六年认定后记录在内阁档册。又内阁呈报，据实录所载，将阿邦、伊木图、温都尔胡、满韬等所属蒙古壮丁五百五十三名平均分给缺员各固山。因皆为奴仆，并无所住之地，认定为世管佐领具奏之事记录在案。

佐领所属人等呈报各自原住地方、氏族，以及编入八十牛录之缘由：

护军穆可依呈报，我们一族系毛祁他特地方人，巴罗特氏；护军常泰等，老浩台[③]地方人，莽努特氏；散雅图、格瑶等，波头厂地方人，乌朗哈济勒蔑[④]氏；披甲散达色等，济勒蔑氏；护军达色等，喀喇沁地方人，莎格都尔

---

① 北元晚期蒙古察哈尔万户阿剌克绰特部属部，清初编入八旗。

② 据《八旗通志初集》（以下简称《初集》）卷 12，为镶白旗蒙古都统左参领第二佐领。然而，据《钦定八旗通志》（以下简称《二集》），为右参领第二佐领。

③ 应该是老哈河之老哈，再加蒙古语附加成分“台”（tai）。

④ 《元朝秘史》作者勒蔑，《元史》作折里麦，《王公表传》作济拉玛，蒙古兀良合惕氏人，成吉思汗时期大蒙古国大将。

氏；巴达尔胡等，敖汉地方人，莽努特氏；披甲浩升等，察哈尔地方人，宅拉尔[①]氏；步军伊拉齐、根都等，科尔沁地方人，扎鲁特氏。我们的曾祖们在太宗皇帝时，跟随绰克图台吉来归后，组编原创牛录时编入该牛录。

公中佐领兼步军副协领巴特玛等呈报，我们一族，敖汉地方人，扎拉尔代[②]氏；鸟枪护军校巴尔都等，扎拉尔代氏；三等侍卫长远等，西勒达特地方人，额哲特氏；护军七十八，老浩台地方人，莽努特氏。在太宗皇帝时，组编原创牛录时，将我们曾祖们编入该牛录，八十牛录是世管佐领无误，我们并无异议。

以上佐领之众所称问之佐领八十，则八十呈报，本人所管是世管佐领，护军穆可依、常泰、三雅图、格瑶、披甲散达色、护军达萨、披甲浩升、步军伊拉齐、根都等曾祖们均跟随我的曾祖绰克图后，组编原创牛录时，编入该牛录。公中佐领兼步军副协领巴特玛、鸟枪护军校巴尔都、三等侍卫长远、护军七十八等曾祖们在编立原创牛录时实为编入该牛录。其所报与该佐领人员所报内容相同。

查得雍正九年内阁呈称，实录所载，将阿邦、伊木图、温都尔胡、满韬等所属蒙古壮丁五百五十三名平均分给缺员各固山。因皆为奴仆，并无所住地方，认定为世管佐领具奏之事记录在案。该牛录由绰克图台吉率来安他哈承袭一次，又从绰克图台吉子满韬至八十共承袭四次。如今佐领八十所呈牛录根源之内容，符合固山之档，对此牛录成员均无异议，各自情愿呈报情况。臣等查得，补放佐领时，看其初创牛录之缘由，应否给分等情分晰办理，令其签字画押。

据佐领八十呈报，本人所承世管佐领补放佐领时，我的曾祖绰克图台吉之子孙有分，我的叔曾祖垂剌什、叔高祖岱青等子孙无分。

查补放世管佐领时，管过佐领之人子孙有分，没有管理佐领的兄弟之子孙无分。八十所报有分无分之事，让其族人众所看后，垂剌什之孙亲军冠顶、扎克丹、护军阿拉泰、披甲乌日图那苏图、闲散根吉颜图、养育兵莫尔根格；岱青之孙领催散久等均认可八十所称。臣等谨慎核查符合后，使其族人众画押在各自名下。因此，现将根据他们所画押，有分无分之情记在家谱上一同具奏呈览。

---

① 应该是扎赉尔。

② 应该是扎赉尔代。

MA 2-23-4-2

承管明琦佐领袭职家谱

(原文为汉文)

MA 2-23-4-3

佐领巴图、善福等世管佐领根源

佐领巴图、善福等呈报，本人巴图之曾祖绰贝，叶赫地方人,[①] 巴林氏。在天聪五年将前来归附之蒙古等初编牛录,[②] 令都统绰贝管理。出缺后，以绰贝亲弟布达西礼管理。出缺后，以布达西礼兄之孙长保管理。出缺后，以长保族之叔父鄂尔追[③]管理。出缺后，以长保族之叔父马尼管理。出缺后，以长保之子巴图管理。巴图为现任佐领。康熙十三年，布达西礼牛录人丁滋生分编佐领，令布达西礼子长鼐管理。出缺后，以长鼐之子察里浑管理。战死后，以察里浑之子善福管理。善福如今管理分编佐领。他们声称伊等均为世管佐领。

佐领所属人众呈报各自原住地、氏族，以及编入巴图、善福佐领之缘由如下。

护军校伯格等呈报，我们一族，喀喇沁地方人，王家氏；护军贝宝等，博罗特氏；骁骑校苏珠格等喀尔喀地方人，巴林氏；亲军六十三，巴林氏；护军萨格达撒等，察哈尔地方人，齐济格氏；常三宝等，策其格氏；色尔泰等，塔木钦氏；凌保、六十三、和仁泰、伊麻齐、披甲图里、亲军多尔济等，巴林氏；护军喀尔喀等，科尔沁地方人，莽吉禄氏；阿必达等，浩齐特地方人，巴林氏。在编立原创牛录时，将这些来归之蒙古等编入该牛录。

拜他喇布勒哈番又一拖沙喇哈番哲色里等呈报，我们一族，察哈尔地方人，博尔只斤氏；拖沙喇哈番常珠等博尔济吉特氏。我等众祖在来归太宗皇帝后，编入该牛录。

二等侍卫达莱等呈报，伯都讷地方人，富车氏。康熙三十八年，将他们

---

① 叶赫部，明代蒙古化的女真部落。

② 据《初集》卷12，为镶白旗蒙古都统左参领第九佐领。据《二集》，为镶白旗蒙古都统右参领第九佐领。

③ 满文为 ūljei，《初集》译为“鄂尔追”。

率至京城，编入该牛录。巴图所管实为世管佐领，我们自愿认定，无异议。善福佐领之拜他喇布勒哈番等呈报，察哈尔地方人，胜金氏；护军巴思泰等，沙金氏；拜他喇布勒哈番伯尔腾等，叶赫地方人，巴林氏；护军校章保住，巴林地方人，巴林氏；护军善保等，明噶特氏；福荣格，陈南堡地方人，达宥特氏；扎喇布等，陶劳绰格氏。在组编原创牛录时，将这些来归之蒙古等编入绰贝佐领。其后，人丁滋生分编牛录时，编入该佐领。拜他喇布勒哈番又一拖沙喇哈番斡缠等呈报，我们一族，鄂嫩巴拉济地方人，克烈济忒氏[①]；拜他喇布勒哈番石头等，察哈尔地方人，博尔济吉特氏；拜他喇布勒哈番宗颜等，巴林地方人，温亲氏。在太宗皇帝时，我等众祖来归后，编入该佐领。

护军伊林沁呈报，伯都讷地方人，富车氏。康熙三十八年，将我等携至京城，并入该佐领。确认善福所管是世管佐领无误，我们没有异议。

以上牛录人众等所报缘由，向佐领巴图等询问，据巴图呈报，本人所管佐领确是世管佐领。在初创佐领时，将护军校伯格、护军贝保、骁骑校苏珠格、亲军六十三、散达色、常三宝、色尔泰、凌保、六十三、和仁泰、伊麻齐、披甲图里、亲军多尔济、护军喀尔喀、阿必达等众祖编入该佐领。拜他喇布勒哈番又一拖沙喇哈番哲色里、拖沙喇哈番常住等众祖来归太宗皇帝后，并入该佐领。二等侍卫达莱，伯都讷地方人，康熙三十八年来京城后，并入该牛录是实等语。将其所言原样上报。

佐领善福呈报，本人所管佐领确是世管佐领。在初创牛录时，将拜他喇布勒哈番兆保、护军巴思泰、拜他喇布勒哈番伯尔腾、护军校章保住、护军善保、福荣格、扎拉布等众祖编入绰贝佐领。其后，人丁滋生分编牛录时，又编入该佐领。在太宗皇帝时，拜他喇布勒哈番又一拖沙喇哈番斡缠、拜他喇布勒哈番石头等众祖来归后，编入该佐领。护军伊林沁，伯都讷地方人。康熙三十八年来京城后确是并入该佐领等语。将其所言原样上报。

查该牛录从巴图曾祖绰贝至巴图共承袭六次，人丁滋生分编牛录后，令善福管理。如今巴图、善福所呈佐领根源内容符合固山印务档。其牛录人众也没有争讼和异议。等因各自呈报。臣等查看画押。补放佐领时，将其佐领承袭缘由、

① 应该是克烈氏。

有无分等情况，一一分晰办理，令其画押签字。

佐领巴图呈报，本人所管世管佐领补放佐领时，我等曾祖绰贝、布达西礼之子孙都有分。本族之祖父鄂勒济等虽管过若干次佐领，均无嗣。另族之高祖斡勒济图、鄂勒济图等之子孙无分等语。查补放世管佐领时，管过佐领人之子孙有分。其他未曾管过佐领之兄弟子孙无分。现将巴图等所报有无分等情况，问之他们一族人众，斡勒济图之孙护军老哥、领催齐格、鄂勒济图之孙护军那颜台等都对巴图等所言没有异议，并画押认可。

臣等谨查，因符合事实，使其族人众在其各自名下画押确认，因此，将其有无分、画押等项都登录在家谱，一并谨奏。

MA2-23-4-4

补放巴图、善福所管佐领时，按照其有无分制定办理绘制家谱具奏。 世管佐领

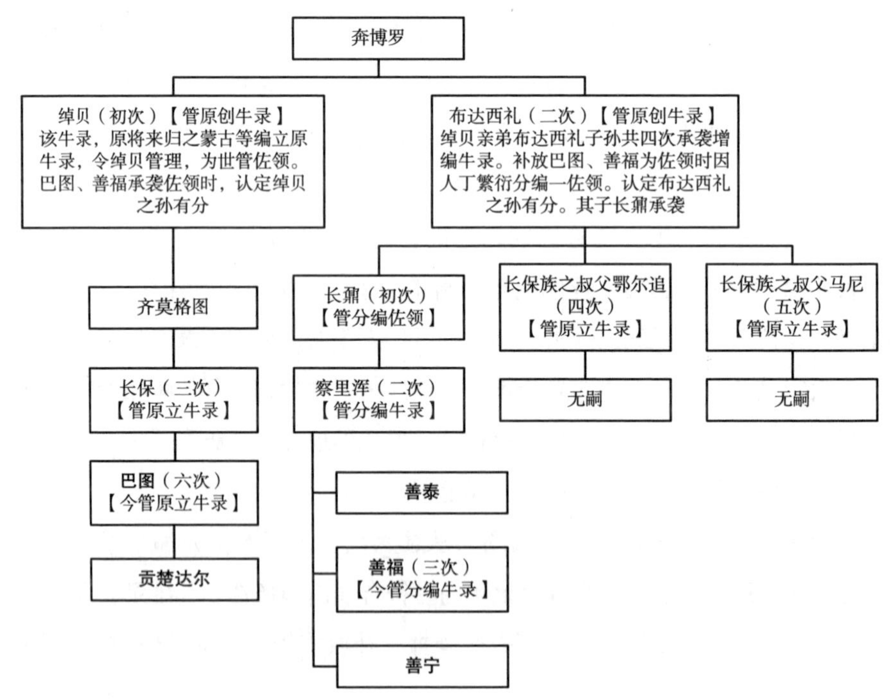

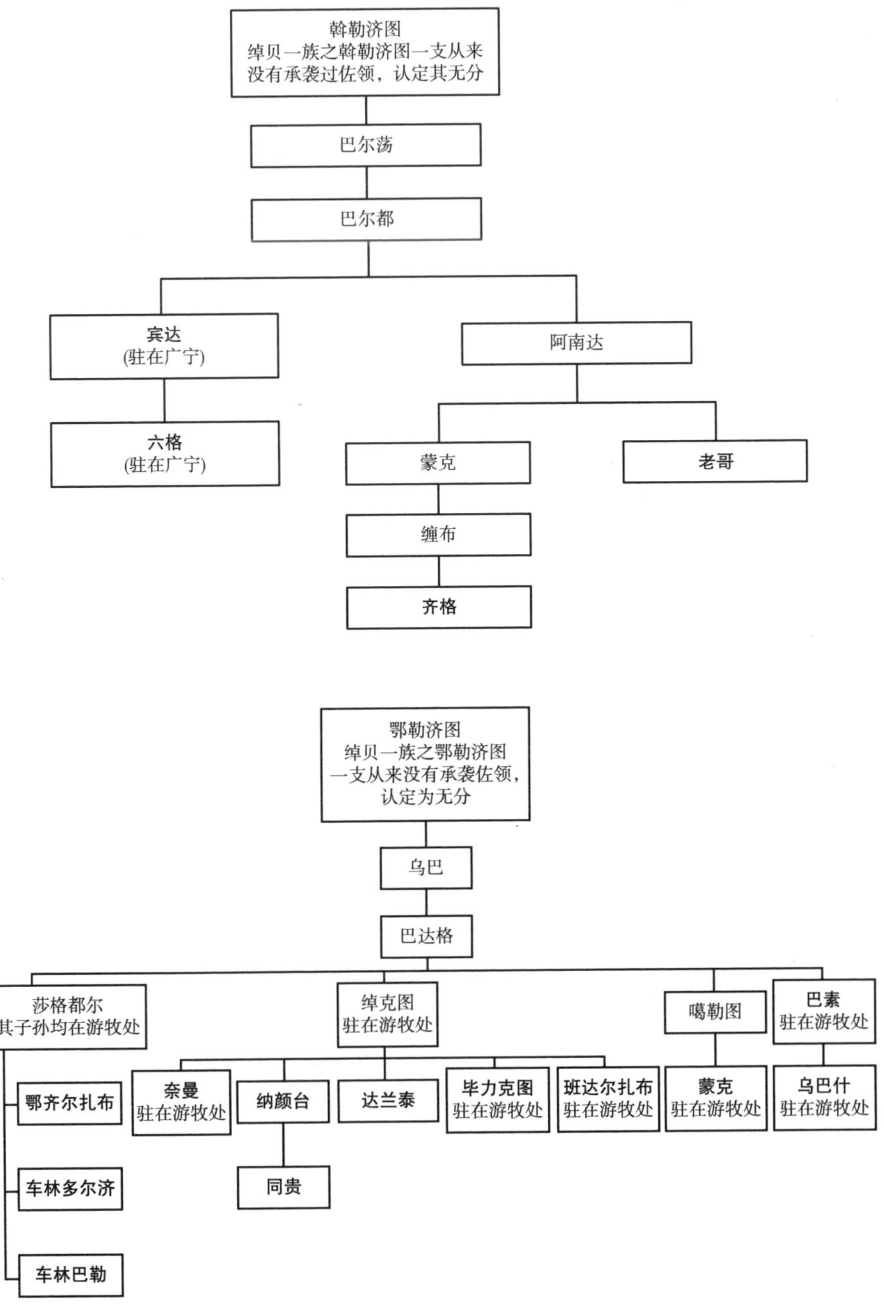
斡勒济图
绰贝一族之斡勒济图一支从来没有承袭过佐领，认定其无分
巴尔荡
巴尔都
宾达
(驻在广宁)
六格
(驻在广宁)
阿南达
蒙克
缠布
齐格
老哥
鄂勒济图
绰贝一族之鄂勒济图一支从来没有承袭佐领，认定为无分
乌巴
巴达格
莎格都尔
其子孙均在游牧处
鄂齐尔扎布
车林多尔济
车林巴勒
绰克图
驻在游牧处
奈曼
驻在游牧处
纳颜台
同贵
达兰泰
毕力克图
驻在游牧处
班达尔扎布
驻在游牧处
噶勒图
蒙克
驻在游牧处
巴素
驻在游牧处
乌巴什
驻在游牧处

MA2-23-4-5

贡楚达尔七次

镶白旗蒙古都统、和硕諴亲王臣允祕等谨奏，为补放世管佐领事。本旗佐领巴图缺出，查该佐领根源，原在天聪五年将来归之蒙古等初编佐领，令巴图曾祖都统绰贝管理。出缺后，以绰贝之弟布达西礼管理。康熙十三年布达西礼佐领人丁滋生，分编一个佐领，令布达西礼子长鼐管理。今长鼐之孙善泰袭分编佐领。布达西礼出缺后，令其亲兄之孙长保管理。出缺后，以长保族叔父鄂尔追管理。出缺后，以长保族叔父马尼管理。出缺后，以长保子巴图管理。等语。再查，在乾隆二年遵旨查办初创佐领、世管佐领根源时，本旗查得巴图等世管佐领根源，补放佐领之际，认定管过牛录之绰贝子孙，以及管过牛录之绰贝弟布达西礼子孙有分，等因具奏。而办理佐领根源事务之王、大臣等议论，认可该旗所奏，等语上报。送达办理八旗官、佐领得分事务之王、大臣等处，在制定得分议复所呈文内开，该佐领令编立初创牛录人之子孙承袭。出缺后，令出缺人子孙内拣选拟正，管过该佐领人之兄、弟、伯、叔之子孙内拣选拟陪，令编立初创牛录人之子孙、管过该牛录人之子孙内拣选列名。如两三个佐领，令其编立佐领人之子孙承袭。出缺后，从出缺人子孙内拣选拟正。出缺的分支虽今不管佐领，无佐领支派之子孙内拣选拟正。该佐领兄弟、伯叔之子孙内拣选拟陪。其余的编立佐领人之子孙、该佐领之子孙内拣选列名。等语，上奏之事均记录在案。因此，臣等依照钦差大臣、办理佐领之分事务之王、大臣等议定具奏，补放世管佐领巴图之缺时，以巴图之兄子、闲散贡楚达尔①为拟正，以巴图叔曾祖布达西礼之二世孙、六等荫生善宁为拟陪，以巴图次子闲散敖齐尔为列名。今日将贡楚达尔、善宁、敖齐尔等带领引见，补放巴图之世管佐领之缺，为此谨奏请旨。于乾隆十五年六月初九日具奏，奉旨：着贡楚达尔承袭佐领。钦此。

乾隆十五年六月初九日。

都统、和硕諴亲王臣允祕，副都统臣奔本察，副都统诚毅伯臣伍弥泰，由镶白旗蒙古都统、和硕諴亲王允祕亲自带领引见补放。世管佐领一事，记其名谨奏。巴图之佐领着贡楚达尔承袭。

---

① 据《二集》，为贡楚克达尔。

（绿头牌）世管佐领

世管佐领巴图缺出，此补放之人，经都统和硕诚亲王允祕，副都统奔本察、伍弥泰等验看。闲散贡楚达尔，拟正，原佐领巴图之兄子，十八岁，弓马一般。

六等荫生善宁，拟陪。原佐领巴图叔曾祖之二世孙，食钱粮俸禄已有十八年，三十八岁，弓马一般。闲散敖齐尔，列名。原佐领巴图次子，十二岁。

MA2-23-4-6

此牛录，原将来附之蒙古等初编牛录时，令巴图曾祖绰贝管理。 世管佐领

此牛录，令编立初创佐领人之弟、编立佐领人之子孙承袭。据办理大臣、佐领之分事务大臣等议复、定例：补放世管佐领时，按照佐领承袭人之子孙均有分，令原创牛录人之子孙管理。如出缺，从出缺人之子孙内拣选拟正，从此佐领承袭人之子孙内拣选拟陪，又从编立初创佐领人之子孙、此牛录承袭人之子孙内拣选列名。

（附件为从奔博罗到贡楚达尔的家谱）

MA2-23-4-7

镶白旗蒙古都统左参领第九佐领

为贡楚达尔补副将后其佐领仍令其管理请旨

镶白旗蒙古都统、多罗绰罗斯郡王臣罗布扎等谨奏，为请旨事，今年二月初六日，准兵部送来咨文内开，本院在二月初二日将该旗世管佐领、护军参领贡楚达尔带领引见。奉旨：遣贡楚达尔赴陕甘省，由该总督委任其为副将。钦此，钦遵。查得，原先差遣正红旗满洲世管佐领世泰到福建、浙江省补用为游击时，由该旗为世泰之职，或派署理，或派补放等情请旨，奉旨：往后在八旗如出现世泰一般事情，和佐领家谱一同呈上请旨。等语记录在案。今臣旗护军参领兼世管佐领贡楚达尔被派往陕西、甘肃委任副将。查照，在贡楚达尔佐领家谱内，贡楚达尔子德宁额[1]今为婴儿。又编立初创佐领人绰贝之弟布达西

① 满文为 derengge。

礼二世孙六等荫生善宁，是在乾隆二十九年军政考选时，评为才力不及，休致后，由兵部议，降二级调用之人，如今尚未补用，而善宁无子。此外，并无管过佐领之人。臣等以为，贡楚达尔所袭佐领依旧令贡楚达尔管理，而其缺按照则例拣选一名官员引见后署理佐领事务。因此，和贡楚达尔佐领家谱一同谨呈御览，可否之处奉旨后谨遵办理，为此谨奏请旨。等因，于乾隆三十七年十月二十四日具奏，交付御前侍卫淳宁等转奏，本日奉旨：知道了。钦此。

（粘单）乾隆三十七年二月二十四日。

乾清门行走、都统、多罗绰罗斯郡王臣罗布扎；

乾清门行走、副都统、闲散官、头等受恩公、佐领臣伊松阿；

刑部左侍郎、署理镶白蒙古旗副都统、公中佐领臣玛兴阿。

MA2-23-4-8

镶白旗蒙古都统左参领第九佐领

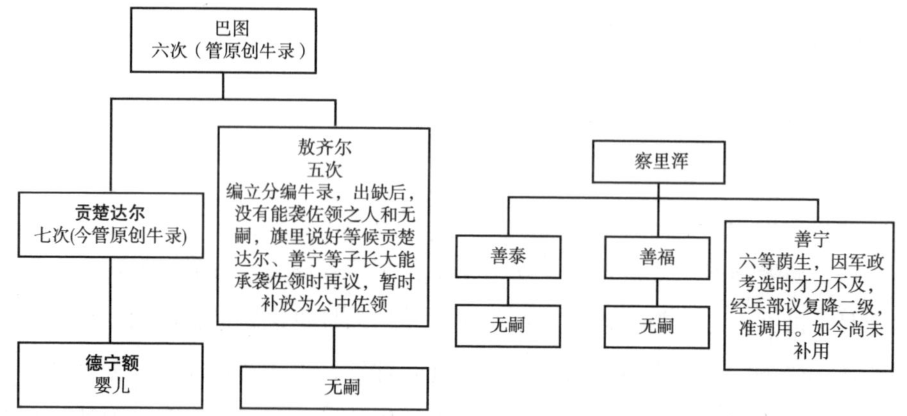

MA2-23-4-9

德宁额八次

（省略）

MA2-23-4-10

德宁额八次

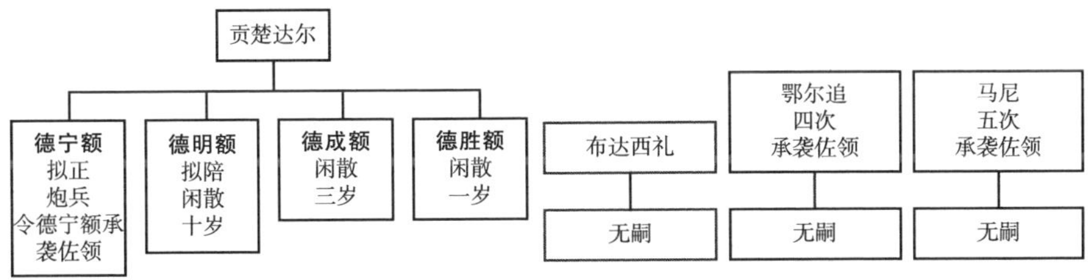

MA2-23-4-11

成桂九次（嘉庆二十年十月二十三日）

（省略）

MA2-23-4-12

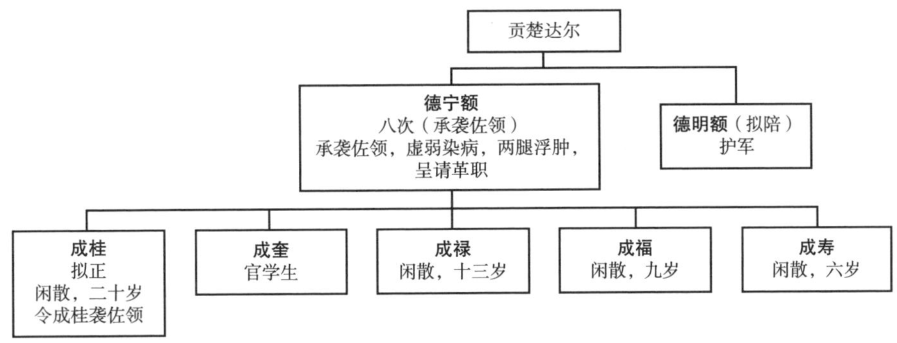

MA2-23-4-13

镶白旗蒙古都统左参领第九佐领

庆昌十次

（省略）

MA2-23-4-14

镶白旗蒙古都统左参领第九佐领

（省略）

MA2-23-4-15

镶白旗蒙古都统左参领第九佐领

博多洪武十一次，道光二十七年七月二十三日

（省略）

MA2-23-4-16

镶白旗蒙古都统左参领第九佐领

博多洪武拟正

（省略）

MA2-23-4-17

镶白旗蒙古都统左参领第九佐领

博多洪武补参将请旨，咸丰五年十二月十六日

（省略）

MA2-23-4-18

镶白旗蒙古都统左参领第九佐领

博多洪武十一次

（省略）

MA2-23-4-19

镶白旗蒙古都统左参领第九佐领

英秀十二次，光绪三年十二月六日

（省略）

MA2-23-4-20

英秀十二次，家谱

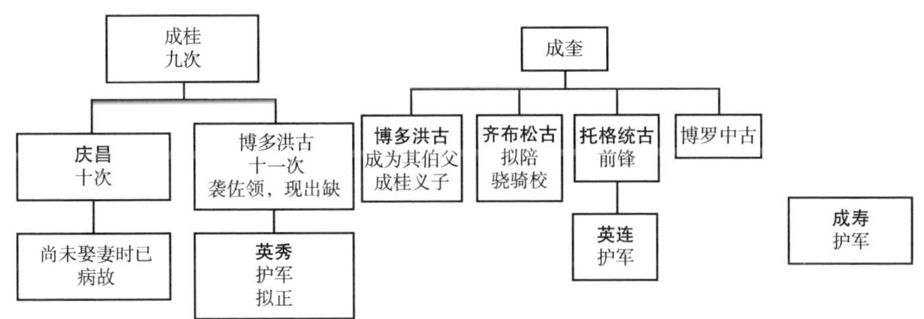

MA2-23-4-21

佐领海寿之轮管佐领根源

据佐领海寿呈报，本人曾祖喜佛，kuwecike和屯地方人，扎鲁特氏，①此佐领②原太宗皇帝时，每旗初编佐领，因孟格依③有才干，令其管理佐领。出缺后，因孟格依弟、子等年少，以此佐领骁骑校喜佛管理。出缺后，以孟格依弟孟格图管理。染病辞退后，以孟格图子班达拉管理。出缺后，班达拉子毕力克图④管理。出缺后，毕力克图弟恩克管理。出缺后，喜佛孙博济管理。因染病辞退后，博济子海寿管理。现在海寿管理佐领，是轮管佐领。

佐领人众等所报各自的原住地、氏族，以及编入海寿佐领之缘由如下：

一等侍卫索诺木等呈报，本族，扎尔本地方人，博尔经氏；二等侍卫诺尔布等，六和洛（ninggun holo）地方人，奥瑶特氏；披甲乌格等，巴林氏；拖沙喇哈番托格托胡等，三和洛（ilan holo）地方人，德特散昭尔氏；乌枪护军

① 扎鲁特部为明末清初内喀尔喀五部之一，入清后其部分人户编入八旗，而其大部分人户编为扎鲁特左翼和右翼两个扎萨克旗。

② 据《初集》卷12，为镶白旗蒙古都统左参领第十佐领；据《二集》，为镶白旗蒙古都统右参领第十佐领。

③ 满文为menggei，《初集》《二集》均记为孟格。

④ 《初集》作必理克图，《二集》作必里克图。

阿尔斯兰等，博尔吉库特氏；八级笔帖式苏岱等，巴林氏；前锋垂喇扎布，乌兰德格勒氏；护军散扎布，巴里特氏；护军校密勒保，白河（šanggiyan bira）地方人，布库特氏；披甲图喇等，布库特氏；长寿等，乌特氏。我等众祖在太宗皇帝时每旗初编五个佐领时，编入该佐领。领催浩勒高等呈报，我等族，伯都讷地方人，富车氏。康熙三十八年来京城，并入该佐领。海寿所管是轮管佐领，没有争讼、异议。

以上佐领众人所报事，询问佐领海寿，则报称：本人所袭为轮管佐领。一等侍卫索诺木、二等侍卫诺尔布、披甲乌格、拖沙喇哈番托格托胡、鸟枪护军阿尔斯兰、八级笔帖式苏岱、前锋垂喇扎布、护军散扎布、护军校密勒保、披甲图喇、长寿等众祖在初编佐领时，编入该佐领。

领催浩勒高等伯都讷地方人。康熙三十八年来京城，并入该佐领是实。等因，与佐领所属人众一致呈报。查得，此佐领是轮管佐领。现佐领海寿所呈佐领根源内容，与印务旗档符合，旗众并无争讼，均无异议。等因呈报，臣等验看。查，此佐领原先以孟格依管理，继而海寿方面的希福管理，其后孟格依方面的孟格图、班达拉、毕力格图、恩克等共袭四次。接着，海寿一支的博济、海寿共袭二次。应当是轮管佐领。只是初创佐领人孟格依无嗣，在族中亦没有合适人选。再查，由镶黄旗满洲具奏，经办理佐领事务王、大臣及八旗大臣等议复，乌拉所袭轮管佐领，从前图梅、乌拉等轮管二次。虽图梅一支绝嗣，但是因乌拉一支从其曾祖额森至乌拉共袭五次，也不能当作公中佐领。臣等以为，将乌拉所袭该佐领作为世管佐领，等因具奏在案。

臣等窃思，海寿所袭佐领在初编佐领孟格依之后，以海寿曾祖喜佛所袭。喜佛之后，以孟格依弟孟格图伊始共四次承袭，现无嗣。另外，喜佛孙博济、博济之子海寿等相继承袭。虽与镶黄旗满洲乌拉所袭佐领相似，只是从海寿曾祖喜佛到海寿共承袭三次，停止其轮管官衔，变为世管佐领，或为公中佐领等情，首先交付办理总务王、大臣及八旗大臣等议定后遵办等语。因此，将臣等所办之事和家谱一同谨呈御览具奏。

MA2-23-4-22

补放海寿佐领之缺时，考虑到其有分，按照所办例，登在家谱具奏。 轮管佐领

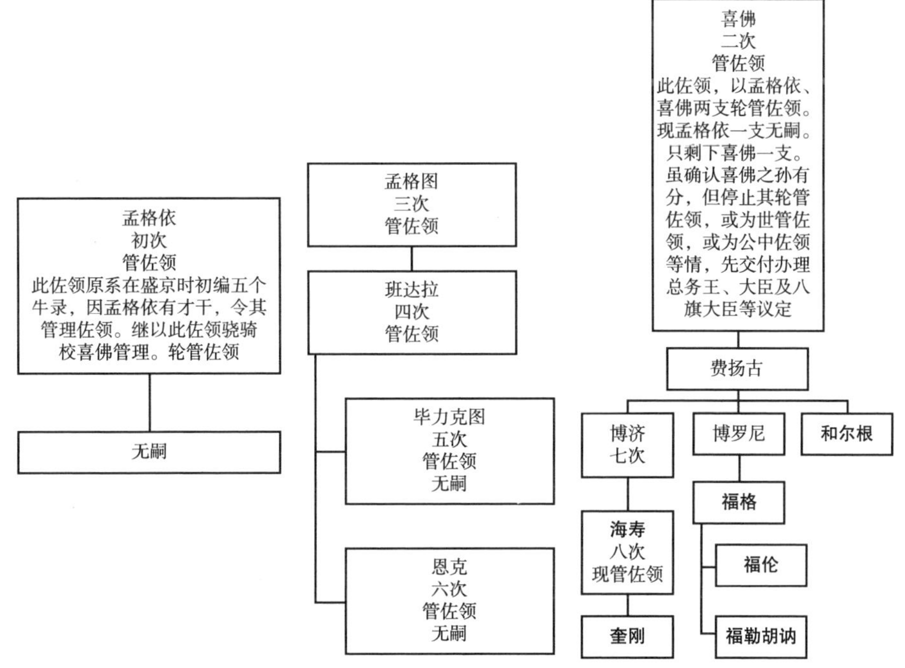

MA2-23-4-23

为补放被革职佐领海寿之缺

镶白旗蒙古都统、和硕诚亲王、臣允祕等谨奏，为珠林一般补放公中佐领事，臣旗管理牵骆驼披甲之佐领海寿，和准备派去牵骆驼的开户披甲德理商议，因将德理之赏金、行粮、官马等皆为占有。不带领德理，而替德理带去其养子高勒之事，情由可恶，枷号二十天，鞭打六十后革职。查该佐领根源，在乾隆二年，臣旗遵旨，办理制订初编佐领、世管佐领等根源时，查看海寿所袭轮管佐领根源，是否定为世管佐领，或公中佐领之事，交付办理佐领根源之王、大臣等，请议定具奏。其后，办理佐领根源事务王、大臣等议定具奏后送来文内开：臣等查得，该旗具奏文内称，海寿所袭佐领，为太宗皇帝时每旗初编五佐领之际，看孟格依有才干，令其管理佐领。出缺后，因孟格依子弟年少，以该佐领领催喜佛管理。继以孟格依弟孟格图管理。继以孟格图子班达拉管理。继以班达拉了毕力克图管理。继以毕力克图弟恩克管理。继以喜佛孙博济管理。继以博济子海寿管理。海寿为现任佐领。初编佐领人孟格依无嗣。此佐领虽与镶黄旗满洲乌拉之轮管佐领相似，但从海寿曾祖喜佛至海寿袭三次，或停止轮管之官放为世管佐领，或为公中佐领等事，交付王、大臣等议定。等语。臣等谨查，原先我等八旗大臣等议奏，乌拉所袭佐领原以图梅管理。因图梅一支无嗣，乌拉一支共五次轮管佐领，又有原旨之故，改为世管佐领。而海寿佐领，因孟格依有才干，令其管理初编佐领。出缺后，因孟格依子弟年少，以另一氏喜佛管理。喜佛之后，依然以孟格依弟孟格图管理。其后，孟格图子孙袭四次。而孟格依、孟格图皆无嗣，喜佛子孙袭过二次，喜佛一支袭三次，只因孟格依子弟年少、无嗣等因不得承袭，仅仅向来一起列名，不让互相轮管。以前补放时，并无下达另旨，和镶黄旗满洲乌拉佐领不尽相同。今补放博济时，将披甲德理为拟陪。补放海寿时，将护军校佛保为列名。此佐领，孟格依一支无嗣后，依照公中佐领之例，将另支为列名补放，理应为公中佐领。但是，从希福至海寿一家袭三次。据正蓝旗蒙古珠林佐领，改为公中佐领。如出缺，从希福之孙内拣选一二名，和旗内补放者一同带领引见。等因具奏。于乾隆三年七月二十五日具奏，奉旨：依议。钦此，钦遵在案。臣等查，海寿不把自己开户人德理派去牵骆驼，反而占有德理的赏金、行粮等项。再派德理养子高勒去，情由可恶，因罪被罚枷号、鞭打和革职。补放其缺时，因依例海寿子披甲奎刚不得列入。现将海寿曾祖喜佛二世孙、三等侍卫福格为拟正，以希福三世孙护军福勒胡讷为拟陪，以旗内符合放为佐领之二等侍卫诺尔布、五十三等为列名。将他们带领引见具奏。为补放公中佐领事，谨奏请旨。

乾隆八年十一月十五日，带领引见。奉旨：着福格袭佐领。钦此。

乾隆八年十一月十五日。

都统、和硕诚亲王、臣允祕；

副都统臣敖齐尔；

副都统臣奔本察。

MA2-23-4-24

此佐领，原系异姓孟格依和海寿曾祖希福两姓轮管佐领。其后，查办佐领根源事务改为公中佐领。 珠林一般之公中佐领

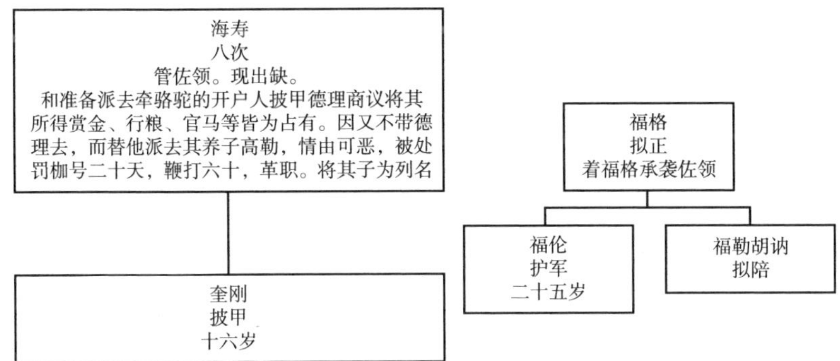

MA2-23-4-25

（省略）等因，在乾隆三十二年五月初四日交给奏事处御前侍卫索诺木策凌转奏，将折子和家谱留在内廷。奉旨：今视为补放镶白旗满洲无根源之公中佐领关泰缺，蒙古旗无根源公中佐领福格缺呈进家谱，虽均为无根源公中佐领，满洲旗关泰所管佐领包括其当初率来人等承袭过几次。该旗从其族中拣选放在前面。如此办理也符合道理。蒙古旗福格所管佐领，虽说是无根源之公中佐领，但福格祖父喜佛并无承袭佐领之人。起初管佐领之孟格依因无嗣，令喜佛管理佐领。喜佛袭一次出缺后，又以孟格依弟孟格图管理。其后，孟格图子孙袭若干次。因无嗣，又令喜佛孙管理。如此则不能和关泰佐领相比。尔等将福格佐领改为公中佐领，补放人时按例拣选后带领引见补放。嗣后，补放关泰佐领时，虽初创佐领人子孙没有达到等级，亦理应拣选其人，排在前面和其他备选者一起带领引见补放。钦此，交给该旗办理。钦遵，交值年旗。

MA2-23-4-26

(原文为汉文)①

MA2-23-4-27

善泰四次

此佐领原系天聪五年将来附蒙古等初编佐领，令绰贝管理。 世管佐领

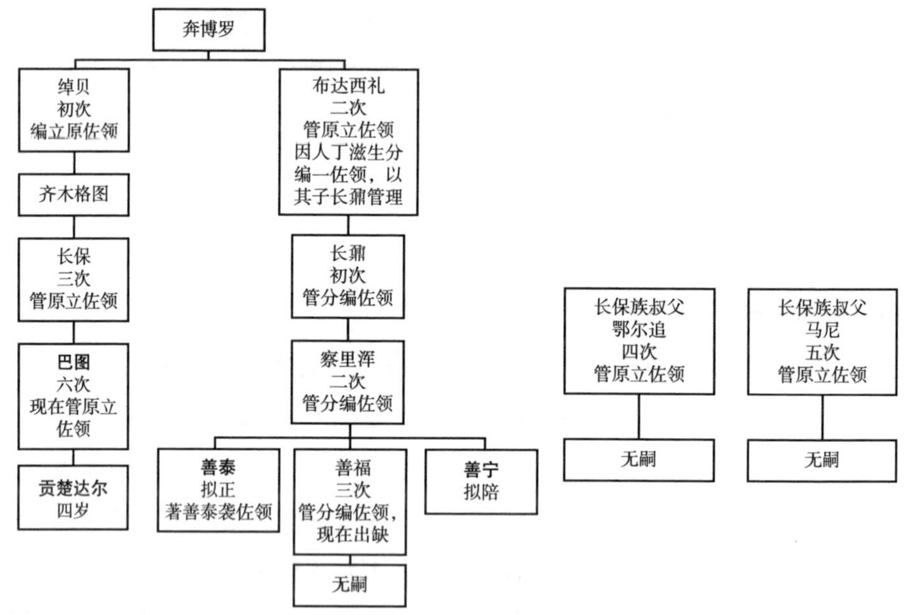

MA2-23-4-28

敖齐尔五次

镶白旗蒙古都统、臣那颜泰谨奏，为补放世管佐领事。现臣旗佐领②善泰

① 额斯库，《初集》卷12作厄思库，《二集》作额思库塔布囊。他于太宗时来归，编半个牛录，后顺治八年增编为整牛录。其佐领，据《初集》为镶白旗蒙古都统左参领第十一佐领，据《二集》为镶白旗蒙古都统右参领第十一佐领。

② 据《初集》卷12为镶白旗蒙古都统左参领第十二佐领，据《二集》为镶白旗蒙古都统右参领第十二佐领。

之缺出。查该佐领根源，原系天聪五年将来归蒙古等初编佐领，令都统绰贝管理。出缺后，以绰贝弟布达西礼管理。出缺后，以布达西礼兄之孙长保管理。出缺后，以长保族叔父鄂尔追管理。出缺后，以长保族叔父马尼管理。出缺后，以长保子巴图管理。出缺后，以其子贡楚达尔管理。贡楚达尔为现任佐领。康熙十三年，人丁滋生，令布达西礼子长鼐管分编佐领。出缺后，以长鼐子察里浑管理。因阵亡，以察里浑子善福管理。出缺后，以其兄善泰管理。又查，在乾隆二年遵旨制订初创牛录、世管佐领之根源时，臣旗查验巴图所袭世管佐领根源补放佐领时，拟定初创佐领之绰贝子孙和另有管理佐领之绰贝弟布达西礼子孙皆有分。等因，具奏。由办理佐领根源事务王、大臣等议复，奉旨依照该旗所奏遵办。将其送达办理八旗世官、佐领之分事务王、大臣处，指定佐领之分的议复内称：此佐领，令编立佐领人子孙管理。出缺后，从出缺人子孙内拣选拟正，从管理过此佐领之人的兄弟、叔伯子孙内拣选拟陪，编立原佐领人子孙、此佐领承袭者子孙之内拣选列名。编立原佐领人之弟子孙所袭佐领出缺后，从出缺人子孙内拣选拟正，从编立原佐领人之子孙内拣选拟陪。其余的编立原佐领人之子孙和管过此佐领人之子孙内拣选列名。如出缺人无嗣，或因事革职，不得补放其子孙为佐领。因此佐领并非他们众祖所立，将其另支子孙不给拟正之分，而给拟陪之分，并从编立佐领人之子孙内拣选拟正。等因谨奏在案。臣等遵照办理世官、佐领之分事务王、大臣议定，为补放善泰之缺世官佐领事，因善泰无嗣，以善泰伯曾祖、编立佐领绰贝之三世孙闲散敖齐尔为拟正，以善泰弟、六级荫生善宁为拟陪，以绰贝四世孙闲散阿竞阿为列名。其中，因阿竞阿年幼，仅恭呈绿头牌，将敖齐尔、善宁带领引见具奏，拟定补放善泰之世管佐领之缺。为此谨奏请旨。

乾隆十九年十月十六日谨奏，奉旨：着敖齐尔袭佐领。钦此。

乾隆十九年十月十六日。

都统、散秩大臣、臣那颜泰，副都统、散秩大臣、诚毅伯、臣伍弥泰，副都统、臣溥庆。

镶白旗蒙古都统臣那颜泰、副都统诚毅伯伍弥泰、副都统溥庆等带领引见具奏补放。世管佐领一，一事，缮写其名谨奏，着敖齐尔袭善泰之佐领缺。

世管佐领

佐领善泰之缺出，都统臣那颜泰、副都统诚毅伯伍弥泰、副都统溥庆等验看补放其缺者。

闲散敖齐尔，拟正，佐领善泰伯曾祖绰贝之三世孙，十六岁，弓马一般。

六级荫生善宁，拟陪，佐领善泰弟，食钱粮已有二十二年，四十二岁，弓马一般。

闲散阿竞阿，列名，佐领善泰伯曾祖绰贝之四世孙，两岁。

MA2-23-4-29

敖齐尔五次

此佐领，原将来附之蒙古等编立佐领，令绰贝管理。绰贝佐领人丁滋生，分编佐领，以绰贝弟之子长鼐管理。 世管佐领

此佐领，系编立原佐领人子孙和编立佐领人弟之子孙管理。办理世职、佐领之分事务王、大臣议复，补放世管佐领时，因管过佐领人之子孙均有分，以编立原佐领人子孙管理。出缺后，在出缺人子孙内拣选拟正。如出缺人无嗣，或因故革职，其子孙不得有分。因此佐领并非他们众祖所立，将其另支子孙不给拟正之分，而只给拟陪之分，并在编立佐领人之子孙内拣选拟正。等因谨奏定例。

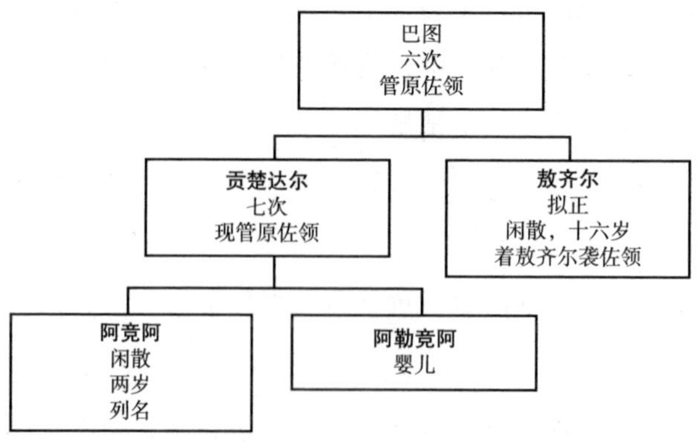

MA2-23-4-30

敖齐尔出缺请旨

（省略）请旨，乾隆三十年二月二十五日上奏，奉旨：依议。钦此，钦遵。敖齐尔之缺由异姓三等侍卫、拜他喇布勒哈番七十五承袭。在乾隆三十五年七十五出缺后，因贡楚达尔、善宁均无嗣，按照公中佐领之例，着异姓副护军参领散达色承袭。现在散达色晋升为圆明园正蓝旗营总。为补放其缺，查得敖齐尔叔高祖布达西礼二世孙善宁无嗣。敖齐尔兄现为山西大同副将。贡楚达尔有一子，名为德宁额，六岁。现在在其父任职处。臣等拟定，此佐领于德宁额长大能办理佐领事务时，请旨补放。现在散达色之缺，暂时仍然根据公中佐领例办理。奉旨后，臣等选出备选人员带领引见补放。为此谨奏请旨。乾隆四十一年正月二十六日，交给奏事处御前侍卫索诺木策凌处转奏。当日奉旨：知道了。钦此。

乾隆四十一年正月二十六日。

御前侍卫、署理镶白旗蒙古都统事务、正黄旗汉军都统、管御茶膳房、总管圆明园内事务、码头的头目、公中佐领、降一级留任、臣得宝；

御前行走、副都统、二等台吉、臣那木扎尔；

御前行走、署理副都统、銮仪使、臣阿禹希。

MA2-23-4-31

敖齐尔出缺请旨

此佐领，原将来附蒙古编立佐领，着绰贝管理。继以其弟布达西礼管理。布达西礼佐领人丁滋生，分编佐领，着其子长鼐管理。

世管佐领

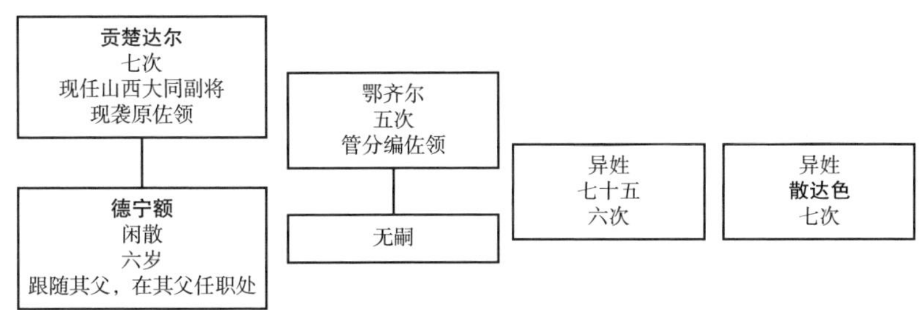

MA2-23-4-32

贡楚达尔七次

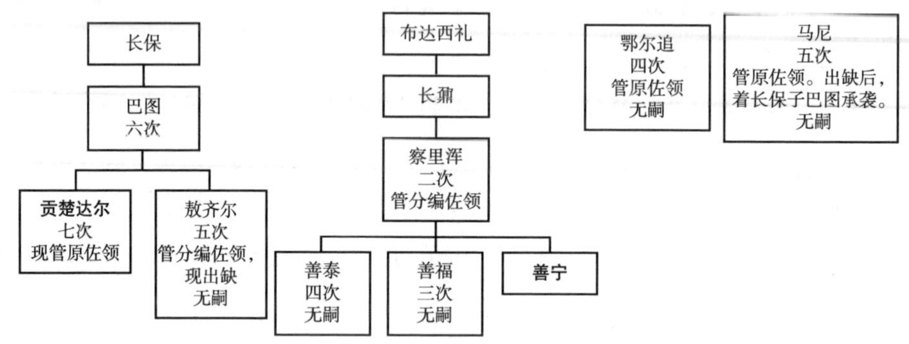

MA2-23-4-33

镶白旗蒙古都统、臣福森等谨奏，为请旨事。臣旗轮管佐领福善出缺。查此佐领根源，天聪九年，创建原佐领时，喀喇沁拜珲代所属壮丁四十六名，拜珲代族胡布格泰所属壮丁五十八名，异姓祁他特所属壮丁十四名一起编立一佐领，① 着拜珲代管理。继以胡布格泰子巴达喇管理。② 继以拜珲代子恩格森管理。恩格森佐领人丁滋生又分编一佐领。③ 着异姓祁他特子班达尔沙管理。继以班达尔沙子多尔济管理。乾隆二年，遵旨办理制订佐领根源时，臣旗验看多尔济所袭佐领根源。玉宝高祖胡布格泰和多尔济祖父祁他特等将率来壮丁合在一起编立一佐领。在理藩院档册内记录其众祖所率壮丁人数。在多尔济佐领里确有玉宝高祖所率来之壮丁。因补放佐领时玉宝有分，定多尔济佐领为轮管佐领。每出缺时，从两支子孙内拣选补放等语。办理佐领根源事务王、大臣等遵照议复，按照该旗具奏恭请办理等事记录在案。多尔济出缺后，着其子福善管理轮管佐领。再查，乾隆八年，镶红旗满洲天津都统福昌所管轮管佐领出缺后，将其子拟正，因佐领之分不均等，下旨交公纳钦议复。其所奏，以后两姓轮管一佐领，出缺后，着出缺一支内拣选拟陪，另一支内拣选拟正，掺和两姓内拣选列名。接着如出缺时，按照如此办理等情具奏，

① 据《初集》卷 12 为镶白旗蒙古都统右参领第三佐领，据《二集》卷 20 为镶白旗蒙古都统左参领第三佐领。

② 与《初集》《二集》的记载不同。

③ 镶白旗蒙古都统右参领第四佐领。《初集》卷 12。

奉旨：依议。钦此，钦遵在案。臣等谨查，补放福善两姓轮管佐领之缺时，拜珲代子恩格森无嗣。又，胡布格泰三世孙玉宝在军营获罪之故，以前从臣旗将玉宝所管世管佐领具奏请旨，改为公中佐领。现两姓轮管佐领之缺，获罪之玉宝子孙不得参选。或只能从祁他特一支内拣选拟正、拟陪补放佐领，则随即变为祁他特一支世管佐领。如福善的轮管佐领，或可以如同玉宝所管原佐领变为公中佐领，但福善曾祖祁他特原先率十四名壮丁来归。窃查，将珠林、刘挺梅等所管公中佐领，或变为世管佐领，或变为公中佐领之事，现奉旨交付八旗大臣、军机处大臣等议定。钦此。臣旗现出缺之福善轮管佐领，因和珠林、刘挺梅等佐领相同，臣等请旨将福善佐领亦如同议定处理等情。因此，将福善、玉宝之家谱一同恭请御览请旨。

乾隆二十五年十一月三十日。

亲丁、议政大臣、吏部尚书、镶白旗蒙古都统、臣红带福善；

正白旗护军统领兼副都统、臣艾隆阿。

（粘单）等因，在乾隆二十五年十一月三十日交奏事处参议李智勇等转奏。当日奉旨：知道了。钦此。

MA2-23-4-34

轮管佐领

此佐领原系将喀喇沁拜珲代、胡布格泰、祁他特等带来之壮丁合编牛录，以拜珲代管理。后因人丁滋生，又编一牛录，以祁他特之子班达尔沙管理。

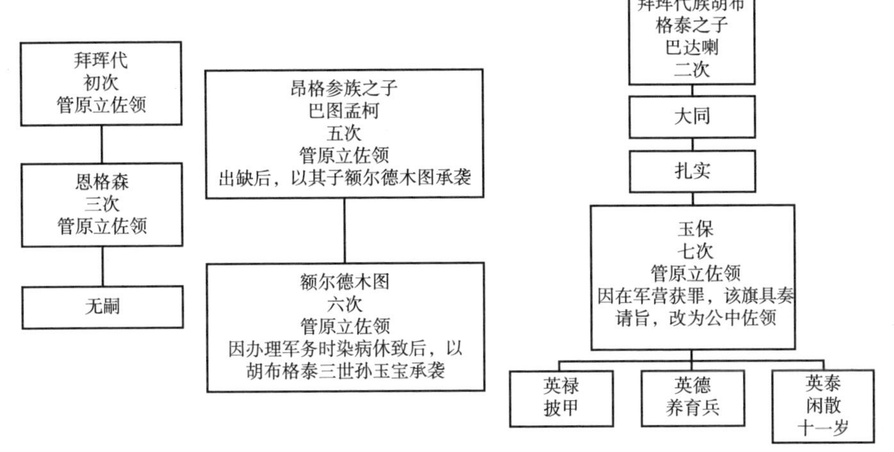

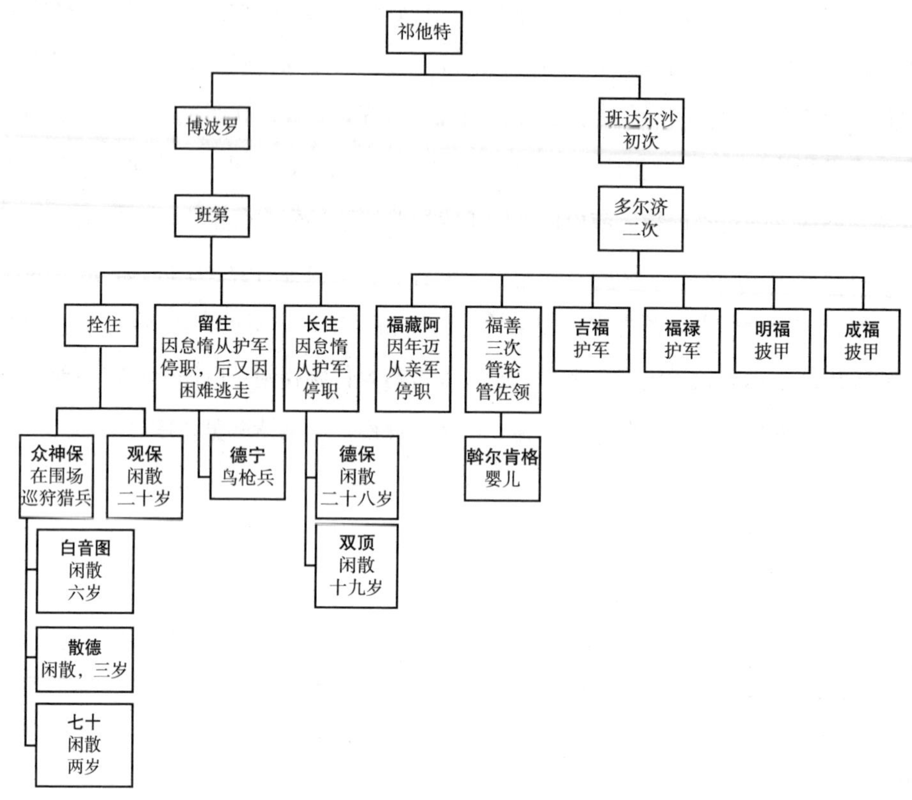

MA 2-23-4-35

管理镶白旗蒙古都统事务、和硕诚亲王允祕等谨奏，为补放世管佐领事。臣旗佐领额尔登额缺出。查此佐领根源，额尔登额伯高祖鄂墨尔奇因来归之功编初创佐领，使其管理。出缺后，以章努叔父青格尔子哈拉尔岱承袭。出缺后，因哈拉尔岱子年少，以哈拉尔岱族巴楞承袭。出缺后，以哈拉尔岱族兄西喇祁他特承袭。出缺后，以哈拉尔岱子阿尔宾承袭。出缺后，以阿尔宾子永贵承袭。因永贵任盛京协领，以其弟塔尔尼承袭。出缺后，以塔尔尼弟菩萨保承袭。出缺后，准菩萨保子额尔登额承袭。臣等查，佐领额尔登额也袭世职拜他喇布勒哈番又一拖沙喇哈番。因在其敕书内开，袭官任命已经模糊不清，不能马上补放佐领，去年十月去信吏部查验。现吏部写明其敕书送来。又查乾隆二年遵照上谕办理原立佐领、世管佐领之根源时，臣旗验看额尔登额所袭世管佐领根源，补放佐领之际，管原立佐领人鄂墨尔奇子章努无嗣。鄂墨尔奇弟青格尔子孙均有分，等因具奏。办理佐领根源王、大臣和八旗大臣等按照该旗所报议复。送到八旗官、办理佐领之分事务王、大臣处，议复佐领之分事务文内称，若原立佐领人无嗣，不能领养本族人时，让其兄弟、伯叔之子孙承袭。伏查管过该佐领人，均为原立佐领人之兄弟、伯叔之子孙，和佐领之分定例相符。若出缺，不管无嗣人兄弟之子孙、伯叔原来是否管过佐领，均给分。其伯叔祖之子孙内虽管过几次佐领，遵照不得分之例，不能给分，等因议复在案。因此，臣等遵照亲派大臣、办理佐领之分事务王、大臣等议复钦定，补放额尔登额世管佐领之缺。伏查，额尔登额伯父永贵之孙闲散官保之外并无他人，本年官保七岁，将其绿头牌恭呈御览，为补放世管佐领。等因，谨奏请旨。

乾隆十三年六月十九日。

管理都统事务、和硕诚亲王、臣允祕；

副都统臣奔本察；

副都统臣阿尔宾。

乾隆十三年六月十九日谨奏，奉旨：着官保袭佐领。

MA2-23-4-36

此佐领，因原额尔登额①伯高祖鄂墨尔奇②来归之功编初创佐领，令其管理。 世管佐领

此佐领，原立佐领人无嗣，由其弟之子孙管理。办理世职、佐领之分事务王、大臣等议复钦定，遵照原立佐领人无嗣，则不管其兄弟、叔伯是否管过佐领，均给分。将出缺人子孙拟正，其余人内拣选拟陪、列名。等因，具奏定例。

---

① 据《初集》为镶白旗蒙古都统右参领第九佐领，据《二集》为镶白旗蒙古都统左参领第九佐领。

② 《初集》卷12;《二集》卷20。

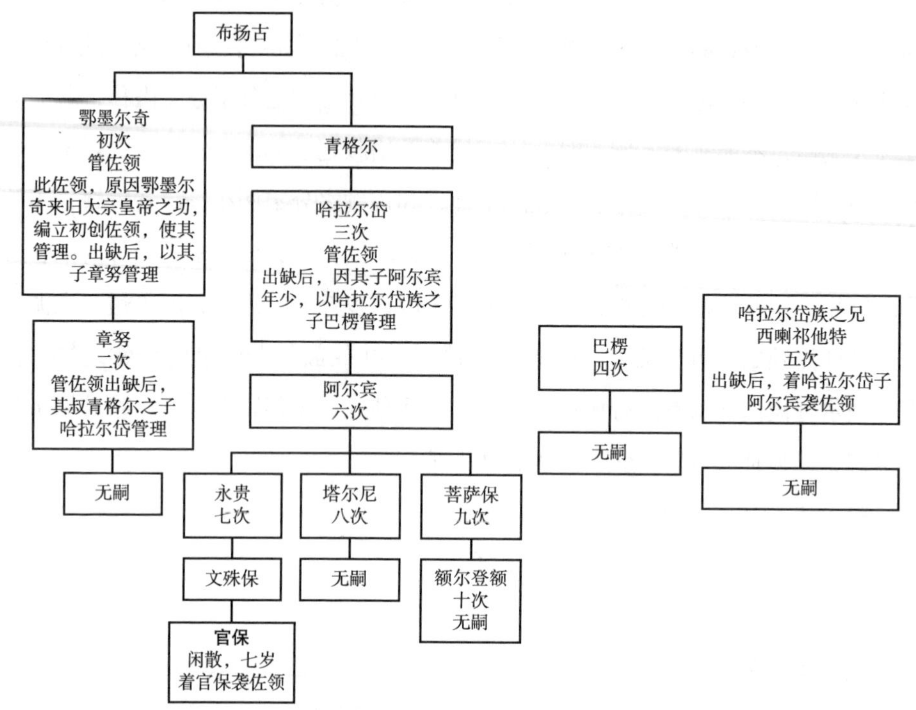

MA2-23-4-37

镶白旗蒙古都统、左都御史、臣博均等谨奏，为补放世管佐领事，臣旗世管佐领、拜他喇布勒哈番又一拖沙喇哈番成林现已缺出。查此佐领根源，成林伯高祖鄂墨尔奇因来归之功编原佐领，着鄂墨尔奇管理。出缺后，以鄂墨尔奇子章努承袭。出缺后，章努叔青格尔子哈拉尔岱承袭。出缺后，因哈拉尔岱子阿尔宾年少，以哈拉尔岱族之子巴楞承袭。出缺后，以哈拉尔岱族兄西喇祁他特承袭。出缺后，以哈拉尔岱子阿尔宾承袭。出缺后，以阿尔宾子永贵承袭。因永贵任盛京协领，以永贵弟塔尔尼承袭。出缺后，以塔尔尼弟菩萨保承袭。出缺后，以菩萨保子额尔登额承袭。出缺后，以额尔登额伯父永贵之孙关泰①承袭。在考选军政时，因年迈休致后，以其子阿尔竞阿承袭。出缺后，由其过继之子成林承袭。查定例，原立佐领人子孙管理佐领，出缺后，从出缺人之子

① 据《二集》，额尔登额之后，其伯永贵之孙官保承袭。

孙内拣选拟正，从其他分支子孙内拣选拟陪、列名。因此，为补放臣旗世管佐领成林之缺查验，成林兄子闲散溥光为拟正。溥光本年六岁。因年纪小，不能引见。臣等拟定袭官折、家谱等一并恭呈御览补放世管佐领，为此谨奏请旨。

道光二十九年九月二十三日。

都统、都察院左都御史、总管内务府大臣、署理镶黄旗蒙古都统事务、臣博均；

副都统、塔尔巴哈台参赞大臣、臣宗室成凯，差；

副都统、西宁办事大臣、臣哈尔吉那，差使；

署理副都统、管理新旧营房事务大臣、正白旗汉军副都统、臣瑞昌。

等因，在道光二十九年九月二十九日将其袭职家谱恭呈御览，奉旨：着溥光袭佐领。

MA2-23-4-38

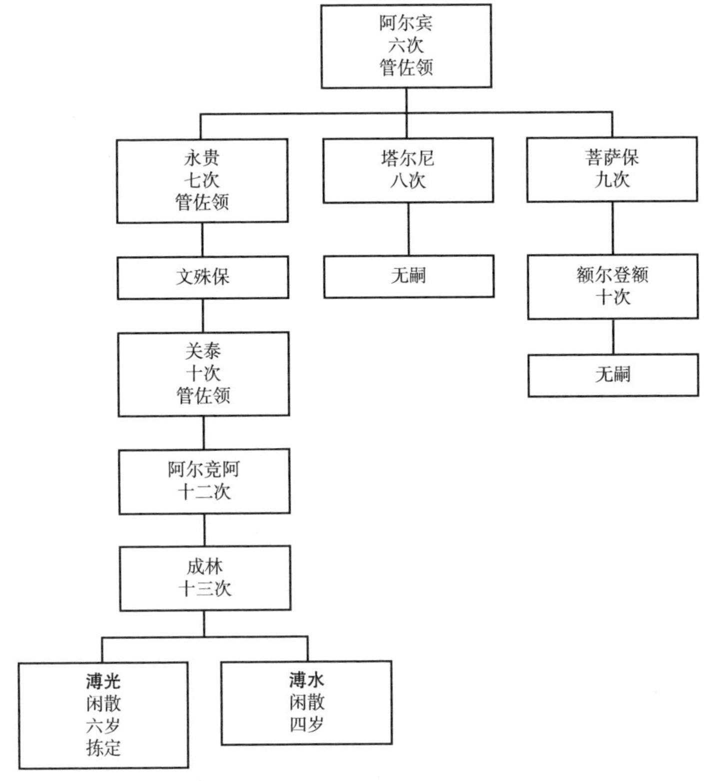

MA2-23-4-39

常永二次承管

此佐领，原系喀喇沁的敖齐尔吴巴式塔布囊[①]率来壮丁百名编立佐领，[②]其人丁繁衍分编佐领，着敖齐尔吴巴式塔布囊弟子孙承管。又人丁滋生再编一佐领，着敖齐尔吴巴式塔布囊二世孙英保住管理。

世管佐领

此佐领，以原立佐领人之弟、原立佐领人子孙管理。遵照办理世职、佐领之分事务王、大臣等议定，在补放世管佐领时，管过佐领人子孙均有分。着原立佐领人子孙管理。出缺后，出缺人子孙内拣选拟正，管佐领人子孙内拣选拟陪，原立佐领人子孙、管此佐领人子孙内拣选列名。等因具奏定例。

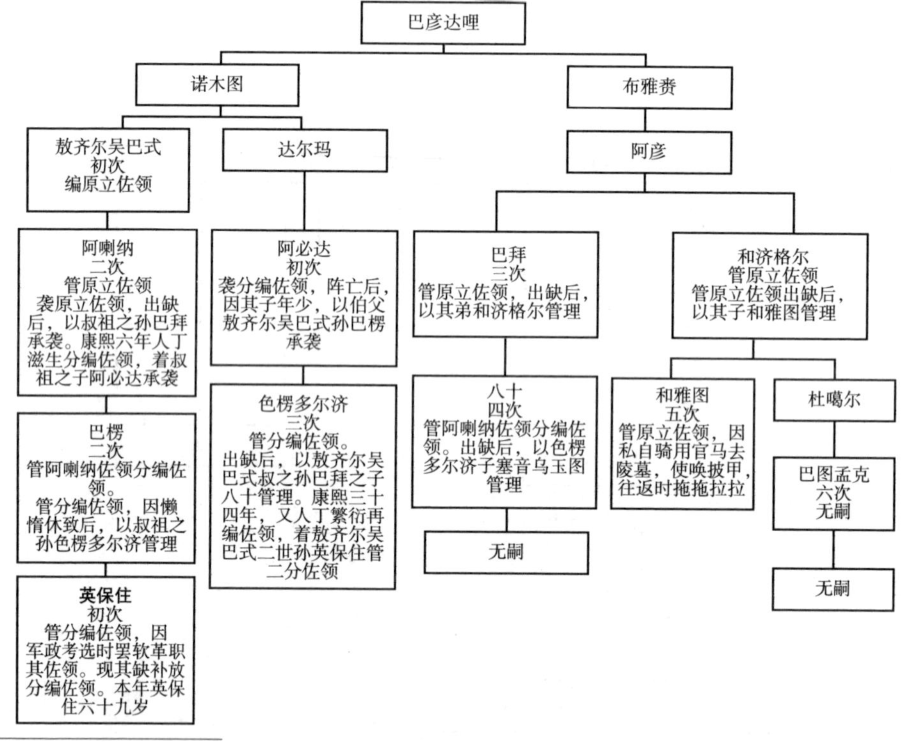

① 《初集》作"鄂齐里吴巴式"，《二集》作"敖齐尔吴巴式"，但都没有说明他的身份是塔布囊。该档案揭示了蒙古喀喇沁万户所属部分塔布囊编入八旗的事实。

② 据《初集》，该佐领为镶白旗蒙古都统右参领第十佐领，系西喇他喇地方蒙古，天聪九年编为佐领；据《二集》，为镶白旗蒙古都统左参领第十佐领。

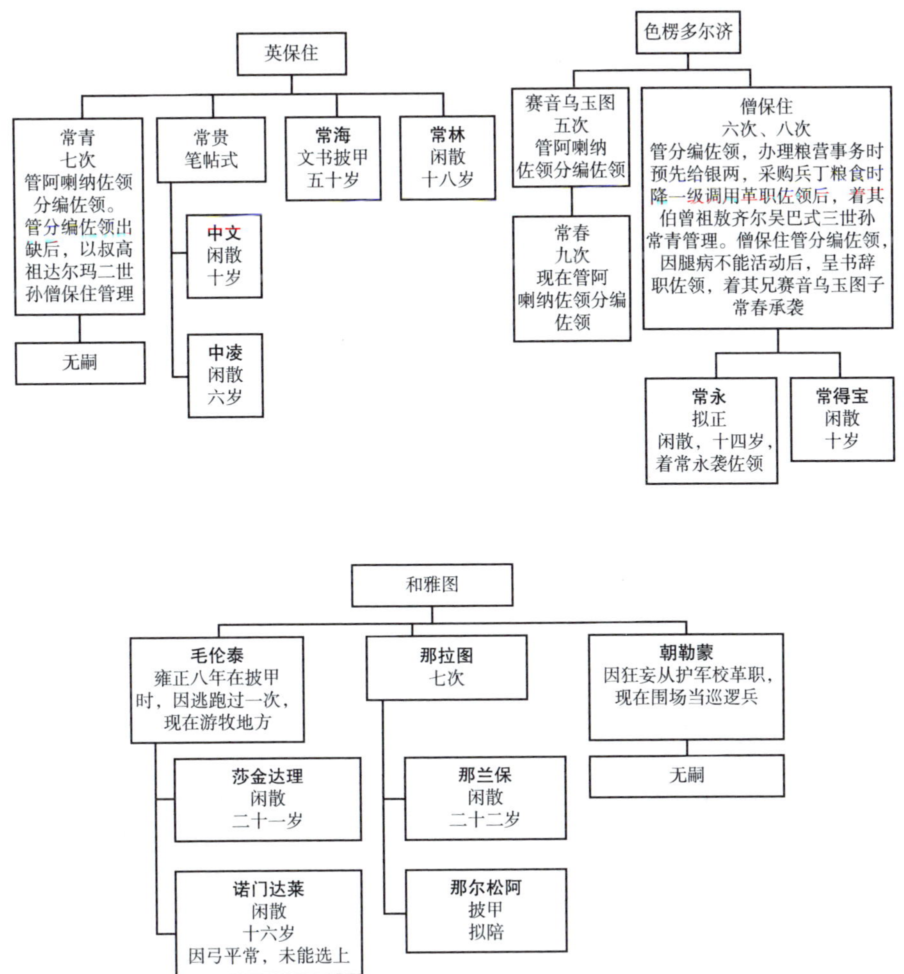

MA2-23-4-40

常永补放参将请旨可否署理

办理镶白旗蒙古都统事务臣绵纳等谨奏，为请旨事。本年二月十一日，准兵部来文内开，本部将贵旗二等侍卫、世管佐领常永于二月初五日带领引见补放广东试用参将，等语。伏查原将正红旗满洲世管佐领石泰派往福建、浙江补用游击时，该旗补放石泰之缺，补放或署理之事具奏请旨。奉旨：往后八旗若遇石泰般事情，和其佐领家谱一同恭呈御览请旨。钦此，钦遵，在案记录。臣旗二等侍卫、世管佐领常永赴任广东试用参将。常永所袭世管佐领，或将其佐领保留另派能胜任署理之官，或拣选承袭佐领之官，等因，具奏请旨。奉旨后钦遵办理。因此，和佐领家谱一同恭呈，谨奏请旨。

乾隆四十三年二月十七日。

管理都统事务、左翼前锋统领、掌管满洲火器营印务总管、办理阅兵大臣事务、管理十五善射、管理新旧营房事务、三旗虎枪营总管、多罗定郡王、臣绵纳；

乾清门行走、副都统、二等台吉、臣那木扎尔；

副都统、管理健锐营大臣、虎枪营官、臣嘎塔布。

等因，于乾隆四十三年二月十七日交付奏事处御前侍卫、毅勇侯霍仁古等转奏。当日奉旨：拣选合适人带领引见。钦此。

MA2-23-4-41①

常永补放参将请旨可否署理

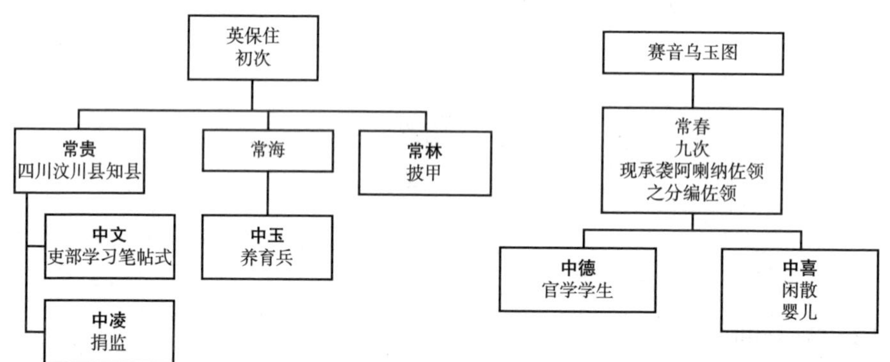

① 这件档案的史料价值很高，所记 nuktere ba（游牧地），应该是蒙古八旗所属口外游牧地。详细情况，参见哈斯巴根《清代蒙古八旗口外游牧地考》，《清史研究》2021 年第 3 期。

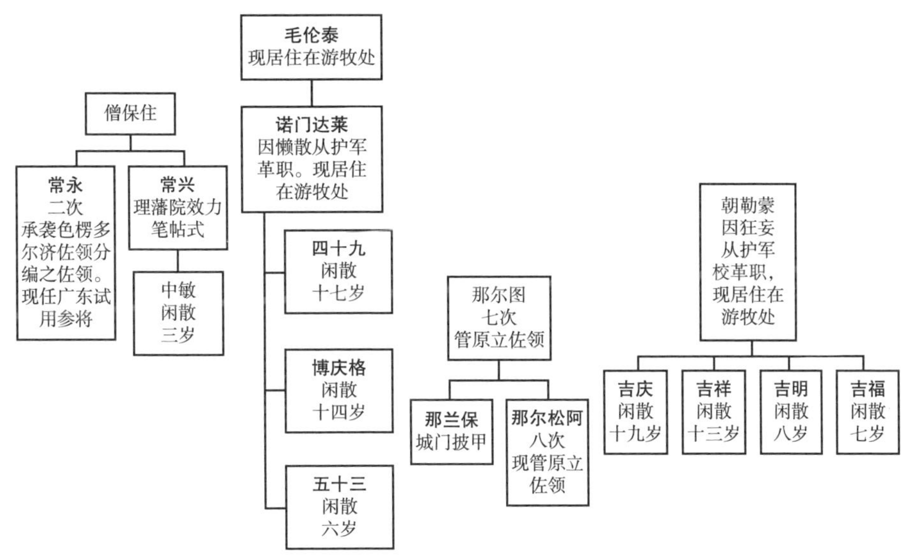

MA2-43-4-42

常永出缺应行拟正可否调取请旨

管理镶白旗蒙古都统事务、臣绵纳等谨奏，为请旨事。将臣旗二等侍卫、世管佐领常永由兵部带领引见补放广东试用参将时，臣旗或为常永保留其世管佐领，另派官署理佐领事务，或拣选合适人管理等因，和家谱一同恭呈御览请旨。奉旨：拣选合适之人带领引见。钦此，钦遵。伏查，在乾隆三十三年十一月十日，吏部将在良庆地方之正黄旗满洲德宁所出候缺，委派其弟知县德昆为拟正，拟定于十一月内到达京城，等因送来。当时德昆在贵州省毕节县署理知县。因交代事务甚多，地方遥远，不能在限定的时间内到达等因具奏。奉旨：往后补放官员时所派拟正之人如在外任职，不需要提前去信，首先将其家谱恭呈御览具奏，再去信等语，钦此，钦遵在案。如今臣旗任广东试用参将的常永之缺，补放世管佐领时，适合委派拟正之四川温泉县知县常贵现在任职处，应否返回之事，恭呈其佐领家谱谨奏请旨。奉旨后钦遵办理。为此具奏请旨。

乾隆四十三年二月二十五日。

管理都统事务、左翼前锋统领、掌管满洲火器营印务总管、办理阅兵大臣事务、管理十五善射、管理新旧营房事务、三旗虎枪营总管、多罗定郡王、臣绵纳；

乾清门行走、副都统、二等台吉、臣那木扎尔；

副都统、管理健锐营大臣、虎枪营官、臣嘎塔布。

等语，于乾隆四十三年二月十五日交付奏事处御前侍卫、毅勇侯霍仁古等转奏。当日，由军机处交出，奉旨：不用让常贵返回，另派人署理。钦此。

MA2-23-4-43

常永出缺应行拟正之人可否调取请旨

世管佐领
此佐领，原系喀喇沁敖齐尔吴巴式塔布囊率归二百名壮丁所编佐领，人丁滋生后分编佐领，以敖齐尔吴巴式塔布囊弟之子孙管理。后再分编佐领，以敖齐尔吴巴式塔布囊二世孙英保住管理。

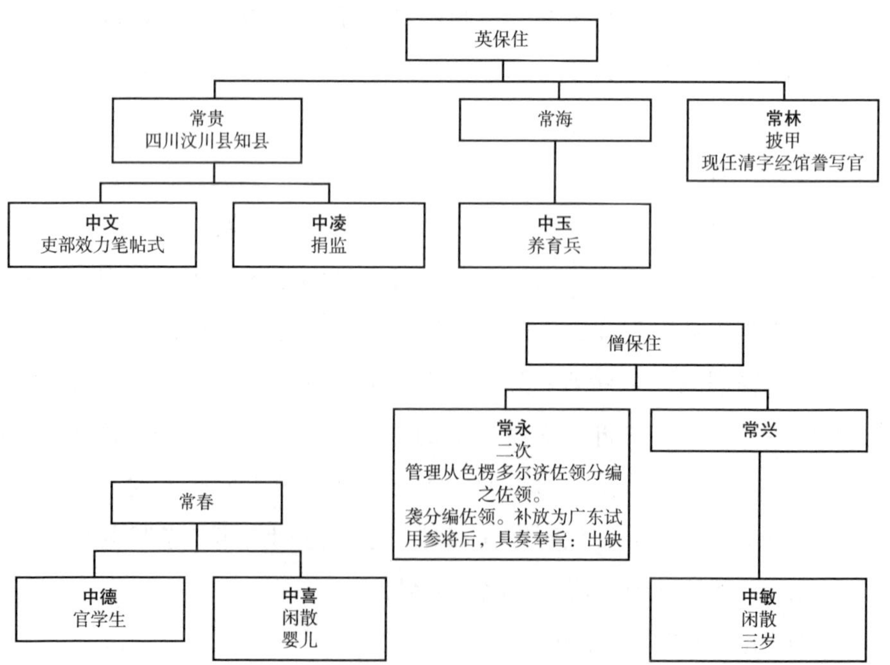

MA2-23-4-44

郭兴阿三次

镶白旗蒙古都统、喀喇沁多罗贝勒、臣丹巴多尔济等谨奏，为补放世管佐领事，臣旗世管佐领常永出缺，伏查此佐领根源，原喀喇沁敖齐尔吴巴式塔布囊率二百名壮丁，于乙亥年来归太宗皇帝后编立佐领，令敖齐尔吴巴式塔布囊管理。出缺后，以敖齐尔吴巴式塔布囊弟阿喇纳承袭。康熙六年，阿喇纳佐领人丁滋生，以阿喇纳叔父达尔玛子阿必达管分编佐领。阿必达阵亡后，因其子年幼，以阿必达伯父、敖齐尔吴巴式塔布囊孙巴朗承袭。因懒散革职后，以巴朗叔父达尔玛之孙色楞多尔济承袭。康熙三十四年，色楞多尔济佐领人丁滋生，再分编一佐领。二次分编佐领由敖齐尔吴巴式塔布囊二世孙英保住承袭。在军政考选时，因庸懦革其佐领后，以敖齐尔吴巴式塔布囊弟达尔玛之三世孙常永承袭。常永袭佐领，现出缺。又查，据定例，若两三个佐领都由原立佐领人之兄弟叔伯子孙管理，出缺后，即使他们的祖辈都不是原立佐领人，也依然由他们管理佐领。出缺人子孙不得有拟正之分，从原立佐领人子孙内拣选拟正，从管过此佐领人之兄弟叔伯子孙内拣选拟陪，其余原立佐领人子孙、管过此佐领人子孙内拣选列名。为补放臣旗世管佐领常永所出之缺，拣选后，以常永伯高祖敖齐尔吴巴式塔布囊之六世孙、誊写官郭兴阿为拟正，以常永兄之子、官学生中信为拟陪，以常永叔始祖布雅赉之四世孙、健锐营前锋校吉庆为列名。理应将郭兴阿、中信、吉庆等带领引见具奏拣放世管佐领。为此和佐领家谱一同谨奏请旨。

嘉庆八年十一月初一日。

御前行走、都统、领侍卫内大臣、銮仪卫掌卫事大臣于嘉庆八年十一月初一日带领引见具奏，奉旨：着拟正郭兴阿承袭佐领。钦此。

MA2-23-4-45

郭兴阿三次

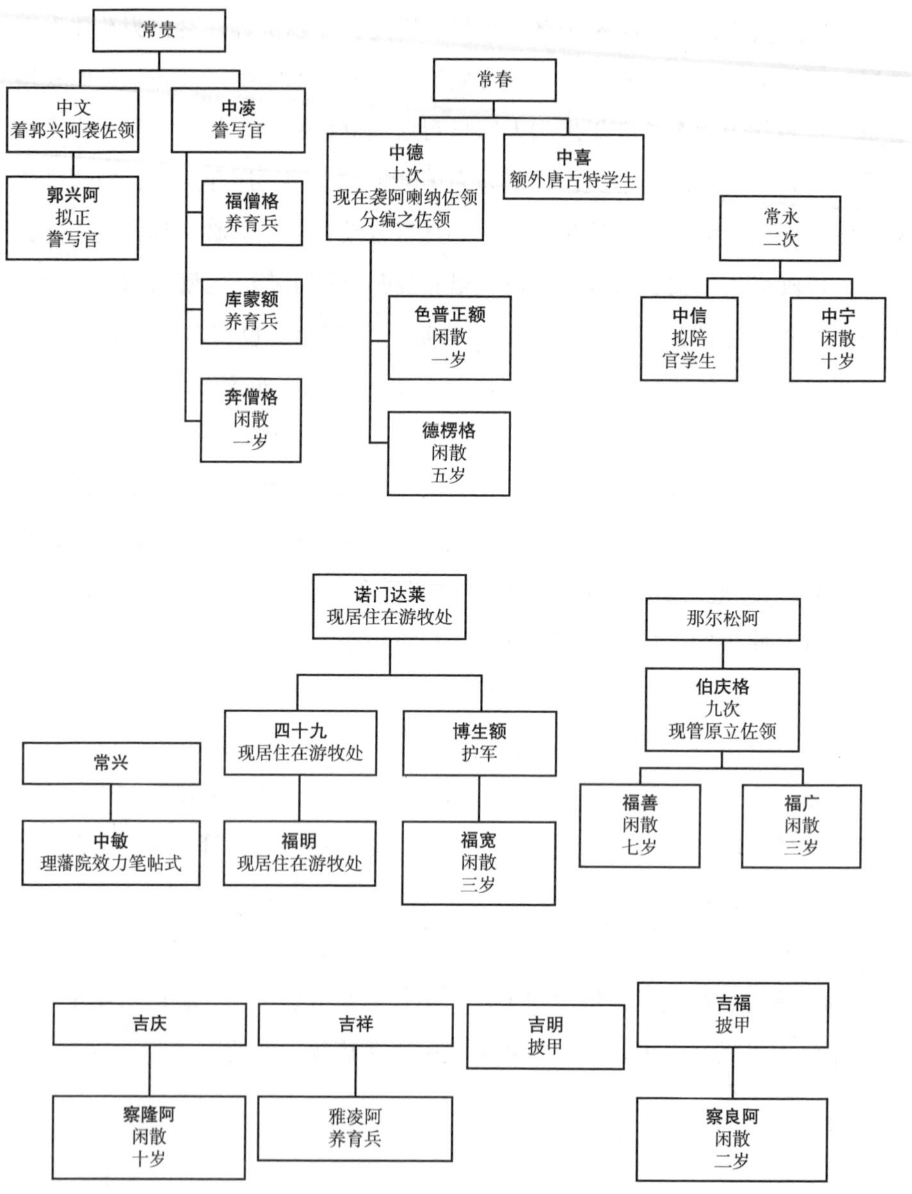

MA2-23-4-46

成惠四次

奏

镶白旗蒙古都统头品顶戴臣孟柱等谨奏，为承袭世管佐领事。臣旗世管佐领郭兴阿现在出缺，查此佐领根源，原系喀喇沁敖齐尔吴巴式塔布囊于乙亥年率领二百人来归太宗皇帝，编为佐领，以敖齐尔吴巴式塔布囊承管。出缺后，以敖齐尔吴巴式塔布囊子阿喇纳承管。康熙六年，因户口繁多，分编一佐领，以阿喇纳叔父达尔玛之子阿必达承管。阿必达征战阵亡后，因其子年幼，以阿必达伯父敖齐尔吴巴式塔布囊之孙巴朗承管。巴朗因懒散被革职后，以巴朗叔祖达尔玛之孙色楞多尔济承管。康熙三十四年，复因户口繁多，又分编一佐领，以敖齐尔吴巴式塔布囊之二世孙英保住承管。在军政考选时，因庸懦革其佐领后，以敖齐尔吴巴式塔布囊亲弟达尔玛三世孙常永承管。出缺后，以伯高祖敖齐尔吴巴式塔布囊之六世孙郭兴阿承管。现郭兴阿出缺。又查定例，立佐领人之嫡派子孙承管两个佐领，若出缺，将出缺人之子孙拣选拟正，管过佐领之兄弟、叔伯子孙内拣选拟陪、列名，其余原立佐领人之子孙、管过佐领人之子孙内拣选拟陪、列名等语。臣旗相应将世管佐领郭兴阿所出世管佐领员缺，遵例视其拣选得郭兴阿子闲散成惠为拟正。郭兴阿叔始祖达尔玛四世孙唐古特学生中喜为拟陪。郭兴阿叔始祖布雅赉之五世孙护军博生额为列名。查拟正闲散成惠年幼，只恭呈其绿头牌。将中喜、博生额带领引见，照例奏请承袭。谨将承管佐领折谱恭呈预览，请袭世管佐领。为此谨奏请旨。

嘉庆二十年十月二十三日。

乾清门侍卫代进；

都统、管理圆明园八旗包衣三旗事务大臣、受禄公、臣孟柱，班；

乾清门侍卫、副都统、管理满洲火器营大臣、头等超勇公、三等阿达哈哈番、臣安成；

副都统、镶白旗护军统领、管理圆明园八旗包衣三旗事务大臣、公中佐领、拜他喇布勒哈番又一拖沙喇哈番、恩骑尉、库奇特巴图鲁、革职留任、臣格布射（为演习操练去了）；

嘉庆二十年十月二十三日带领引见具奏，奉旨：着拟正成惠承管佐领。钦此。

MA2-23-4-47

成惠四次

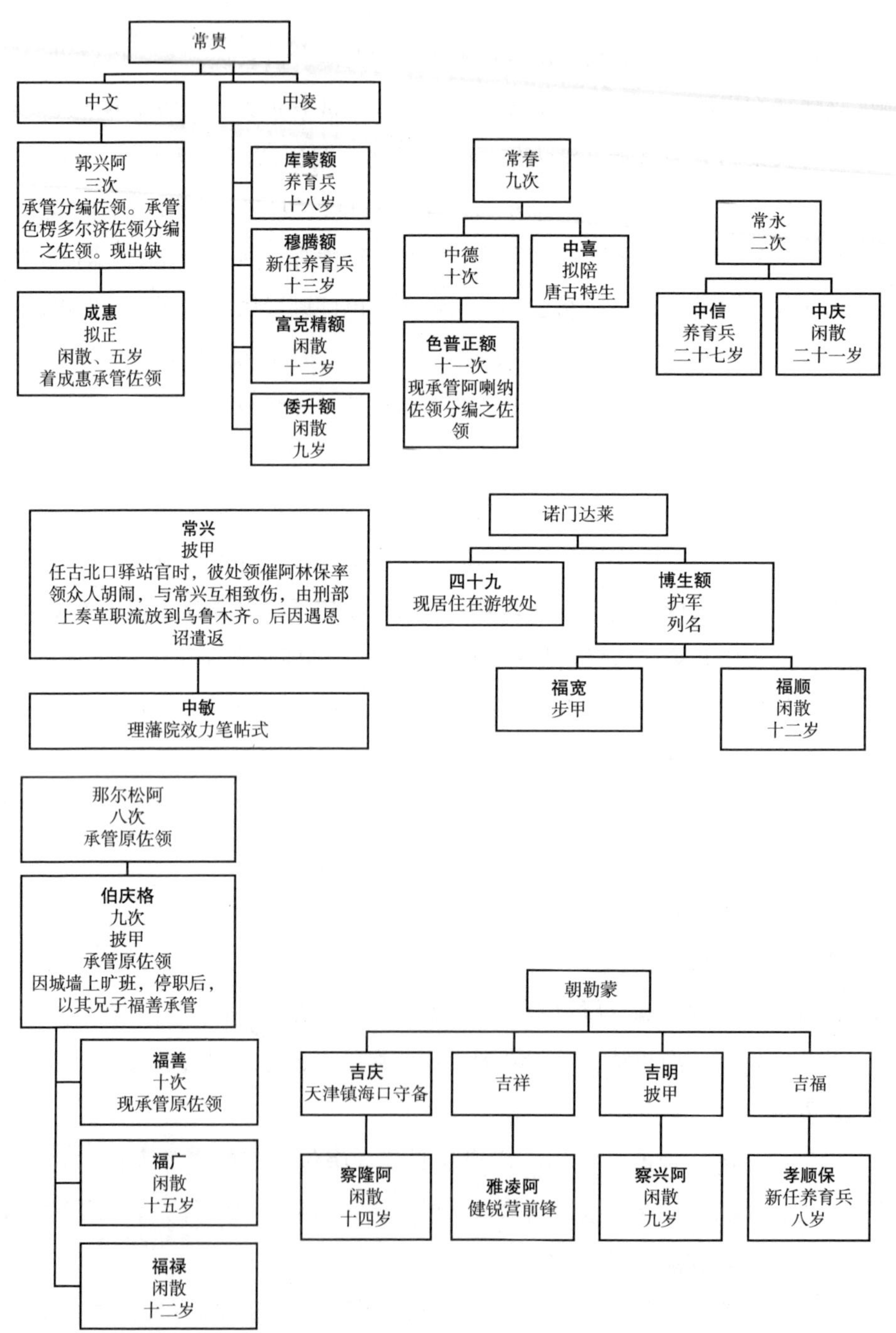

MA2-23-4-48

恩荣五次[①]

奏

（省略）成惠现出缺，成惠无嗣。其妻昂阿西呈报，她丈夫一族的亲侄闲散恩荣确实被成惠收养继承祭奠。户部查得，因符合辈分彼此相当之例，准许病故世管佐领领养恩荣，等因送文来旗。臣等为成惠所出佐领员缺，应否恩荣拟正之事，咨兵部核实。兵部查定例载，由族众编立之世管佐领，若原和远族人一同编立佐领，其壮丁人数满百名分编佐领后，伊等族人均有分。此等佐领出缺后，将其出缺人子孙拟正。伊等族有分之人内拣选拟陪、列名。又，道光三年五月上谕，往后世管佐领或养另族之人，准其承袭世官。若养另族、另氏、亲戚等，不得承袭其官，等语。交付八旗都统、大臣等，遵照办理。等因，送来旨意。因此，为补放臣旗世管佐领成惠员缺，臣等遵照定例查验，将成惠继子闲散恩荣为拟正，将成惠叔高祖达尔玛六世孙领催瑞谦为拟陪，将成惠叔高祖布雅赉七世孙闲散成端为列名。理应将恩荣、瑞谦、成端等带领引见谨奏补放世管佐领。为此和佐领家谱一同恭呈御览请旨。

咸丰三年十二月初三日。

经筵讲官、每日讲解起居注官、都统、内大臣、阅兵大臣、吏部尚书、领阁事大臣、管理宗室衙门银库事务、翰林院掌院学士、教习庶吉士、总管内务府大臣、管理乐部事务、管理光禄寺事务、巡查城内仓库大臣、管理左翼年轻世袭官官学大臣、臣博军；

署理副都统、吏部右侍郎、左翼总兵官、镶蓝旗汉军副都统、署理镶黄旗护军统领、巡查城内七仓库大臣、内国史院满文总勘合官、管理右翼年轻世袭官官学大臣、臣爱新；

副都统、乌里雅苏台参赞大臣、臣罕其那，差；

副都统、圆明园进班大臣、管理新旧营、城内空处官包大臣、臣乌尔衮泰，差。

---

① 该件档案系旗人过继承嗣内容，价值较高。

等因，于咸丰三年十二月初三日将伊等带领引见谨奏，奉旨：着恩荣承管世管佐领。钦此。

MA2-23-4-49

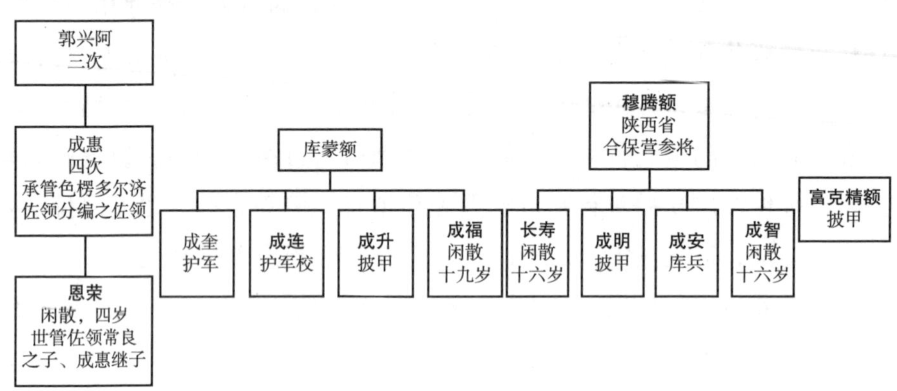

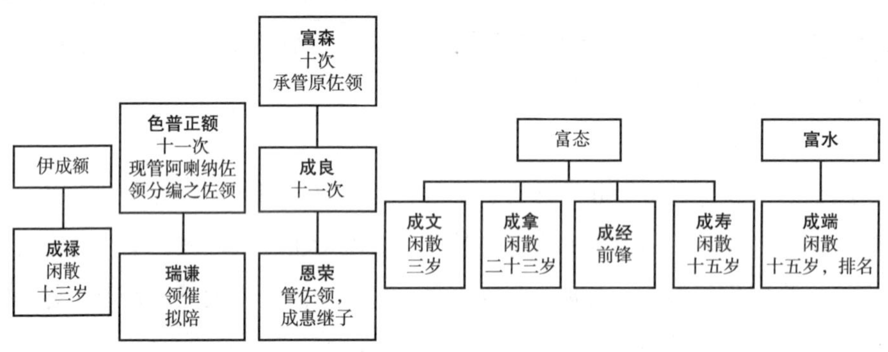

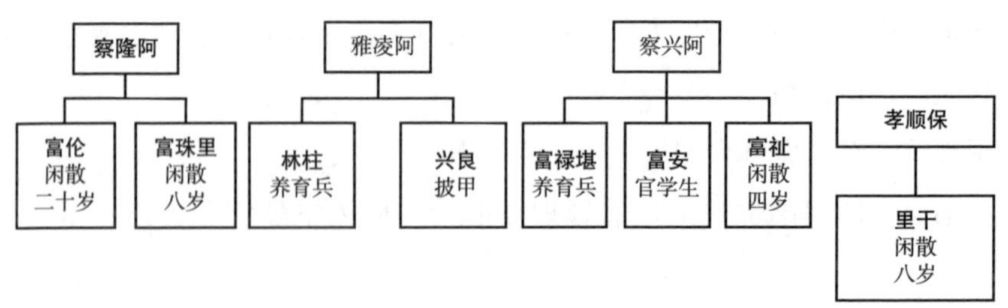

MA2-23-4-50

成奎六次

镶白旗蒙古都统、尚书、臣崇实等谨奏，为补放二次分编世管佐领事。臣旗二次分编世管佐领恩荣现归宗承管其父成亮所出原立世管佐领员缺。此前管理其族伯父成惠所遗分编世管佐领。查此佐领根源，恩荣始祖巴彦达哩兄之孙喀喇沁敖齐尔吴巴式率二百名壮丁来归太宗皇帝后（省略）。现恩荣改任原立世管佐领。其遗二次分编世管佐领员缺。查定例载，原立佐领人子孙承管佐领，出缺后，从出缺人子孙内拣选拟正，从其他分支子孙内拣选拟陪、列名。若出缺人无嗣，则从嫡派另支子孙内拣选拟正，从另家子孙内拣选拟陪、列名。等语。因此，为补放臣旗恩荣所出二次分编世管佐领员缺，臣等遵照定例，查验佐领折谱，将恩荣始祖巴彦达哩兄之子诺木图第七世孙护军成奎为拟正。将恩荣始祖巴彦达哩次子布雅赉七世孙、六品顶戴领催常寿为拟陪、列名。经钦派王、大臣验放承袭。将兹原立佐领折谱一并恭呈御览谨奏。

光绪元年二月初二日。

经筵讲官、都统、刑部尚书、稽察坛庙大臣、臣崇实；

一品顶戴、副都统、管理新旧营城内官房大臣、骁勇巴图鲁、臣西蒙克西克，差；

副都统、工部左侍郎、总理各国事务大臣、稽察左翼城上值班官兵大臣、右翼总兵、臣成林。

MA2-23-4-51

成奎六次

（原文为汉文）

MA2-23-4-52

- 巴彦达哩
  - 诺木图
    - 敖齐尔吴巴式 初次 编立原佐领
      - 阿喇纳 二次 承管原佐领
        - 巴楞 二次 承管初次分编佐领
          - 英保住 初次 承管二次分编佐领
            - 常青 七次 承管初次分编佐领
              - 无嗣
            - 常贵
              - 中文
                - 郭兴阿 三次 承管二次分编佐领
                  - 成惠 四次 承管二次分编佐领
              - 中凌
                - 库蒙额
                  - 成奎 护军拟正
                    - 恩林
                    - 恩喜
                  - 成连
                    - 恩增
                  - 成升 护军
                    - 恩拴 闲散
                    - 恩续 闲散
                  - 成福 护军校
                - 穆腾额
                  - 成寿 护军校
                    - 恩庆 闲散
                  - 成明 骁骑校
                  - 成安 护军
                  - 成志 领催
                    - 恩全 闲散
                - 富克精额 无嗣
                - 伊成额
    - 达尔玛
      - 阿必达 初次 承管初次分编佐领
        - 色楞多尔济 三次 承管分编佐领
          - 赛音乌玉图 五次 承管初次分编佐领
            - 常春 九次
              - 中德 十次
                - 色普正额 十一次
                  - 成祥 十二次
                    - 无嗣
          - 僧保住 六次 承管初次分编佐领。八次 承管初次分编佐领
            - 常永 二次 承管二次分编佐领
              - 无嗣
  - 布雅赉
    - 阿彦

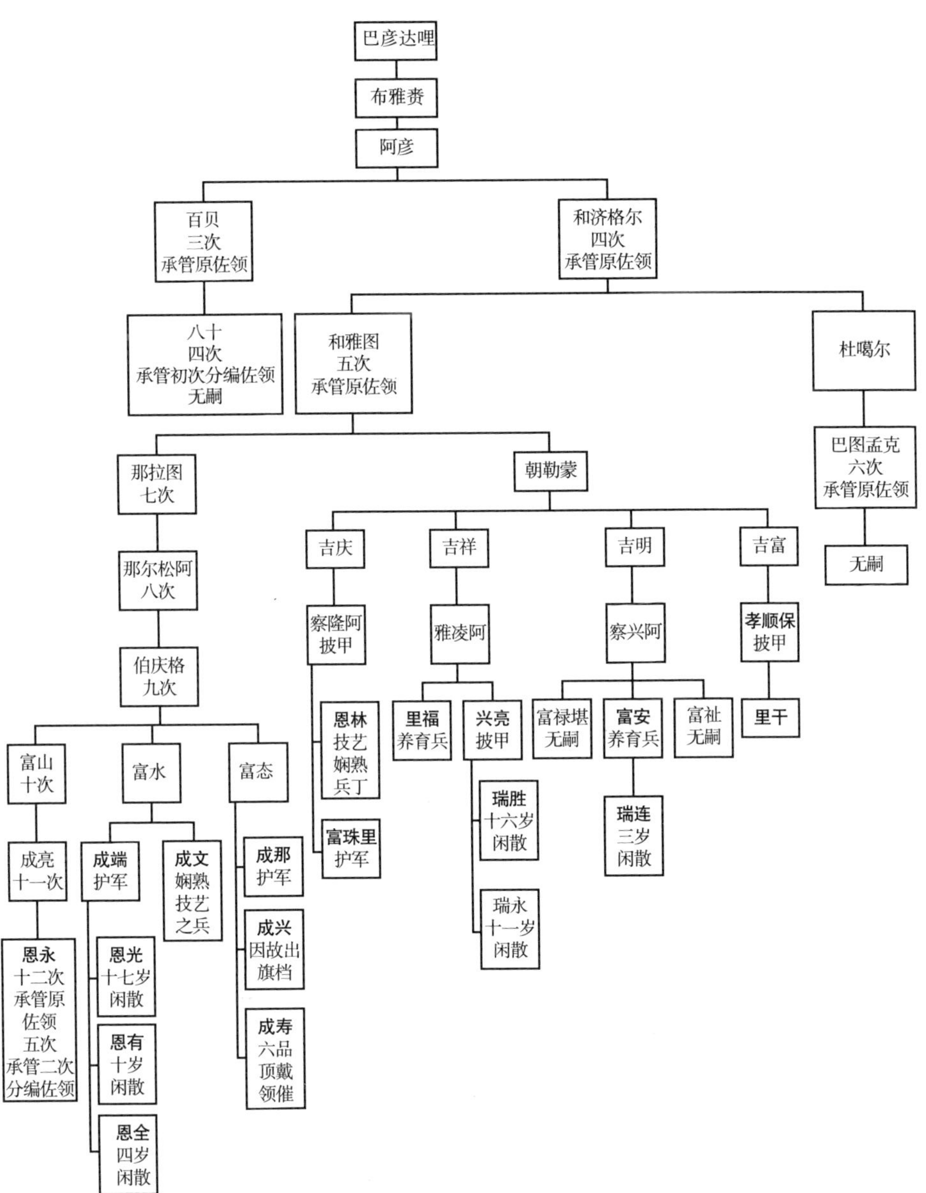

MA2-23-4-53

成奎六次

（原文为汉文）

MA2-23-4-54

恩印七次

<table><tr><td>
二次分编佐领
二次分编佐领成奎出缺，经都统、左都御史、臣贵亨等查验拟补放人。
披甲恩印拟正，二次分编世管佐领成奎之兄子，三十三岁，马射一般。
护军恩光拟陪，二次分编世管佐领成奎始祖巴彦达哩九世孙，三十三岁，马射一般。
</td></tr></table>

（省略）将成奎之兄子恩印为拟正，以叔始祖巴彦达哩九世孙护军恩光为拟陪，将拟正恩彦和拟陪恩光带领，和其原理佐领折谱一并引见谨奏，请旨补放二次分编佐领。等因于光绪十七年八月十二日将尔等带领引见谨奏。奉旨：着拟正恩印承管二次分编佐领。钦此。

MA2-23-4-55

佐领折谱

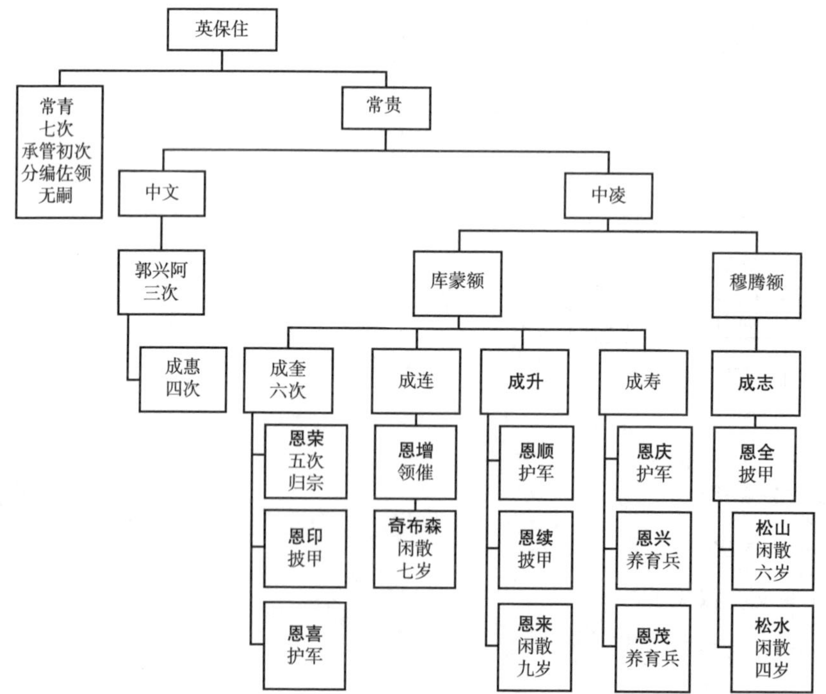

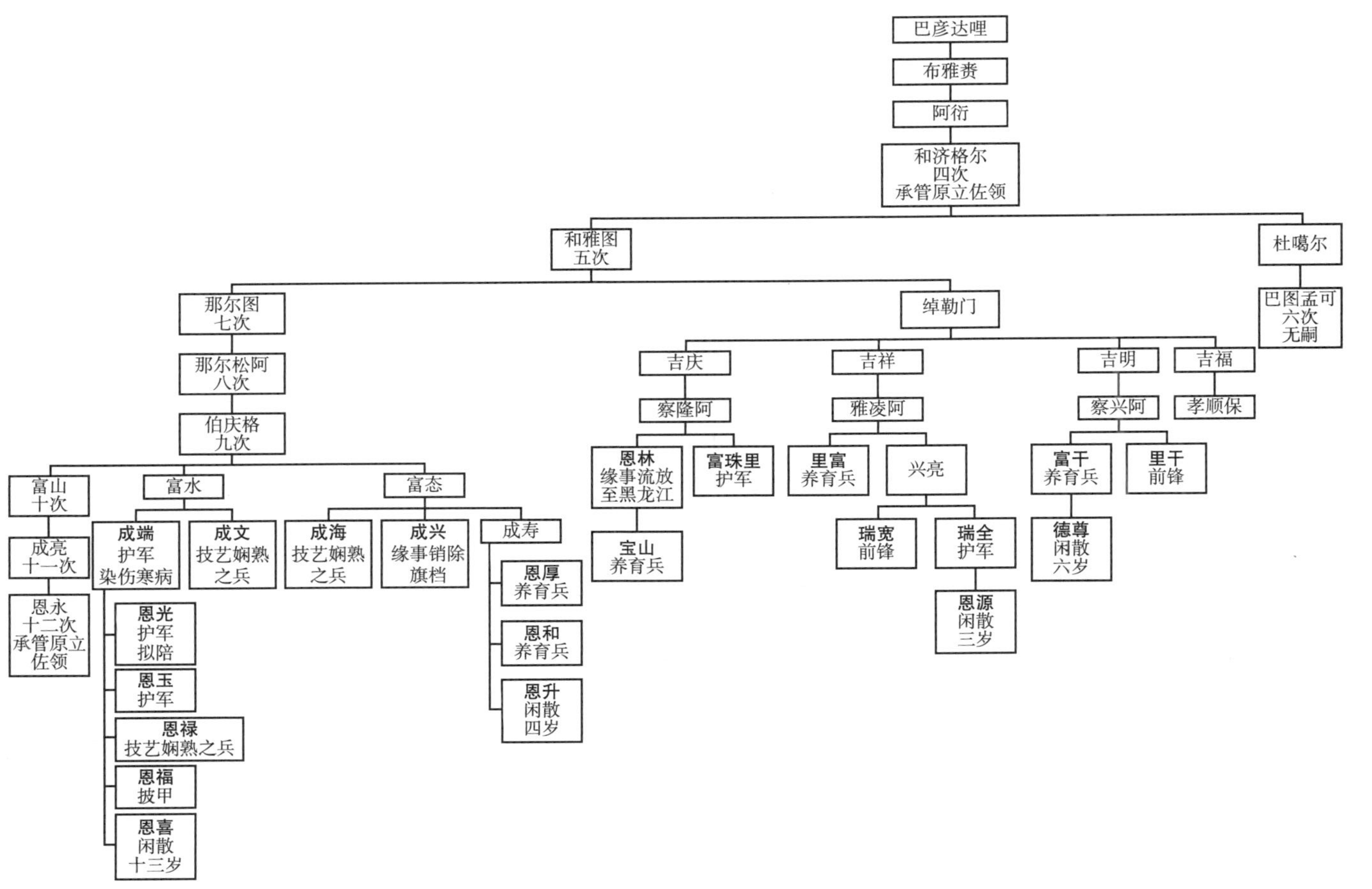

巴彦达哩
布雅赉
阿衍
和济格尔 四次 承管原立佐领
和雅图 五次
杜噶尔
巴图孟可 六次 无嗣
那尔图 七次
绰勒门
那尔松阿 八次
伯庆格 九次
吉庆
吉祥
吉明
吉福
察隆阿
雅凌阿
察兴阿
孝顺保
恩林 缘事流放至黑龙江
富珠里 护军
里富 养育兵
兴亮
富干 养育兵
里干 前锋
宝山 养育兵
瑞宽 前锋
瑞全 护军
德尊 闲散 六岁
恩源 闲散 三岁
富山 十次
富水
富忞
成亮 十一次
恩永 十二次 承管原立佐领
成端 护军 染伤寒病
成文 技艺娴熟之兵
成海 技艺娴熟之兵
成兴 缘事销除旗档
成寿
恩光 护军 拟陪
恩玉 护军
恩禄 技艺娴熟之兵
恩福 披甲
恩喜 闲散 十三岁
恩厚 养育兵
恩和 养育兵
恩升 闲散 四岁

MA2-23-4-56

（原文为汉文）

MA2-23-4-57

奇克坦布八次

（原文为满汉合璧）

MA2-23-4-58

（原文为汉文）

MA2-23-4-59

奇克坦布八次

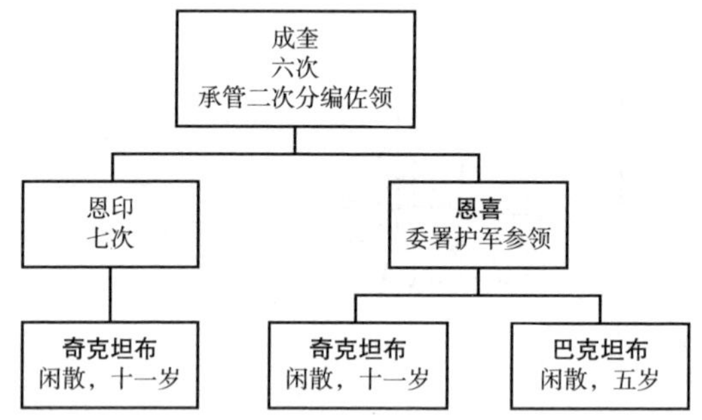

MA2-23-4-60

奇克坦布八次　二次分编佐领

（省略）

MA2-23-5-1

乾隆十五年十二月八日奏折

镶白旗蒙古一等轻车都尉又一云骑尉巴图（初次绰贝）

贡楚达尔五次

管理镶白旗蒙古都统事务、和硕诚亲王、臣允祕等谨奏，为袭官事。臣旗一等男爵（阿思哈尼哈番）巴图现在出缺，查巴图袭官敕书内载，绰贝尔因所交事务办理妥当，不违旨意，授予拜他喇布勒哈番。其后，和乌巴海一同率兵前去额楞瑶萨、额赫库仁地方立功记录在案。① 再次率兵前去额楞瑶萨、僧库勒额赫库仁地方时，带来比其原预定多的壮丁等。晋封为三等阿达哈哈番。嗣后七年在户部办理事务，因办事有力晋升为二等阿达哈哈番。其后第一次经过北京征战山东时，遇济南府一千二百骑步兵，和该都统何洛会一同击败对方。遇高太监马步兵，和都统一同击败对方。遇总兵官马步兵时，率领甲喇兵击败对方。在挖壕围攻松山城时，松山城兵夜间从战壕对面和镶黄旗交战，绰贝率领固山进入壕内击败对方。明清鼎革之际，进军山海关之日击败流贼二十万大军时，率领甲喇兵，因击败对面的敌军，晋其二等阿达哈哈番，授予一等阿达哈哈番。其后，又在户部办理事务，五年考选时，因办事有力晋封为一等阿达哈哈番加一拖沙喇哈番。遇三次恩诏，将其一等阿达哈哈番又一拖沙喇哈番晋封为一等阿思哈尼哈番，世袭罔替。因病故出缺后，子齐墨克图袭一等阿思哈尼哈番，依然世袭罔替。获罪后，子长保承袭一等阿思哈尼哈番，依然世袭罔替。病故后，子巴图承袭一等阿思哈尼哈番，依然世袭罔替。为补放巴图所遗世职官时，照例有无削降官职等事咨吏部，查巴图所袭世袭官敕书载，遇三次恩诏所晋封三拖沙喇哈番，照例削去。使其承袭所剩原立一等阿达哈哈番又一拖沙喇哈番。② 等因送来。又查，巴图所袭世职官得分之由，钦派官、办理世职官、佐领之分事务王、大臣等具奏，查正黄旗满洲永谦所袭官，原永谦祖父图莱所立世职官，现在图莱之孙永谦承袭。若永谦出缺，将出缺人子孙内拣选给与拟正之分，以往承袭过家族之子孙内拣选给与拟陪之分，其余内拣选给与列名之分。将镶白旗蒙古巴图所袭官亦遵照此例办理。等语谨奏在案。臣、钦派官、办理世职官、佐领之分事务王、大臣等具奏，照例为巴图所遗一等阿达哈哈番又一拖沙喇哈番补放事，拣选所得，将巴图兄之子世管佐领贡楚达尔为拟正，巴图次子闲散敖齐尔拟陪。因此，将贡楚达尔、敖齐尔等带领引见，兹将袭官折谱一并呈览请旨。

---

① 乌巴海率兵征厄勒约色、额赫库仁是崇德元年六月的事。《内阁藏本满文老档》第 13 函第 18 册，辽宁民族出版社，2009，724 页。

② 参见《初集》卷 81、《二集》卷 276。

乾隆十五年十二月十八日。

管理都统事务，和硕诚亲王、臣允祕；

副都统、臣奔木察；

副都统、诚毅伯、臣伍弥泰。

于乾隆十五年十二月十九日带领引见。奉旨：着贡楚达尔承袭官。钦此。

MA2-23-5-2

一等轻车都尉又一云骑尉（初次绰贝）

贡楚达尔五次

（黄签）此官系原巴图曾祖绰贝效力所得官，一等轻车都尉又一骑都尉。

（黄签）此官者，由原立官人子孙承袭。办理世职官、佐领之分事务王、大臣等议奏，原立官亲子孙所袭官与补放勋旧佐领之例无别，将出缺人子孙内拣选拟正，承袭过家族之子孙内拣选拟陪，其余分支内拣选列名。等因，谨奏定例，钦此。

此官，原绰贝办事有力、谨遵旨意，授予拜他喇布勒哈番。因军功授予三等阿达哈哈番。

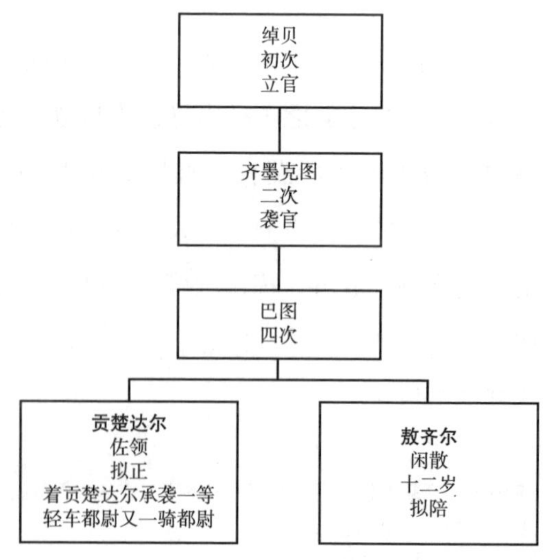

MA2-23-5-3

德宁额六次

管理镶白旗蒙古都统事务大臣、理藩院尚书、云骑尉、臣留保住等谨奏，为袭官事。臣旗一等阿达哈哈番又一云骑尉贡楚达尔现在出缺，查贡楚达尔袭官敕书内载，绰贝因所交事务办理得好，不违旨意，授予拜他喇布勒哈番。其后，和乌巴海一同率兵前去额楞瑶萨、额赫库仁地方立功记录在案。再次率兵前去额楞瑶萨、僧库勒额赫库仁地方时，带来比其原预定多的壮丁，晋封为三等阿达哈哈番。嗣后七年在户部办理事务，因办事有力晋升为二等阿达哈哈番。其后，第一次经过北京赴山东征战时，遇济南府一千三百马步兵，和该都统何洛会一同击败对方。遇高太监骑兵，和都统一同击败对方。遇总兵官马步兵时，率领甲喇兵击败所遇敌人。在挖壕围攻松山城时，松山城兵夜间从战壕对面和镶黄旗交战，绰贝率领固山进入壕内击败对方。明清鼎革之际，进军山海关之日击败流贼二十万大军时，率领甲喇兵，因击败对面的敌军，晋其二等阿达哈哈番，授予一等阿达哈哈番。其后，又在户部办理事务，五年考选时，因办事有力晋封为一等阿达哈哈番加一拖沙喇哈番。遇三次恩诏，将其一等阿达哈哈番又一拖沙喇哈番晋封为一等阿思哈尼哈番，世袭罔替。绰贝因病故出缺后，子齐墨克图袭一等阿思哈尼哈番，仍世袭罔替。获罪后，[①] 子长保承袭一等阿思哈尼哈番，仍世袭罔替。病故后，子巴图承袭一等阿思哈尼哈番，仍世袭罔替。巴图病故后，削去其三次恩诏所得官。子贡楚达尔袭绰贝勤勉所得一等阿达哈哈番（轻车都尉）又一拖沙喇哈番（云骑尉），仍世袭罔替。

查例载，原立佐领人子孙承管佐领出缺后，出缺人子孙内拣选拟正。别支子孙内拣选拟陪、列名。袭官之事亦如此办理。今补放臣旗一等轻车都尉又一云骑尉贡楚达尔所遗员缺，臣等照例拣选所得，将贡楚达尔兄子世管佐领德宁额为拟正。贡楚达尔次子闲散德明额为拟陪。因德明额年幼，只呈绿头牌，将德宁额带领引见补放轻车都尉又一云骑尉。兹相应将袭官折谱一并恭呈御览请旨。乾隆五十八年十二月十六日带领引见，奉旨：着德宁额承袭官缺。钦此。

---

① 《初集》《二集》均无其获罪方面的记述。

乾隆五十八年十二月十五日。

都统、理藩院尚书、云骑尉、降二级留用原职、臣留保住；

副都统、理藩院右侍郎、臣奎舒；

乾清门行走、副都统、臣那荫。

MA2-23-5-4

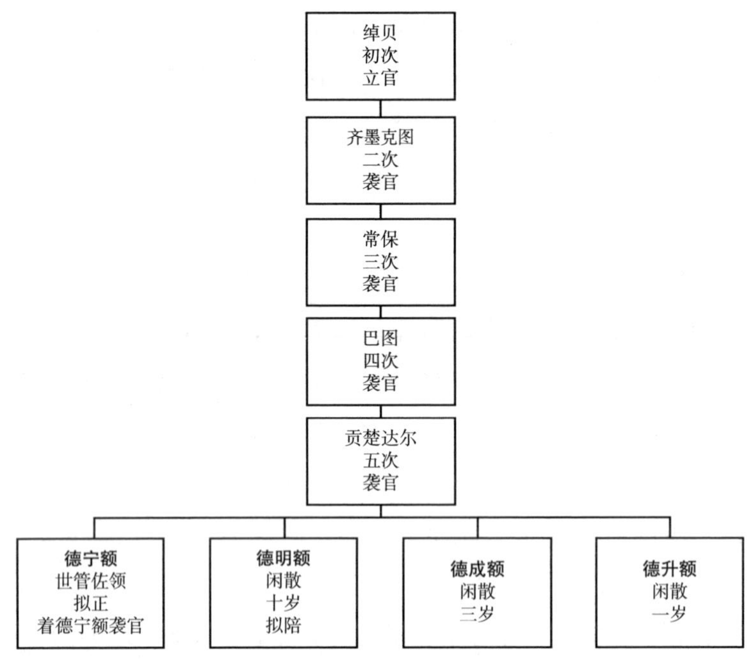

MA2-23-5-5

嘉庆二十一年十二月十五日奏折

镶白旗蒙古一等轻车都尉又一云骑尉德宁额（初次绰贝）

（省略）臣旗一等轻车都尉又一云骑尉德宁额所遗官缺，经查得，将德宁额亲兄之子世管佐领成桂为拟正，德宁额亲弟护军德明额为拟陪。因护军德明额现在患病，只呈绿头牌。将成桂带领引见拟放一等轻车都尉又一云骑尉。兹相应将袭官折谱一并呈览谨奏。（省略）奉旨：着成桂袭官。钦此。

MA2-23-5-6

镶白旗蒙古一等轻车都尉又一云骑尉德宁额（初次绰贝）

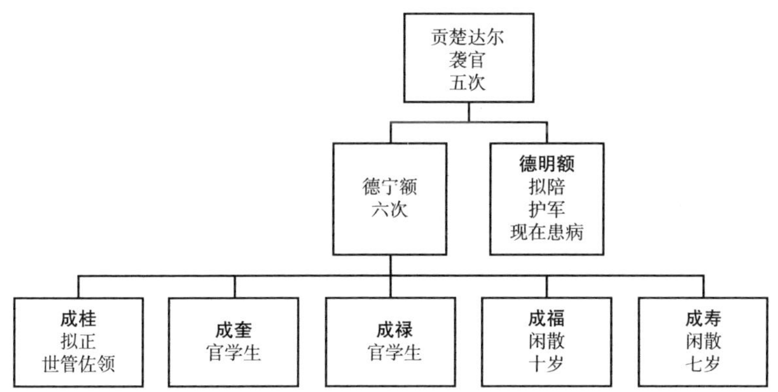

MA2-23-5-7

道光二十一年十二月十五日奏折

镶白旗蒙古一等轻车都尉又一云骑尉成桂（初次绰贝）

庆昌八次

（省略）为补放成桂所遗员缺选得，将成桂子世管佐领庆昌为拟正，成桂亲弟前锋成奎为拟陪，拟正庆昌今四岁（省略）。

道光二十一年十二月十五日谨奏，于十六日带领引见。奉旨：着庆昌袭官。钦此。

MA2-23-5-8

镶白旗蒙古一等轻车都尉又一云骑尉成桂（初次绰贝）

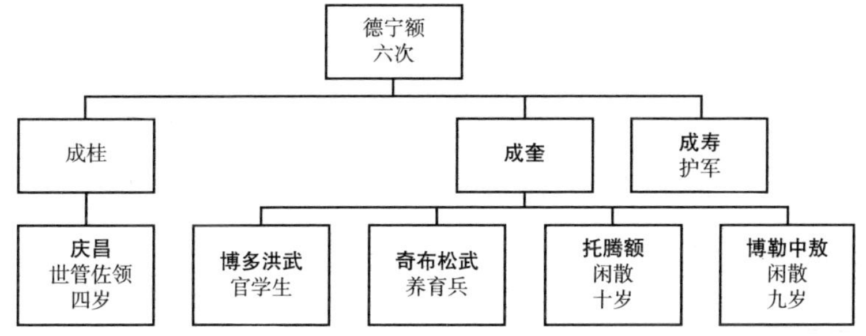

MA2-23-5-9

道光二十七年十二月十六日奏折

镶白旗蒙古一等轻车都尉又一云骑尉庆昌（初次绰贝）

博多洪武九次

（省略）为补放庆昌所遗员缺，臣等照例选得，庆昌父亲成桂义子世管佐领博多洪武拟正，将庆昌叔父前锋校成奎为拟陪。（省略）奉旨：着博多洪武承袭一等轻车都尉又一云骑尉。钦此。

MA2-23-5-10

镶白旗蒙古一等轻车都尉又一云骑尉庆昌（初次绰贝）

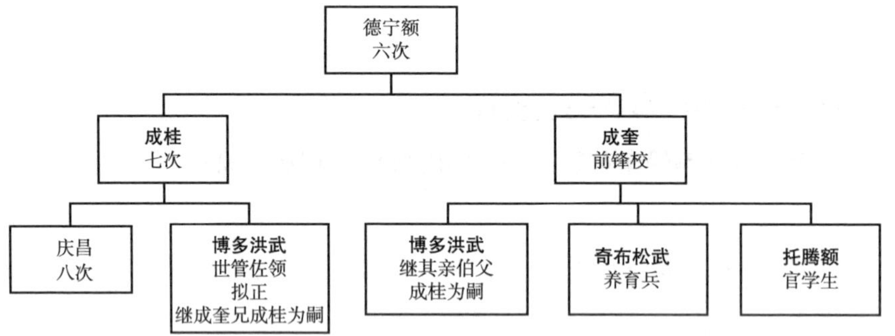

MA2-23-5-11

镶白旗蒙古一等轻车都尉又一云骑尉庆昌（初次绰贝）

博多洪武九次

此官系原庆昌始祖绰贝勤勉所得

一等轻车都尉又一云骑尉

（折谱内容与 MA2-23-5-10 相同）

MA2-23-5-12

镶白旗蒙古一等轻车都尉又一云骑尉博多洪武（初次绰贝）

英秀十次

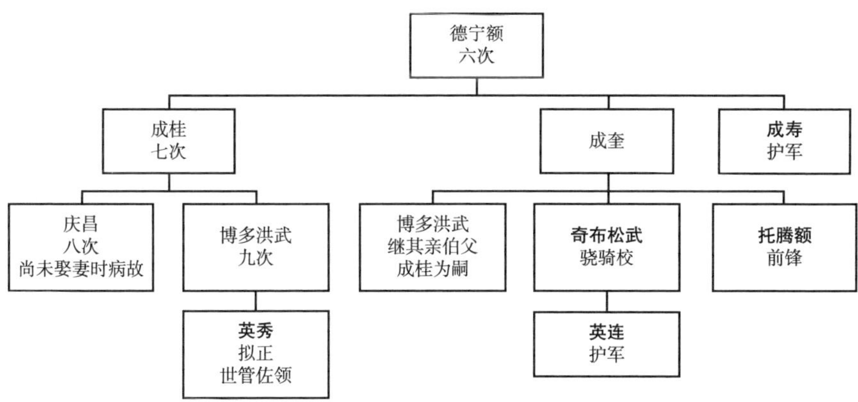

MA2-23-5-13

镶白旗蒙古一等轻车都尉又一云骑尉琫乌布

此官原系琫乌布之胞伯祖贾慕苏所立之官

（原文为汉文）

MA2-23-5-14

雍正五年十二月初四日奏折

镶白旗蒙古骑都尉敖齐尔（初次巴雅尔）

博多洪武九次

镶白旗蒙古都统、臣奇尔萨等谨奏，为袭官事。臣旗二等轻车都尉敖齐尔痰核病不能办理公务时上奏停职。查敖齐尔伯父巴雅尔敕书内载，巴雅尔原系白身人，第二次经过北京征山东时，在李家县波湾交战，因在乌格色之后第二越过城，授予拖沙喇哈番。崇德八年十月初四日，稍后夺取明廷时，在山海关征战之日和流贼二十万军交战，和都统准塔一同率领马步兵击败对方的敌人。追赶流贼军，到清都县交战时，因打败敌方，在拖沙喇哈番又加一拖沙喇哈番，封为拜他喇布勒哈番。巴雅尔病故后，以叔父之子塔喇图袭其拜他喇布勒哈番。顺治七年恩诏在拜他喇布勒哈番之上再加一拖沙喇哈番，世袭罔替。塔喇图病故后，亲兄三雅图袭其拜他喇布勒哈番又一拖沙喇哈番，仍世袭罔替。三雅图原系八品官。在江西省征战时，贼之伪总兵唐佩升等率四千余名贼兵在老庄地方置鹿角摆盾牌阵迎击交战时，率领甲喇兵战败对面的敌人。贼头官周官、卜宰公等率兵五千余，在曹家嘴、马鞍山等地摆阵炮鸟枪藤牌，迎击对面来者时，率领甲喇兵击败敌方。在沈公桥，伪中军金思才、郭洪吉等率兵二千余名迎击交战时，率甲喇兵击败对方。贼头延军充、晓成等率兵五千余名，在富梁县河的对岸置筐子，摆阵炮鸟枪盾牌等迎击时，率领甲喇兵击败对方。在石吉都敌方伪副将张棒槌、胡遇春等率兵七千余名置鹿角，摆阵炮鸟枪前来迎击时，率领甲喇兵击败对方。在富丰地方逆匪郭洪奇等率兵万余名摆阵炮鸟枪前来迎击时，率甲喇兵击败对方。伪将军韩大人、陈遥远、李茂珠等率兵万余名，在上河岭摆阵炮鸟枪来迎击时，率甲喇兵击败对方。贼军又在湖源口隘口摆阵炮鸟枪来迎击时，率甲喇兵击败对方。接着赴广西省，伪将军万齐汉、詹扬等率兵二万，在稻登地方置鹿角，摆阵鼻角兽盾牌迎击时，率甲喇兵击败对方。又接着前去云南省，伪将军浩济祖、王洪勋等率兵万余名，在石门槛山坚固狭窄的隘口迎击前来者时，率甲喇兵徒步交战击败对方。贼兵又把守山隘迎击时，再率甲喇兵击败敌方。伪将军浩济祖、王洪勋、王有功、杨广先等率兵二万，在黄草地方置鹿角，摆阵大象盾牌、炮、鸟枪迎击时，率甲喇兵击败对方。伪将军胡郭炳、刘奇隆、黄明等率兵万余贼兵，从云南城出来置鹿角，摆阵大象盾牌、炮、鸟枪迎击时，因率甲喇兵击败对方。优升在拜他喇布勒哈番又一阿达哈哈番晋封为二等阿达哈哈番。再承袭两次。停袭三雅图拜他喇布勒哈番。其叔父塔喇图之拜他喇布勒哈番又一拖沙喇哈番仍允准世袭罔替。三雅图病故后，以子敖齐尔袭其二等阿达哈哈番（轻车都尉），再承袭一次。又袭官期间停三雅图拜他喇布勒哈番。准其叔祖父塔喇图之拜他喇布勒哈番又一拖沙喇哈番仍世袭罔替。① 为此袭官事查，参领德寿、副参领八十、佐领金亮、

① 骑都尉巴雅尔的世职承袭情况，参见《初集》卷101，第2390—2391页；《二集》卷298，第21494页。

副佐领护军校高山、骁骑校僧保、护军委领催索嫩、小领催保住、族长巴格等呈称，敖齐尔兄之子披甲委护军穆尔泰十九岁，次子闲散额尔德尼十三岁，三子闲散伊凌阿四岁。此外并无能袭官之人。等因，保证呈报。臣等再谨查，无疑义。兹将穆尔泰、额尔德尼带领引见请旨。

雍正五年十二月初四日。

都统奇尔萨；

副都统臣梁永喜；

副都统臣罗密；

参领臣德寿；

副参领臣八十。

MA2-23-5-15

镶白旗蒙古骑都尉敖齐尔（初次巴雅尔）

此官原系敖齐尔伯祖父巴雅尔勤勉所得之官

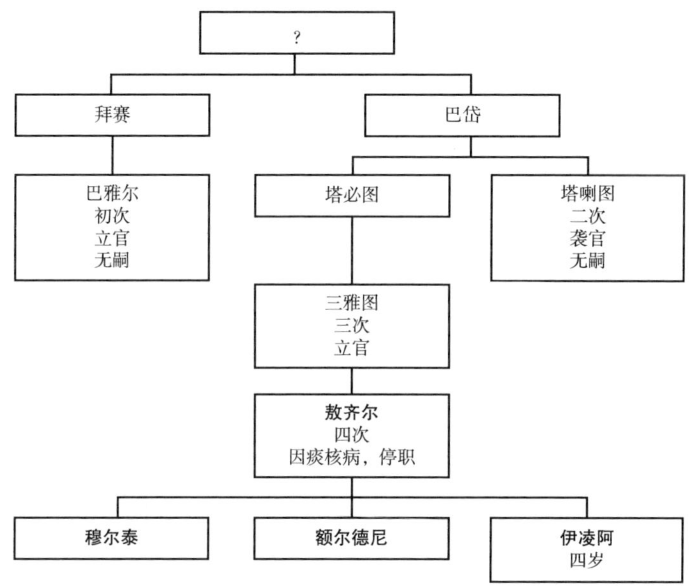

MA2-23-5-16

乾隆五十七年十二月十五日奏折

镶白旗蒙古骑都尉阿必达（初次巴雅尔）

（省略）将三雅图拜他喇布勒哈番（骑都尉）停职，令其叔祖父塔喇图袭拜他喇布勒哈番又一拖沙喇哈番（云骑尉），仍准世袭罔替。病故停职后，削除其恩诏所得官，所剩三等阿达哈哈番（轻车都尉），以其兄之子穆尔泰承袭。二次承袭时，停三雅图拜他喇布勒哈番，所剩其伯祖父巴雅尔拜他喇布勒哈番仍准世袭罔替。因犯眼疾停职后，削去三雅图恩诏后军功所授拜他喇布勒哈番。其所剩原拜他喇布勒哈番（骑都尉），以其子阿必达承袭，仍世袭罔替。查例载，在原立佐领人子孙内，嫡派分支子孙承管佐领出缺后，将其出缺人子孙内拣选拟正，别支子孙内拣选拟陪、列名。若立佐领人无嗣，令其亲兄弟、叔伯之子孙承袭。只有一支则其全部子孙按照佐领承袭例办理承袭。袭官之事亦按照此例办理。等语。臣等照例，为承袭阿必达所遗骑都尉。拣选所得，阿必达兄之子前锋余庆为拟正，阿必达亲叔父额尔德尼之孙弓匠富明阿为拟陪。兹将余庆、富明阿带领引见拟袭骑都尉。相应将袭官折谱一并谨奏御览请旨。于乾隆五十七年十二月十六日带领引见谨奏。奉旨：着余庆袭官。钦此。

乾隆五十七年十二月十五日。

都统、理藩院尚书、云骑尉、降二级留职、臣留保住；

副都统、内阁学士、臣觉罗萨哈尔济；

副都统、理藩院右侍郎、臣奎素。

首批 骑都尉 骑都尉阿必达现在出缺，经都统、理藩院尚书、云骑尉留保住，副都统、内阁学士觉罗萨哈尔济，副都统、理藩院右侍郎奎素等拣选拟定袭官。 前锋余庆，拟正，骑都尉阿必达之子，二十四岁，马射一般。 弓匠富明阿，拟陪，骑都尉阿必达叔父额尔德尼之孙，二十七岁，马射一般。

MA2-23-5-17

镶白旗蒙古骑都尉阿必达（初次巴雅尔）①

骑都尉 此官原系阿必达伯高祖巴雅尔勤勉所得官

此官原系立官叔父之子孙承袭之官，查例载，立佐领人子孙内嫡派子孙承管佐领出缺后，出缺人子孙内拣选拟正，别支子孙内拣选拟陪、列名。将补放袭官之事，照此例办理。

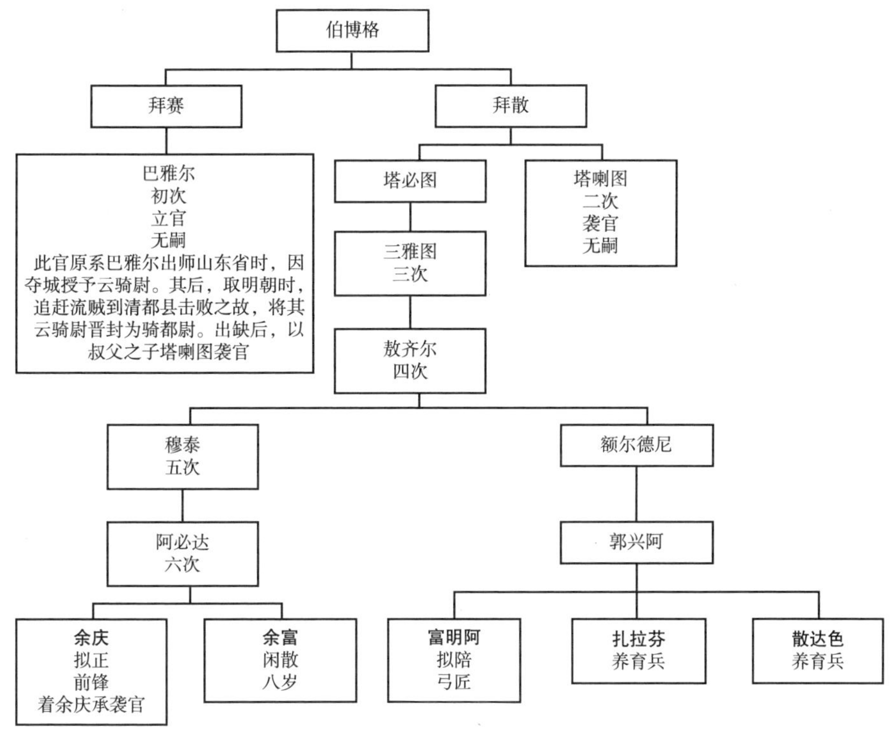

① 需要注意的是，此处世系所记塔喇图之父拜散与 MA2-23-5-15 所载巴岱不同，不知其因。

MA2-23-5-18

镶白旗蒙古骑都尉余庆（初次巴雅尔）

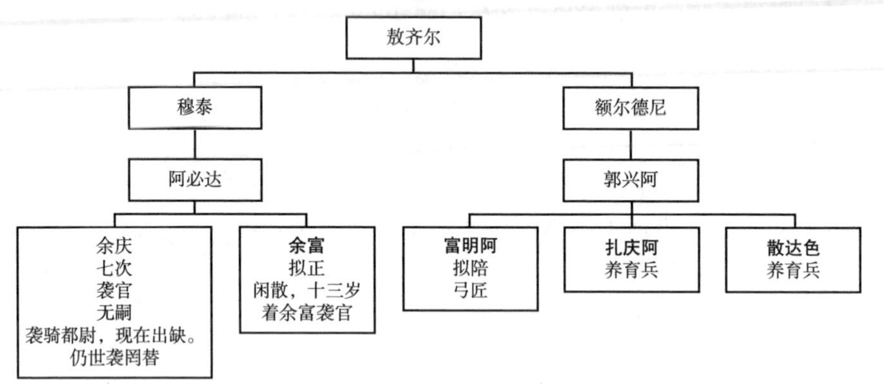

MA2-23-5-19

嘉庆二十一年十二月十五日

镶白旗蒙古骑都尉余富（初次巴雅尔）[①]

（省略）奴才本旗骑都尉余富因城上值班缺勤，由兵部上奏革职。（省略）为补放其骑都尉员缺，咨吏部查有无削降之事。今吏部查定例载，世职官虽被革职、枷号、鞭打、犯罪，其所犯即使枉法，贪赃，克扣或偷盗钱粮，犯罪、过失等，其所遗世职官照例承袭。等语。今余富因城上值班缺勤被革职。窃查其所袭骑都尉是世袭罔替，不需削降其职等因，送到奴才旗。将奴才旗骑都尉余富所遗员缺，拣选所得，余富叔父额尔德尼之孙护军达凌阿为拟正。将达凌阿带领引见袭骑都尉。兹将世职官折谱一并呈览谨奏请旨。

嘉庆十六年十二月十六日，带领引见具奏。奉旨：着拟正之达凌阿袭官。钦此。

① 此档珍贵之处在于其为世职官因缺勤导致革职方面的资料。又载“吏部查定例载，世职官虽被革职、枷号、鞭打、犯罪，其所犯即使枉法，贪赃，克扣或偷盗钱粮，犯罪、过失等，其所遗世职官照例承袭”。

MA2-23-5-20

镶白旗蒙古骑都尉余富（初次巴雅尔）

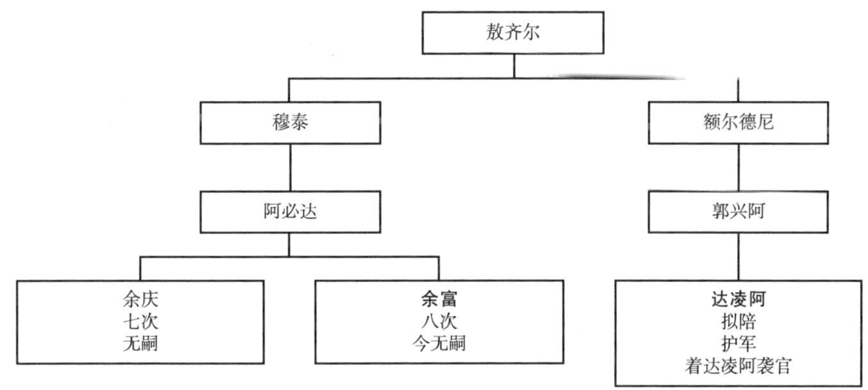

MA2-23-5-21

镶白旗蒙古骑都尉余富（初次巴雅尔）

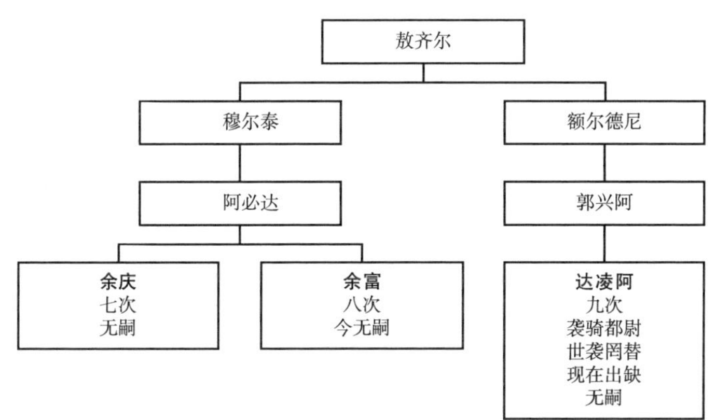

MA2-23-5-22

雍正十一年十二月十八日

镶白旗蒙古骑都尉阿毓锡（阿禹什）（初次色楞澈臣）

石头三次

署理镶白旗蒙古都统印务、镶白旗满洲副都统、臣辟彦图等谨奏，为袭官事。办理无嗣官之事务大臣等处送来文内开，镶白旗蒙古一等子爵又一云骑尉色楞澈臣，尔原系察哈尔地方之大宰桑。因率八十户人先众来归，授为三等精奇尼哈番。剿灭流贼出征有功，又晋封为二等精奇尼哈番。两次恭逢恩诏授为头等子爵加一云骑尉。[①] 削去恩诏所得之官等因具奏，奉旨：依议。钦此。查其袭官，署理参领八两、委参领普秀、佐领善福、副佐领刘寿、骁骑校六十、副骁骑校长寿、催总巴思泰、族长护军瓦里保、兴珠等呈称，阿毓锡之孀妇过继远族之孙石头，十八岁。阿毓锡远族之子三等轻车都尉和雅图，六十七岁。和雅图子披甲常泰，三十七岁。和雅图弟之子披甲常住，十九岁。阿毓锡远族之子参领班第，四十五岁。此外并无能袭官之人，由全体保证，等语。臣等谨核查，无疑义。因此，将阿毓锡义子石头、其远族之孙常住等带领引见恭呈御览请旨。等语，于雍正十一年十二月十八日，交付奏事处官张文斌等转奏。当月十九日，将阿毓锡孀妇所过继石头为拟正，阿毓锡远族之孙披甲常住为拟陪。将伊等人名登在绿头牌上。由署理都统印务、正白旗满洲副都统辟彦图，副都统巴雅尔图、那素泰，旗务参议、兵部郎中根民等带领引见呈览谨奏，奉旨：着阿毓锡之孀妇过继之子石头袭官。钦此。

MA2-23-5-23

雍正十一年十二月十八日

镶白旗蒙古骑都尉阿毓锡（初次色楞澈臣）

石头三次

将无嗣色楞澈臣勤勉所得二等精奇尼哈番（子）为停职，令袭拜他喇布勒哈番（骑都尉）。

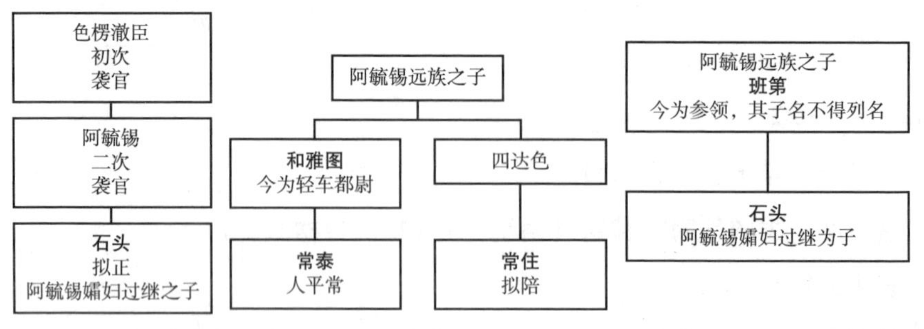

① 镶白旗蒙古一等子又一骑都尉色楞澈臣封爵情况，见《初集》卷79，第1562—1563页；《二集》卷275，第19340—19341页。色楞澈臣在镶白旗蒙古都统在京察哈尔第三佐领，有段时间他担任过佐领。参见《初集》卷12，第216页；《二集》卷20，第2370页。

MA2-23-5-24

乾隆二十七年十二月十五日

镶白旗蒙古骑都尉石头（初次色楞澈臣）

珠隆阿四次

（省略）色楞澈臣尔原系蒙古国察哈尔汗大宰桑。尔汗往唐古特国去时，尔与他分开率八十户住在黄河对岸。我差遣的使者到后，因先众渡河来归，授为三等精奇尼哈番。（省略）立官色楞澈臣一族，袭官阿毓锡孀妇现在过继其族之孙。臣旗现上奏，查验拟定袭官之人。经办理无嗣袭官事务臣等处谨奏送来文内开，查得，八旗查太祖、太宗时期因功授世袭罔替之官一等精奇尼哈番（子）又一拖沙喇哈番（云骑尉）色楞澈臣等十二官，均只有远族之子孙，将其子爵、男爵、轻车都尉等皆降职，准袭骑都尉。等因，送来。钦此。降被革职阿毓锡之二等子爵，准袭轻车都尉。为此，雍正十一年十二月，奉旨，令阿毓锡孀妇过继远族之子石头为袭官。现在石头出缺，为查其袭官有无削降之事，咨吏部查其敕书。往后送来文内开，查石头敕书载，世袭罔替，无须削职，该管旗照例办理，等语送来。臣等拣选所得，石头兄之子披甲珠隆阿为拟正，立官色楞澈臣远族之三世孙云骑尉黑鞑色为拟陪。将所得珠隆阿、黑鞑色等带领引见谨奏袭骑都尉。兹将袭官折谱一并谨奏御览请旨。乾隆二十七年十二月十六日带领引见谨奏。奉旨：着珠隆阿袭官。钦此。

MA2-23-5-25

镶白旗蒙古骑都尉石头（初次色楞澈臣）①

珠隆阿四次

骑都尉
此官原系将无嗣色楞澈臣勤勉所得二等子爵为降职，蒙特恩袭骑都尉。

① 在《初集》《二集》的封爵表中只有色楞澈臣和阿毓锡两次承袭的记载，而石头的名字在封爵表和世职骑都尉表中均未见。据 MA2-23-5-26 档案记述，石头似乎是先袭一等子又一云骑尉，后降袭骑都尉。

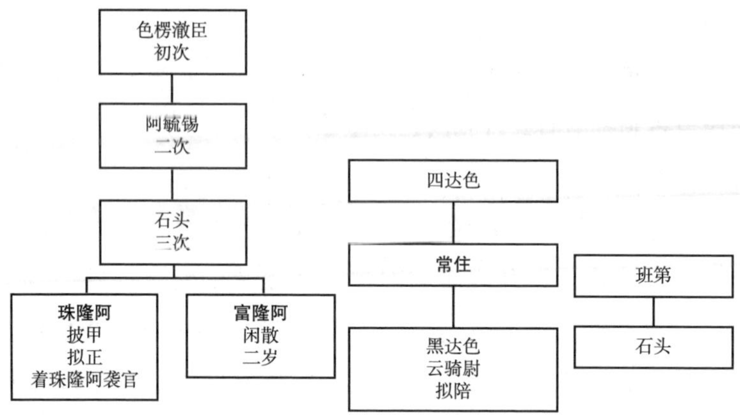

MA2-23-5-26

乾隆三十六年五月十二日奏折

镶白旗蒙古骑都尉珠隆阿（初次色楞澈臣）

珠隆阿出缺请旨

（省略）以子珠隆阿袭其骑都尉，仍世袭罔替。臣等查珠隆阿所袭官系原立官色楞澈臣奋勉所得一等精奇尼哈番（子）又一拖沙喇哈番（云骑尉），由其子阿毓锡承袭。因火班缺勤参劾革职不得袭职。雍正七年二月二十四日奉旨，我国从来降恩功臣授世职官，使其无限期承袭。此为报答其军功、延续其祭奠，使其子孙永久接纳皇恩。但或无嗣不能袭官，对此朕深感恻隐。今交付怡亲王、尹泰、常寿、察必那、散泰等，查此前因功立官者之子孙，如无嗣则近族人等。如无近族之人，在远族亲戚之内。如并无亲戚，则从同旗内过继袭官。又，在太祖、太宗时因功所授从骑都尉以上官内，不用核查其袭次，将世袭罔替者尽数查核具奏。钦此，钦遵。办理无嗣官事务之大臣等处谨奏，八旗内在太祖、太宗时所授世袭罔替之官内，按照无嗣不能承袭之官如有远族之子孙，将子爵、男爵、轻车都尉等均降至骑都尉袭官。如此，将色楞澈臣所立一等子又一云骑尉降至骑都尉，以色楞澈臣子阿毓锡孀妇过继远族之孙石头承袭骑都尉。出缺后，以石头子珠隆阿袭官。又查，乾隆三十年九月，兵部、八旗大臣等会同八旗世职官之内二十名官皆出缺，因无嗣者由叔伯曾祖之子孙、远族之子孙、另旗同姓之子孙承袭之事，议为暂停承袭，等语，谨奏。奉旨：如现在正支派并无合适人选承袭，仅仅查出远族、别旗同姓之子孙，其出缺时，再办理罢了，何必事先议论，等语，钦此，钦遵在案。今臣旗骑都尉珠隆阿出缺，查珠隆阿所袭骑都尉，乾隆三十年兵部、八旗大臣等会议，暂停承袭之二十名官内，臣等以为暂停珠隆阿所袭骑都尉官。原立官人色楞澈臣已进昭忠祠。依例给今出缺人珠隆阿孀妇颁发终身半分俸禄。或此官仍然承袭下去，旨由主出。得旨后，臣等照例办理。兹将家谱一并恭呈御览请旨。乾隆三十六年五月十二日谨奏，奉旨：照常承袭。钦此。乾隆三十六年五月十二日。

乾清门行走、都统、多罗绰罗斯郡王罗布扎；

乾清门行走、副都统、闲散大臣、一等受禄公、佐领、臣伊松阿；

御前侍卫、署理副都统、臣敖尼吉尔嘎勒。

MA2-23-5-27

镶白旗蒙古骑都尉珠隆阿（初次色楞澈臣）

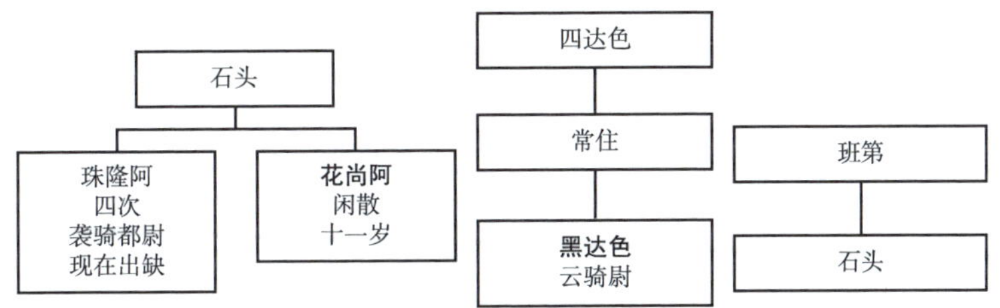

MA2-23-5-28

乾隆三十六年十二月十五日奏折

镶白旗蒙古骑都尉珠隆阿（初次色楞澈臣）

花尚阿五次，后改花良阿

（省略）臣等为珠隆阿之缺补放拜他喇布勒哈番时，钦遵钦旨，以珠隆阿弟闲散花尚阿为拟正，立官色楞澈臣之远族三世孙拖沙喇哈番黑达色为拟陪。（省略）奉旨：着花尚阿袭官。钦此。

MA2-23-5-29

镶白旗蒙古骑都尉珠隆阿（初次色楞澈臣）

花尚阿五次，后改花良阿

此官系原前立官色楞澈臣所袭二等精奇尼哈番（子），因无嗣降职，特颁谕旨授拜他喇布勒哈番（骑都尉）。 拜他喇布勒哈番

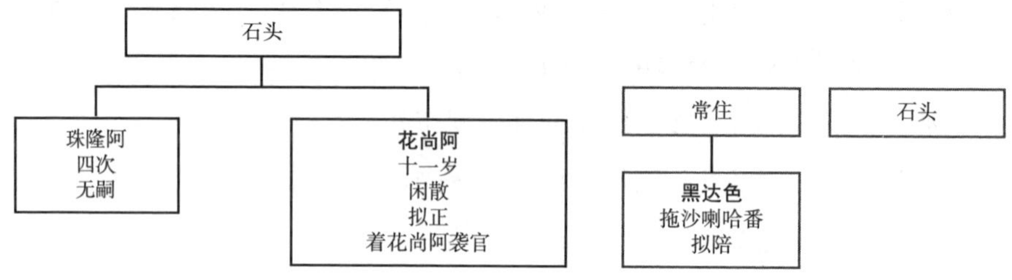

MA2-23-5-30

嘉庆十五年十二月十五日奏折

镶白旗蒙古骑都尉花良阿（初次色楞澈臣）

佛尔国春六次

镶白旗蒙古都统、臣扎朗阿等谨奏，为袭官事。臣旗拜他喇布勒哈番花良阿因两耳聋、犯足疾，呈书按例停职拜他喇布勒哈番。（省略）以花良阿之子佛尔国春为拟正，立官人色楞澈臣之远族三世孙拖沙喇哈番、闲散章京济朗阿为拟陪。（省略）奉旨：着拟正佛尔国春袭官。钦此。

MA2-23-5-31

镶白旗蒙古骑都尉花良阿（初次色楞澈臣）

佛尔国春六次

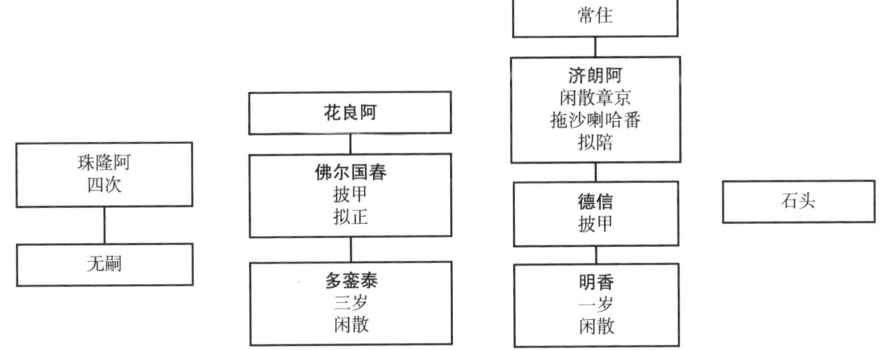

MA2-23-5-32

道光十年十二月十五日奏折

镶白旗蒙古骑都尉佛尔国春（初次色楞澈臣）

多銮泰七次

（省略）臣旗拜他喇布勒哈番佛尔国春所出之缺，为补放官事，验得佛尔国春子披甲多銮泰为拟正，立官色楞澈臣之远族五世孙拖沙喇哈番观音保为拟陪。（省略）奉旨：着多銮泰袭官。钦此。

道光十年十二月十五日。

（省略署名）

MA2-23-5-33

镶白旗蒙古骑都尉佛尔国春（初次色楞澈臣）

MA2-23-5-34

咸丰三年十二月十六日奏折

镶白旗蒙古骑都尉多銮泰（初次色楞澈臣）

庆芳八次

（省略）拜他喇布勒哈番多銮泰出缺，为补放官事，验得多銮泰兄之子闲散庆芳为拟正，立官色楞澈臣远族五世孙拖沙喇哈番观凯为拟陪，将庆芳、观凯带领引见补放拜他喇布勒哈番，为此与袭官家谱一同谨呈御览。（省略）奉旨：着拟正庆芳袭官。钦此。

MA2-23-5-35

镶白旗蒙古骑都尉多銮泰（初次色楞澈臣）

庆芳八次

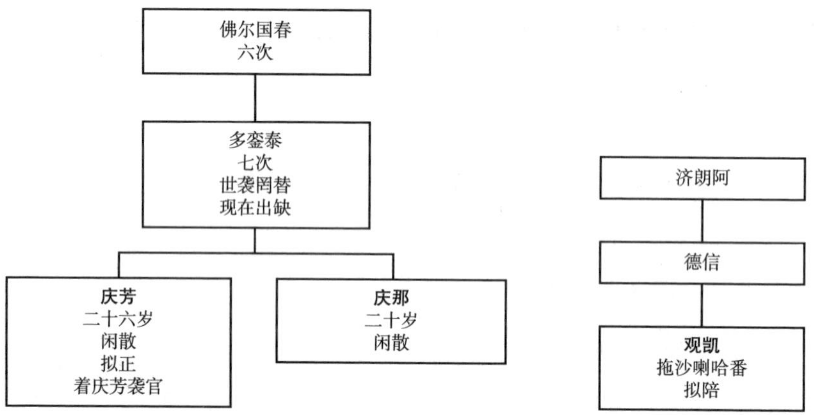

MA2-23-5-36

咸丰十年十二月十二日奏折

镶白旗蒙古骑都尉庆芳（初次色楞澈臣）

穆克登布九次

（省略）拜他喇布勒哈番庆芳所出之缺补放事，验得庆芳子闲散穆克登布为拟正，立官色楞澈臣远族五世孙拖沙喇哈番观凯为拟陪。（省略）

MA2-23-5-37

镶白旗蒙古骑都尉庆芳（初次色楞澈臣）

穆克登布九次

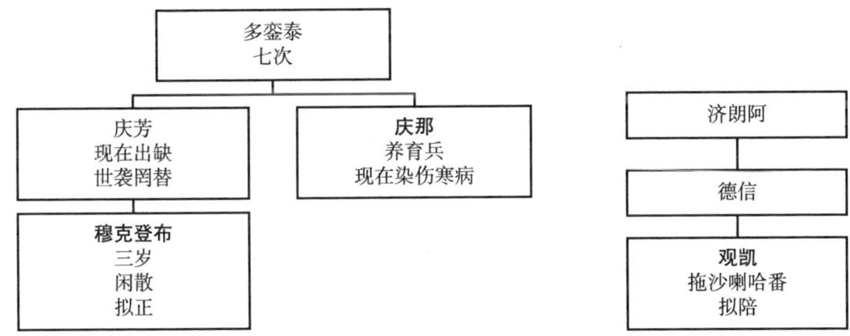

MA2-23-5-38

咸丰十年十二月十二日奏折

镶白旗蒙古骑都尉穆克登布（初次色楞澈臣）

凤山十次

（原文为汉文）

MA2-23-5-39

雍正九年十二月四日奏折

镶白旗蒙古骑都尉索诺木（初次色珥古楞）

镶白旗蒙古都统、臣奇尔萨等谨奏，为袭官事。臣旗善福佐领拜他喇布勒哈番（骑都尉）索诺木出缺。查得索诺木亲祖父色珥古楞敕书内载，色珥古楞尔原系护军校。征云南省时，伪将军贺吉舒、王洪钧等率万余名，坚守石门槛山狭窄之处隘口，迎击前来者时，率领本甲喇兵击败对方。伪将军贺吉舒、王洪钧、王优功、张光先等率足有两万兵，在黄草坝地方置以鹿角，排大象、盾牌、炮和鸟枪，迎击前来者时，率领本甲喇兵击败对方。伪将军胡郭炳、刘吉隆、王明等率万余兵，从云南城出来置以鹿角，排大象、盾牌、炮和鸟枪，迎击前来者时，率本甲喇兵击败对方。伪将军马保、巴养远等率万余兵，在吴茂山梁置鹿角，排大象、盾牌、炮和鸟枪，迎击前来者时，率本甲喇兵击败对方。病故后，优升为拜他喇布勒哈番。子阿玺克承袭。再袭两次。病故后，子索诺木承袭其拜他喇布勒哈番。再袭一次。[1] 为补放此官，查参领八十、副参领阿喇布坦、委署参领普秀、佐领善福、副佐领刘寿、骁骑校六十、副骁骑校长寿、催长巴斯泰、族长护军万里保等呈称，拜他喇布勒哈番索诺木伯祖父常住之子持枪护军白尔特[2]，二十九岁，已出师。白尔特兄之子闲散七十九，十一岁，次子巴寿，三岁。索诺木伯祖父常住二世孙闲散大连，十三岁，除以上之外无可承袭之人，为此保证呈报。臣等查验，没有异议，因此将大连和出师持枪护军白尔特之绿头牌一并谨呈御览具奏请旨。

等因，于雍正九年十二月初四日通过奏事处三等侍卫保德等转奏。当月初五日将拜他喇布勒哈番索诺木伯祖父常住子、出师之持枪护军白尔特、常住二世孙闲散大连等人名写在绿头牌上，都统奇尔萨、协理都统事务汉军旗副都统佛兴额等将绿头牌谨呈御览具奏。奉旨：着出师之持枪护军白尔特袭官。钦此。

雍正九年十二月初四日。

都统、臣奇尔萨；

协理都统事务、汉军旗副都统、臣佛兴额；

掌左司、参领、臣八十。

MA2-23-5-40

镶白旗蒙古骑都尉索诺木（初次色珥古楞）

此官原系索诺木亲祖父色珥古楞因功所立官

额斯库
常住
花色
兆里
大连 十三岁 拟陪
白尔特 因公受伤，领兵出发 拟正
七十九 十一岁
博寿 三岁
色珥古楞 立官
阿玺克 初次 袭官
索诺木 二次 袭官
无嗣

① 相关内容见《初集》卷101，第2393页；《二集》卷298，第21499页。

② 满文为 berten，在此根据《初集》《二集》的记载。

MA2-23-5-41

乾隆三十九年七月二十六日奏折

镶白旗蒙古云骑尉富宁阿（立官）

署理镶白旗蒙古都统印务、正红旗满洲都统、协理大学士事务、吏部尚书、臣官保等谨奏，为承袭赏赐云骑尉事。乾隆三十九年四月十五日，准兵部议叙来文内开，定西将军阿桂上奏，原前降旨，将跟随温福出师的百余名满洲中阵亡者交付阿桂清查送到院里议叙。等语。又准兵部送来文内称，海兰察等处送达册子内开，阵亡之翎长等二十人交付该将军处清查后造册送到院里议叙。等因，送来。因此，在木果木地方阵亡之二十二人,[①] 确实跟随将军出师时阵亡，有人可以见证，等语，出具甘结造清册送来兵部办理。等语，具奏。送来本院。查定例，阵亡之营总、参领以下，戴翎官以上均授拖沙喇哈番。因此，此次在木果木地方因阵亡之空衔蓝翎前锋富宁阿，按照定例授世袭拖沙喇哈番。[②] 等语，于乾隆三十九年四月具奏。当月十一日，奉旨：依议。钦此，钦遵。将其送达该旗遵照办理。给臣旗赴四川前线木果木地方阵亡之空衔蓝翎前锋富宁阿赏赐拖沙喇哈番之承袭事，查得，富宁阿子闲散德克锦本年六岁，此外并无承袭之人。验得，赏赐授予阵亡之空衔蓝翎前锋富宁阿之拖沙喇哈番，拟定其子闲散德克锦承袭，等因。为此和袭官家谱一同恭呈御览，具奏请旨。奉旨：着富宁阿之拖沙喇哈番准其子德克锦承袭。钦此。

MA2-23-5-42

镶白旗蒙古云骑尉富宁阿（立官）

此官系空衔蓝翎前锋富宁阿出师四川时阵亡之由院里议叙赏赐之官 拖沙喇哈番

① 从中可以窥见乾隆年间大小金川之战中蒙古八旗的参与和战后授予世职官的情况。

② 此段内容与《二集》卷 298（第 21513 页）记载相同。

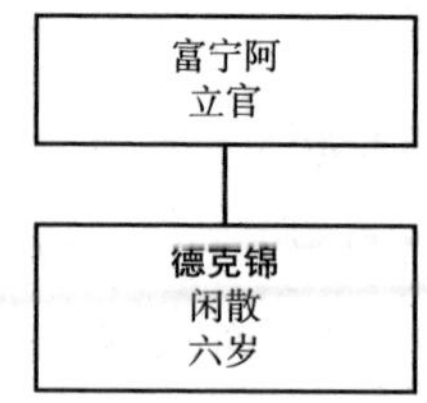

MA2-23-5-43

嘉庆五年十二月十二日奏折

镶白旗蒙古云骑尉德克锦（立官富宁阿）

（省略）为臣旗拖沙喇哈番所出之缺承袭世袭官事，查验，德克锦兄子闲散和銮泰为拟正，和銮泰本年有七岁，因年岁小不能带领引见之故，臣等拟定，将其袭官家谱、折子一同恭呈谨奏承袭拖沙喇哈番。为此谨奏请旨。（省略）奉旨：着拟正之和銮泰承袭。

MA2-23-5-44

镶白旗蒙古云骑尉德克锦（立官富宁阿）

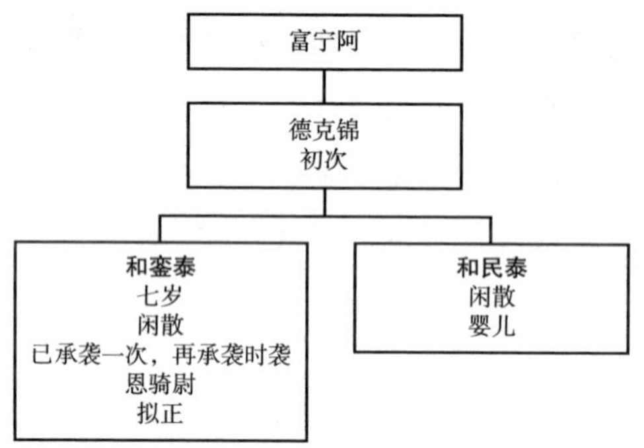

此官原系德克锦父亲戴衔蓝翎之前锋富宁阿因出师赏赐所得世袭官
拖沙喇哈番

此官系原立官人子孙承袭之官。查定例，如立官人子孙袭官，出缺后，出缺人之子孙为拟正，另支子孙为拟陪、列名。如此办理袭官事务。

MA2-23-5-45

咸丰八年十二月十四日奏折

镶白旗蒙古云骑尉召庆（立官）

莫尔根初次

镶白旗蒙古都统、尚书、臣瑞昌等谨奏，为承袭拖沙喇哈番事，准兵部咨称，热河都统、宗室常青处所报，此处候补笔帖式召庆在江南等处征战时阵亡之由，经院议叙，依照定例，授可袭两次之拖沙喇哈番。其袭次完后，授恩骑尉，准世袭罔替。等因，具奏。奉旨：依议。钦此，钦遵在案。[①] 今为办理阵亡召庆所赐拖沙喇哈番承袭事，阵亡之召庆子闲散莫尔根为拟正。查得，将其袭官家谱送到兵部，兵部将其送到该管旗承袭拖沙喇哈番。等因，遵照办理。因此，臣等验得热河都统、宗室常青所咨，为补放授予阵亡召庆之拖沙喇哈番之缺，验得召庆子闲散莫尔根为拟正，将其带领引见，袭官。为此，和袭官奏折、家谱一同恭呈具奏请旨。

咸丰八年十二月十五日，带领引见具奏。奉旨：着授驻热河之召庆之拖沙喇哈番由莫尔根承袭。钦此。

MA2-23-5-46

镶白旗蒙古云骑尉召庆（立官）

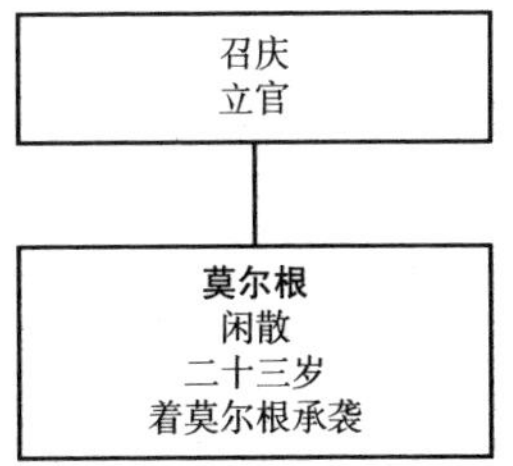

（省略）经院里议叙所赐可以承袭两次之拖沙喇哈番，其袭次完后授恩骑尉，准世袭罔替。

① 从中可以窥见在晚清太平天国和清朝的战争中八旗兵丁的参与和牺牲情况。

MA2-23-5-47

光绪二十四年十二月十五日奏折

镶白旗蒙古云骑尉莫尔根（立官召庆）

莫尔根初次

镶白旗蒙古都统、臣崇礼等谨奏，为袭拖沙喇哈番事。准兵部咨称，由热河都统、臣色楞额处呈称，在热河围场驻防者镶白旗蒙古拖沙喇哈番莫尔根现在出缺，（省略）莫尔根继子闲散奎文为拟正。将验得画出之袭官家谱送到兵部，由兵部转达该管旗办理袭官。等语，送来。（省略）奉旨：着奎文承袭。钦此。

MA2-23-5-48

光绪二十四年十二月十五日奏折

镶白旗蒙古云骑尉莫尔根（立官召庆）

（原文为汉文）

MA2-23-5-49

光绪二十四年十二月十五日奏折

镶白旗蒙古云骑尉莫尔根（立官召庆）

奎文二次

此官原系驻防围场之候补笔帖式召庆在江南等处打仗阵亡后，经部议所授官。 拖沙喇哈番

此官系立官人子孙承袭之官。查定例，世职官若出缺无嗣，将出缺人之继子拣选拟正，别支子孙内拣选拟陪、列名等语。

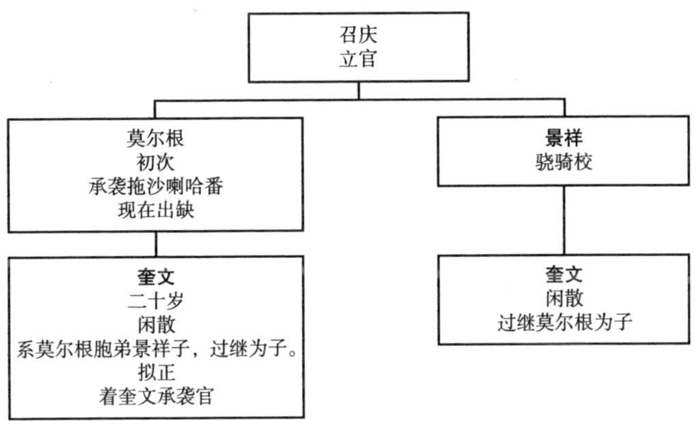

MA2-23-5-50

镶白旗蒙古云骑尉莫尔根（立官召庆）

奎文二次

（原文为汉文）

MA2-23-5-51

乾隆十年十二月十五日奏折

镶白旗蒙古云骑尉曹住

管理镶白旗蒙古都统事务、和硕諴亲王、臣允祕等谨奏，为袭官事。臣旗丹巴佐领云骑尉曹住出缺，查曹住之父色格敕书内载，色格尔原系空佐领，征伐厄鲁特噶尔丹时尔在西路军中服役，尔等官兵听说朕亲征至克鲁伦河后，克服步行和饥饿的窘况，只是想回报历代皇恩，根据皇上已经靠近敌方，不顾官兵之死亡奋勇前进，抱着只要有性命必定奋力的精神进军，各自置以炮、鸟枪，射箭而奋勇前进击败交战的敌方。后议叙其值得奖励，病故后授拖沙喇哈番，使其子曹住承袭。准再袭一次。[①] 又查得，为曹住袭官授分之由，办理钦差佐领之分事务王、大臣等具奏，查正黄旗满洲永谦所袭世职官，原前永谦祖

① 该档案反映了康熙帝亲征噶尔丹时期的细节情况，价值较高。但是，《初集》《二集》均无该云骑尉的世系。

父图莱所立之官，几次承袭，现在图莱之孙永谦承袭。若永谦所袭世职官出缺，出缺人之子孙内拣选拟正给分，管过佐领人分支之子孙内拣选拟陪给分。其余内拣选列名给分。因此，将镶白旗蒙古曹住所袭官亦如此办理。等语，具奏在案。臣等依据亲派官、办理佐领之分事务王、大臣等处所奏定例，曹住所出之缺，为补放云骑尉事拣得，曹住兄之子领催金梁为拟正，次子闲散优住为拟陪。相应将金梁、优住等带领引见，具奏袭官，等语，为此谨奏请旨。于乾隆十年十二月十六日带领引见具奏，奉旨：着金梁承袭官。钦此。

乾隆十年十二月十五日。

管理都统事务，和硕诚亲王、臣允祕；

副都统奔本察；

副都统、臣阿尔宾。

（另纸）首批

云骑尉曹住出缺，将此官拟定袭官等由管理都统事务，和硕诚亲王允祕，副都统奔本察、阿尔宾等验得：

领催金梁，拟正，云骑尉曹住之兄子，三十六岁，骑射一般。

闲散优住，拟陪，云骑尉曹住之次子，二十二岁，骑射一般。

（另纸）

由管理镶白旗蒙古都统事务和硕诚亲王允祕，副都统奔本察、阿尔宾等带领引见具奏承袭：

云骑尉二，两事，

将其名写明谨奏。

着金梁承袭曹住之官。

着顿住承袭那尔图之官。

MA2-23-5-52

镶白旗蒙古云骑尉曹住

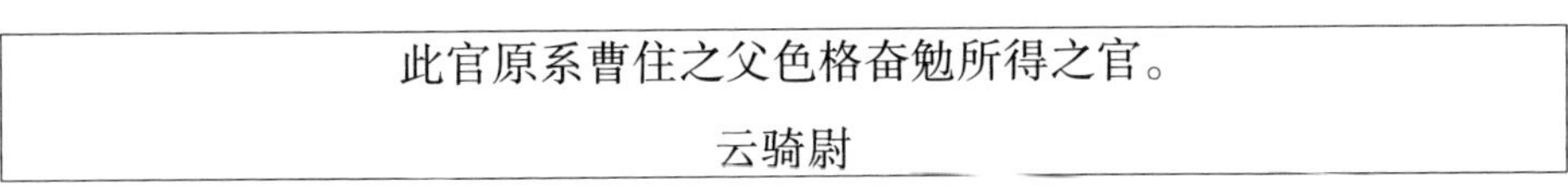
此官原系曹住之父色格奋勉所得之官。

云骑尉

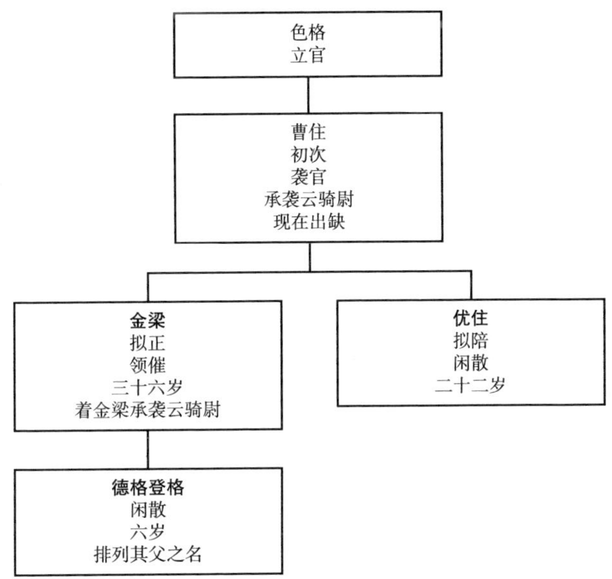

MA2-23-5-53

镶白旗蒙古云骑尉常庆

（另纸）第三排

云骑尉

补放因阵亡所赐云骑尉之众由署理都统事务多罗仪郡王永璇等验得：

闲散福格景额，拟正，阵亡常庆之兄子，十七岁，骑射一般。

闲散额勒景额，拟陪，阵亡常庆之次子，十三岁，步射一般，年幼，不能骑射。

署理镶白旗蒙古都统事务多罗仪郡王、臣永璇等谨奏，为补放赏赐云骑尉事，准兵部咨文内开，此次出兵，在镇安县交战时阵亡的前锋参领常庆，议复按定例，赏赐世袭云骑尉，袭次完后授恩骑尉，准其世袭罔替。[1] 等语，具奏。奉旨：依议。钦此，钦遵，送到该管旗办理。因此，臣旗为补放赏赐阵亡常庆之云骑尉，拣选所得，常庆兄子以闲散福格景额为拟正，以次子闲散额勒景额为拟陪。将拟定闲散福格景额、额勒景额带领引见袭职。为此合将袭职家谱一并呈览请旨。于嘉庆三年十二月十七日带领引见谨奏。奉旨：着拟正之福格景额袭职。钦此。

MA2-23-5-54

镶白旗蒙古云骑尉常庆

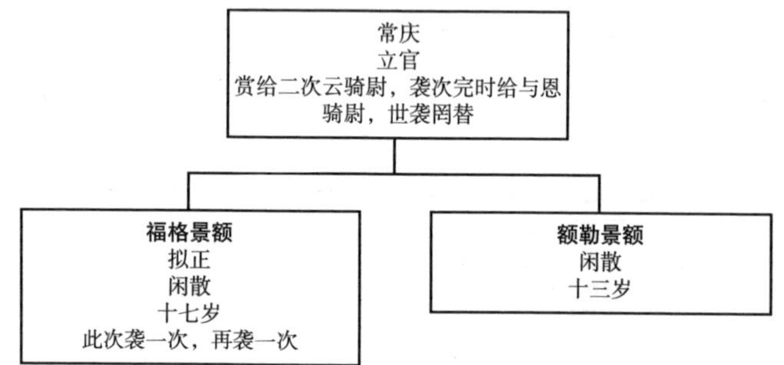

MA2-23-5-55

镶白旗蒙古云骑尉奎焕

（原文为汉文）

MA2-23-5-56

乾隆十六年十二月十五日

镶白旗蒙古恩骑尉和雅尔图（立官阿彦）

（另纸）第四排

阿彦因出师阵亡赏给立官云骑尉，为承袭特旨授恩骑尉袭官，由管理都统事务和硕诚亲王允祕，副都统内大臣奔本察，诚毅伯伍弥泰等拣选所得：

① 该档案反映了嘉庆初年湖北、陕西地区白莲教起义及其与清军的交战情况。

披甲塔尔巴扎布，拟正，因出师阵亡所得云骑尉阿彦之二世孙，十五岁，步射一般，骑射平常。

护军额勒登布，拟陪，因阵亡所得云骑尉阿彦之二世孙，三十三岁，步射一般，骑射一般。

管理镶白旗蒙古都统事务、和硕诚亲王、臣允祕等谨奏，为承袭赏给恩骑尉事。臣旗出师阵亡赏给阿彦之云骑尉敕书内载，阿彦原系护军校，出师贵州，转战四川时阵殁赏给云骑尉，子鄂尔吉图承袭。其后，鄂尔吉图亲弟和雅尔图承袭。等语。[①] 查得，臣旗护军校阿彦因出师阵亡赏给云骑尉袭次已完。后因特旨念系阵殁所立之官，赏给恩骑尉，世袭罔替。钦此，钦遵，臣等将原立官阿彦之二世孙塔尔巴扎布拟正，塔尔巴扎布叔祖父之孙圆明园护军额勒登布为拟陪。将拟定塔尔巴扎布、额勒登布等带领引见具奏袭官。为此，合袭官根源一并呈览谨奏请旨。

乾隆十六年十二月十六日带领引见具奏。奉旨：着塔尔巴扎布袭官。钦此。

---

① 《初集》缺载，可见《初集》编纂过程中的遗漏问题。据《二集》卷298（第21506页），阿彦阵亡于康熙十六年四川之战，可以推测是平定“三藩”之乱之战。

MA2-23-5-57

镶白旗蒙古恩骑尉和雅尔图（立官阿彦）

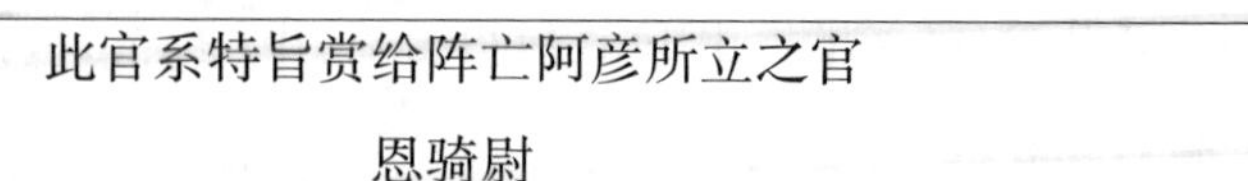

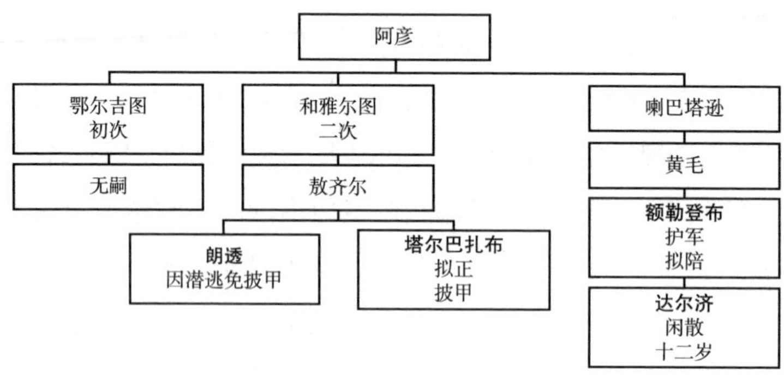

MA2-23-5-58

乾隆十六年十二月十五日

镶白旗蒙古恩骑尉塔尔巴扎布（立官阿彦）

第二排

（省略）臣等照例补放塔尔巴扎布出缺恩骑尉事拣选所得，塔尔巴扎布子护军塔克慎为拟正，塔尔巴扎布叔祖父喇巴塔逊二世孙圆明园护军达尔济为拟陪。（省略）奉旨：着塔克慎袭官。钦此。

MA2-23-5-59

镶白旗蒙古恩骑尉塔尔巴扎布（立官阿彦）

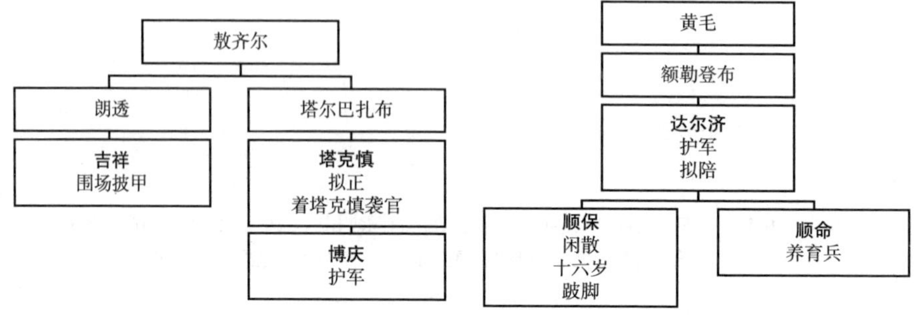

MA2-23-5-60

镶白旗蒙古恩骑尉塔克慎（立官阿彦）

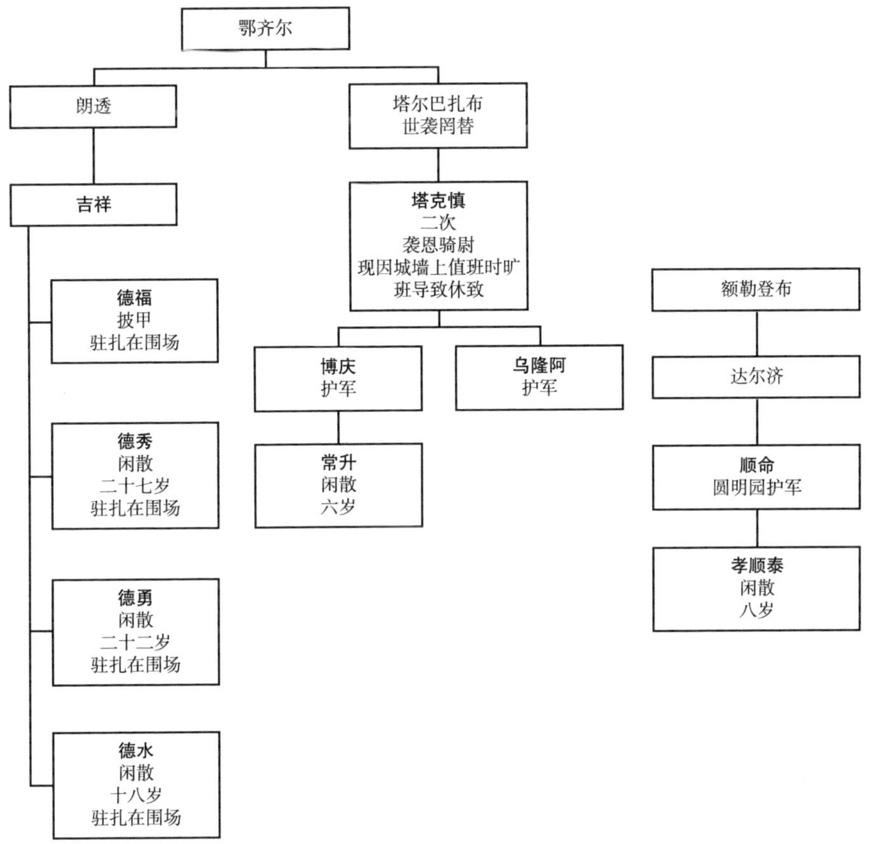

MA2-23-5-61

嘉庆十七年十二月十五日

镶白旗蒙古恩骑尉塔克慎（立官阿彦）

兼理镶白旗蒙古都统事务、尚书、臣京安等谨奏，为袭官事。臣旗恩骑尉塔克慎因在城墙上值班时缺勤，于去年七月由兵部议处革职。（省略）塔尔巴扎布子塔克慎袭职，准世袭罔替。塔克慎袭职后被革职。臣等为拟制承袭其缺，或者由出缺人之子孙袭职，或者由立官人之子孙内拣选袭职，等语。咨吏部核实。查部例，世袭官革职、枷号、犯罪时，若并非贪赃枉法、侵盗钱粮之罪，其所出之缺照例承袭。等语。现在恩骑尉塔克慎因缺勤革职。查其所出之缺照例由立官人子孙承袭。等语，送来臣旗。臣等查看塔克慎袭职家谱，塔克慎高祖阿彦三世孙吉祥，照例有拟正之分。但吉祥等在围场驻扎。为派人将吉祥送到京城袭恩骑尉事，于去年十月照例奏闻，送达兵部。由兵部咨热河都统，询问吉祥是否愿意来京。兵部送来文内开，该管都统玉秀处询问吉祥，确实请求进京袭恩骑尉，等语，呈报。今至年终时派人将吉祥送来袭职，等语，由部咨本旗。现在由兵部将驻扎围场之吉祥为袭恩骑尉送文该管旗办理，等语。臣等再查定例，驻防在省城之人、世职官等保留其原品。品级相等或领催出缺后拣选补放。等语。因此，臣旗恩骑尉塔克慎所革之缺，拣选所得，塔克慎高祖阿彦之三世孙、驻扎在围场之披甲吉祥为拟正，塔克慎高祖阿彦第三子喇巴塔逊之三世孙圆明园护军顺命为拟陪。将吉祥、顺命带领引见具奏袭恩骑尉。如皇上令吉祥袭恩骑尉，则臣等使吉祥遣回原籍。为此和袭官家谱一并呈览谨奏请旨。

嘉庆十七年十二月十六日，带领引见具奏。奉旨：着拟正之吉祥袭职。钦此。

MA2-23-5-62

镶白旗蒙古恩骑尉塔克慎（立官阿彦）

此官系原塔克慎高祖、护军校阿彦出师四川省，因阵殁降特旨赏赐之官。 恩骑尉

此官由立官人子孙承袭之官。查定例，世袭官革职、枷号、犯罪时，若并非贪赃枉法、侵盗钱粮之罪，其所出之恩骑尉缺照例由立官人子孙承袭。

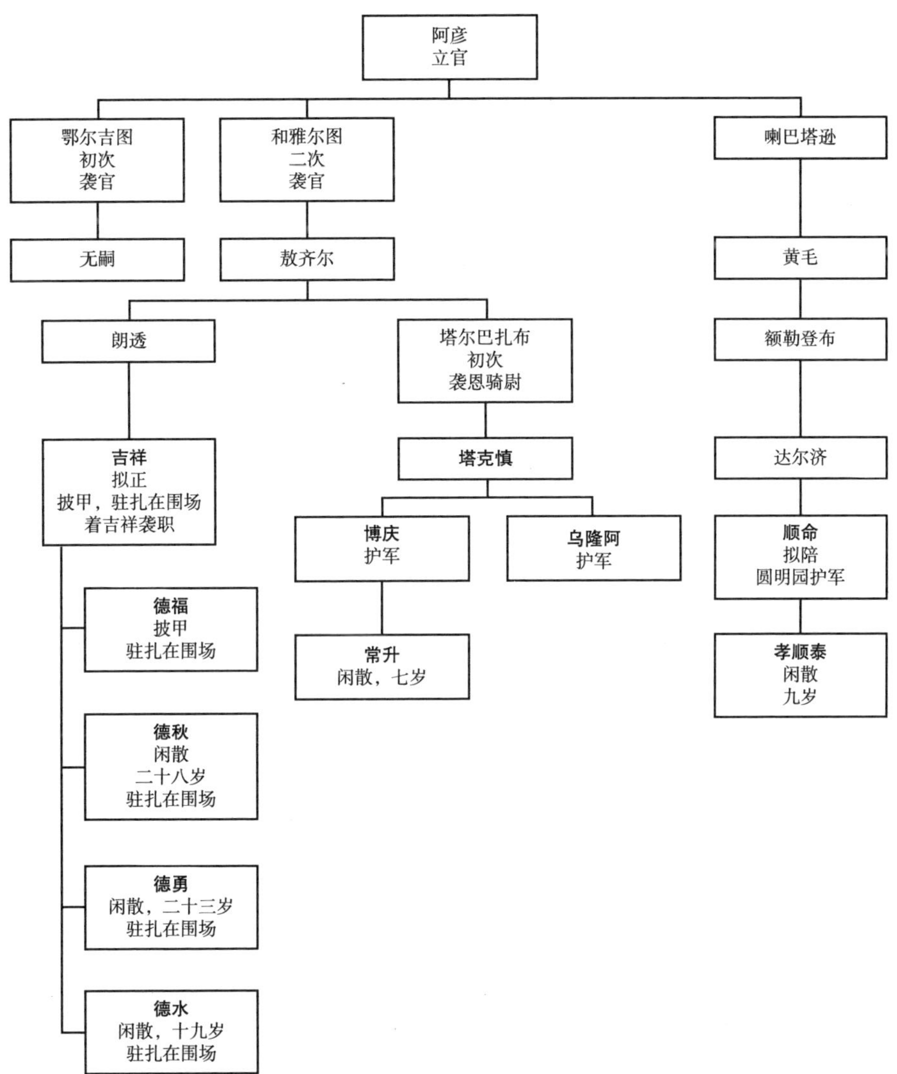

MA2-23-5-63

道光二十三年十二月十五日

镶白旗蒙古恩骑尉吉祥（立官阿彦）

（省略）臣旗驻防热河之恩骑尉吉祥在军政考选时，因年迈无力勒令休致。（省略）将吉祥兄子披甲德福为拟正，吉祥高祖阿彦第三子喇巴塔逊之四世孙圆明园护军孝顺泰为拟陪。（省略）十二月十六日带领引见具奏。奉旨：着拟正之德福袭职。钦此。

MA2-23-5-64

镶白旗蒙古恩骑尉吉祥（立官阿彦）[①]

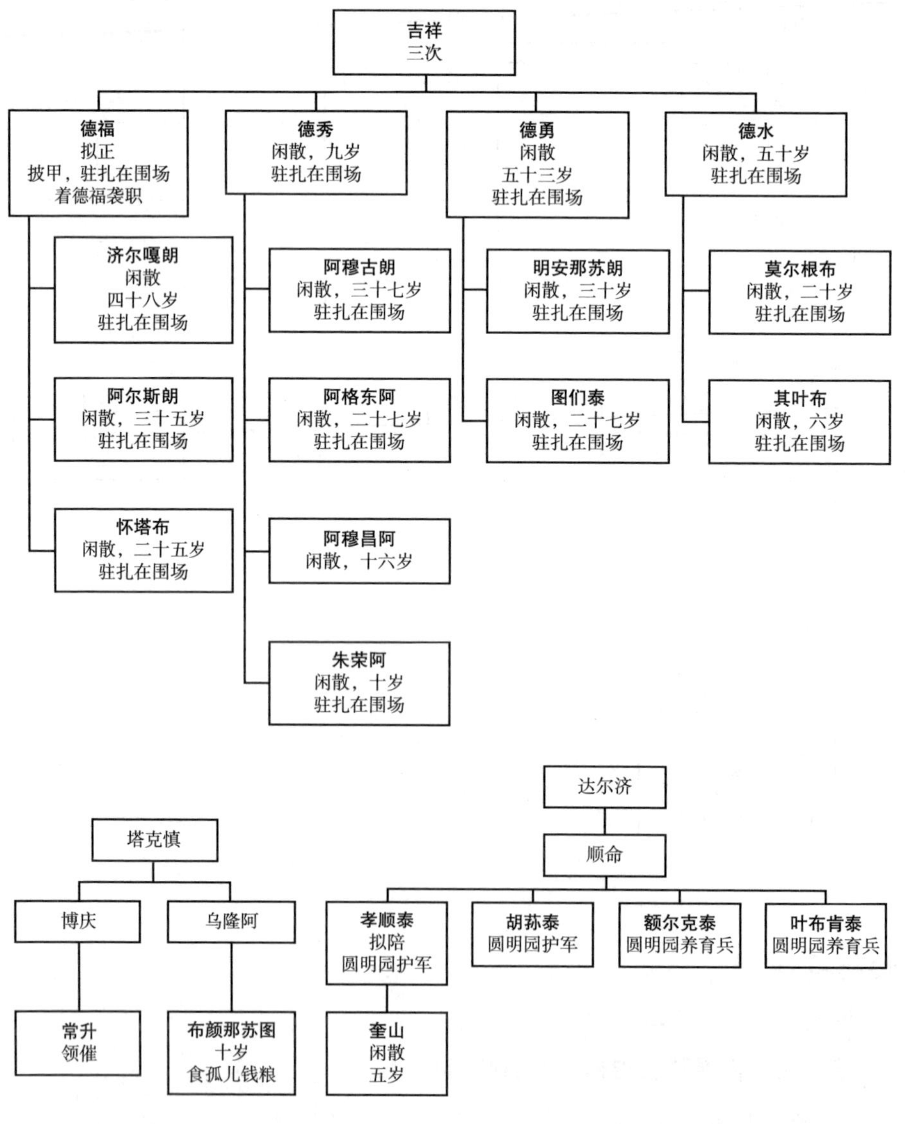

① 该档案对围场驻防研究有参考价值。

MA2-23-5-65

道光二十七年十二月十五日

镶白旗蒙古恩骑尉德福（立官阿彦）

（省略）以德福兄子在围场驻扎的闲散济尔嘎朗为拟正，以德福高祖阿彦之第三子喇巴塔逊四世孙圆明园护军孝顺泰为拟陪。（省略）道光二十七年十二月十六日带领引见，奉旨：驻扎在围场的恩骑尉德福之缺着济尔嘎朗承袭。钦此。

MA2-23-5-66

镶白旗蒙古恩骑尉德福（立官阿彦）

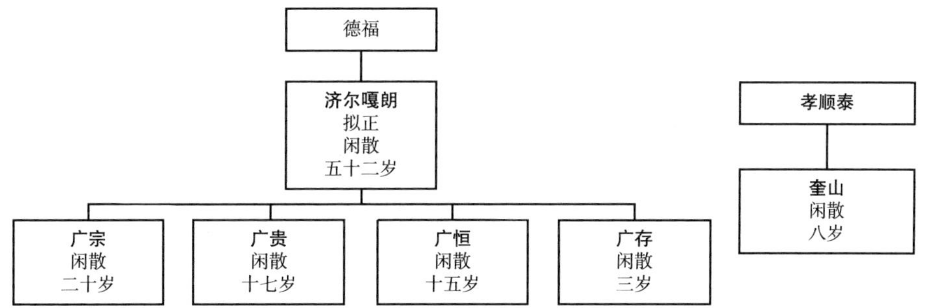

MA2-23-5-67

光绪十四年十二月十五日奏折

镶白旗蒙古恩骑尉济尔嘎朗（立官阿彦）

希尔肯六次

管理镶白旗蒙古都统事务和硕豫亲王本格等谨奏，为承袭恩骑尉事。准兵部咨热河都统宗室谦禧咨称，热河围场驻防镶白旗蒙古恩骑尉济尔嘎朗现在出缺。（省略）济尔嘎朗之孙闲散希尔肯拟正，其拟陪之人应由京旗支派内拣选，绘具袭官家谱咨行兵部，由部转咨该旗办理承袭等因前来。臣旗相应将热河围场驻防济尔嘎朗所出恩骑尉照依袭官家谱拣选得济尔嘎朗之孙闲散希尔肯拟正，济尔嘎朗之叔始祖喇巴塔逊之五世孙圆明园护军奎隆拟陪。（省略）十五日将折谱呈进。于十七日带领引见，奉旨，恩骑尉员缺着拟正希尔肯承袭，钦此。

MA2-23-5-68

光绪十四年十二月十五日

镶白旗蒙古恩骑尉济尔嘎朗

希尔肯六次

（原文为汉文）

MA2-23-5-69

镶白旗蒙古恩骑尉济尔嘎朗（立官阿彦）

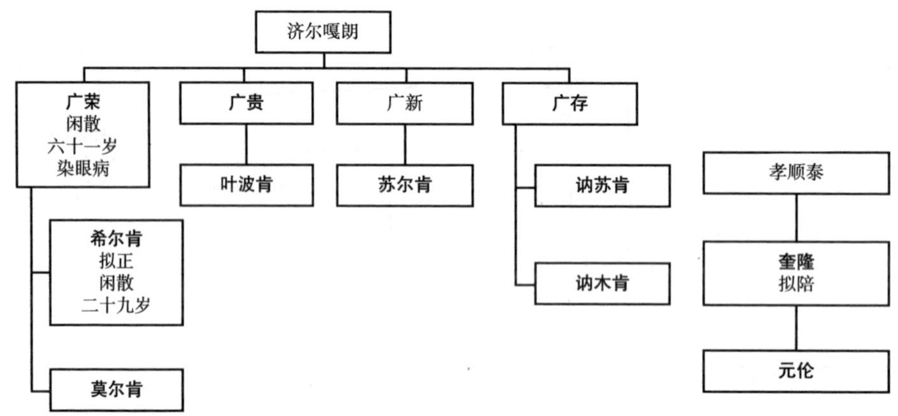

MA2-23-5-70

镶白旗蒙古恩骑尉济尔嘎朗（立官阿彦）

希尔肯六次

（原文为汉文）

MA2-23-5-71

镶白旗蒙古骑都尉佛尔国春

恩骑尉色布正额

镶白旗蒙古都统扎朗阿等带领引见承袭骑都尉，披甲佛尔国春拟正，拖沙喇哈番闲散章京济朗阿拟陪。承袭恩骑尉，世管佐领色布正额拟正，咸安宫官学子忠心为拟陪。

镶白旗蒙古，承袭骑都尉一事，一排二人；承袭恩骑尉一事，一排二人。共二事二排，带领引见四人。

MA2-23-5-72

镶白旗蒙古骑都尉玉庆

恩骑尉塔克慎

镶白旗蒙古都统、理藩院尚书、云骑尉留保住，副都统、内阁学士、觉罗萨哈尔济，副都统、理藩院右侍郎奎苏带领引见袭职，骑都尉一名，缮写其名谨奏。

拟定将阿达达之官着玉庆承袭。

拟定将塔尔巴扎布之官着塔克慎承袭。

镶白旗蒙古，承袭骑都尉一事一排，带领引见二人；承袭恩骑尉一事一排，带领引见二人。

MA2-23-5-73

光绪二十一年十二月十二日

镶白旗蒙古荆州云骑尉楚惠

在京族内佐领恩隆

管理镶白旗蒙古都统事务、喀尔喀扎萨克和硕亲王那颜图等，于光绪二十一年十二月十二日将荆州驻防候补，带领引见及岁恩骑尉楚惠，又带领引见拟定承袭京城族内承袭佐领人等。奉旨：着荆州驻防及岁恩骑尉楚惠遣回原籍，着拟正之恩隆承袭族内佐领。

管理镶白旗蒙古都统事务、喀尔喀扎萨克和硕亲王那颜图等谨奏，为带领引见事。臣旗荆州将军、宗室象恒处送来候补，及岁恩骑尉一事一排，一人；补放京城族内承袭佐领一事一排，三人。共二事二排，四人。拣选所得，荆州候补及岁恩骑尉楚惠拟定承袭。又补放京城族内承袭佐领，三人内拣选拟正之恩隆，本年十二岁，因年幼，相应将拟陪之庆连和列名之恒寿带领引见具奏，奉旨补放一名。候补带领引见之恩骑尉楚惠，奉旨后臣等去文该管处，钦此办理。相应将其名等缮写呈览具奏请旨。

MA2-23-5-74

光绪二十二年十二月十六日

镶白旗蒙古杭州云骑尉文欢　文瑶

管理镶白旗蒙古都统事务、喀尔喀扎萨克和硕亲王那颜图等，于光绪二十二年十二月十六日为承袭荆州驻防云骑尉之二缺，带领引见拣选所得人等。奉旨：着荆州福忠拣选之云骑尉着拟正之文欢承袭，福享拣选之云骑尉着文瑶承袭，钦此。

MA2-23-5-75

镶白旗蒙古荆州云骑尉

杭州乍浦云骑尉

江宁京口云骑尉

热河围场云骑尉

镶白旗蒙古，驻防荆州，承袭云骑尉，一事，一排，二人。杭州乍浦驻防，承袭云骑尉，三事，三排，三人。江宁京口驻防，承袭云骑尉，二事，二排，三人。热河围场驻防，承袭云骑尉，一事，一排，一人。

以上事，七种，七排，九人中，因未及岁、生病未进京之二人之外，应带领引见之人有七名。

MA2-23-5-76

镶白旗蒙古荆州云骑尉元安

察哈尔云骑尉车楞纳木扎尔

热河围场恩骑尉希尔肯

管理镶白旗蒙古都统事务和硕豫亲王、臣本格等带领引见荆州承袭云骑尉拟正之闲散元安，拟陪之恩骑尉兴安，情愿不进京仅进绿头牌。列名闲散荣安，亦情愿不进京仅进绿头牌。

察哈尔承袭云骑尉拟正之护军车楞纳木扎尔，热河围场承袭恩骑尉之闲散希尔肯，拟陪之圆明园护军奎隆。

(另纸)

(以下原文为满汉合璧)

MA2-23-5-77

光绪二十二年六月十二日

镶白旗蒙古杭州云骑尉荣森

西安骁骑校临福

密云县防御象宾

管理镶白旗蒙古都统事务喀尔喀扎萨克和硕亲王那颜图等，于光绪二十一年六月十二日，为承袭驻防杭州的候补及岁云骑尉、驻防西安的骁骑校、驻防密云的云骑尉品级章京事带领引见，奉旨：着驻防杭州及岁云骑尉荣森遣回原籍；西安骁骑校之缺由拟正之临福承袭，记其拟陪存升之名；密云县云骑尉品级章京之缺由拟正之象宾承袭，记其拟陪连英之名。钦此。

MA2-23-5-78

镶白旗蒙古杭州恩骑尉佛昆泰

恩骑尉

为补放阵亡赏给二达色恩骑尉之众，经署理都统事务多罗仪郡王永璇等拣选所得：

前锋佛昆泰，拟正，恩惠守备班济布兄子，二十五岁，骑射一般。

养育兵福隆泰，拟陪，恩惠守备班济布亲弟怀塔布子，九岁，步射平常，年幼未使骑射。

MA2-23-5-79

镶白旗蒙古西安骁骑校春寅

宝坻县骁骑校盛文

交付镶白旗蒙古（都统），今日带领引见西安骁骑校拟陪之前锋惠文，宝坻县骁骑校拟陪之领催松奎，奉旨：依议。将其晓谕该旗，钦此，钦遵，为此交付。十二月初三日。

（以下原文为汉文）

MA2-23-5-80

光绪十八年五月十六日

镶白旗蒙古都统湖南骁骑校神修

镶白旗蒙古都统、尚书、臣贵恒等谨奏，臣旗现已前来补放驻防湖南省骁骑校一事，一排，人二名，今日带领引见具奏补放。将拣选所得拟正、拟陪之人名缮写谨奏呈览，奉旨：将一人为补放，其余人是否记名之处，奉旨后，臣等咨文该处谨遵办理。为此具奏请旨。

（另纸）交付镶白旗蒙古，今日带领引见湖南骁骑校拟陪之领催神修记名。晓谕该旗谨遵办理，为此交付。五月十六日。

MA2-23-5-81

镶白旗蒙古都统热河防御

交付镶白旗蒙古（都统），今日带领引见热河云骑尉品级防御拟陪之云骑尉连升记名。将其晓谕该旗，谨遵办理，为此交付。四月初五日。

MA2-23-5-82

镶白旗蒙古恩印佐领下，为呈报事

（原文为汉文）

MA2-23-5-83

同治六年八月初四日奏折

镶白旗蒙古都统世管佐领、公中佐领

署理镶白旗蒙古都统事务、固山贝子、臣载忠等谨奏，为奏闻事。查看臣旗新放第二甲喇副参领常升所管公中佐领、本甲喇所属佐领，定例载，若在八旗参领内管本甲喇佐领，即调动到别甲喇。虽然按例应调动甲喇，但再查，两个甲喇副参领均为管理第二甲喇之佐领。因此，不得调动甲喇。臣等拟定，按事例，将副参领常升管理第二甲喇之公中佐领和恩保所管三甲喇之公中佐领互相调动管理。为此谨奏，仰祈圣鉴。同治六年八月初四日具奏，当日奉旨：知道了。钦此。

同治六年八月初四日。

MA2-23-5-84

镶白旗蒙古世管佐领、公中佐领

镶白旗蒙古都统、头品顶戴、臣芬车等，于光绪二十八年为补放世管佐领一缺、公中佐领一缺，带领引见。奉旨：着拟正之恩光袭世管佐领，德升袭公中佐领。钦此。

MA2-23-5-85

乾隆三十五年八月十一日奏折

镶白旗蒙古旧营房

管理镶白旗蒙古旧营房事务、副都统奴才乌勒木济谨奏，为请旨事。在奴才所管旧营房内，兵丁所住官房共有五百间。乾隆二十二年圣主降旨复令修缮后兵丁居住以来，若每年遇雨水，营房帐房墙壁出现丝毫脱落破裂之处，当即委托所居兵丁们补修，不至于破损。只是本年雨水多，营房帐房内，房墙九处，营房周围墙壁、院落墙壁共二百余丈破损。查去年由军机处具奏，交付我们各管营房大臣等，往后一定巡查，如有丝毫修缮之处，即时委托所住兵丁补修。如不到破损，确属雨水弄湿，房墙腐朽等，兵丁人力不够时，经该管旗大臣等确查后，如何办理之处具奏请旨，等语，具奏之事在案。今年雨水又多，营房墙壁等破损甚多。于是，奴才乌勒木济派出官吏认真排查，拆除靠近破损之墙，搅合石灰一样修筑。一并补修营房内房墙等时，估算大概需要银三百五十两。若将此仍然委托兵丁补修，则已是难以补修，不能做成整齐牢固。如今在奴才所管马厩近年饲养马匹所节省之银有一千三百十一两余。因收存在旗库，奴才窃思，从这类银两内挪用三百五十两，以补修旧营房破损之房墙等。使用的银两，来年将马匹出放牧群后，加算在开销内具奏。将所剩九百六十一余两照例入旗库，马匹返回后，看价钱适当时购入麸子等，储备饲养马匹。如圣主允准，则奴才乌勒木济派出旗内干员，和营房章京等一起一定修缮坚固。奴才乌勒木济不时谨查。应否之处，降旨后谨遵办理。为此谨奏请旨。等语。于乾隆三十五年八月十一日交奏事处御前侍卫淳宁转奏。当日奉旨：知道了。

MA2-23-5-86

同治五年十一月十四日奏折

镶白旗蒙古旧营房

办理镶白旗蒙古旧营房事务副都统、三等襄勤伯、臣福谦谨奏，为奏闻事，查定例，旧营房有无事故之情每年十一月上奏一次。查旧营房自去年十一月至本年十一月一年之内兵丁们均按部就班，并无引发事故。为此谨奏，于同治五年十一月十四日具奏，奉旨：知道了。钦此。

同治五年十一月初四日。

副都统、三等襄勤伯福谦。

MA2-23-5-87

光绪八年十一月十四日奏折

镶白旗蒙古旧营房

(原文为满汉合璧)

MA2-23-5-88

光绪十四年十二月十五日奏折

镶白旗蒙古旧营房

(原文为满汉合璧)

MA2-23-5-89

光绪二十八年十二月十五日奏折

为循例请给纪录事

镶白旗蒙古

(原文为满汉合璧)

MA2-23-5-90

镶白旗蒙古

芬奏为叩谢天恩事

(原文为汉文及满汉合璧)

MA2-23-5-91

镶白旗蒙古钱粮关系

(原文为满汉合璧)

MA2-23-5-92

一年期满纪录折单

一年期满

印务参领常升

参领哈达布

副参领瑚松阿

印务章京庚音

印务章京伊里布

印务章京巴图伦泰

办理俸饷事务佐领续良，在文治之次

办理俸饷事务佐领文治

三年期满

佐领常升

佐领法丰阿

佐领文衡

佐领奎升

佐领贵林

署理佐领骁骑校德胜

署理佐领吉春

领催春永

骁骑校瑞明

骁骑校续良

骁骑校玉昌

骁骑校瑚图里

骁骑校英佳

以上应行请给纪录官共二十员

MA2-23-5-93

一年期满纪录折单

一年期满

印务参领常升

参领哈莫达布

副参领瑚松阿

副参领庆隆

印务章京明珂

印务章京庚音

印务章京伊里布

印务章京文衡

办理俸饷事务佐领文治

三年期满

佐领瑚松阿

佐领巴图伦泰

佐领伊里布

佐领克什布

署理佐领骁骑校贵林

骁骑校吉春

骁骑校德音

骁骑校端诚

骁骑校兴安

骁骑校文炳

骁骑校瑞庆

骁骑校瑞永

骁骑校德胜

骁骑校文惠

骁骑校（人名不清）
骁骑校瑞智
骁骑校兴禄
骁骑校恒隆
骁骑校巴凌阿
骁骑校续良

以上应行请给纪录官共（三十）员

MA2-23-5-94

一年期满纪录折单

（原文为汉文）

MA2-23-5-95

一年期满纪录折单

一年期满

印务参领常升
参领明珂
副参领巴图伦泰
副参领文衡
印务章京文惠
印务章京德胜
印务章京全胜
办理俸饷事务佐领文治

三年期满

佐领明珂
佐领文治

佐领英秀贤贵军

骁骑校全胜

骁骑校文军

骁骑校丰盛

以上应行请给纪录官共十六员

以上应行请给纪录官共十四员

MA2-23-5-96

一年期满纪录折单

（原文为汉文）

MA2-23-5-97

家谱断片

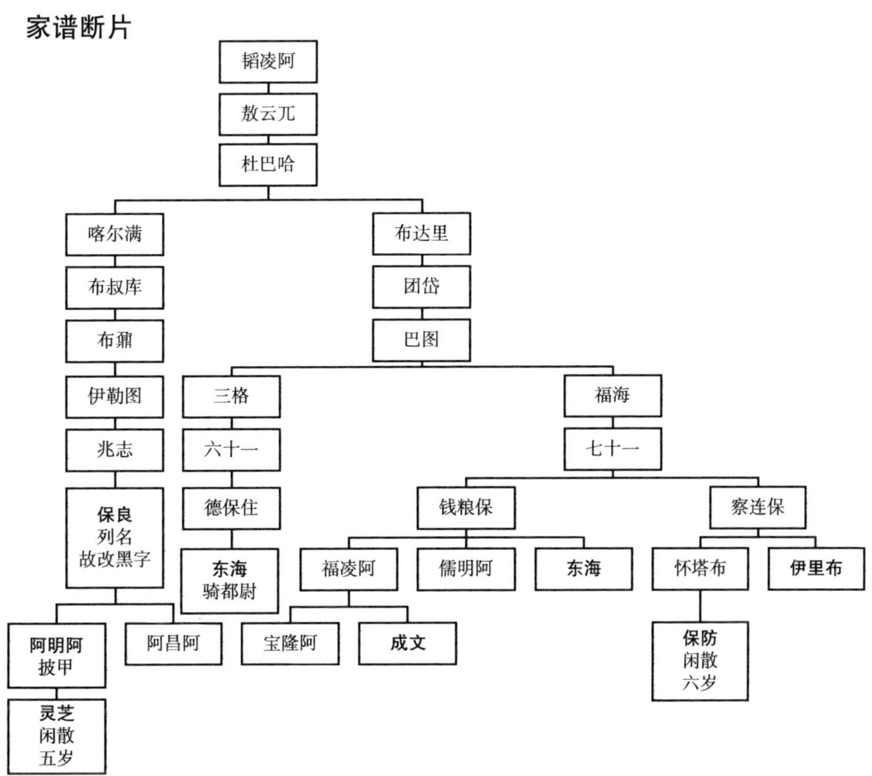

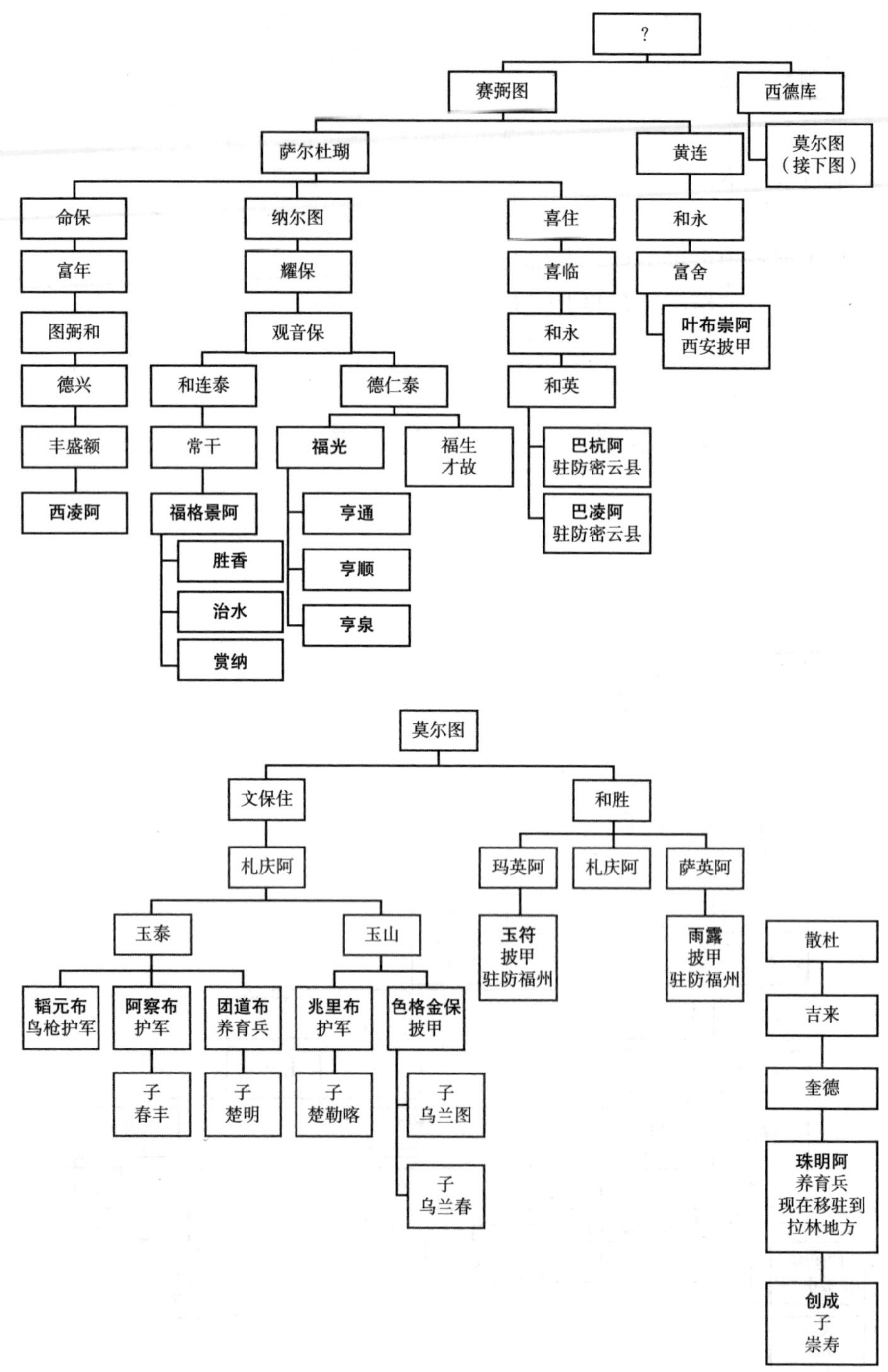
?
赛弼图
西德库
萨尔杜瑚
黄连
莫尔图
（接下图）
命保
纳尔图
喜住
和永
富年
耀保
喜临
富舍
图弼和
观音保
和永
叶布崇阿
西安披甲
德兴
和连泰
德仁泰
和英
丰盛额
常干
福光
福生
才故
巴杭阿
驻防密云县
西凌阿
福格景阿
亨通
巴凌阿
驻防密云县
胜香
亨顺
治水
亨泉
赏纳
莫尔图
文保住
和胜
札庆阿
玛英阿
札庆阿
萨英阿
玉泰
玉山
玉符
披甲
驻防福州
雨露
披甲
驻防福州
散杜
韬元布
乌枪护军
阿察布
护军
团道布
养育兵
兆里布
护军
色格金保
披甲
吉来
子
春丰
子
楚明
子
楚勒喀
子
乌兰图
奎德
子
乌兰春
珠明阿
养育兵
现在移驻到
拉林地方
创成
子
崇寿

MA2-23-5-98

家谱断片

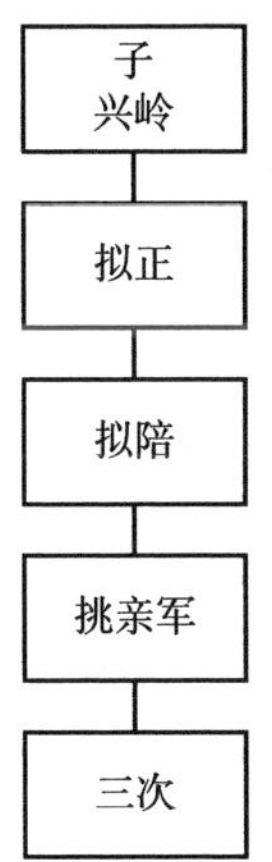

后 记

2013 年 9 月，我获得日本国际交流基金会的资助，赴日本东京进行为期一年的学术交流。当时的合作老师是早稻田大学文学院的柳泽明教授。到日本后，我一方面旁听柳泽明教授的研究生课，另一方面就去东洋文库查阅资料。幸运的是，我在翻阅东洋文库目录的过程中发现了该馆收藏的满文镶白旗蒙古都统衙门档案。虽然数量仅一百多件，但作为八旗蒙古各都统衙门档案中首批公开的档案，其学术价值颇高。2014 年 9 月，我回国之后，撰写介绍性文章，发表在《清史研究》刊物上。2016 年又申请到国家社科基金一般项目的资助。经过几年的钻研，把原档用罗马字母转写和汉译，并做了适当的注释，也发表了几篇相关论文，至 2020 年项目结项。本书就是以该项目结项成果为基础，并收录笔者近年来发表的若干篇八旗蒙古论文，结集而成，望学界同人批评指正！

本书的出版获得中央民族大学中国史学科经费资助。本书的出版得到笔者任职的中央民族大学历史文化学院彭勇院长的鼎力支持，出版经费得以落实。我的博士生张春阳帮着校对书稿的转写等内容。此外，本书出版过程中，社会科学文献出版社历史学分社社长郑庆寰和编辑陈肖寒、徐花三位认真相助。在此向他们表示由衷的感谢！

图书在版编目(CIP)数据

满文档案与八旗蒙古研究：以东洋文库藏镶白旗蒙古都统衙门档案为中心 / 哈斯巴根著 . -- 北京：社会科学文献出版社，2025. 3. -- ISBN 978-7-5228-5073-3

Ⅰ. K249. 063；D691. 2

中国国家版本馆 CIP 数据核字第 2025M4H159 号

满文档案与八旗蒙古研究

——以东洋文库藏镶白旗蒙古都统衙门档案为中心

著　　者 / 哈斯巴根

出 版 人 / 冀祥德
责任编辑 / 陈肖寒
文稿编辑 / 徐　花
责任印制 / 岳　阳

出　　版 / 社会科学文献出版社 · 历史学分社（010）59367256
　　　　　地址：北京市北三环中路甲 29 号院华龙大厦　邮编：100029
　　　　　网址：www. ssap. com. cn
发　　行 / 社会科学文献出版社（010）59367028
印　　装 / 北京联兴盛业印刷股份有限公司

规　　格 / 开　本：787mm × 1092mm　1/16
　　　　　印　张：24. 75　字　数：392 千字
版　　次 / 2025 年 3 月第 1 版　2025 年 3 月第 1 次印刷
书　　号 / ISBN 978-7-5228-5073-3
定　　价 / 128. 00 元

读者服务电话：4008918866